Megpróbáltam

Megpróbáltam

Sütő Gyuszi
Illusztrálta Danila Liza

Megpróbáltam (I Tried)
Copyright © 2021 by Gyuszi Sütő

All rights reserved. This book or any portion thereof may not be reproduced or used in any manner whatsoever without the express written permission of the publisher, except for the use of brief quotations in a book review.

Printed in the United States of America

ISBN: 978-1-7366049-2-2

A három fiamnak:
Szilárdnak, Áronnak, Attilának.

Tartalom

Letört szárnyak | 5
Rúdugrás | 21
Lőszerek | 31
Vaddisznó | 42
A méhkas | 49
„We Will Rock You" | 64
Kajszibarack | 73
A gyökérkezelésem | 85
A ló | 90
Vasszörny | 98
Vízisí | 107
A portré | 121
Tíz kilométer | 129
Sárkányrepülő | 153
A fenekem | 164
Briefmarkensammlung | 171
A vizsga | 184
Szerelem | 203
A gördeszka | 215
A mentőakció | 219
A fülke | 236
Hajtóvadászat | 247
Szuperhűtött tranzisztorok | 254
A halál | 264

Motorkerékpározás | 279
Sevilla hőse | 284
Nagymama keresése | 304
Eltörött | 320
Most mosolyogj! | 331
Pénzszámlálás | 338
Az ágy | 351
Securitate | 363
Forradalom | 382
Az igazságtevők | 403
A vízum | 414
Repülés | 430

Köszönetnyilvánítás | 443

Ennek a könyvnek a történetei körülbelül 95 százalékban valós eseményeket mesélnek el. Néhány nevet megváltoztattam, hogy elrejtsem egy-egy személy identitását, vagy más esetben megváltoztattam az időrendet, különböző időpontban lejátszódott események töredékeit egyetlen folyamatos történetbe rendeztem.

A könyv 36 történetet tartalmaz. 1972-ben kezdődnek a leírt események, mikor még csak 10 éves voltam, és 1990- ben zárulnak, 28 éves koromban. Kolozsváron születtem, de gyerekkoromat Kolozsvártól az egyórányira északra fekvő Szamosújváron töltettem.

György keresztnevet kaptam születésemkor, de nagyon sokféle becenévre, kicsinyítő képzős névalakra hallgattam az évek során, sőt gúnynevet is kaptam bőven. Ilyenek voltak a Gyuszi, Gyuszika, Gyu, Gyuszkó, Gyuszka, Gyurka, Gyurkó, Gyurika, Gyüszű, Gyű, Györgyi, Georgy, Gheorghe, Georg, George, Gyufa, Kutya, Yugo, Juicy, Juiceman és még sorolhatnám. Felnőtt koromban viszont a Gyuszi mellett döntöttem.

Magyar kisebbségként nőttem fel Romániában. Jogosan merül fel a kérdés, hogy akkor hogyan is kerültem Romániába. Hosszú történet, de a lényege az, hogy mindez Románia északnyugati részén található régiónak, Erdélynek, a történelmével magyarázható. Erdélyt Drakula hazájaként emlegetik nyugaton, de emellett és valójában sok évszázados történelme van. Éltek ezen a vidéken magyarok, románok, örmények, szászok és romák . Az elmúlt évezred alatt Erdély különböző birodalmak és erőhatalmak igazgatása alatt volt: többek között magyarok, románok, Habsburgok és törökök egymást váltva szerezték meg a kormányzási jogot Erdély felett. A különböző nemzetiségek többnyire békésen éltek egymás mellett.

1918-ban Erdély az Osztrák-Magyar Monarchia felbomlása után román fennhatóság alá került. 1940-ben visszakerült Magyarországhoz. A második világháború végén azonban a nagyhatalmak ismét Románia közigazgatása alá helyezték.

Gyerekkoromban az utcán játszottam magyar, román, örmény, cigány sőt még német gyerekekkel is. Román, magyar és cigány népzenét egyaránt hallgattam.

Erdélyt a Kárpátok hegyláncai ölelik körbe, gyönyörű földrajza, tájai és vidékei vannak, és nagyszerű emberek élnek itt. 28 éves koromig én is ott éltem.

Románia a szovjet vezetés által létrehozott Varsói Szerződés egyik tagállama volt, mely a NATO erőviszonyait hivatott kiegyenlíteni. Kelet-Németország, Magyarország, Lengyelország, Csehszlovákia, Albánia, Románia és Bulgária tartoztak még ehhez a szövetséghez. Ezeknek az országoknak az élén egy-egy kommunista diktátor állt. Vannak rossz diktátorok, és vannak nagyon rossz diktátorok. Ceausescu az utóbbiakhoz tartozott. Úgy nőttem fel, hogy Ceausescut ott láttam minden tévéképernyőn, minden könyvborítón és minden újság első lapján. Telhetetlen megalomániája és személyiségkultusza nem ismert határokat.

Románia iszonyatosan nehéz gazdasági helyzettel, élelmiszerhiánnyal és üzemanyaghiánnyal küszködött nap mint nap. Évről évre romlott a helyzet. Ennek ellenére elmondhatom, hogy jó gyerekkorom volt, mert olyan emberek vettek körül, akiktől melegséget és szeretetet kaptam, és akik nagyon komolyan vették az oktatásomat. Formálták személyiségemet, s akivé váltam, azt nagyrészben nekik köszönhetem.

Megpróbáltam

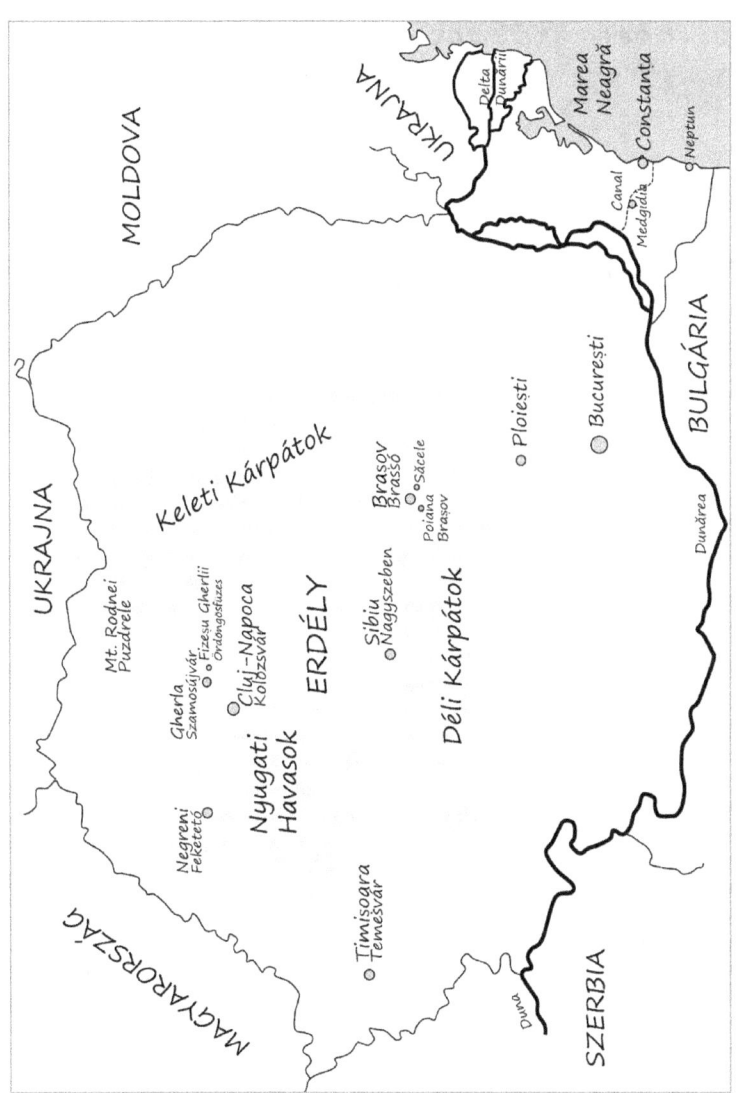

Románia leegyszerűsített térképe és e könyvben leírt események helyszínei

Hétezer méter magasan az Atlanti óceán fölött, Amerika keleti partjához közel

– Meine Damen und Herren, wir landen in zwanzig Minuten am Flughafen JFK – a hangszóróból meghallottam a pilóta hivatalos és nyugodt hangját. A gép kissé jobbra dőlt, és megpillantottam New York City körvonalait. Felismertem az ikertornyokat, amint átszúrták a köd rétegét.

– Darf ich Ihren Müll nehmen? – A légikisasszony kezén gumikesztyű volt.

Három ujjal felemeltem a banánhéjat, az üres pohárba tettem, majd az egészet az elém tartott, műanyag zacskóval bélelt szemetesbe dobtam. A fogtömést újra az ujjaim közé vettem. Forgattam egy ideig, majd a szemetes felé nyújtottam, de félúton meggondoltam magam. A tömést az ingem mellzsebébe süllyesztettem.

Az ülés támláját felegyenesítettem, az asztalt felhajtottam és a helyére kapcsoltam. A biztonsági övet becsatoltam. A jobb kezemet a mellemre téve egy pár mély lélegzetet vettem. Éreztem, hogy a zsebembe dugott fogtömés szúrja a mellizmomat. Légzésem egyenletesebb lett, szívverésem lenyugodott, és tiszta fejjel érzékeltem mindezt. Hátamat a támlához feszítettem, a vállamat kihúztam.

Készen vagyok.

Letört szárnyak, Szamosújvár, 1972

fordította: Márkus Krisztina

Egy két lépcsőházas társasházban laktunk, közel a nagy örmény templomhoz. A játszóterünk három oldalát négyszintes tömbházak vették körül, a negyedik oldalt egy rothadó fakerítés választotta el egy omladozó háznak a kertjétől. A kerítés túloldalán malacokat tartottak. A disznók már úgy általánosságban véve is bűzlenek. A román disznók még a nemzetközi társaiknál is büdösebbek. Lehet azért, mert a disznóólakat ritkán takarították. Vagy csak a moslék miatt, amivel etették őket, nem tudom. Hogy büdösek, az viszont kétségtelen. Húsuk viszont ínyencségnek számított. Minden magát valamire tartó család decemberben disznót vágott. Az évnek ebben a véres hónapjában, minden reggel halálfélelmében visító sertés sírására ébredtem. Néhány erős vágású férfi az állat nyakába és mellkasába döfködte a kést, és egy öblös tálba csöpögtette a vérét. A haldokló, vérző malac mélyről jövő, bugyborékoló hörgése örökre elmémbe vésődött. A férfiak tüzet raktak ezután, hogy lepörköljék a disznó szőrét. A halott állat a tűz közepén feküdt, négy lába a füstös ég felé meredt. Ez a mészárlás, pörkölés, feldarabolás az otthonunktól csupán négy-öt méterre történt, és ez a szertartás minden decemberi napon megismétlődött egészen karácsonyig. Jézus születésének a megünneplésére készültek így a helyiek. A mészárlás megszűnése miatt vártam a karácsonyt – semmiképpen nem az olcsó játékok miatt, ha egyáltalán kaptam valamit. Az udvaron – a kör alakú, vérrel átitatott mészárlások helyszínén – szerteszét szóródott a hamu, a pörkölt sertésbőr és a porcok darabjai. Mintha Isten a szürke égből reggelente egy festékszóró pisztollyal vörös festéket szórt volna a mi szent játszóterünkre.

Negyvenen voltunk mi, gyerekek. A lakások olyan kicsik voltak, hogy evésen, fürdésen, olvasáson és alváson kívül semmi más fontos tevékenységre már nem volt hely. Minden jelentőségteljes esemény odakint történt. A játszótér volt a mi világunk, a mi univerzumunk. Hogy ne unatkozzunk, különböző játékokkal álltunk elő; én elemeket zúztam, melyekből kivettem a karbonanódot, és krétaként használva rajzoltam vele a járdára. Így készültek az első portréim. Mindnyájunknak volt bicskája, mellyel botokat faragtunk, vagy a laposra taposott földbe dobáltuk azt, hogy a hegye beleálljon a talajba. A játszóterünk déli oldalán egy motor garázsépülete állt. Vastag fenyőfa ajtajára egy embernagyságú cowboy volt festve – kalappal, piros sállal, pisztolytáskával a derekára csatolva. Ez a festett cowboyfigura lett a mi céltáblánk. Kiszámoltam, hogy a hosszú éveken át a húsz gyerek körülbelül félmillió éket ütött a szegény cowboy alakjába. Centiméternyi mélyedést vágtunk a szíve helyére. Mi, fiúk, késekkel a kezünkben nagyszerűen mulattunk. Eszünkbe se jutott, hogy egymást bántsuk a bicskákkal, és még csak véletlenül sem sebeztünk meg senkit.

Akkoriban kezdtek el a helyi lakosok autókat vásárolni, először kicsi Fiatot, később pedig román Daciat. Nagyon drágák voltak ezek a járművek; egy család éveken, akár egy évtizeden keresztül takarékoskodott, hogy végre megvehessen egyet. Csak a módosabbaknak volt akkoriban autója. Erősen megkülönböztette az embereket az, hogy valakinek volt, vagy nem volt autója. Mi az utóbbi csoporthoz tartoztunk.

Hogy a járművet, legdrágább tulajdonukat, megvédjék az időjárás viszontagságaitól, a tulajdonosok ideiglenes garázsokat építettek. Közben valaki előállt még azzal az ötlettel is, hogy ruhaszárító köteleket feszítsenek ki az udvaron, ezért cölöpöket állítottak a földbe. Hamarosan a játékterünk garázsok, szemetes konténerek, vascölöpök, arra kifeszített acéldrótok és kiteregetett száradó ruhák dzsungelévé vált. Ami megmaradt számunkra, az is egyre nagyobb arányban lett betemetve a disznóvágás maradékaival és az ólból a rothadó fakerítésen át kiszivárgó sertésürülékkel.

Átköltöztünk az örmény templom zöldterületére. Viszonylag egész szépen rendben tartott udvar volt, sövénykerítéssel körülvéve; a kerten belül nyírfák és terebélyes bokrok nőttek, melyek között gyakran bújócskáztunk. Amikor otthonról elindultam, csak annyit kiáltottam a szüleimnek: „Megyek a templomudvarba!". Tudták jól, hogy a templomkertbe indulok. Nem bánták, mert örültek, hogy a friss levegőn mozgunk egész nap.

A város a középkorú Zoli bácsit alkalmazta a zöldterületek rendben tartására, és ehhez a templomkert is hozzátartozott. Zoli bácsi nagy dühvel kergetett el bennünket onnan, és azzal vádolt, hogy letapossuk a növényzetet. Akkoriban azt gondoltam, hogy Zoli bácsi egy gonosz ember. Évek múlva persze beláttam, hogy csak a munkáját végezte.

Mivel a templom udvarában nem játszhattunk, a régi játszóterünkben pedig már lehetetlen volt játszani, a társasházunkat a nagytemplomtól elválasztó utcán játszottunk tovább. Az utca rövid volt, viszonylag kis forgalommal. Körülbelül 10 éves lehettem akkor, parittyával, bicskával, kötelekkel, gumiszalaggal, elemekből kiszedett szénrudakkal és a parittyához szükséges kavicsokkal felfegyverkezve. A zsebeim buggyanásig tele voltak. Amikor szaladtam, a sok kacat koccant, zörgött és csilingelt a vékony testem körül.

Frana – egy román fiú, aki egy régi lerobbant házban élt a környéken – gumilabdára tett szert. Focizni kezdtünk. A labda nem volt igazán gömb alakú, inkább hatalmas tojásformája volt, de nekünk ez is megtette. Órákon át, gyakran késő estig rúgtuk a labdát. Nem voltam jó játékos, engem mindig utoljára válogattak be a csapatba, de nem bántam; a lényeg, hogy játszhattam.

Frana barátja, Cosar, aki tőlem valamivel idősebb, erős testalkatú fiú volt, odajött hozzánk egy délután.

– Láttad az új labdát? – kérdezte.

– Milyen új labdát?

– A sportboltba érkezett egy új labda, igazi bőrből készült.

– Valóban? Mennyibe kerül? – faggattam tovább.

– 82 lej – Cosar válaszolt.

A fejemben gyorsan kiszámoltam; ez ötször annyi volt, amit szüleim játékvásárlásra költöttek egy teljes évi költségvetésben. Rágógumi, a legrosszabb fajta, 25 bani volt – vagyis egy negyed lej. Egy lufi 50 baniba, és egy bicikli – amely minden gyerek legnagyobb vágya volt – 700 lejbe került. Tehát a labda a bicikli kilencedébe került. Már évek óta kerékpárért könyörögtem, de hiába. Kizárt dolognak tartottam, hogy szüleim egy bőr futballlabdát vegyenek nekem.

– Nézzük meg legalább! – javasolta Frana. Alacsony, vékonyka fiú volt, lyukas fogakkal. Gyors lába volt, ezért ő volt az egyik legjobb futballista a környéken.

Elsétáltunk együtt a sportüzletbe. A kisvárosok előnye, hogy bárhová elmehettünk szülői engedély vagy felügyelet nélkül. Néhány lépcső vezetett fel a szűk bolthelyiségbe, amely az impozáns örmény templomtoronyra nézett. Körülbelül 30 darab árucikk volt a polcokon, kívülről ismertem minden darabot. Volt egy pingpongütő – a legrosszabb fajta –, egy tollasütő – melynek gyenge húrjai között megakadt a tollaslabda gumifeje –, egy termosz, teniszcipő, súlyzó, gumikötelek és egy barna színű marokerősítő gumikarika. Egy háromlábú hokedlin ült Tanta Maria, az eladó. Görnyedt testtartása és arckifejezése elárulta, hogy messziről kerüli a sport bármely formáját.

Cosarnak igaza volt. Ott volt a vadonatúj focilabda a polc közepére kiállítva. Vastag bőrből készült, és a sliccszerű nyílás rajta egy vékony bőrszalaggal volt összefűzve. Ahogy Harry,

Ron és Hermione bámulta a Nimbus 2000 seprűt, mi legalább olyan rajongással néztük a labdát
- Sarut mana Tanti Maria! - köszöntem, ami annyit jelentett, hogy kezit csókolom, Tanti Maria. Így köszöntöttük az idősebbeket annak ellenére, hogy eszünk ágába sem állt valaha is megcsókolni a kezüket. Egy bólintással tudomásul vett bennünket. Nem mintha törődött volna vele, de tudta jól, hogy egyikünknek sincs elég pénze, hogy megvegye a labdát.
- Meg tetszene mondani, hogy miért van rajta egy nyílás?
- Ott teszik bele a bendőt - válaszolta -, gumibelsője van.
- Megérinthetjük?
Levette a polcról és elénk tette a pult közepére. Rátettük a kezünket, és mosolyogtunk. Frana szuvasodó fogai elővillantak. Felvettem a labdát és minden oldalról megsimítottam. Szabályos gömb volt. Tökéletes volt.

Egy vasárnap reggel udvaron dolgozó munkások zajára ébredtem. Leszaladtam, és kíváncsian figyeltem őket. Függőleges csövet fúrtak a földbe azon a megmaradt zöldterületen, amely a legszélső, egy keletre néző garázs és a szomszéd kerítése mögé esett; a disznóvágás leggyakoribb helyszíne és az ürülékkerítés közé. Vízszintes irányban egy hajtókar kapcsolódott a függőleges csőhöz, és az erős vágású férfiak a hajtókart körbejárták, és nyomást gyakoroltak rá mindkét oldalról.

Szilárd, a legjobb barátom ott állt mellettük.
- Mi történik, Szilárd? - kérdeztem.
- Fúrnak, nem látod?
- Mit keresnek?
- Honnan tudjam? Lehet még több disznószart - válaszolt ironikusan.

Megkérdeztem az egyik férfit, amikor szünetet tartottak: - Elvtárs, minek tetszenek fúrni?
- Hát nem látod te, vízért fúrunk.
- Vízért?
- Aha, tiszta ivóvíz.

Húha – gondoltam magamban. Milyen nagyszerű is lenne, ha tiszta ivóvíz folyna az udvarunkban. Nem kellene többet sorba állnom az Epreskert alján; 15 perc oda üres vödrökkel és hosszú fárasztó séta vissza a vízzel megtöltött vödrökkel, miután egy órát álltam sorban a város még megmaradt, egyetlen iható vízforrásánál, melyet a szennyezés még nem érintett.

Örömömben felszaladtam apámhoz a lakásunkba.

– Apa, kutat ásnak az udvarban. Ivóvíz fog folyni belőle.

– Ivóvíz? Nem hiszem azt, fiam – kételkedve válaszolt. Számomra édesapám volt a legokosabb ember a világon. Bármit mondott, az abszolút igazság volt. Legalábbis akkoriban. De most hinni akartam valamiben.

– Olyan mélyre fognak ásni, ahol a víz még tiszta.

– Fiam – mondta apám –, amikor gyerek voltam a Szamosból hoztuk a vizet, a várost átszelő folyóból. Minden reggel onnan hoztam egy vödör vizet. Anyám hagyta, hogy a homok az aljára leülepedjen. Ezt a vizet használtuk főzésre, ivóvíznek és minden másra. Az íze finom volt, természetes és egészséges. – Elhallgatott és a messzeségbe meredt. Képes volt arra, hogy a jelenből a múltba nézzen, a végtelenbe, egy távoli világba, amit én soha teljesen nem értettem, és amibe nem volt betekintésem. Pedig nagyon szerettem volna tudni azt, amit ő tudott, látni azt, amit ő látott. – Disznóhizladát építettek a folyó tőlünk fentebbi szakaszán, Bonchidánál, és ezzel tönkretettek mindent. A folyó sertésürülékkel és maradványokkal lett tele. Többet nem ihattuk a vizét. Utána gyárakat építettek Apahidánál, Szamosfalvánál és Kolozsváron. Az egész völgyet megmérgezték.

Valóban, a Szamos-folyóból származó csapvíz pisiszínű volt, íze pedig disznószar, foszfor, nitrát és nehézfémek keverékéből állt össze. Csak fürdésre és mosásra tudtuk használni.

– Dehát a kút a nagymama udvarában?

– Apám, miután visszajött a frontról, ásott egy kutat. Egy ideig jó volt a vize. Egészen jó. De tíz évvel ezelőtt az is bűzleni kezdett. – Reméltem, hogy apámnak most kivételesen nincs igaza. Talán egészen mélyen még lehet, hogy van egy szennyezetlen víztározó.

– Fiam, szaladj át Rudi bácsihoz! Vidd magaddal ezeket a könyveket! Cserébe odaadja neked a dobozt. Tudod, mit kell mondanod, ugye – az arca elkomorodott –, különben bajt hozol ránk. Bólintottam. Jól ismertem az eljárást. Már két éve az én szerepem volt. Rudi bácsi egy zsidó barátunk volt. Sári, a lánya a gimnáziumba járt. Apám a legjobb matektanár volt a városban, magabiztosságot és bölcsességet sugárzott. A diákjai imádták. Sokkal később értettem meg – amikor már én is gimnáziumba jártam, és engem is tanított –, hogy mennyire értett a szakmájához. De ekkor még csak felső tagozatos voltam; parittyázáson, bicskadobáláson és focizáson kívül nem sok minden más érdekelt. De igen. Még egyvalami: a bőrlabda. Arra nagyon vágytam.

Rudi bácsi háza felé sétáltam, ami a város parkja mellett állt. Apám rendszeresen tanított késő esti órákban. A kis lakásunkat gyakran látogatták plusz figyelemre szoruló diákok. Az apám ingyen tanította őket éveken át. Ahogy az élelmiszerhiány gondja egyre súlyosabbá vált, ételért tanított. Sári esetében ez disznóhús volt.

Szovjetunió körüli szatellitországok egy általánosan elfogadott rangsorban álltak egymással a keleti blokkban. Kelet-Németország és Csehszlovákia állt legfelül, mert utazhattak, volt élelmiszerük és tiszta vizük. Lengyelország és Magyarország a második szinten állt a ranglétrán. Ezután jött Jugoszlávia, Albánia és Bulgária. Legalsó szinten pedig Románia állt, mert folyamatos élelmiszerellátási gondokkal küszködött, alig volt tévéműsor, a mozifilmeket cenzúrázták, a levelezést ellenőrizték, és gyakorlatilag lehetetlen volt a külföldre való utazás. Az élelmiszerboltokban legtöbbször üres polcokat láttam, melyeken néha babkonzervet lehetett találni. Amikor nagy ritkán feltöltötték a polcokat, hosszú széles sorban kígyóztak a vásárlók a háztömb körüli utcákon.

Ha meg akarnánk becsülni, hogy hivatalosan hány tojást lehetett venni hetente – mondjuk tojás per hét TPH-indexet használva –, akkor a fővárosban, Bukarestben, ahol a központi irodák voltak, ahol a politikusok és miniszterek laktak, a kvóta körülbelül 15 TPH volt. Erdélyben, a fővárostól északnyugatra a Kárpátokon túl a TPH-t körülbelül 5-ben határozták meg. Kolozsváron, a tőlünk délre fekvő nagyvárosban 4 TPH-indexszel számoltak. A városunk körüli kis falvak TPH-indexe 3 volt, ahol a gazdák tyúkjai még akkor is tojtak, ha nem etették őket; magukról gondoskodtak, felkapirgálták a gilisztákat, és az ólak körüli trágyadombon talált ételmaradékokból táplálkoztak. A mi városunkban, Szamosújváron, azoknak a családoknak, akik kertes házban éltek és csirkét tartottak, a kvótájuk körülbelül 2 TPH volt. Nekünk, akik állam által épített betonépületekben éltünk, a TPH-számunk a nullához közelített. Azt gondolom, hogy akkoriban, nekünk volt a legalacsonyabb TPH-kvótánk egész Európában. Ami a húst illette, a helyzet ugyanolyan rossz volt.

Ha valakit megkérdezünk román nyelven, hogy tudna-e adni vagy eladni valamit számunkra, a nem szót használjuk a mondatban. Például – Ioan, n-ai o cigara? – azt jelenti, hogy „János, nincsen-e cigarettád?". Ez a mondatstruktúra nemcsak arra kérdez rá, hogy van-e az illetőnek cigarettája, hanem arra is, hogy hajlandó-e adni. Ha János nemmel válaszol, jelentheti azt, hogy nincsen cigarettája, de azt is, hogy van, csak nem akar nekünk adni.

Szóval, egy vékonydongájú elvtárs besétál az üres közértbe, és megkérdezi a túlsúlyos eladót, aki egy támlátlan széken ül: – Elvtárs, nincsen-e hús?

– Elvtárs, ebben a boltban nincsen tej. A velünk szemben lévőben pedig nincs hús.

Az elvtárs besétál a pékségbe. – Jó reggelt, elvtárs, nincs kenyere?

– De van. Háromféle.

– Háromféle? De jó! Milyen fajta kenyere van?

Megpróbáltam

– Van mai, tegnapi és tegnapelőtti. Melyiket óhajtja, elvtárs?
– Természetesen a mait.
– Akkor jöjjön vissza holnapután!

Rudi bácsi a helyi vágóhídon dolgozott. Az épületet úgy őrizték, mint egy börtönt. A hús hiánycikk volt. Amikor éjszakai műszakban dolgozott, valahogy ki tudta csempészni a sertéshúst. Soha nem mesélte, hogyan csinálta, hova rejtette a húst. Jobb, ha nem is kérdeztük. Az apám üzletet kötött vele. Sári matekóráiért sertéshúst kért. Én lettem erre a feladatra a kijelölt küldönc. A kapuhoz értem, és a betonteraszon keresztül beléptem.

– Rudi bácsi, elhoztam a matekkönyveket – kiáltottam hangosan, ahogy apám betanított erre.

Valóban, a táskám három könyvet tartalmazott: egy mértan- és egy algebrakötetet, de a legvastagabb kötet a differenciál- és integrálszámítás volt. Felesége, Rozi néni kedvesen üdvözölt. Beléptem a nagyszobába, mely egyszerre konyhaként és nappaliként szolgált. Rudi bácsi a kanapén feküdt, szunyókált. Hatalmas pocakja volt, homlokán mélyen ülő ráncok merőleges barázdái. A függőleges ráncok börtönrácsokra hasonlítottak, a vízszintes ráncok pedig a tó vizének a fodrozódását idézték. Az ingujja fel volt tűrve, megpillanthattam az izmos bal karjába tetovált kékes számokat. Mindig kíváncsisággal gondoltam rájuk. Akkoriban ő volt az egyetlen tetovált ember, akit ismertem. Lassan felállt, besétált a spájzba, és kihozta a fadobozt. Könyvformája volt, kemény borítású fedélutánzattal. Kinyitotta a pici reteszt, és egy újságpapírba csomagolt vastag hússzeletet tett bele. A zár egy megnyugtató kattanással becsukódott. A dobozt a táskámba süllyesztette.

– Légy óvatos! Tudod mit kell mondanod? – a fejével a szomszéd ránk néző ablaka felé bökött.

Bólintottam.

Épp indulni készültem, de visszafordultam.

– Rudi bácsi – kérdeztem –, miért tetszik disznóhúst enni? Hát nem tiltja azt az Ótestamentum?

Rudi bácsi közelebb lépett, és felém hajolt. Hatalmas arca elvörösödött, és a ráncai még mélyebbeknek tűntek.

– Gyuszika, mi, akik túléltük Auschwitzot, azt eszünk, amit akarunk.

Nagyot nyeltem, majd kiléptem. Ahogy távoztam, még egyszer hátrafordultam, és hangosan visszakiáltottam: – Köszönöm a matekkönyveket, viszem vissza őket apámnak. Viszontlátásra!

Aznap délután a munkások befejezték a fúrást, és felszereltek egy ideiglenes szivattyús pumpát a mélybe vezető csőre. Az udvarbeli gyerekek körbevették a munkaterületet, optimista várakozással telt meg a levegő. A négy férfi közül a legmagasabb kezdte el pumpálni a vizet, dolgoztatta a nehéz öntöttvas fogantyút. Rozsdásan nyikorgó, recsegő hangot hallatott az egymásnak csiszolódó két fémfelület. Sokáig pumpálta. Semmi se történt. A másik férfi is megpróbálta, de ugyanaz a nyikorgó hang, és ugyanúgy nem folyt víz.

– Kell egy kis víz, hogy a szivattyú beinduljon – szólalt meg a harmadik munkás. – Valaki menjen, és hozzon le vizet!

Egy kis idő múltán a nyurga Peredi egy széles szájú befőttesüvegben hozott le csapvizet. A víz sárga volt, akár a vizelet. A munkás a pumpa tetejéről lecsavarta fedőt, a nyílásba öntötte a vizet, majd nagy erővel pumpálni kezdett. Más volt a hangja, mint az előbb, nedvesebb; a rozsdás nyikorgást egy sutyorgó, csúszó hang váltotta fel. Megindult a csapból a víz. Éljeneztünk. A magas férfi a befőttesüveget a csap alá tartotta, megtöltötte vízzel, lötyögtette és a földre öntötte. Még egyszer megtöltötte az üveget, és belekortyolt. Visszafojtott lélegzettel figyeltük. Összeráncolta a szemöldökét, és a földre köpte az egészet.

– Még pumpálni kell, hogy kitisztuljon a cső.

Egy alacsony, cingár férfi vette át a szivattyúzást. Popeye rajzfilmfigura-szerű izmos alkarja volt. Erősen dolgoztatta a szivattyút. A löketekben buggyanó vízsugár átvette a szivattyúzás ritmusát. Mindnyájan megkóstolták, kiköpték, szivattyúztak és újra megkóstolták, kiköpték. Ez így ment egy órán keresztül. Majd felszedelőzködtek, és leforrázva elmentek. Mi, gyerekek, vettük át a szivattyúzást. A nyersvasillatú fogantyú rozsdás volt és nehéz. Egyszerre két gyerek tudta csak lenyomni a pumpa karját. Körbeadtuk a befőttesüveget, sorban ittunk belőle és sorban köptük ki. Becsuktam a szemem, amikor rám került a sor; tőlünk északra fekvő Radnai-havasokból folyó patak kristálytiszta vizét láttam magam előtt. Elképzeltem, hogy újra az ottani forrásvízből iszom. Belekortyoltam a piszkos vízbe. Mintha egy terhes koca pisált volna egy vödör csapvízbe, olyan volt az íze.

Besötétedésig pumpáltunk. A gyerekek egyenként hazakullogtak. Már csak Szilárd és én maradtunk ott. Felváltva pumpáltunk, az alsókarom már elzsibbadt a fáradtságtól. Még mindig reménykedtünk, hogy a víz előbb-utóbb kitisztul. Végül meghallottam apám füttyjelzését.

– Mennem kell – mondtam Szilárdnak.

Apám a lépcsőház bejáratánál várt.

– Igazad volt, apa – jegyeztem meg csalódottan.

Hatalmas tenyerét a fejbúbomra tette. Nem mondott semmit, csendben felbaktattunk a kis lakásunkba.

Minden negyedik évben cserebogarak – vagy románul carabusok – özönlötték el városunkat. Úgy hallottam, hogy miután a nőstény a petéket a talajba rakja, négy évbe telik, míg azok kifejlődnek. Minden negyedik év májusában cserebogarak milliói jelentek meg, nekiestek a termésnek, és megették azt keveset is, ami egyáltalán nálunk megtermett. Az olimpiai játékokkal szinkronban özönlötték el a várost. Ebben az évben a játékokat Münchenben rendezték meg. Négy évvel azelőtt még csak hatéves voltam; nem igazán emlékeztem a cserebogárinvázióra. Az idén rekordszámban jelentek meg a kártevők, legalábbis az öregek elmondása szerint. Dióhéjra emlékeztető formája volt a négycentiméternyi hosszú bogaraknak. Kissé áttetszőek voltak a merev, datolyaszínű szárnyfedők. Potrohuk alja fekete volt, fehér cikkcakkban futó csíkokkal. Izmos lábukon karmok voltak. Alacsony frekvenciájú búgó hangot adtak ki repülés közben. Lassan repültek, ezért akár reptükben el lehetett őket kapni. Dézsmálták a terményeinket, megszállták a gazdaságokat. Nem ismertünk irgalmat, elkezdődött a háború; mi a bogarak ellen. A megszállás első napjaiban csupán a viselkedésüket tanulmányoztam. Az egyiknek a hátsó lábát cérnával egy ághoz kötöztem, és a fejem fölé tartva figyeltem, ahogy fáradhatatlanul repül körbe-körbe. Ezután két cserebogarat kötöztem egymáshoz és elengedtem őket. Különös mintában, himbálózva repültek egymás körül, és valahogy sikerült a levegőben maradniuk anélkül, hogy falba ütköztek volna. Ezután egy hosszabb cérnával tíz bogarat kötöztem egymáshoz. Azt reméltem, hogy egy rendezett sort alkotva elrepülnek, mint a vadlibák. De nem ezt történt. Összeütköztek nagyon hamar, és egymás hegyén-hátán a földre zuhantak. Széttapostam őket, hogy enyhítsem a szenvedésüket.

Mi, az udvarbeli fiúk, teljesen el voltunk foglalva a kártevőinvázióval. A zsebeink tele voltak élő és holt cserebogarakkal. A bogarak a földön araszoltak éjszakánként, az utcai lámpa fénye vonzotta őket. Amikor elérték a lámpaoszlopot, felmásztak a villanykörtéig. Néhány lámpaoszlopot teljesen elfedtek, ahogy lassú zarándoklatban haladtak az izzó fényben égő bogármenyország felé.

A környéken volt egy szűk utca, amelyet csak sikátorként emlegettünk. Téglafal volt mindkét oldalán, és egy kátránnyal bekent fa lámpaoszlop állt a közepén. Cserebogarak hemzsegtek rajta. Tökéletes célpont volt a parittyázásra, mivel semmi ablak nem nézett erre az utcára. Órákon át céloztuk őket. Olyan pontosan céloztam, hogy öt próbálkozással már kinyírtam egy bogarat. Ez átlagon felüli teljesítmény volt. A tejgyárból csempészett gumikesztyűkből készítettem a parittyámat. Párhuzamos vonalakat rajzoltam a gumikesztyűre, és a legélesebb ollóval, amit találtam, egyenlő szélességű szalagokat vágtam ki belőlük. Nagyon fontos volt, hogy minden vágásnál az olló élét pontosan a bemetszéshez igazítsam, különben bajuszalakú hasítékokat vágtam a szalagba. Ezeknél a hasítékoknál beszakadt az anyag, és előbb-utóbb átszakította a gumit. Nővérem segített a gumiszalagokat a parittya fanyeléhez – vagyis krákjához – kötni, és a bőrpántot a végükhöz hozzáerősíteni. Nem hiszem, hogy valaha is mondtam volna ezt neki, de nagyon sokat jelentett a segítsége. Én és a kiváló minőségű parittyám. A környék egyik legjobb mesterlövésze voltam.

A város moziépülete mellett laktunk, melynek oldalában egy fakult hirdetőtábla állt. Egy plakát jelent meg rajta, kissé félrecsúszva, ferdén ráragasztva. Így szólt: „Gyűjts egy kilogramm cserebogárszárnyat, ezért jutalomul kaphatsz egy bőrfocit!". Alatta ott volt a cím, ahova az összegyűjtött cserebogárszárnyakat lehetett leadni.

Felszaladtam Szilárd lakásába.

– Gyere, ezt meg kell nézned!

Leszaladtunk a mozihoz, és együtt bámultuk a felhívást. Nem hittünk a szemünknek. Ha bárkinek is esélye volt ebben a városban megnyerni a labdát, azok mi voltunk. Elszaladtunk Franához és Cosárhoz, és rögtön beálltak. Ezután Mariushoz mentünk. Rendes srác volt, szeretett focizni, de a cserebogáröldöklés nem érdekelte. Viszont a bőr focilabda lehetősége őt is izgalomba hozta. Ő volt a legsportosabb fiú közöttünk, mindössze három ugrással képes volt átjutni az úttesten. Gilut is megkerestem. Nálam idősebb volt, lusta és kellemetlen srác. Nem szerettem, mert nem tartotta be a szabályokat, de szükségünk volt mindenkire, aki csak számba jöhetett. Május közepe volt, hosszú, meleg estékkel. Szürkületkor Marius megérkezett egy vasvödörrel, és ahogy a bogarak rajai megjelentek, a bandánk belefogott az irgalmatlan öldöklésbe. Tapostuk, csapkodtuk, ütöttük a bogarakat, mintha az életünk múlott volna rajta. Először parittyával lőttem őket, de végül a puszta kezemmel hatékonyabban dolgoztam.

Kitéptük a szárnyakat és a vödörbe dobáltuk. Az áttetszően barna, enyhén ívelt, erezett szárnyak műkörömalakúak voltak. Láttam, ahogy Cosar bedobott egy kitépett szárnyat, amelyen rajta volt még a bogár porca és izomrostja – nem tépte ki elég precízen.

– Cosar, tisztítsd meg, mielőtt a vödörbe dobod!
– Bánom is én! Csak szárnyak. Nehogy már egyenként ellenőrizzék őket!
– Jobb, ha csak szárnyak kerülnek bele. Különben lehet, hogy nem veszik át, és akkor labdánknak is oda.

Meghúzta a vállát, és letépte a szárnyról a porcot. Estére már egy vékony réteg kitépett szárny borította a vödör alját. Szilárd a hosszú vékony karjával megemelte.

– Mit gondolsz, mennyit nyom? – kérdeztem.
– Nem tudom, talán 100 grammot.

Akkor már csak tízszer ennyit kell gyűjtenünk. Megvalósítható.

Az öldöklést napokon át folytattuk. Marius magánál tartotta a vödröt éjszakánként, és másnap este újra összejöttünk, hogy folytassuk a vadászatot. Egy tízliteres galvanizált pléhvödör volt, és két szegély futott rajta körbe, melyek körülbelül az űrtartalom kétharmadát jelölték. A hetedik estére a csapat már sokkal fegyelmezetlenebbül dolgozott. Frana elment focizni a tojásformájú nylonlabdájával. Cosar megjelent egy órára, öldökölte a bogarakat, de utána eltűnt. Talán valahol a bokrok között cigarettázott. Próbáltam lelkesíteni a csapatot: – Gyerünk fiúk, csak az alsó szegélyt kell elérnünk, biztos, hogy az lesz már egy kiló!

Újult szenvedéllyel folytattuk a mészárlást. A magas Peredi is csatlakozott. Igazán nem érdekelte a foci, bélyeggyűjtő volt, akárcsak az apja, de mégis, ahogy közeledtünk a biztos sikerhez, ő is része akart lenni. Még két napig gyűjtöttük a szárnyakat. Már annyira profi voltam, hogy egyszerre tudtam két bogárnak a szárnyát kitépni; egyik kezem az egyik bogárról, másik a másikról szakította. Végre elérte a szárnyhalom a vödrön levő alsó szegélyt. Legalább százezernyi szárny van ebben a vödörben – legalábbis ezt gondoltam.

– Most mi lesz? – kérdezte Marius.

Bámultuk a vödröt; hét fiú, poros arccal, koszos kezekkel és a sötét estében kitágult pupillákkal.

– Anyámnak van egy konyhai mérlege – szólalt meg Peredi.

– Mérjük le!

Megragadta a vödröt, és mindnyájan felbaktattunk a negyedik emeletre. Peredi anyukája magas, csinos nő volt. Hangja halk, arca szép volt, de szomorú volt a tekintete. Belépett az éléskamrába, felnyúlt a legfelső polcig, ahonnan levette a mérleget. A mérlegen acélserpenyő és csúsztatható súly volt, karján pedig számozott jelölések. Körbeálltuk az asztalt. Hét koszos fiú és egy magas nő. Levette az acélserpenyőt, és csavargatta a mérleg gombját.

– Mit csinál? – súgtam oda Mariusnak.

– Szerintem kalibrálja.

Nem tudtam mit jelent, de bólintottam.

Peredinééelővett egy műanyag zacskót és a földre tette. A konyha kicsi volt, alig fértünk el benne. A zacskó száját nyitva tartottuk neki, és ő beleöntötte vödör tartalmát. A barna szárnyak úgy ömlöttek a szatyorba, akár egy tajtékzó, sáros vízesés. Ezután rátette a zacskót a mérlegre. A szatyor széle kilógott a mérleg oldalán, és az asztalig konyult. Peredinééaddig igazgatta és hajtogatta, amíg a zacskó teljes tartalma a mérlegre nem került. Megigazította a csúsztatható súlyt. Az 1 kilogramm beosztáshoz húzta, de a súly így túl nehéznek bizonyult. Ezután a 700 grammra állította. Ha lesz 700 gramm, akkor már nagyon közel vagyunk, még három napi vadászat, és elérhetjük a célt. Még mindig súlyos volt így. Odahúzta a félkiló bemetszéshez, a mérleg még mindig nem billent. Ezután lejjebb húzta a 300 grammhoz, majd a 200 grammhoz és végül 100 grammhoz. Kevéssel a 100 gramm alatt a mérleg végre egyensúlyba került.

Látszott rajtunk a csalódottság.
- Sajnálom, fiúk - mondta Perediné.
Visszaöntötte a szárnyakat a vödörbe. Leforrázva bandukoltunk lefelé a sötét lépcsőházban. Marius vitte a vödröt. Koromsötét volt odakint, messze voltunk a két távoli lámpaoszloptól.
- Mit csináljak a szárnyakkal? - kérdezte Marius.
- Nem érdekel - vontam meg a vállam - csak borítsd ki valahova!
Hazamentem.

Rúdugrás, Szamosújvár, 1972 augusztusa

fordította: Eck Péter

„A következő versenyző Bob Seagran, Egyesült Államok" – közölte a sportkommentátor. Rá voltam tapadva a tévéképernyőre. Az Egri család nappalijában ültünk. Ők azon kevesek egyikei voltak, akiknek volt tv-készülékük. A tévé kerete vajszínű műanyagból készült. Egri néni csipkés kézimunkával takarta le, és porcelánfigurák gyűjteményét helyezte a készülék tetejére. Egy balerina, egy angyal és egy ütött-kopott bőröndön ülő részeg ember. Apám az Egri család fiának, Istvánnak, volt a tanára, és voltak olyan kedvesek, hogy időnként megengedték, hogy náluk tévézzünk. Nekünk nem volt tévénk; a szüleim szigorúak voltak ezt illetően. Olvasás igen, tévé nem. Nem mintha lett volna pénzünk tévére. De időnként meglátogattuk a nagyszüleimet, vagy mint jelen esetben az Egri családot, hogy megnézzünk néhány emlékezetes eseményt, mint például a Holdra szállást három évvel korábban.

„Bob Seagren, a 68-as mexikóvárosi játékok aranyérmese 530 centiméteres ugrással próbálkozik."

A kamera végigpásztázta a pályát, és ráközelített a sportolóra. Egy magas, fiatal férfit láthattunk, hosszú haja eltakarta a fülét. Könnyedség sugárzott belőle, ahogy a kezében tartott rudat igazgatta. Elegánsnak, nyugodtnak, jóképűnek tűnt, éppolyannak, mint egy filmsztár. Jobb karját messze hátranyújtva megragadta a rúd fehérre tekert végét, bal kezével pedig maga előtt fogta. Egy kicsit felemelte a rúd hegyét, majd futni kezdett egyre gyorsabban és gyorsabban. A pálya végén határozott mozdulattal leszúrta a rudat, és ahogy az ijesztő ívben meggörbült, a testét messze a magasba emelve átrepült a léc fölött, majd a süppedő szivacsban a hátára esett. Hűha – gondoltam magamban. Visszajátszották lassítva. Magamba szívtam a domború, vastag üvegből készült képernyő minden fehér és szürke képpontját. Ahogy futott, a haja hullámzott a szélben. A teste fel-le mozgott minden egyes lépésnél, de valahogy mégis ugyanazon a szinten tudta tartani a rudat. Ezután lassan leszúrta a rudat, és előrevetette a lábát – fejjel lefelé volt néhány pillanatig, lába az ég felé mutatott, eközben izmos karja átdobta őt a léc felett. Esés közben lassan megfordult; elegánsan esett. A végén a puha párna elnyelte az egész testét. Gyönyörű volt.

Lenéztem a karomra. Tízéves voltam, nem kisgyerek már, de még évekkel a kamaszkor előtt. A karom vékony volt, alig volt rajta izom. Olyan akaratam lenni, mint Bob Seagren. Izmos akartam lenni, erős és jóképű. Eldöntöttem, hogy rúdugró leszek.

Másnap felmentem az Epreskert-hegyre. A kommunizmusban élés egyik előnye volt, hogy gyermekrablás nem létezett. Mégcsak szavunk sem volt rá. Hogyan és miért rabolna el valaki egy gyereket? Hová rejtené el az emberrabló a gyereket? Minden lakás kicsi volt, és a falak is vékonyak voltak; a szomszédok mindent tudtak egymásról. A pletykák burjánzottak. Nem voltak titkok. Ez azzal járt, hogy a gyerekek szabadon bolyonghattak. Már kiskoromtól kezdve egyedül mehettem fel a hegyre és az erdőbe. A bicskám a zsebemben volt, a parittyám a nyakamban lógott. Addig keresgéltem, amíg találtam egy kőrisfát. Az erdő csak néhány évvel volt idősebb, mint én – apámnak nagy szerepe volt a kopár domb erdősítésében, ami éppen a születésem előtt fejeződött be. Mostanra az erdő fái gyorsan és magasra nőttek. Többnyire fenyőfák, közöttük kőrisfák. A kőrisfák a gyorsan növő fenyőkkel versenyeztek a napfényért; emiatt hosszú, egyenes és magasra nyúló ágaik voltak, melyeket tökéletesnek találtam a rúdugráshoz. Találtam egy megfelelő ágat, és nekiestem a kis zsebkésemmel. Fél órába telt kivágnom; a jobb kezem vérzett, mire sikerült átmetszenem. Levágtam az oldalágait, és körülbelül a magasságom kétszeresére rövidítettem. A rúd hengeres és egyenes volt. A vágásnak friss, enyhén savas szaga volt.

Hazamentem a lakótelepünkre, és gyakorolni kezdtem a közös udvaron. Nem volt könnyű. Amint a rúd végét a földbe szúrtam, az előre csúszott. Később a késemmel kihegyeztem a végét ezért, hogy a földbe tudjam szúrni. Ez egy kicsit segített, de még mindig alig tudtam felemelkedni. Ha a rúd végébe kapaszkodtam, nem tudtam magam felhúzni, mert túl hosszú volt. Ha a rúd közepét markoltam meg, akkor fel tudtam ugrani, de a magasság, amit a rúddal nyertem, siralmas volt. Megpróbáltam fejben visszajátszani az olimpikonok mozdulatait. Ez nehéz lesz – gondoltam magamban.

Fazekas Szilárd, a legjobb barátom lejött az udvarra. Magas volt, vékony, és mindig vigyorgott.

– Mit csinálsz? – kérdezte.

– Rúdugró leszek – válaszoltam.

Szilárd tele szájjal nevetett. Őszinte zsigeri nevetés volt, ami félúton egy szamárbőgésre váltott, majd köhögések és csuklások sorozatába torkollott. A kezével a lapos hasát fogta.

– Nem kellene neked akkor egy matrac, hogy felfogja az esésedet?

– De igen.

– És honnan fogsz matracot szerezni?

Ezen tanácstalanul elgondolkodtam.

– Szerzek papírzsákokat, és megtöltöm összegyűrt újságpapírokkal – válaszoltam neki.

Ismét nevetni kezdett, ezúttal egyik kezével a hasát, a másikkal az ágyékát fogta.

– Mindjárt bepisilek a nadrágomba! – s ezután még mindig nevetve és köhögve megfordult, majd visszasétált a lakóházuk irányába.

Zavarban éreztem magam. Honnan fogok papírzsákot vásárolni? Úgy gondoltam, hogy körülbelül két réteg zacskóra lesz szükségem, minden egyes rétegben nyolc zacskóval, kétszer négyes elrendezésben. Ez tizenhat zacskót jelent. Egy zsák két és fél lejbe kerül, ez összesen negyven lej, ami a fele annak a bőr focilabda árának, amely még mindig használatlanul állt a sportbolt polcán. Soha életben nem lesz ennyi pénzem. Úgy kalkuláltam, hogy ha sikerülne megvenni a papírzsákokat, és az összes használt újságpapírt összegyűjteném a lakótelepen, akkor a labdába gyűrt újságpapírokkal meg tudnám tölteni a zsákokat. Ezek a papírzsákok több réteg barna papírból készültek. Elég strapabíróak voltak. Krumpli, homok és cement szállítására is használták őket. Arról még nem volt elképzelésem, hogyan lehetne ezeket az újságpapírral megtöltött zsákokat lezárni, de gondoltam, ezt később is kitalálhatom. Most készpénzre volt szükségem a zsákok megvásárlásához.

A kormány lottószelvényeket árult, azonnali készpénznyerési lehetőséggel. „Loz-in-Plic" -nek nevezték ezeket a rövid, téglalap alakú, többszörösen összehajtott szelvényeket, aminek az egyik végét gyűrűs szegeccsel lyukasztották át. Még a legreménytelenebb gazdasági időkben is a Loz-in-Plic árusok forgalmas utcasarkokon álltak egy hatalmas acélgyűrűvel, amiről százasával lógtak le a jegyek, akár egy ősi maja nyaklánc díszei. Soha nem vettem még jegyet, soha nem volt rá pénzem. Időnként ott álltam az árusok mellett és figyeltem azokat, akik szelvényeket vásároltak. A legtöbben nem nyertek semmit. Ritkán előfordult, hogy valaki egy olyan jegyet kapott, amelynek pénznyereménye 2 lej volt, mely a vételárat fedezte. Hallottam persze olyan történeteket, hogy valaki száz lejt nyert; ez hatalmas összeg volt akkoriban.

Támadt egy ötletem. Mi lenne, ha a lottózás helyett, megtervezném a saját lottójátékomat, és a pénzt a lottójegyeim eladásával keresném meg? Ha a kormány megteheti – gondoltam –, akkor miért is ne lenne nekem is szabad ugyanezt tennem? Pár napba telt, amíg kigondoltam a nyereményeket és a nyerési sémát. Ha minden jegyet öt baniért adok – ami egy lej öt százaléka –, akkor adhatok egy tizenöt banis nyereményt minden ötödik eladott szelvény után. Akkor minden ötödik szelvény után tíz bani nyereségem lesz. Ez két bani profitot jelent minden egyes szelvény után. Kétezer jegyet kell eladnom, hogy elegendő pénzt keressek a zsákok megvásárlásához. Úgy számoltam, hogy körülbelül ötven gyerek lakhat a lakótelepünkön. Nem, ez túl sok jegy, nem leszek képes ennyit eladni. Úgy döntöttem, hogy csak minden tíz szelvény után lesz egy nyertes. Így minden tizedik eladott szelvény után harmincöt bani nyereséget tudok elérni, ami három és fél bani szelvényenként. Ez azt jelentette, hogy valamivel több mint 1000 szelvényt kell eladnom. Ez már egészen ésszerű üzleti tervnek tűnt.

Fogtam egy fehér papírlapot, és elkezdtem megrajzolni a jegyeket. Vonalzót és hegyes ceruzát használtam. Jó voltam rajzból – sokkal jobb, mint rúdugrásban –, de reméltem, hogy majd hamarosan ez megváltozik. Megrajzoltam a szép téglalap alakú jegyeket, melyeket egy ollóval vágtam ki utána.

Édesapám a Szabad Európa Rádió adását hallgatta. A rádióadás hol bejött, hol nem, legjobb esetben is erős háttérzajjal, sípoló hanggal és helyenként morzejelekkel – a román hatóságok tipikus zavarásával.

– Nem hiszem el! – hallottam apámat felsóhajtani.

– Mi történt? – kérdeztem.

– Csitt, maradj csendben! – hajolt közelebb a rádióhoz, és óvatosan tekergette a hangológombot, hogy próbálja megkerülni a zavarást. – Az izraeli sportolókat elrabolták az olimpián – mondta.

Fogalmam sem volt, hogy az emberrablás szó mit jelent, de rossz érzés fogott el.

Két délután gondos munkájába telt, míg elkészült az első adag nyerevényszelvényem. Kivágtam 120 darab papírszelvényt, és abból egy tucatnyit felcímkéztem. „NYEREMÉNY 15 BANI" felirat került néhány szelvényre, majd a többi 108 szelvényre

"NEM NYERT" feliratot írtam, ami románul úgy hangzott, hogy necastigator. A zsebkésem pengéjének tompa oldalával párhuzamos gyűrődéseket készítettem minden egyes szelvényen, majd óvatosan hosszú téglalap alakúra hajtogattam őket. Ezután minden egyes jegyet három részre hajtogattam. Ezután jött a neheze: a szelvény egyik végének a másikba illesztése. Gyűrűt csináltam belőle, majd egy téglalap alakú instant lottószelvénnyé lapítottam. Ezután minden szelvényre ráírtam a „LOZ-IN-PLIC" szót. Arra gondoltam, hogy az olimpiai köröket is rájuk rajzolom, de túl sok munkának látszott, ;s végül elvetettem az ötletet. Elégtétellel néztem az alkotásomat.

Már csak egy dobozra volt szükségem.

Kiskorom óta kalciumhiányban szenvedtem. A mellcsontom a szokásosnál jobban előreállt. Nem számított, hány fekvőtámaszt csináltam kétségbeesett próbálkozásomban arra, hogy olyan mellizmokat növesszek, mint sok osztálytársamnak is volt – a mellkasom közepén lévő kiálló csont elrejtett minden kis izmot, amit sikerült felépítenem. Sokkal több lyukas fogam volt, mint másoknak; néhány fogam már pár hónappal a kibújása után szuvasodni kezdett. A szüleim igyekeztek kalciumkiegészítőket adni, amikor csak hozzájutottak. Homályos emlékeim vannak arról, édesapám tojáshéjakat egy vászonzsákba gyűjtötte, amit egy kampóra akasztva az apró konyhánk falán lógatott. Körülbelül ötéves lehettem akkoriban. Egy kalapáccsal ütni kezdte ezt a zsákot, hogy a tojáshéjakat összetörje benne, majd egy kanálnyi pelyhes, fehér anyagot kikanalazott a zsák aljából, és arra kényszerített, hogy megegyem. Úgy nézett ki, mint a homok, de az íze még annál is rosszabb volt. Évekkel később elérhetővé váltak a rózsaszín szemcsés, édes, gyümölcsös ízű kalcium- és D-vitaminkiegészítők. Sokkal jobb volt az ízük, mint a tojáshéjnak. Egy magas, szögletes dobozban árulták ezt, és még volt egy a szekrényben belőle. Kitéptem a belső zacskót, amelyben ott volt néhány apró, rózsaszín szemcse. Tökéletes doboz, megfelelt az igényemnek. A lottószelvényeket beletettem. Ha sikeresen eladom őket, négy lej hasznot hoznak majd nekem. Ez a végső célomnak, a negyven lejnek az egytizedét jelentette volna.

A játszótér három oldalról lakóházakkal volt határolva. Minden lakás aprócska volt, nem volt hely a gyerekeknek játszani. Így a legtöbb gyerek az udvaron töltötte az időt; jellemzően húsz vagy annál több gyerek volt egyszerre az udvaron. Ha esett az eső, a gyerekek az épületek betonlépcsőházaiban játszottak.

Az ég szürke volt, szemerkélt az eső. Nem láttam gyerekeket. Még mindig optimistán megálltam az egyik sarkon, a lakóház ferde, agyagcseréppel fedett teteje alatt. A dobozt szorosan a mellkasomhoz szorítottam, hogy ne ázzon el. A percek teltek el, aztán fél óra. Végül Frana jelent meg, egy csúzlival a kezében.

– Mit csinálsz azzal a dobozzal? – kérdezte.

– Lottójegyeket árulok. Akarsz egyet? Öt bani darabja.

– Miért vennék egyet? – kérdezett vissza.

– Tizenöt banit nyerhetsz, ha szerencsés vagy. Megbillentettem a nyitott dobozt, hogy megmutassam neki a halom szépen összehajtogatott, fehér lottószelvényeket.

– Áh, nincs pénzem – mondta magától értetődően. A jobb zsebe kidudorodott. Tudtam mi volt benne, egy csomó folyami kavics, amit a közeli építkezés sóderhalmából gyűjtött össze. Muníció a parittyához. Az eget fürkészte, hátha talál madarakat, amelyekre rálőhet. Továbbment. Én meg maradtam.

Egy órával később elállt az eső, és sétáltam egyet a három épület körül. Hangokat hallottam a szomszédos épületek lépcsőházaiból. Odabent Peredi, egy magas fiú ült a betonlépcsőn, és bélyeggyűjteményét mutogatta két fiatalabb lánynak.

– Akartok-e venni néhány lottószelvényt? – szégyenlősen félbeszakítottam őket, és megmutattam nekik a nyitott dobozt.

Az egyik lány rám nézett, megvonta csontos vállát, és visszanézett a bélyegekre. Folytattam a kószálásomat. Messziről hallottam egy mentőautó összetéveszthetetlen szirénáját. Aztán egyre közelebbről és egyre hangosabban. Láttam a villogó, vörös fény visszatükröződését a főút túloldalán álló régi barokk épület homlokzatán. A mentőautó egy éles jobbkanyart vett, majd egy második jobbkanyart, és megállt az épületünk előtt; egy lépcsőházzal a miénk mellett. Két mentős kiszállt, és egy rozsdás keretes hordágyat húztak ki a kocsi hátuljából, majd felsiettek a lépcsőn. Percekkel később visszatértek a hordágyra szíjazott Pali bácsival. A mentősök hevesen kapkodták a levegőt, mert Pali bácsi nagydarab ember volt, szakmunkás a helyi bútorgyárban. Az arca sápadt volt, a feje oldalra billent. Teri néni, a felesége a lassan érkező hordágy mellett sétált, pánikkal az arcán. Távolról és némán figyeltem, ahogy a mentőautó elhajt. Egyedül álltam ott. Néhány perc múlva Szilárd lejött. Gyakran vidám és mosolygós arca most élettelen volt.

– Mi történt?

– Az öregem lebénult – mondta rekedt, száraz hangon.

– Miért?

– Úgy tűnik, agyvérzést kapott.

– Mi az az agyvérzés?

– Nem igazán tudom, valami baj lett a fejével – s ezután egy darabig némán néztünk egymásra.

– Mi van a dobozban? – kérdezte kis idő múlva.

– A lottószelvények, hogy pénzt gyűjtsek a rúdugró matracomra – közben felé billentettem a nyitott dobozt.

Belekukkantott.

– Hogy megy az eladás? – Nem volt szarkazmus a hangjában. Csak mély szomorúság.

– Egyet sem adtam el – vontam meg a vállam. Ő bólintott.

– Van valami, amiben segíthetek? – kérdeztem bizonytalanul.

– Nem, nem hiszem.

– Majd szólj, rendben? – Szilárd bólintott, megfordult és visszasétált a lépcsőházba. Én pedig átbandukoltam a mi oldalunkra és hazamentem.

Édesanyám vasalt, apám figyelmesen hallgatta a Szabad Európa Rádiót.

- Pali bácsi kapott...
- Sss, maradj csendben! – szakított félbe apám, miközben közelebb hajolt a rádióhoz. Recsegő hangon, statikus zörejekkel, madárcsicsergéssel és morzejelek zavarásával hallottam a hírbemondót: "Tegnap este tizenegy órakor a német rendőrség rajtaütött a palesztin emberrablókon. Az ezt követő lövöldözésben kilenc izraeli sportoló és egy német rendőr halt meg." Ezután még több statikus zörej következett. Apám óvatosan forgatta a hangológombot. A hang visszajött: "... öten közülük egy helikopterbe dobott gránát által..." – majd még több statikus hang – "... a palesztin géprablók közül ötöt lelőttek a német rendőrök. Avery Brundage, a NOB elnöke ma rövid nyilatkozatot tett, amelyben közölte, hogy ideiglenesen felfüggesztette az olimpiai játékokat."

Fájdalmas görcsöt éreztem a gyomromban. Bezárkóztam az apró fürdőszobánkba, és leültem a vécére. Csak ültem ott, székrekedten. Belenéztem a dobozomba, a szépen összehajtogatott fehér sorsjegyekre. Becsuktam a doboz fedelét, és bedobtam a szemetesbe. Bámultam az arcomtól centiméterekre lévő zöld falat. A szemem könnybe lábadt. Összeszorítottam a szemhéjamat. Két meleg könnycsepp pottyant a csupasz combomra.

Sütő Gyuszi

Lőszerek, Szamosújvár, 1973

Fordította: Jurecska Attila

Anya – kiáltotta Kriszti –, Gyuszi golyókat rak a tűzbe! Igaza volt. Épp befejeztem a három géppuskatöltény nylonzacskóba való csomagolását. Kriszti egy tőlem fiatalabb szomszéd fiu volt. Messziről figyelte, ahogy a fóliát a töltények köré tekertem, majd a csomagot a tűzbe helyeztem. Úgy irányítottam, hogy se felém, se Krisztire, se a nagyszüleim házára ne nézzenek a töltények. A csomag a tűz szélén hevert, de néhány parázsdarab közelségétől a műanyag fólia lassú olvadásnak indult. Elhátráltam a tűztől. Azt gondoltam, mikor az felrobban, a golyók majd jobbra repülnek, az elhasznált hüvelyek pedig balra. Szemrebbenés nélkül figyeltem a csomagot; nem akartam elszalasztani a robbanás pillanatát.

A szemem sarkából láttam, amint apám rohan felém, belenyúl a tűzbe, elkapja a műanyag burkolat még meg nem olvadt sarkát, és az egészet messzire, a nyílt mező felé dobja. Néhány másodpercbe telt, mire lélegzethez jutott. Csak álltam ott, dermedten és leleplezve.

– Miért tetted ezt? – kérdezte szigorú hangon. Éreztem, hogy arcom elvörösödik.

– Meg akartam nézni, hogyan robban fel – mondtam zavartan. Apám ritkán ütött meg, de most pofonvágásra készültem.

– Ez veszélyes, fiam! – mondta.

– Dehát elfordítottam magamtól a golyókat – a szavak rekedten jöttek ki a kiszáradt torkomból. Apám határozottan megragadta a karom, és elvezetett szülei házának cementburkolatú hátsó udvarába. A tettemről szóló hír gyorsan terjedt. Nagyapám abbahagyta a fagyalulást a ház melletti asztalosműhelyében. Nagymamám abbahagyta a főzést. Mind a küszöbhöz jöttek, és felháborodva néztek rám.

– Gyuszika, mit tettél? – kérdezte nagymamám. Lehajtottam a fejem, az arcom még vörösebb lett.

– Tudod, hogy meghalhattál volna? – tette hozzá nagyapám. Bólintottam, miközben a lábujjaimat néztem.

– Ajaj – rázta meg a fejét döbbenten nagymamám. – A fiúk és a robbanóanyagok!

És mennyire igaza volt. Az elmúlt három évben a barátaimmal nagyon sokat játszódtunk a tűzzel. Gyufásdobozok voltak a zsebünkben, és titkos helyekre is eldugtuk őket. A foszforhegyet lekapartuk a gyufákról. Ez volt a mi vörös lőszerünk, aminek magas volt az utcai értéke. Egy vörös robbanóporral teli gyufásdobozért kapni lehetett akár egypár parittyagumit is. Jó gumit nehéz volt beszerezni, de annyi piros por összegyűjtése, hogy a gyufásdobozt megtöltse, több száz gyufafej levakarását igényelte; legalább három órai munkába telt. Így ez egy igazságos árucsere volt.

Amikor nagyritkán kaptam egy tábla csokoládét, megőriztem az alufólia-csomagolót, és szépen összehajtva a hátsó zsebemben tartottam. Azután apró rakétákat építettem a fóliából, melyeket megtöltöttem piros lőszerrel, majd meggyújtottam, és elbűvölten figyeltem a rendellenes, cikkcakkos repülési pályájukat. Több pisztolyt is készítettem a barátaimmal; finom fogú lombfűrésszel fogantyút vágtunk ki fából, melyre egy rézcsövet szereltünk. Fogóval megszorítottuk a cső közepét, hogy homokóraszerű szűkületet kapjunk. Ezután hátulról egy csipetnyi vörös lőszert nyomtunk a csőbe, és felszuszakoltuk a szűkületig. Volt egy hosszú szegből és fából eszkábált kakasunk, melynek két erős gumiszalag adta a hajtóerejét. Ezt hátulról a csőbe dugtuk. Amikor a kakasfejet a hüvelykujjunkkal felpattintottuk, az nekiütődött a gyufapornak; ettől ez egy hangos pukkanás és fehér füst kíséretében felrobbant. Ez hatalmas örömet jelentett nekünk, fiúknak.

Amikor a moziban egy új westernfilmet játszottak John Wayne vagy Henry Fonda főszereplésével, a fegyverek iránti érdeklődésünk fokozódott. Az udvaron mindig volt egynéhány fiú, aki vagy éppen robbantott valamit, vagy éppen arra készült. Olyan kulcsokat tartottam én is a zsebemben, amelyek a száruk végén lyukasak voltak, akár csak a fegyverek csöve. Megtöltöttem ezt az üreget a piros gyufafoszforral, majd egy rövid, csonka szöget nyomtam bele, és a szög másik végét vékony kötéllel pedig a kulcs fogantyújához erősítettem. A kulcsot a szeggel együtt egyre gyorsabban forgatni kezdtem, majd a megfelelő pillanatban – egy jól begyakorolt mozdulattal – belevágtam a járdába, a szeg fejével előre. Ha minden jól ment, a kulcs lendülete összenyomta a port, és az nagyot pukkant

A közelben földalatti fémcsöveket fektettek le. Lánghegesztéshez a munkások karbidot használtak – ez egy fehér, kemény, büdös kőformájú valami volt. Mikor a karbid vízzel keveredik, acetilént szabadít fel, amely egy nagyon gyúlékony gáz. A munkások acéltartályban tárolták a karbidot, egy nehéz fedéllel letakarva. Késő este mi, fiúk, besurrantunk, és elcsentünk néhány darab karbidot, melyet ezután egy magas palackba tettünk, és öntöttünk hozzá egy kevés vizet. Azonnal szivárogni kezdett az üvegből a gáz, amit mi meggyújtottunk, és bámultuk a lángját. Olyan volt, mint egy óriási gyertya. Aztán a parittyánkkal szétlőttük az üveget, és nagyokat kurjongattunk, amikor az lángoló gránátként szétrobbant, üvegszilánkokat szórva mindenfelé. Nem törődtünk vele, mindenhol szemét volt. A felnőttek sem törődtek vele, a kormány sem törődött vele, bennünket meg nem érdekelt.

Később rájöttünk, hogyha a piros lőszert egy hatszögű anyacsavarba préseltük, és mindkét feléről rászorítottunk egy-egy csavart, majd az egészet hozzávágtuk a cementhez, akkor az felrobbant. Általában több próbálkozás kellett hozzá, de amikor sikerült, a robbanás nagyon hangos volt.

Sose törődtem azzal, hogy a nadrágom milyen vászonból készült. Csak az érdekelt, hogy sok zseb legyen rajta. Ha akkoriban valaki azt kérte volna, hogy ürítsem ki a zsebeimet, és tegyem szépen sorba annak tartalmát, akkor nagyon megdöbbent volna attól, amit lát: egy bicska, egy parittya, húsz gömbölyű folyami kavics – tökéletes muníció a csúzlimhoz –, két gyufásdoboz – az egyik tele gyufával, a másik piros lőszerrel –, anyacsavarok és csavarok hozzájuk illő menettel, pár kulcs – lyukakkal a szárukban –, kulcsokhoz tartozó tompa hegyű szögek, madzagok, vékony kötél és néhány mogyoróméretű karbidtöredék műanyag zacskóba csomagolva. Ez volt az átlag. Izgalmasabb napokon nálam volt egy rézcsövű pisztoly és egy nagyító is – melyet arra használtam, hogy a Nap fókuszált sugaraival az aszfalton a kátránycseppeket megolvasszam.

A nagy előrelépés akkor következett be, amikor rájöttem, hogy nagyszüleim hátsó kertjében lőszerek vannak a talajban szétszóródva. Időnként megkértek, hogy kapáljam ki a gyomokat a zöldségek körül. Öt-tíz töltény megtalálása csak néhány percet vett igénybe. Ezek német gyártmányú géppuskagolyók voltak, meggörbülve vagy üres hüvellyel, de a többségük épségben maradt, és tölténYhüvely pedig tele volt első osztályú, német puskaporral. Soha nem kérdeztem, hogy a nagyszüleim kertje miért is van tele lőszerrel, mint ahogy azt se kérdeztem, miért nem beszélt soha nagyapám a húgával, aki a szomszédos házban lakott. Akkoriban olyannak fogadtam el az életet, amilyen volt. Azt hittem, hogy más gyerekek nagyszüleinek a kertje is tele van puskagolyókkal.

Ügyesen megtanultam, hogyan kell eltávolítani a rézzel bevont ólomgolyókat és elővigyázatosan kiüríteni a hüvely értékes tartalmát. A puskapor vékony, hengeralakú szemcsékből állt, színe olyan volt, mint a ceruza grafitjának. A mai napig emlékszem a szagára és az izgalomra, melyet éreztem, amikor kinyitottam egy új hüvelyt, egy harmincéves időkapszulát. Az évek során legalább több száz töltényt gyűjtöttem össze. A puskaport, amelyet belőlük kiszedtem, a projektjeimhez használtam fel, és csereáruként is jól jött a játszóudvaron. A német puskaporral minden jobban működött. Rakétáim messzebbre és gyorsabban repültek, a kulcsaim hangosabban pukkantak, a hatszögű anyacsavarom első próbálkozásra felrobbant, a pisztolyom nagyobbat durrant, és több füstöt köpött ki. Ezzel kiemelkedtem annak a két tucat fiúnak sorából, akikkel általában játszottam. Irigyelték a puskaport, amit egy kerek fémdobozban hordtam a hátsó zsebemben.

– Honnan kaptad ezt a port? – kérdezték gyakran.

– A nagyszüleim kertjéből – válaszoltam.

Szóval a nagymamámnak igaza volt: a fiúk és a robbanóanyagok! De még akkor a felét sem ismertem a történetnek.

– Gyere, menjünk egyet sétálni! – mondta apám.

Ez szokatlan volt. Amikor apám egy projekt kellős közepén volt, például amikor a méhek körül dolgozott, vagy éppen fából épített valamit, akkor nem lehetett megszakítani semmivel. Attól tartottam, hogy egy hosszú szidás következik.

Csendben sétáltunk a Szamos felé. A temető mellett haladtunk el. Jobbra tőlünk volt a sírhely, ahol dédnagyapám volt eltemetve. Mindannyiunknak ugyanaz a keresztneve és ugyanaz a vezetékneve volt, dédnagyapámnak, nagyapámnak, apámnak és nekem. Négy generáció. Négy Sütő György.

– Nagyon meg akartalak szidni azért, amit tettél – mikor elértük a folyó partját, apám belekezdett –, de nem foglak megszidni. Tudod, miért? – Vállat vontam. Furcsa módon rosszabbul esett, hogy most nem kapom meg a megérdemelt fejmosást. – Nem foglak megszidni, mert ugyanezt tettem a te korodban. Az apám, a te nagyapád négy évig volt távol. Kiküldték őket harcolni a frontra.

– A német oldalon? – szakítottam félbe.

- Igen, a német oldalon. A környéken mindenki a német oldalon állt: Ausztria, Magyarország, Románia, mindannyian. Kivéve a lakosságot. Az embereket nem érdekelte a háború, senki sem akart harcolni. A politikusok azonban a németekhez igazodtak, és háborúba küldték a férfiakat. Azokat, akik nem voltak hajlandóak menni, hadbíróság elé állították és kivégezték.
- Kis szünetet tartott. - Hatéves voltam, amikor apámat besorozták. Évekre eltűnt. Ritkán jött haza, de alig emlékszem rá abból az időszakból. Csak anyukám és én voltunk - folytatta. - A magyar hadsereg légvédelmi tüzérséget telepített a kertünkbe, nem messze attól a helytől, ahol ma a lőszerrel játszottál.
- Mi az a tüzérség? - kérdeztem.
- Nagy kaliberű nehézfegyvereket, pontosabban ágyúkat kezelő, katonai osztag. Folyamatosan lőtték az ellenséges gépeket, főleg a brit bombázókat. A hátamon feküdtem az ágyú mellett. Befogtam a fülemet és figyeltem, hogyan repülnek a lövedékek fel a felhőkbe, elhibázva a gépeket. A katonák átkozódtak; évekig egyetlen repülőgépet sem lőttek le. De aztán egy napon valahogy eltaláltak egyet. A motorja kigyulladt; láttam a füstöt, amit maga mögött húzott. A katonák felugrottak és ujjongtak, miközben gép a keletre tartó útján veszíteni kezdett a magasságából. Sokan látták, amikor eltalálták a gépet. Az utcabeli fiúkkal egy csapatba verődve rohanni kezdtünk Ördöngösfüzes felé. Mire a dombra értünk, láttuk a füstöt felszállni a nikulai-erdőből. A roncs füstölgött, s mire odaértünk, a törzs és a szárnyak darabokra törve szerteszét hevertek. Hazavittem a szárny egy darabját, még mai napig fent van a padláson.

Jól emlékeztem erre a szárnydarabra, mely körülbelül hatvanszor százhúsz centiméter volt. A kemény alumíniumdarabon, mely leszakadt a szárny testéről, még mindig látható volt a kifakult RAF felirat. Rendszeresen vágtam le róla kicsi darabokat. Ez az Egyesült Királyságban gyártott repülőgép-minőségű alumínium és a német gyártmányú puskapor voltak a leghasznosabb alapanyagok a projektjeimhez.

– Mi történt a pilótával? – kérdeztem. – Ejtőernyővel ugrott ki? Gyorsan elfogták? Megölték?

– Nem tudom – válaszolta apám.

Egy ideig szótlanul néztük a Szamos szennyezett vizét.

– Tudod, fiam, amikor én gyerek voltam, ez a folyó oly tiszta volt. Innen hoztuk a vizet vederben, majd állni hagytuk, hogy az agyag és a homok leülepedjen az aljára. Utána ittuk vagy főztünk belőle.

– Igen, ezt már említetted – mondtam.

– Nagyon sok hal volt a vízben. Sokszor láttam, ahogy a német katonák gránátokat dobtak a folyó közepébe. A robbanás által keltett vízoszlop magasabb volt, mint az ottani fák – és rámutatott egy magas jegenyefára.

– Miért csinálták? - kérdeztem.

– Így fogták ki a halakat. A robbanás nyomása megölte őket, és azok hasukra fordulva a felszínen lebegtek. A folyón lejjebb pedig egy másik katona a csónakból hálóval halászta a halakat, csak így – és mutatta a kezével.

Egy ideig csendben álltunk.

– 1944 őszén egy hosszú tehervonat húzott be a vasútállomásra. Egy mellékvágányra terelték, s csak ott állt. Jelek nem voltak rajta, de fegyveres német katonák szigorúan őrizték. Nyilvánvaló volt, hogy lőszerrel megrakva a frontra tart. Eközben Bukarestben a román kormány úgy döntött, hogy jobb lesz a gyengülő németektől átpártolni a szövetségi erőkhöz, pontosabban a Szovjetunió Vörös Hadseregéhez. Nem sokkal később két repülőgép jelent meg, román felségjelekkel az oldalukra festve. Minden olyan gyorsan történt; nem tudtuk, hogy ezek még mindig a szövetségesek erői vagy pedig már a Vörös Hadsereghez átpártolt egységek. A tüzérség leállt, és a városiak rémülten figyelték, ahogy a gépek a lőszervonatot bombázzák. Az egyik bombázó, miután észrevette a hátsó udvarunkban lévő légvédelmi üteget, ledobott rájuk is egy bombát. De elhibázta, csak a tetőnk felét vitte le.

- Láttad a robbanást? Megsebesültél? - faggattam.
- Nem, szerencsém volt. Nagyanyám házában voltam a Kandia negyedben. Anyám, a te nagymamád pedig dolgozott. A gép visszafordult a vasúti sínek felé, és tovább bombázta a lőszervonatot. Néhány vagon előbb felrobbant, majd kigyulladt, a többi vagon pedig előbb kapott lángra, és csak utána robbant fel. Több órába telt, mire a tűz kialudt, és a robbanások elcsendesedtek. Ládák tele voltak puskákkal és gépfegyverekkel. Több száz fadoboz pedig tele tölténytárral; némelyik összeégve vagy szétrobbanva, de a legtöbb épen maradt. Ezután az utcák tele voltak töltényekkel. Kézigránátok, jelzőrakéták, kézifegyverek – ott volt minden, amit elképzelhetsz, közvetlenül a lábunk előtt. Alig volt felnőtt férfi a városban, mert a legtöbbjük a fronton harcolt. A nők munkában voltak, a fiatal lányokat pedig a nagyszülők odabent tartották, hogy távol tartsák őket a katonák zaklatásától. Az utcán csak mi voltunk, fiúk, olyan idősek, mint most te. Hirtelen tele lettünk fegyverrel és lőszerrel. Összegyűjtöttem több kézifegyvert is; nekem jobban tetszettek, mint a puskák. Nehéz lőszerládákat hurcoltam haza a géppuska- és kézifegyverekhez. Így tett az összes barátom is. Valószínűleg, mi voltunk a valaha lejobban felfegyverzett fiúcsapat.

Egy alig látható, huncut mosoly jelent meg a szeme körül.

- Hetekig lőttünk és lőttünk, amíg meg nem untuk. Fákat, üvegeket, kannákat, békákat, legyeket és madarakat lőttünk. A töltényekbe is lőttünk csak azért, hogy lássuk, miként robbannak fel. Palackokat dobtunk a levegőbe, és repülés közben eltaláltuk őket. Amikor belefáradtunk fegyvereink elsütésébe, az egyik fiú kitalálta, hogyan lehet elsütni a töltényt fegyver nélkül – Apám ekkor letört egy darab száraz gallyat, rátette a mutató- és a gyűrűsujja tetejére, majd a középső ujjával lenyomta. – Így, látod? Aztán egy meggyújtott gyufa lángját a hüvely végéhez tartva megcéloztuk azt. A golyó az egyik irányba, míg a hüvely az ellentétes irányba repült. Mindannyian kipróbáltuk. Hamarosan a puszta kezünkből kilőtt golyókkal békákat lőttünk. Hiába lőttünk állandóan, úgy tűnt, hogy végtelen mennyiségű golyónk van. Bontatlan ládák hevertek az utcák oldalán; árkokat töltöttek meg velük. Legtöbb barátomnak több ládányi puskagolyója volt elraktározva. Egy este úgy döntöttünk, hogy egy nagy tűzijátékot rendezünk. Pár ládányi lőszert kicipeltünk a mezőig, a vasúti sínek közelébe a Kifli-tó mellé. Ezután bedugtuk géppuskagolyókat a puha földbe, hegyükkel lefele. Százával raktuk egy nagy körbe. Amikor leszállt az éjszaka, száraz szalmát dobtunk erre és meggyújtottuk. A töltények egymás után robbantak fel; golyók mélyen behatoltak a földbe, és az üres hüvelyek fütyülve repültek a magasba. A legszebb tűzijáték volt. Színesen és szenvedéllyel mesélt apám, élénken elképzeltem minden részletet.

– Aztán egy éjszaka apám felébresztett. Sápadt volt, sovány és ijedt. Régóta nem láttam; alig ismertem fel; halovány volt, mint egy szellem. Pontos utasításokat adott, majd megkért, hogy ismételjem meg neki, és utána kiosont a szobámból. Másnap fogtam a talicskát, és odamentem a kukoricatábla közepén lévő tölgyfához, közel az otthonunkhoz. Húszlépésnyire a fától északra találtam egy halom kukoricalevelet és szárat. Ez alatt gépfegyver, kézifegyver, lőszer és néhány kézigránát volt elrejtve. Apám utasításának megfelelően az összes fegyvert a talicskába tettem, egyetlen gránát kivételével. Letakartam az egészet a kukorica szárakkal. A gránátot a jobb zsebembe tettem, és elindultam a város felé. Amikor a főútra értem, a német katonák rám néztek, ahogy a letakart talicskát toltam. Próbáltam kerülni a tekintetüket, csak toltam tovább. Előző este azt mondta apám: „Ha bárki megállítana, húzd meg a csapot, dobd feléjük a gránátot, és fuss, ahogy csak bírsz!". Éreztem, hogy a gránát hideg, kemény acélburka minden egyes lépésnél a jobb combomhoz ütődik. De senki sem állított meg. Egészen ide jöttem, fiam, ahol állunk. Nagyapád a vízben rejtőzött, ennek a fűzfának gyökerei alatt. Volt nála egy cső, amelyet légzésre használt. Amikor fütyültem érte, ahogyan utasított, előbújt a víz alól. Sovány volt; a bőre pedig sápadt és ráncos. Gyorsan elrejtette a fegyvereket. Azt kérdezte, hogy hoztam-e ennivalót. De eszembe se jutott; csak arra tudtam gondolni, hogy végre átadhassam neki a fegyvereket.

Itatósként ittam apám minden szavát.

– Miért kellett elrejtőznie? – kérdeztem.

– Katonaszökevény volt. Elmenekült a frontról. Ha elfogták volna, a helyszínen kivégezték volna -- magyarázta apám. – Aztán a német hadsereg visszavonult. Hamarosan bejöttek a szovjetek, és apámnak már nem kellett bujkálnia. Az élet lassan kezdett normalizálódni. – Elhallgatott, maga elé meredt, majd folytatta: – A kertünk nem volt mindig egyenletesen lapos, mert egy nagy mélyedés volt a közepén, amely télen vízzel és iszappal telt meg. Nagyapád fel akarta tölteni földdel, hogy tisztességes kukoricatáblánk és veteményeskertünk legyen. Negyvenszekérnyi földet rendelt. Azt hitte, hogy jó minőségű termőtalajhoz jut, ehelyett puskagolyókkal teli talajt kapott. Egyik lovasszekér a másik után borította ki a földet a kertünkbe. Segítettem neki a föld széthordásában; bokáig álltam a sárban és a golyókban.

Elgondolkodtam ezen, hogy megértsem.

– Mi történt a pisztolyaiddal? - kérdeztem kíváncsian.

– A nagyapád egytől egyig mindet a budiba dobta. Csak annyit mondott, hogy elég volt, nincs több fegyver. Szomorú voltam, de utólag beláttam, hogy igaza volt. Meséltem már neked arról, hogyan játszottunk a puskákkal és golyókkal? – Bólintottam. – Jól játszódtunk, be kell ismernem. De nagy ára volt. Több gyerek is megcsonkult. Ismered Szabó bácsit? Tudod, miért hiányzik a fél arca? – Megráztam a fejem. Világosan emlékeztem Szabó bácsi elcsúfított bal arcára. – Egy rakétával játszott, ami felrobbant, áthatolt a száján, és letépte az arcáról a húst. Hallottál a Galgóczy testvérekről? Az egyikük bombát talált a folyó medrében, és egy kalapáccsal próbálta szétszerelni. Felrobbant, és kitépte a hasát. Éppen csak annyi ereje volt, hogy hazamenjen. Az anyja karjaiban vérzett el.

A gyomrom émelygett.

– Mintiuban élt öt fiú, akik tüzet raktak, hogy töltények százait dobják bele. Az egyik fiúnak pisilnie kellett, ezért egy nagy fa mögé ment, hogy kieressze. Amikor visszatért, négy vérző barátja a földön hevert. Kettő halottan, másik kettő félholtan. Ez nem vicc, fiam. Érted, amit mondok? – és mélyen a szemembe nézett.

Bólintottam.

– Hibáztam – mondtam –, nem csinálom többet. – A fürkésző kék szemébe néztem. A torkom kiszáradt. Hibásnak és felelőtlennek éreztem magam.

A Nap lenyugodott a láthatáron. Néztük a koszos folyót, amelynek felületén sárgán habzott víz. A folyónak egészséges illata volt, amikor még kisfiú voltam, de az évek során fokozatosan ipari szennyvízcsatornává vált. Rossz szaga volt.

– Menjünk haza! – mondta apám.

Elindultunk.

– Elmeséltem-e neked valaha a perzsa pecsét történetét? – kérdezte néhány perc múlva.

– Nem, nem mesélted – válaszoltam kíváncsian.

– Majd azt is elmondom valamikor...

Vaddisznó, Szentiván, 1976.

Fordította: Sütő Ibolya

– Mi történt? – kérdezte apám egy középkorú falusi asszonytól.
– A vadászok meglőttek egy vaddisznót.

A nő jellegzetes román viseletben volt: hosszú ujjú, fehér ing; nemezmellény; több réteg, térdig érő, rakott szoknya; fején álla alatt összekötött, virágmintás kendő és egy derekára kötött, hosszanti csíkos kötény. Idő előtt megöregedett, viharvert, mély ráncokkal barázdált arca volt. A nehéz és könyörtelen falusi élet belevéste nyomát.

Az országút mellett álltunk, apám és én, egy már régen eltervezett apa-fia kiruccanásra indultunk, halászni a Cegei-tóra. Tizennégy éves voltam akkor, sovány, nyakigláb, tyúkmellű gyerek, az utóbbit a kalciumhiány okozta. Néhány hete kezdtem el a líceumba járni.

Ősz volt, a környező dombokon a lombhullató erdők falevelei a sárga, narancs, rozsdavörös végtelen árnyalatait öltötték magukra. Tölgyfák, mogyoróbokrok öntik ilyenkor a termést, a vaddisznók kedvenc csemegéjét. Ebben az évszakban töltik fel tartalékaikat, készülnek a hosszú télre. A vadászati idény is ekkor van, ilyenkor kapnak a vadászok engedélyt a kilövésükre.

Gyerekkoromban bebarangoltuk a környező dombokat, az erdőket, de soha nem került elénk vaddisznó. Helyenként láttuk a nyomukat, az ürüléküket, a feltúrt és széttaposott talajt, de ennyi. Ugyanakkor ismertem szerintem szerencsés embereket, akik már többször is láttak vaddisznót az erdőben.

Megpróbáltam

Kétszáz méternyire álltunk a Füzesi-pataktól. A partját sűrű bokrok és szomorú fűzek szegélyezték. A folyóvíz és köztünk egy lapos, zöldellő legelő volt. A túlparton sűrű erdő borította, lejtős domboldal.

Egy ember ballagott a patak felé.

– Az a férjem – mutatott rá az asszony. – Meglőttek egy vaddisznót, beleesett a vízbe, és ő most azt megy kihúzni – magyarázta.

Minden békés, nyugodt, szinte idilli volt. Kellemes idő, csodálatos színekbe borult fák, sima zöld mezők, mi baj lehetne? A szalmakalapos, falusi ember vállán egy vasvillát vitt. Addig nem tudtam, hogy kétféle vasvilla van. Az egyik háromágú, éles villahegyekkel; edzett acélból készül, mint egy igazi fegyver. A lekaszált fű, széna, szalma rakodásánál használják. A néhai parasztlázadásokkor tényleges fegyverként szolgált. A másik fajta hatágú, főleg trágyalapátolásra használják. Szélesebb, a villái vékonyabbak, hajlítottak és a hegyük tompább, inkább lapáthoz hasonlít, mintsem fegyverhez. A parasztember egy ilyet vitt a vállán.

Az erdő felől puskalövést hallottunk. Aztán még egyet. Hangjuk visszhangzott a völgyben. Elképzeltem, kik lehetnek a vadászok – vezető pártelvtársak és kiszolgálóik; rendőrök, titkosügynökök. Közönséges halandónak nem lehetett vadászengedélye, tűzfegyver közelébe sem kerülhetett. A Román Kommunista Párt felső vezetőinek igen, nekik lehetett és volt is fegyverük magánhasználatra. A legmagasabb rangú elöljárók, akiknek hivatása az volt, hogy az országot az aranykorba átvezessék, ők voltak a legjobban felfegyverkezve.

Valami összefüggés lehet a hatalmat gyakorlók és a vadászszenvedély között. Személyesen én ezt soha nem értettem, viszont tény, hogy már évszázadok óta a főnemesek, nagybirtokosok Afrikába jártak vadászni, hogy értékes trófeákkal, bivalyfejekkel és elefántagyarakkal térjenek vissza. A Román Párt helyi vezetői nem mehettek Afrikába, be kellett érniük a nálunk honos nagyvadak vadászatával, mint például a vaddisznóval. Nem volt annyira menő, mint egy oroszlánt vagy elefántot elejteni, de kielégítette az állítólagosan bölcs és felvilágosult vezetőink vérszomját.

A vasvillás ember már egészen közel járt a parti bokrokhoz, amikor hirtelen nekiugrott a sebzett vaddisznó. A lövés nem ejtette el, csak megsebesítette a mellkasán, és bosszúállásra hergelte. Iszonyúan bevadult, beledöfött a férfi gyomrába, fellökte a levegőbe; szerencsétlennek a kalapja egyik irányba, vasvillája a másikba repült.

Óriási vadállat volt. Úgy tudtam, hogy a vaddisznók rokonai a háztáji disznóknak. Lehet, hogy így van, de ez nem úgy nézett ki, az biztos. A háztáji malac kerekded, békés állat, olyan mint egy disznózsírral felfújt lufi, tökéletes szénhidráttartalék. Ez a bestia viszont úgy nézett ki, mint egy ketrecharcos – feje és nyaka erőteljes, mellkasa masszív volt, hátrafelé vékonyodó teste izmos hátsó lábakban végződött.

Az ember felállt, hogy megragadja a vasvilláját, de éppen, amikor utánanyúlt, a disznó újra nekitámadt, ezúttal oldalról. Az ember eldőlt, de sikerült elkapnia a vasvilla nyelét. A szerszámot rátartotta a felbőszült vadállatra, de annak az meg se kottyant. Rárontott, és agyaraival feltépte a fekvő ember hasát. Hevesen támadt, hihetetlen sebességgel mozgott. Nagy volt, gyors volt, igazi harcos. Egyenlőtlen volt a küzdelem.

– Szűz Mária, mentsd meg az uramat! – jajgatott az asszony. Térdre rogyott, imára kulcsolta kezét. – Édes Mária, Jézusnak szent anyja, kérlek segíts! – visított kétségbeesetten.

Ez a hang évekig kísértett. Zsigeri üvöltés volt az életben maradásért. Nem volt mutatvány, nem volt játék. Élet-halál tusája volt.

A sebesült ember feltápászkodott. Láttuk, ahogy elönti a vér a gyomra tájékát. Maga elé tartotta a vasvillát, a vadállat felé. A vadkan nekirontott a vasvillának, annak hegyei összevissza görbültek, majd hirtelen felrántotta a fejét, és áthatolva a

Megpróbáltam

nadrág szövetén az agyarával felhasította a férfi combját; mély, függőleges, erősen vérző sebet ejtett. Az ember majdnem elesett, de utolsó pillanatban sikerült a vasvillán megtámaszkodnia. Egypár fehér, kócos szőrű kutya húzott el mellettünk. A hátunk mögött lévő tanyáról jöttek elő, és nyílegyenesen a vaddisznó felé rohantak. Nagytestű kutyák voltak, de mikor a párbaj színhelyére értek, eltörpültek a vadkan mellett. Hangosan ugattak, acsarkodtak rá, de az óriási kan rájuk se hederített, hanem újra az emberre támadt, és egy éles fordulattal rárontott. A férfi maga elé tartotta a vasvillát, és kétségbeesetten az állat szeme közé döfte. De a disznó nem adta fel, megcélozta a parasztember rekeszizmát, leteperte, majd agyarával maga előtt tolta a földön. A kutyák rátámadtak, de az egyáltalán nem foglalkozott velük, vadul taposta, tépte a füvön elterült, félholt embert.

Két másik falubeli futott el mellettünk a sebesült férfi felé; egyikük egy kaszával, másikuk egy ásóval, de egyik sem tűnt megfelelő fegyvernek egy 150 kilós felbőszült vadállat ellen. Eközben a legnagyobb kutya ráharapott a vaddisznó orrára, erre a vadállat egy hirtelen, körkörös mozdulattal felhasította az eb hasát. Szerencsétlen kutya azonnal összeesett és elvérzett.

A férfi kihasználta a szusszanásnyi időt, és lassan feltápászkodott. Vérzett a hasa, vérzett a combja. Belekapaszkodott a vasvillába, előre dőlt. A vaddisznó miután kinyírta a kutyát, megújult dühvel újra nekiment az embernek, egyenesen a gyomrának, felfelé ívelő, erőteljes mozdulattal. A férfi egy bukfenccel tovarepült, és a hasára esett, a vasvillájától reménytelenül messze. A vadállat ekkor fölé kerekedett, és hihetetlen hevességgel taposta, tépte a szerencsétlent.

Ekkorra ért a vérfürdő helyszínére a másik két férfi. Soványak és jelentéktelenek voltak a vadállat méretéhez viszonyítva. A fegyver gyanánt használt földművelő szerszámaik játékszernek tűntek. Elkezdték döfködni, csapkodni a vaddisznót hátát. Közben az életben maradt kisebb kutyák a feje körül acsarkodtak. A bestia viszont csak egyvalamire összpontosított: hogy megölje a földön fekvő embert. Úgy tett, mintha semmi és senki más nem lenne körülötte.

Ez az egész néhány másodpercig tartott, de végtelennek tűnt. Az asszony egyre kétségbeesettebben jajgatott és ordított. Tehetetlen voltam, döbbenten álltam ott. Ez túl sok volt számomra, túl durva, túl vad, túl nyers és túl fájdalmas.

A vaddisznó hirtelen meggondolta magát. Leállt a harccal, majd újra nekiiramodott, de ezúttal az út felé futott, egyenesen felénk. Nem lassult a tempója, nem lankadt, hanem hihetetlen sebességgel futott. Nem számított az egyenetlen, buckás talaj, a lába fürgén pörgött, a teste meg repült nyílegyenesen, mint egy torpedó. Ötven méterre lehetett tőlünk, aztán negyven, aztán harminc...

És akkor hirtelen elterült. A puskalövés hangját csak néhány ezredmásodperc múlva hallottuk meg.

Az asszony tovább jajveszékelt, arcát tenyerébe temette. A füvön térdelt, és magatehetetlenül remegett.

A két segítségére siető ember gyengéden megemelte a sebesültet. Életben volt. Oldalról támogatták, és lassan megindultak vele az út felé. Amint közeledtek felénk, egyre kivehetőbbek voltak iszonyatos sebei. A ruházata cafatokban lógott, a bal combizma kiszakadt és a térdén fityegett, mint egy kicsontozott halfilé. A hasán több vágás is éktelenkedett, az egész testét vér és fűvel keveredett sár borította. Hamuszürke volt, egyre sápadtabb lett.

A segítői megemelték, de a lábai elernyedve lógtak, át kellett vonszolni őt a mezőn.

Elérték az úttestet.

Az asszony már nem volt magánál, azt hitte, meghalt a férje.

– Szükségünk van az autóra – kiáltotta az egyik segítő. Egy fehér kisbusz állt mellettünk, amellett pedig egy pocakos ember, aki zsíros és fekete haját hátrafésülve hordta. – Kell az autó, hogy bevigyük őt a kórházba! – A pocakos még mindig nem reagált.

Az autó hátuljához vonszolták a sebesültet, megpróbálták

feltépni az ajtót, de zárva volt. – Nyisd ki az ajtót!
A sofőr lassan lépegetett feléjük, nem úgy nézett ki, mint aki segíteni akar.
– Vidékre tartok.
– Nem baj, fordulj vissza! – ordított ingerülten a magasabb segítő. – Visszamész vele a városba!
– Nem lehet, mondtam, hogy ellenkező irányba tartok – emelte fel a hangját a férfi –, különben sem akarom, hogy mindent összevérezzen a raktérben.

Az alacsonyabb és fiatalabb segítő megragadta az ásóját, nekiszegezte a sofőr torkának, akit a kisteherautó oldalához szorított vele. A feje hangosan nekicsapódott a fehérre festett fémkasztnihoz.

– Fordulj meg azonnal az autóddal, vagy ezzel az ásóval vágom át a tokás nyakadat!

A halálra rémült sofőr magához tért, sietve kinyitotta a hátsó ajtót. Besegítették a szegény sebesültet. Valaki lerohant a házból egy foltozott takaróval, abba belecsavarták a szerencsétlent, és ráfektették a hideg, csupasz fémpadlóra.

– Életben van, anyám – mondta az asszonynak a fiatalabb férfi. Ezután megrázta az anyja vállait. – Apám még él!

A kábult asszony feltápászkodott a földről, pont ekkor csapódott be a kisbusz hátsó ajtaja.

A vezető élesen visszakanyarodott és elhajtott.

Apámra néztem ledöbbenve.

Otthagytuk elfektetve a bicikliket, és elmentünk megnézni a vaddisznót. Az oldalán feküdt, teste édeskésen bűzlött, a nyakában egy kerek, sötét lyuk. Súlyos testét vastag sörték borították. Borotvaéles és véres agyara a felső állkapcsából indult, felfelé ívelt, mint egy tökéletesre csiszolt fegyver. Soha nem tudtuk meg, hogy a vadászok miért nem siettek a vadkannal küzdő férfi segítségére. Az sem derült ki, hogy melyikük adta le a halálos lövést. A patak felénk eső oldalán biztos, hogy nem volt vadász, a lövést legalább kétszáz méterről adta le valaki. Egyetlen lövés a sűrű erdőből, a száguldó vaddisznónak egyenesen a nyakába. Nem kis teljesítmény.

Utólag belegondolva, nagyon közel voltunk a golyó röppályájához.

Visszamentünk a biciklikhez.

Az asszony még mindig megállíthatatlanul zokogott, a hozzátartozói körbevették.

Felültünk a járgányunkra és elhajtottunk a halastó irányába. Némán pedáloztunk. Bőven volt min gondolkodnunk.

Bálványoztam apámat. Erős volt, bátor, és mindig néven nevezte az igazságot. Tudtam, hogy megvédene minden bajtól, megküzdene minden engem fenyegető veszéllyel, elhárítana előlem minden akadályt.

Azon a napon, akkor és ott, ugyanúgy lebénult, mint én, ugyanúgy félt, mint én. Megláttam benne a halandót.

A szerencsétlenül járt falusi ember felgyógyult a sérüléseiből. Hosszú ideig lábadozott a kórházban, mielőtt hazatérhetett a tanyájára, az övéihez.

A méhkas, Coptelke, 1977.

fordította: Tóth József

– Nyomjad! Nyomjad! – bátorított apám. Én mentem elöl a keletnémet MIFA női biciklimen. Az agyagos, göröngyös út meredeken emelkedett egyre magasabbra a domb oldalán. Ő szorosan mögöttem jött.
– Mindjárt ott leszünk.
Teljes erőmet bedobva nyomtam a pedált, hogy ne kelljen gyalog feltolnom a biciklimet. Mikor végre felértünk a tetőre, láttam, hogy az út elkeskenyedik, aztán teljesen megszűnik; vége szakadt. Kitárult előttünk egy lapos dombtető, mely száraz burjánokkal és magas, tüskés bogáncsokkal volt benőve. Mögötte az erdő. Letettük minden csomagunkat az erdő szélén egy kupacba, és eldugtuk a bicikliket egy sűrű bozótba. Aztán a hátunkra vettük a holmikat. Nekem két könnyű üres fadoboz jutott, mindkettő a hátamra volt erősítve. Ezenkívül elöl egy másik csomagot is vittem, benne egy nagy összehajtott műanyag fólia, egy méhészfüstölő, egy elemlámpa, egy pár libatoll seprű, bicskák, gyufa és egy zacskónyi szikkasztott, korhadt nyírfakocka. Édesapám hozzám hasonlóan két fadobozt vitt a hátán, de ezen felül vitt egy feltekert szaggatófűrészt is. Frissen fent fűrészfogak villogtak a széles, rozsdás penge peremén. Megindultunk felfelé, az erdő irányába. A füves erdőalja ritkuló fáihoz értünk. A közelgő ősz nyomot hagyott már a faleveleken, sárgulni, barnulni kezdtek, és egy jórészük már az avarba hullt.

Sütő Gyuszi

A tehenek nyakán himbálózó kolompok félreismerhetetlen zaja ütötte meg fülemet, ezután mindjárt meg is láttam a távolban, az erdő fölött, amint a füzesi csorda visszatérőben bandukolt lefele a fenti legelőről. Már többször jártam apámmal ezen a vidéken, de mindig más irányból jöttünk fel. Amerre most jöttünk, azt az utat állítólag alkalmasabb volt biciklivel megjárni, és kevesebb gyaloglást is igényelt, de ami még ennél is fontosabb volt, hogy ebből az irányból könnyebben megközelíthettük azt a bizonyos fát. Csendben, a fákat kerülgetve mentünk felfelé a hegyoldalban, miközben a kolompok hangja egyre erősödött. Félúton szembetalálkoztunk a csordával. A tehenek óvatosan, lassan lépkedtek lefelé; telt tőgyük ide-oda himbálózott. A csordás mögöttük baktatott, fején behúzott kalap, kezében pedig furkósbot volt.

Nagyot köszönt: – Jó napot, tanár elvtárs!

Gyakran elcsodálkoztam azon, hogy bárhová is mentünk, mindenki ismerte apámat. Akárkivel találkoztunk, vagy régi diákja volt, vagy egy közeli rokona egy régi diákjának.

Apám jobban szemügyre vette a tehénpásztort, aztán megkérdezte: – Nem vagy te véletlenül Hideg unokatestvére?

– De igen – válaszolta a csordás. – Coptelkére tetszik menni?

– Igen – válaszolta apám.

– Tessék óvatosnak lenni! Láttam egypár vaddisznót a felső erdőben.

Attól tartottam, hogy most a szokásos végtelenre nyúló beszélgetés kezdődik a csordás összes élő és halott rokonáról, az időjárásról, a tehenekről és az idei termésről. De célunk volt, fontos missziónk, úgyhogy elbúcsúztunk, és tovább haladtunk felfelé. Fél óra múlva egy lapos, kaszált tisztásra értünk. Néhány szilvafa állt ott, ágaikon még lógott egypár szilva. Fonnyadtak, de nagyon jóízűek voltak. Ezután egy púpos szénaboglya mellett haladtunk el, melynek közepéből egy akácrúd állt ki. Mélyen beszívtam a lekaszált virág és fű bódító illatát.

Az igazi nagyerdő a tisztáson túl kezdődött, az volt az a bizonyos felső erdő, amelyre a tehénpásztor utalt. A fák itt magasabbak voltak, és sokkal sűrűbben nőttek. Már késő délután volt, mire ideértünk, a Nap egyórányira volt a nyugati láthatártól, de már csak kevéske fény szűrődött át a lombok között. Csendben ballagtunk az erdőben még egy darabig. Semmi jelzés és az ösvény sem volt látható, de apám mégis jól ismerte az utat. Egy kis tisztásra értünk, melyet a sűrű erdő szorosan közrefogott. A tisztás közepén ott állt a Fa.

Egy öreg, vastagtörzsű vadalmafa volt. Oldalából egy másfél arasznyi vastagságú, elszáradt oldalág nőtt ki. Körülbelül egy méterre a földtől ágazott el vízszintes irányban, majd felfele ívelt, és onnan meg két méter magasságban oszlopszerűen meredt az ég felé. Csonka teteje már korhadt volt és megtépázott, viharvert múltról tanúskodott. Nem voltak új hajtásai, teljesen halottnak tűnt, ennek ellenére élettől pezsgett.

– Itt vannak! – mondta az apám nagy izgalommal. Egy apró, kerek lyukra mutatott a faágon. Láttam, amint a méhek egésznapi nektárgyűjtő munkájukból visszatérve berepülnek a zümmögő méhkasba. Apám a szaggatófűrészt a földre tette, és letakarta néhány száraz ággal, hogy ne látszódjon. Aztán intett, hogy: – Gyerünk, fiam!

Folytattuk utunkat. Ahogy egyre sötétedett, úgy éleződött a hallásom és a figyelmem. Elértük a hegytetőt, aztán lassan ereszkedtünk lefelé a ritkuló erdőben, amíg Coptelke faluba nem értünk.

A falu körül a természet teljesen érintetlen állapotban volt. Egyik feléről sűrű bükk- és gyertyánfaerdő övezte, sárguló, száradó levelekkel. A mezők és a tisztások takarosan le voltak kaszálva, a számtalan virág fonnyadó, de gazdag illatot árasztott. A gyümölcsöket már leszüretelték, az ágakon már csak a levelek pompáztak élénk narancssárga és vörös színekben. A faluban csak hatvan ház volt, közöttük keskeny, kanyargós, agyagos utak. Nem volt ott sem kikövezett, sem aszfaltos út; sem járda, sem üzlet. Egy-egy házba már bevezették a villanyt – ami annyit jelentett, hogy égett egy csóré villanykörte a konyha mennyezetén –, de a legtöbb házban még az sem volt. Nem volt ott utcai lámpa sem, nem voltak sem autók, sem biciklik. Egyedüli szállító eszköz a lovasszekér volt. A gazdagabbak szekerei gumikerekeken gurultak, a szegényebbek pedig fából készíttettek kereket, melyet vasabroncs fogott össze.

Egy poros erdei úton ereszkedtünk le a falu felé. Az ég alján még tündöklött egy fénycsík. Fehér, keskeny füstoszlopok kígyóztak a házak kéményeiből. Egy kóbor kutya jött felénk, halkan vonítva.

A falu közepéhez értünk. Legalábbis úgy tűnt; ugyanis a falucskának nem volt centruma, de ha lett volna, akkor ez a ház pont a közepén állt volna.

Egy kapuban vártak reánk.

– Tanár elvtárs! – egy idősebb néni köszöntött minket a félhomályban.

Mai napig sem tudom mi volt a titka, de az apám könnyedén kapcsolódott a környező falvak lakosaival. Tudta, hogyan beszéljen velük, ismerte a tájszólásaikat, emlékezett a nevükre, tudta azt is, hogy ki-kinek rokona, és hogy közülük ki ment egyetemre. Könnyen tudott üzenni bárkinek az ismerősein keresztül, és az üzenet mindig eljutott a címzetthez, kivétel nélkül.

Az asszony bement a házba, és hozott két pálinkás poharat – egyiket apámnak, a másikat nekem.

Udvariasan elutasítottam: – Köszönöm, nem iszom.

– Gyere, igyál, fiatalember! jót fog tenni neked – mondta mosolyogva. – Ez a legjobb pálinkánk!

Láttam, hogy hiányzott a két felső metszőfoga.

– Köszönöm, de nem kérek. Csak 15 éves vagyok.

Ott álltunk az udvar közepén, az ég alja sötétvörösben halványodott. Mellettünk a földön hevertek a dobozaink és a szerszámok. Nyikorogva nyílt az ajtó, az asszony férje támolygott ki a konyhából. Lapos fekete sapka volt a fején, ruházata gyűrött, arca borotválatlan volt. Apám kezet rázott vele, és átadta neki az alig érintett pálinkás poharat.

– Kezdjük el, Gyuszkó! Menjünk, mert sok dolgunk van! Leterítettük a műanyag fóliát a földre. Az asszony elvezetett minket a hátsó udvarba. Volt ott egy fedett terasz a zöldségeskert mellett. A terasz oldalan állt egy vastag tölgyfapolc, rajta négy méhkas. A méhkasok fűzfaágakból voltak fonva. Az ágakat tavasszal vágják le, amikor még nedvesek és hajlékonyak. A kasok szénakazal-formájúak voltak, körülbelül egy méter magasak. A külsejük egy ujjnyi vastag sár, agyag és tehéntrágya keverékével volt betapasztva.

Egyre sötétebb lett; a méhek már mind visszatértek a kasba. Az apám ráütött az első kas falára az öklével, aztán rátette a fülét, és figyelmesen hallgatózott. Aztán ugyanezt tette az összes többi kassal. Végül kiválasztott hármat közülük.

– Ezeket fogjuk elvinni – mondta nagy hozzáértéssel.

Az öreg néni bólintott, hogy beleegyezik: – Ahogy tetszik akarni, tanár elvtárs.

Apám elővette a bicskáját, és óvatosan elválasztotta a méhkas alját a deszkától. A méhek a természet egyik legragacsosabb anyagát, a propoliszt, használják arra, hogy odaragasszák és elszigeteljék a jól megvédett lakóhelyüket. Ahogy elvált a méhkas az alapjától, mindketten megragadtuk és felemeltük. A levegő azonnal megtelt a méhviasz, propolisz, virágpor és méz illatával. Sok méz lehetett a méhkasban, mert nagyon nehéz volt felemelni. Lassan és óvatosan átvittük a méhkast a kerten keresztül az udvarba, és letettük a kiterített műanyag fóliára.

– Készítsd elő a füstölőt, fiam!

Elővettem a korhadt nyírfakockákat, megtöltöttem vele a füstölőt és meggyújtottam. A száraz tüzelő pillanatok alatt lángra lobbant, én meg préselni kezdtem a bőrbendős fújtatót. A láng felerősödött, és a levegő megtelt az égő nyírfa ismerős illatával. Miután jól begyulladt, becsuktam a füstölő kúp alakú tetejét. Az izzás és a láng fehér füstté változott. Egyre szaporábban pumpáltam a fújtatót, és ezzel egyre több füst keletkezett. Ez egy begyakorolt mozdulat volt, mert gyerekkorom óta már több százszor segítettem ebben. Apám megemelte a súlyos kast, majd két lécet tett be alája, kis rést hagyva a kas és a műanyag fólia között.

Egészen eddig a méhek barátságosak voltak, alig vették észre mi történik, mert a mézeslép csüngő lapjai között pihentek a hosszú munkanap fáradtsága után. De ahogy az apám elkezdte fújtatni a sűrű füstöt a kas aljába, elkezdődött a harc. Egyre több füstöt eresztett a méhkas alatti résbe.

Átadta újra nekem a füstölőt.

– Nyomjad, fiam! Erősen! – aztán az öklével ütni kezdte a kaptár falát.

A fojtogató sűrű füst elkábította a félálomban levő méhecskéket, és apám erős ökölcsapásaitól a félig fulladt méhek százával potyogtak a fóliára. Apám egyre hevesebben öklözte a kas falát, módszeresen körbe-körbe annak felületén. Megszáradt sár- és trágyapikkelyek hullottak le a kasról, és szerteszét szóródtak.

– Ne állj meg, pumpálj, pumpálj!

A jobb karom már elzsibbadt a fáradtságtól, már nem tudtam olyan erősen tartani. Kezet váltottam, és bal kezemmel pumpáltam tovább a füstöt. Apám magasabbra emelte a kas egyik oldalát, és elemlámpával rávilágított a lassan mozgó méhekre.

– Nem látom a királynőt, füstölj még!

Tovább püfölte a méhkas oldalát. Láttam, hogy ő is fárad. Újra megemelte a kaptárt, körülbelül negyvenöt fokos szögbe döntötte.

– Itt van, megvan! – mondta izgatottan. – Nézd, milyen gyönyörű! Nézd meg!

Én csak bámultam a félhomályban, de csak méhek ezreit láttam a fólián, ahogy egymás hegyén-hátán próbálnak a füsttől elkecmeregni.

– Hozzad a dobozt!
Odavittem a dobozt, levettem a tetejét. Apám áttette a kast egy kisebb műanyag fóliára. A nagyobbikat óvatosan megemelte, és közepénél egy árkot formált. Kövér mézcseppek, méhkupacok és száraz trágyapikkelyek gurultak alá. Aztán szép finoman belerázta a méheket a fadobozba. A dobozra illesztettem a tetőt. A tetőn egy négyszögletű ablak volt, finom acélháló ráfeszítve. Az ablakon keresztül hallottam a zümmögésüket, éreztem az illatukat. Egészséges szaguk volt. A méhkast egy rozoga faasztalra emeltük és az oldalára döntöttük. A konyha mennyezetéről árván csüngő, halványan izzó villanykörte fényében végre betekinthettünk a kas belsejébe. Kilenc párhuzamos lépesmézréteg volt benne.

– Hozzon nekem, legyen szíves, egy nagy tálat – mondta apám az asszonynak, aki tisztes távolságból figyelte az eseményeket. Apám a bicskájával benyúlt a kasba, és a levágott lépesméz nagy darabjait a tálba rakta. Az első vágás után rögtön friss, édes méz szaga árasztotta el a szélcsendes udvart. Csepegett és lefolyt a kas széléről az asztalra. Pillanatok alatt apám erős alkarját könyökig méz borította. Sok méhecske bújt meg a lépesméz sejtjei között. Most került sor a libatoll seprű használatára, amivel gyöngéden lesepertük a hártyásszárnyúakat a műanyag fóliára. Több mint negyedórába került teljesen kiüríteni a kast. A nagy tál pedig telis-tele lett sűrű lépesmézzel. A méhsejteket egy vékony viaszhártyával vonták be a méhek, így a méz takaros és légmentes tartályokban volt raktározva. Ahol a zsebkés bevágott, onnan viszont a méz szabadon csorgott ki. Mire befejeztük a méz kitermelését, még pár száz méhecske összegyűlt a kaptár eldugottabb részeiből, és ezeket is szépen a nagy dobozba tettük a méhcsalád többi tagja mellé.

– Itt van a méz – mondta apám, amint átadta a nehéz tálat az asszonynak, aki széles mosollyal vette át. Belenyúlt és leszakított egy jókora lépesméz darabot, és az egészet a szájába tette. Nagy élvezettel mosolyodott el, amikor a friss és édes mézet megízlelte, de ekkor élesen felkiáltott, és az ujjait hirtelen a szájába nyomta.

- Megszúrt egy méh! - kiáltott fel tele szájjal.
- Hol? - kérdezte apám.
- A nyelvemen - válaszolt.
  Fájdalom és ijedtség ült ki az asszony ráncos arcára, miközben még mindig próbálta megrágni és lenyelni a méz és viasz keverékét. Miután ez sikerült, közelebb mentünk a lámpához a konyhában, hogy jobban szemügyre vehessük a helyzetet. Apám utasítására szélesen kitátotta a száját. Mivel hiányoztak az első fogai, könnyen lehetett látni a nyelve közepén a megduzzadt csípés helyét. A fullánk beletört, és még mindig ott volt; a méhecske kiszakadt belei is ott lógtak rajta. De a méh már nem volt sehol.
- Jaj, de fáj! - panaszkodott az asszony. - De a méz nagyon jó - mondta egy kis szünet után.
- Van egy csipesze? - kérdezte apám.
- Ioan, hozzál nekem egy csipeszt! - mondta az asszony a férjenek, aki egy székben ült, és még jobban be volt rúgva, mint egy órával azelőtt. Megpróbált felállni, de megingott és visszarogyott. Az asszony, akit láthatóan irritált a férje tehetetlensége, felpattant és elsietett a hálószobába.
- Hozzon egy kis gézt is! - szólt utána az apám.
- Az mi? - kérdezte az asszony.
- Egy tiszta zsebkendő is jó lesz - válaszolta apám.
  Kisvártatva az asszony visszatért egy rozsdás csipesszel és egy foltos zsebkendővel. Apám a bal kezére tekerte a zsebkendő egyik végét és a másik végét az asszony nyelvére, majd kicsit kihúzta a nyelvet és lefelé hajlította, hogy annak közepén éktelenkedő fullánk könnyen elérhető legyen. Ott állt a fullánk a méztől csillogó, domborodó nyelv tetején, a hiányzó felső metszőfogak megüresedett helyén. Apám jobb kezébe fogta a csipeszt, és a villanykörte felé fordította az asszony fejét, hogy a gyenge fényben látszódjon is valami. Becsípte a fullánkot a csipeszbe és kihúzta.
- Itt van - mutatta neki -, kijött. Nincs semmi baj. A nyelve viszont biztosan megdagad majd egy kicsit.

Az asszony megkönnyebbült, és megköszönte.
- Hova lett a méhecske? - kérdezte egy idő után.
- Nem tudom - válaszolt apám -, lehet, hogy lenyelte.
- Lenyeltél egy méhecskét, hahaha! - derült ezen a férj, látható kárörömmel.
Kimentünk az udvarra. A levegő már hűvösödni kezdett. Folytattuk a munkát, és még két családot kifüstöltünk. Két órán belül már három dobozunk volt, tele halkan zümmögő, kábult méhekkel.

Fáradt voltam, szomjas és nagyon álmos. De tudtam, hogy a java még hátra van, és hosszú időbe fog telni, mire hazakerülök és alhatok.

Már indulóban voltunk, amikor apám elővett egy bordó színű 10 lejest, és átadta a gazdasszonynak. De nem fogadta el. Nyelve addigra már megduzzadt, alig értettük, mit mond.
- „Nem sükséges" - mondta sejpítve. - „Maha megharhja a mehehet, én megharhom a méet. E vót a egyessé."

Elbúcsúztunk és visszaindultunk a sötét sűrű erdő felé. A Hold még nem kelt fel; az utcák sötétek voltak, csak egypár távoli, pislogó villanykörte nyújtott valami fényt. Ahogy elhagytuk a falu szélén álló utolsó házat is, teljes sötétég borult ránk. Apám elővette az egyetlen elemlámpánkat. Szögletes formájú volt, elején egy kerek tükör és annak közepén egy apró villanykörte volt. Egy négy és fél voltos elem volt a lámpában, ami a legjobb esetben sem világított tovább egy óránál. Egyetlen elem volt nálunk, mert ritkán lehetett kapni, ahogy nagyjából minden mást akkoriban. Ha bementünk bármelyik boltba, és megkérdeztük az eladót, hogy „Tessék mondani, van-e ez és ez?" akkor a válasz mindig az volt, hogy „Nincs" vagy „Sajnos nincs" vagy „Már nincs".

Apám felkapcsolta az elemlámpát egy-egy pillanatra, és megvilágította az utat előttünk, hogy a kép az emlékezetünkbe rögződjön, de rögtön le is oltotta, hogy spóroljon az elemmel. Csendben haladtunk tovább, a hátunkon a méhekkel teli dobozok csendesen zümmögtek, érezni lehetett a finom rezgést a doboz vékony, réteges lemezből készült falán keresztül.

Ahogy sétáltunk, újra eszembe jutott, ahogyan apám kihúzta a méhfullánkot a parasztasszony nyelvéből. Könnyedén és elegáns mozdulattal. Mintha mindig is ezzel foglalkozott volna. Édesanyám mesélt nekem egy ehhez hasonló történetet, ami egypár évvel születésem előtt történt. A nővéremnek, Erzsébetnek – aki körülbelül másfél éves lehetett akkor – egy kis fertőzött dudor, egy árpa, nőtt az egyik szemhéja alá, és a szemgolyót nyomta. Aggódó szüleim elvitték az orvoshoz, aki felajánlotta, hogy eltávolítja a dudort egy műtéttel. A szüleim beleegyeztek. De apám megérezte az orvoson az alkohol szagát, talán még részeg is volt. Azon kezdett el ezután aggódni, hogy ha az orvos iszákos, elhibázhatja az orvosi eljárást, és örökre kárt tehet a nővérem szemében. A műtét előtti éjszakán apám nem bírt aludni, csak forgolódott az ágyában. Hajnal háromkor felkelt, elővett egy vadonatúj borotvapengét és forralt levő vízben fertőtlenítette. Ezután odaült a nővérem ágya szélére, kifordította a beteg szemhéjat, és egy precíz vágással eltávolította az árpát. A seb napokon belül nyomtalanul begyógyult.

Elértük az erdő szélét. Itt már sötétebb volt a sötétnél is. Még a saját kezemet se láttam. Tovább villogtattuk a zseblámpát magunk előtt, megjegyeztük a táj képét, és botorkáltunk a sötétben. Éjszaka egy óra lehetett, mire újra a Fához értünk. Letettük a csomagjainkat. Apám elővette a szaggatófűrészt, amit jövetben elrejtettünk. Kioldotta és a fűre fektette. Elővettem a füstölőt, és kinyitottam a tetejét. Még mindig érződött rajta korábbról a friss füstszag, és a fémtest is meleg volt. Újabb adagot készítettem elő; megtömtem nyírfakockákkal a nyílást, és gyufával meggyújtottam azt. A gyufa fénye egy pillanatra megvilágította a sötét erdőt körülöttünk.

Miután beindult a füstölő, mindketten elfoglaltuk a helyünket. Apám állt a fa egyik oldalán, én a másik oldalán. Átemeltük a szaggatófűrészt a fatörzs és vaskos ág közötti résen.

Apám megvillogtatta az elemlámpát egypárszor, hogy biztosan jó helyen és jó szögben fűrészeljünk, pontosan a méhkas bejárata alatt. Aztán vágni kezdtük. Ő húzta maga felé, én pedig magam felé vissza. Aztán én húztam magam felé, és ő meg vissza. A fűrész kétméternyi hosszú volt, frissen fent fogakkal. A fogantyúk fehér kőrisből voltak, évtizedes használattól simára koptatottak. Lassan és figyelmesen fűrészeltünk a sötétben. Odavissza, oda-vissza. Éreztem a nyers acél meg a hulló faforgács illatát. Hallottam a méhcsalád zümmögését az odú mélyén. Először csak egy nyugodt zúgás hallatszott, de ahogy haladtunk a vágással, a zümmögés pánikszerű morajjá változott. Mikor a szerszám elérte az odú belsejét, már könnyebben ment a fűrészelés. Méhviasz, propolisz és mézédes illat áradt a vágásból.

Lábujjhegyen kellett fűrészeljek, hogy vízszintesen maradjon a fűrész. Már sajgott a jobb karom, és a hátam is nyilallt a fájdalomtól. Kifáradtam, úgy éreztem, nem bírom az iramot tovább.

– Kell pihenjek egy kicsit – könyörögtem.

– Csak nyomjad fiam, majdnem kész vagyunk! – próbált biztatni az apám.

Hirtelen csörtetés zaja ütötte meg a fülünket. Mindketten megdermedtünk, visszafogott lélegzettel hallgatóztunk. Közeledő paták dobbanását hallottuk, amint a száraz levelek között elhaladtak mellettünk. Végiggondoltam, hogyan mászhatnék fel az almafára, ha esetleg a vaddisznók nekünk támadnának, de néhány pillanat leforgása után már hallottuk is távolodni az állatokat.

Folytattuk a fűrészelést. A Hold megjelent a keleti égen, és a fénysugár égi ajándékként ért el bennünket. Lehetett látni most már, hogy az ágnak a kétharmada már át volt fűrészelve. Szinte minden évben voltunk apámmal hasonló kalandos kiránduláson. Mindig féltem elindulni vele, mert úgy éreztem, hogy ezek a kirándulások szinte meghaladják a fizikai erőnlétemet. Viszont most kíséreltünk meg először egy vad méhcsaládot a sötét erdő közepéből áttelepíteni. Úgy éreztem, ezt már nem bírom ki. Az erőm elpárolgott. Túl soknak és túl nehéznek éreztem a feladatot. Mégsem szóltam semmit. Nem akartam, hogy apám csalódjék bennem, és azt is tudtam, hogy milyen sokat jelentett neki a méhészete.

Leterítettük a műanyag fóliát a fűre. Poros volt és méztől ragacsos. Egy-kettő, egy-kettő; a fűrész csikorgott minden húzásra. Talán még aludtam is egy kicsit fűrészelés közben. Végre átvágtuk az ágat. Az odvas, kiszáradt tönk nagy puffanással a földre terített fóliára esett. Nekiálltunk vadul füstölni az odút. Ami füstöt ki tudtunk pumpálni, azt mind a fa üregébe irányítottuk. Felváltva nyomtuk a fújtatót, aztán kezet cseréltünk, tovább füstöltünk. A méhek lassan előbújtak az odúból, ki a hideg éjszakába, és a műanyag fóliára potyogtak. Mi folyamatosan tereltük, sepertük őket körbe-körbe, hogy azon maradjanak. Apám ezután felemelte a nehéz faágat, és függőleges helyzetben megtartotta.

– Nyomjad a füstöt a bejárati lyukon keresztül! – utasított. Felkapott egy nagy ágat, és tiszta erejéből ütni kezdte a méhkast. Éreztem, hogy a méhek már a lábszáram meztelen bőrén másznak felfele a nadrágom vászna alatt. Ez megijesztett. Próbáltam leseperni, lerázni őket.

– Nyomjad a füstöt! Ne álljál meg! – jöttek a további utasítások. Teljesen zsibbadt volt mindkét karom. Ekkor már több méhecske is a combom belső oldalán mászott. Tudtam, hogy nem jó ötlet lecsapni őket, mert egy döglött méh is meg tud szúrni, szóval csak próbáltam nem gondolni reájuk. Csak a füstölésre és pumpálásra koncentráltam a maradék erőmet.

Egyesek azt állítják, a legnagyobb fájdalom, amit egy férfi átélhet az, amikor tökön rúgják. Mások szerint, egy gyökértömés fájdalomcsillapító nélkül fájdalmasabb. Az elsőt én nem tapasztaltam soha, de a másodikat néhány évvel később igen. Tapasztalatom szerint, a méhszúrás az ember heréjébe a legfájdalmasabb. Összeestem, a műanyag fóliára zuhantam a méhek mellé; a füstölő kirepült a kezemből a fűre. Fogtam az ágyékomat, és ordítottam a fájdalomtól.

Apám továbbra is tartotta a vastag ágat függőlegesen, és megkérdezte mi történt.

– Megszúrták a tökömet! – ordítottam.

Gondolkozott egy kicsit, aztán azt mondta: – Nem lesz semmi bajod. Szükségem van a segítségedre.

A hangja békítő volt.

Feltápászkodtam a földről, összeszedtem a füstölőt, és tovább pumpáltam a füstöt. A fájdalom az ágyékomtól az idegszálaimon át minden irányba szétsugárzott. Mint annak a férfinak Da Vinci jól ismert Vitruvius-tanulmányán: az ágyékom a fájdalmam közepe volt.

A méhek még párszor a vádlimon meg a combomon is megcsíptek, de azok a csípések jelentéktelenek voltak. Kicsi koromtól kezdve nagyon sok méhszúrást kaptam már, hozzá voltam szokva.

Még fél órán keresztül füstöltük és döngöltük az odvas fatönköt, és szinte minden méhet sikerült kihajtanunk az odúból. Egy nagy kupacban voltak a fólia közepén, alig mozogtak a hideg éjszakában. Apám elővette az elemlámpát, és szemügyre vette a méheket. Kereste az anyát. Nem találta. Én sem találtam meg. Addigra már olyan fáradt voltam, hogy csak arra vágytam, hogy lefeküdjek a fóliára a méhek mellé – nyomban elaludtam volna.

Besepertük a méheket az utolsó üres dobozba, és rátettük a tetejét.

– Mit csinálunk a sok mézzel? – kérdeztem.

– Itt hagyjuk – válaszolta. – Nem bírjuk hazacipelni. Az erdei állatok megeszik majd.

Összepakoltuk a dolgainkat, felcsavartuk a fűrészt henger formára, és útra keltünk. Egy sötét felhő újra eltakarta a Holdat, és nagy sötétség borult a tájra. Az elemlámpa még néhányszor felvillant, aztán az eleme végképp lemerült. Csak mentünk az erdő sűrűjében, a sötétben. Fáradt voltam, zsibbadt; az ágyékom lüktetett a fájdalomtól. A nadrágom méztől volt ragacsos, a szövet a bőrömhöz ragadt, nehezemre esett minden lépés. Nem éreztem már az idő múlását, csak mentünk és mentünk az erdőben. Egyetlen dolog volt csak, ami nyugtatott: a méhek zümmögése a dobozokban, amit a hátamon cipeltem.

Aztán a biciklikhez értünk. A cuccokat odakötöttük a csomagtartókhoz, bepattintottuk a dinamókat. Megindultunk lefelé. A dinamók surrogása hangos volt ahhoz képest, hogy alig termeltek áramot. Lámpáink csak halványan pislogtak, amint a göröngyös úton lefelé gurultunk.

Egy fél órába telt, hogy az aszfaltos főútra érjünk, és kelet felé, Ördöngösfüzes irányába fordultunk. Az aszfalton gyorsabban haladtunk. A mélyen alvó falun átkarikáztunk, utána a cigánytelepet is magunk mögött hagytuk, és kiértünk a falu melletti mezőre. Apám méhészete az út bal oldalán volt egy lankás domboldalon. Több mint egy órába tellett elkészíteni a négy méhkaptárt az új családok számára.

Mire újra útrakeltünk – most már végre hazafelé –, már pirkadt. Az ágyékom annyira fájt, hogy nem bírtam a biciklin ülni, majdnem végig a pedálon állva bicikliztem. A mi lakásunk a negyedik emeleten volt egy nagyobb lakónegyedben. Minden alkalommal felcipeltük a bicikliket a lépcsőn a negyedik emeletre, nehogy valaki ellopja őket. Az utolsó csepp erőmet használtam arra, hogy a kerékpárt a szűk lépcsőházon keresztül felvigyem.

Végre otthon voltunk. A fürdőszobába mentem, és megnyitottam a vízcsapot. Mély, szívó hangot bocsátott ki, amint a levegő a csőbe tódult. Nem volt víz. De mi ezt megszoktuk. Ritkán volt víz, főleg itt fenn, a negyedik emeleten; volt egypár lavór és néhány vödör a fürdőszobában, melyekben ezért vizet tároltunk. Megmelegítettem az egyik vizes edényt a gázrezsón, aztán elkészítettem a fürdőmet egy pici, kerek, zománcozott fürdőtálban. Óvatosan beleültem a meleg vízbe. Az ágyékom sajgott, a lábszáram és combom tele volt dudorodó méhcsípésekkel. A bőröm piszkos volt és ragacsos a méztől, viasztól és a rátapadt út porától.

A felkelő Nap fénye beszűrődött a kicsi ablakon. Ránéztem a kezemre, az ujjbegyeim sárgásbarnák voltak a viasztól és a propolisztól. A jobb hüvelykujjamon egy jókora vízhólyag éktelenkedett a sok fűrészeléstől. A hajam, a bőröm, mindenem füstszagú volt. A mosdóvizem gyorsan hűlni kezdett. Igyekeznem kellet volna a mosakodással, de az erőm elfogyott, csak ültem a vízben törökülésben. Kezemmel a dézsa peremébe kapaszkodva egy mély, kómaszerű álomba zuhantam.

„We Will Rock You",
Szamosújvár,
1979 májusa

fordította: Sütő Ildikó

Első hallásra beleszerettem a Queen együttes „We Will Rock You" zeneszámába. Ez még 1976-ban volt. Nemrég kezdtem el a líceumi éveket és az iskolai angol nyelvleckéket. Alig bírtam kibogozni a kezdő sorokat: „Buddy, you're a boy, make a big noise / Playing in the street". Fordításban ez úgy hangzott, hogy „Haver, te fiú vagy, nagy zajt csinálsz / Az úton játszva". A többit aztán már végképp nem értettem. De ennyi elég is volt, mert a zene hangos volt, kemény és kihívó, jó ritmussal. Úgy éreztem, a szöveg pedig rólam szól. Fiú voltam, zajt csaptam, és az utcán játszottam. Az én dalom volt. Először a rövidhullámú VEF 12-es rádiónkon hallottam meg, amelyet nagymamám hozott Magyarországról.

Nehéz volt pedig akkoriban Magyarországra utazni. Éveket kellett várnod az útlevélre meg a vízumra, és utána valahogy még pénzt is kellett szerezned. Román lejt nem lehetett magyar Forintra váltani, holott mindkét ország a mindenható Szovjetunió szatellitállama volt. Útlevél mellé nem járt valuta automatikusan, ezért a határon túl csak úgy boldogulhattál, ha az otthon beszerzett cuccokat, mint például női fehérneműt, bundakabátot, szilvapálinkát külföldön árultad. A nyolcvanas éveihez közeledő nagymamámnak volt ideje és türelme bevárni az útlevelet, megvásárolni a szükséges dolgokat, majd azokat a budapesti villamosmegállókban árusítani. Ő paradicsomtermelő volt egész életében, nem volt magas iskolázottsága, mégis a pénzt ügyesen kezelte, és hatásosan győzködte az embereket a portékai megvásárlásáról. Mesterien árult. Alacsony volt, békés, barátságos arcú és hajthatatlanul üzletelt.

Egyik nyáron egy bőröndnyi női pamut alsóneműt vitt magával Magyarországra. A városbeli elektronikus üzletben a kiszolgáló, Bandi bácsi azt mondta, hogy a VEF 12-es a legjobb rádió, mert óriási, hogy 12 tranzisztoros, és hogy fogja a rövidhullámú adókat is. A Szabad Európa Rádió és Amerika Hangja hallgatásához ez elengedhetetlen volt. Később kiderült számomra, hogy még a Luxemburgi Rádió befogásához is ez kellett. Ha csak egyetlen egy dolgot akart valaki beszerezni Magyarországról, akkor az a rádió volt. Nagymamám három hetet töltött Budapesten, és amikor visszatért, hozta magával ezt a készüléket. Mindnyájan köré ültünk, és csodáltuk a technológia új vívmányát. Ezüst és fekete színű volt; kerek, stabilan rögzített gombokkal és egy fényes teleszkópos antennával. Ez egy messze szebb és fejlettebb készülék volt, mint bármi más, amit addig valaha láttam.

– Indítsuk be! – indítványoztam.
– Nem – válaszolt apám. – Majd hétfőn.
Szerda volt.
– Miért kell addig várnunk? – kérdeztem.
– Mert én mondtam! – így apám.

Édesanyám és a nővérem tudták, hogy nem érdemes vele vitatkozni. Édesapám egy okos ember volt, matematikus és tudós, ugyanakkor ősi hitek és babonák követője, amelyeknek számomra nem volt semmi értelme. Egész gyerekkoromban próbáltam megfejteni, hogy honnan eredt az, hogy egy ennyire logikusan gondolkodó személy babonákban higgyen. Nagy dolgokba például csakis hétfőn kezdett bele. És az új rádió nagy ügy volt, méltó a hétfői kezdéshez.

Apám hitt abban is, hogy a patkó meg a kéményseprő keféje szerencsét hoz. Amikor az első városon kívüli síversenyemre indultam évekkel azelőtt, ahogy állomás épülete felé gyalogoltunk, apám és én, átellenben velünk egy kéményseprő közeledett. Én izgatott voltam, mert az első önálló vonatutamra készültem, hogy igazi sízőkkel mérjem össze magam. Apám nyilvánvalóan aggódott azon, hogy kienged az ismeretlenbe. A kéményseprő pont úgy nézett ki, mint a meséskönyvek kéményseprője: fekete munkaruha, fekete kalap, kormos arc, bajusz és egy hatalmas gömbölyű kefe, amely egy hosszú óriási hurokba tekert acélkábelhez kapcsolódva az ember vállán feküdt. Apám lassított.
– Menj, és húzzál ki egy szálat a keféjéből, fiam!
– Miért? – kérdeztem.
– Csak úgy! Menj, csináld!
A kéményseprő észrevette, hogy róla beszélünk, és kínosan ő is lelassult.
– Indulj! – apám noszogatott feléje. Nem akartam engedelmeskedni. – Menj, fiam, menj!
– Nem, nem szeretném – haboztam, és újra nekiszegeztem a kérdést: – Dehát miért?
– Csak tedd meg, fiam! – apám hangja szigorúan csengett.
Engedtem neki. Szégyenlősen átmentem az úton, a táskám a hátamon, sílécem a vállamon. Nem mertem az emberre nézni. A keféhez nyúltam, megragadtam egy szálat és megpróbáltam kitépni. Nem engedett. Újabb szállal próbálkoztam. Az is erősen rá volt fogva. Ekkor feladtam, és lógó fejjel visszasétáltam az út másik oldalára, apám elé. Sosem beszéltünk erről többé.

A szomorú irónia az, hogy néhány évvel később apám egy hétfői napon halt meg, egy nappal az 51. születésnapja előtt.

Mihelyt bekapcsolhattam a rádiót, és rövidhullámon hallgathattam az idegen hangokat, információ-mennyországba kerültem. A programok német, francia, olasz, magyar és természetesen angol nyelven folytak.

Aztán azon a bizonyos napon, 1976-ban, meghallottam a

dalt: „We will, we will rock you". Próbáltam gyorsan körmölni a szöveget, és megfejteni az értelmét. Egy szótár segítségével körülbelül a felét összeállítottam. A megfejtetlen részekkel az angoltanáromnál jelentkeztem, és együtt kidolgoztuk szinte az egészet. Az egyetlen „szó", amit nem értettünk az az volt, hogy „getyousomepeacesomeday", de nem volt lényeges. Fejből megtanultam, majd dúdoltam és énekeltem a dalt. A társaimat megtanítottam, hogy lábukkal doboljanak és tapsoljanak, így hangosan szólózhattam.

1979 tavaszán az iskola igazgatója egy rendkívüli gyűlést tartott a tornateremben. Körülnéztem a teremben: csupa fiút láttam, mindnyájan tizenegyedikesek, az évfolyam mindhárom osztályából. Nagyjából hatvanan voltunk.

– Mi történik? – kérdeztem Zsigát, a kollégámat, aki egy vicces figura volt. Állandóan nevetett, és másokat is magával ragadott a jókedvével. Örvendtem, hogy mellette ülhettem.

– Halvány gőzöm sincs – válaszolta. – Lehet közmunkázunk. Szedünk valamit.

– Mit szedünk? Gyümölcsöt? Kukoricát?

– Szemetet – vigyorgott Zsiga.

Az igazgató vaddisznóképű volt. Nagy arca volt, húsos lelógó szemhéja, vastag nyaka és jókora pocakja. A nagyhasúak vagy kommunista pártvezetők, vagy benzinkutasok, vagy élelmiszeripari dolgozók voltak. Ők tudtak csak rendszeresen élelemhez jutni. Rajtuk kívül nagyjából mindenki sovány volt.

– Diákok – kezdte a beszédet románul –, egy rendelet érkezett Bukarestből. El kell, hogy utazzatok a Duna csatornájához egy három hónapos munkatáborba. – Morajlás futott végig a sorok között. – Összhangban a kommunista értékrendszerünkkel, mindannyiunknak részt kell vennünk a fényes jövőnk építésében – folytatta. – Segíteni fogtok a Dunát a Fekete-tengerrel összekötő munkálatokban. Medgidián lesztek elhelyezve, fele úton a Duna és a tengerpart között. Június 1-én lesz az indulás napja, ezért két héttel hamarabb,

Sütő Gyuszi

május 30-án befejezitek az oktatást, és másnap indultok. Jövő héten kötelező orvosi ellenőrzés lesz az iskolai rendelőben. Minden épkézláb fiú menni fog. Nem lesz kivételezés! – Az utolsó mondatot, hogy „Nem lesz kivételezés!" nyomatékkal ejtette ki. – Mint kommunista ifjaknak – folytatta szigorúan –, kötelességetek építeni a ragyogó jövőt! Országunknak szüksége van rátok, ezért mennetek kell! Ott a helyetek! – majd felnézett Ceausescu elvtárs falon függő, nagyméretű képére, a Román Kommunista Párt főtitkárának mosolygós arcára.

A fénykép 15 éve készült. A hódolati képeken sosem öregedett, csak zakói meg nyakkendői változtak, az ábrázata maradt a régi: fiatal, jóltáplált, sima és mosolygós. Országunk szeretett vezetője, a kommunizmus tündöklő irányadója mutatja az utat az aranyjövőbe. Szórakoztatott, hogy felismertem a nyakkendője mintáját. A Szabad Európa Rádión hallottam, hogy a művész, aki a portréját készítette, a nyakkendőre egy spiccvasra emlékeztető mintát festett, amely egy rejtett hivatkozás volt Ceausescu korábbi cipészinas éveire. Ez még a lótolvajságának előtti időszakában volt. Miután azzal elkapták, börtönbe vetették. Cellatársa egy igazhitű kommunista volt, aki megfertőzte őt is kommunista ideálokkal. És most, 30 évvel később, mennem kell ennek az embernek kanálist ásni. A legtöbb diktátornak van egy megaprojektje. Egyesek piramisokat építtettek, mások terjedelmes kastélyokat. Mi pedig kanálist ásunk egy sivatagban.

Miért?

Miért ne?

Az indulásunk előtti hetekben – mi, tizenegyedikesek – szorosabb kapcsolatokat fűztünk egymáshoz, s ez a bajtársiasság osztályok között is átszivárgott. Mintha háborúba indulnánk – olyan érzésünk volt. A mi Vietnamunk volt, csak kisebb annál, kevésbé súlyos. De mégis a mi lázadásunk.

Marcel, egy magas fiú a román csoportból gitárral jött iskolába, és a hátsó udvaron egy gesztenyefa tövében játszott a hangszeren. Nem volt a szabályzatban, hogy hangszereket lehetne az iskolába hozni, de minket nem érdekelt. Már elkezdtük a lázongást a rendszer ellen. Ez a gesztenyefa nem messze volt a lábteniszpályánktól. A lábtenisz divatos volt akkoriban. Kb. egy hétszer három és fél méteres téglalap alakú területen – melyet egy térdmagasságú háló választott ketté – rúgtuk a labdát. Pingpongszerű játszma focilabdával. Párosban játszottuk, két-két játékossal mindkét oldalon. Bármely testrészeddel érinthetted a labdát, kivéve a karoddal és kezeddel, akárcsak a labdarúgásban. Hálónk nem volt, de rögtönöztünk erre egy ideiglenes megoldást: két törött székre egy deszkadarabot helyeztünk, és máris kezdődhetett a játék. A megrajzoltuk a pálya körvonalát egy porózus, piros téglával, amit krétaként használtunk, de krétavonalakkal ellentétben a piros nyomok véglegesen beivódtak a cementbe. Az udvar leglaposabb és legsimább részét választottuk ki erre. A játszmák nagyon kompetitívek voltak, és jó atletikus erőnlétet igényeltek. Lábunkat, fejünket, térdünket vállunkat használva passzoltuk a labdát egymásnak, és a jó csatárok magasra ugorva karateszerű mozdulattal eresztették a pörgő rúgásokat. A szoros játszmák még nézőközönséget vonzottak, a lányok kuncogtak és drukkoltak, míg a fiúk tehetségüket fitogtatták. Az órák közötti iskolai nagyszünet 10:50 és 11:10 között volt délelőttönként, és ilyenkor zsibongott az udvar. Egyesek a gitáros köré gyűlve énekeltek, mások flörtölgettek, udvarolgattak. Fiatalok voltunk, egészségesek, robbant belőlünk az energia. Ha figyelmen kívül hagytuk a tényeket, hogy táplálkozásunk hiányos volt, utazási szabadságunk szinte nem létezett, felszólalási jogunk nem volt, importált ételhez, könyvekhez, magazinokhoz hozzájutni nem lehetett, és hogy egy veszélyes, három hónapos sivatagi kényszermunkatáborba készültünk, akkor az életünk végül is egész kellemesnek volt mondható.

Munkanapok a hét hat napját töltötték ki. Utópisztikus kommunizmust nem lehet heti ötnapos munkával építeni. Isten hat nap alatt teremtette meg a földet, a hetediken megpihent.

Sütő Gyuszi

Hasonlóan, mi is hat napot jártunk suliba. Csakhogy a hetediken mi nem tudtunk pihenni. Ételbeszerzési sorokban álldogáltunk, és ivóvizet cipeltünk a közeli domboldalról.

Május utolsó szombatján, egy nappal indulásunk előtt, néhány fiú egy hangszórót hozott be az iskola épületébe. Ez rendkívül szokatlan és valószínűleg szabálytalan volt, de őket nem érdekelte. Amikor a húszperces szünet elkezdődött, minden diák kiment az udvarra. Kötelező volt levegőzni a nagyszünet alatt, a tanárok rendszeresen kihessegették a diákokat. Napsütéses, meleg nap volt. Nem tudtam, mire készültek a fiúk. Láttam, hogy Marcel kinyit egypár második emeleti ablakot, és a hangszórót az udvar irányába fordította. A mikrofont bekapcsolta, és Marcel gitárpengetéses aláfestésére egy énekes hangja zúgott fel:
– Liberance, liberance, liberance. – Csupán egyetlen szó ismétlődött ebben a dalban, ami gondolom, szabadságot vagy menekülést jelenthetett a francia nyelvben. De fülbemászó dallama volt, és hamarosan az egész udvar zengett az énekszótól. Soha ilyesmi nem történt az iskolánk százéves történelmében, csak azon a napon: 1979. május 30-án. Abban a pillanatban, mikor eldöntöttem, hogy én is átveszem a mikrofont, és éléneklem a dalomat, egy nagy gombócot éreztem a torkomban. Összegyűjtöttem a bátorságomat, és amint a fiú befejezte az éneklést, a mikrofonhoz léptem. Az ablakkeret az udvar egy részét eltakarta előlem, nem láthattam odalenn a teljes közönséget.

A bumm-bumm-csakk, bumm-bumm-csakk ritmussal kezdtem. Pillanatok alatt az egész udvar dübörgött, a diákok tapsoltak, és a lábukkal doboltak a ritmusra. Éreztem, hogy túl feszült vagyok ahhoz, hogy a szóló első sorát énekeljem, ezért a refrénnel kezdtem: „We will, we will rock you". Bumm-bumm-csakk, bumm-bumm-csakk. „We will, we will rock you". Oké, na most! – biztattam magam gondolatban. „Buddy, you're a boy, make a big noise / Playing in the street, gonna be a big man someday / You got mud on your face, big disgrace / Kickin' your can all over the place". A hangom gyenge volt, ijedt és fals. A tömeg nem törődött vele. „We will, we will rock you" – dübörgött vissza az udvar. „Buddy, you're a young man, hard man" – folytattam. A hangom egyre magabiztosabban szólt. Már nem féltem, nem kételkedtem a sikerben. Folyékonyan ment a második szakasz. A harmadiknál kissé botladoztam: „...big disgrace / Somebody better put you back into your place, do it!". Nem éppen úgy hangzott, ahogy Freddie Mercury előadta, de nem törődtem vele és a közönség sem. A kórus visszhangzott az udvarról: „We will, we will rock you". Amikor befejeztem, vettem egy mély lélegzetet. Sikerült!

Lementem a lépcsőkön, ki az udvarra. A lányok flörtölgetve mosolyogtak rám, a fiúk elismerően bólogattak. Én voltam a nap rocksztárja.

Bálint közeledett felém, és megszólított: – Apád lejött az udvarra pár perccel ezelőtt.

– Igazán? – kérdeztem. Édesapám volt a legjobb matektanár a városban, és egyike a legtiszteltebb tanároknak, a diákjai olykor még féltek is tőle. A véleményének súlya volt. Sóvárogtam az elismerése után. – Mit gondolt az éneklésemről?

– Azt kérdezte, hogy ki az az idióta, aki az ablakból üvöltözik, és én mondtam, hogy a tanár elvtárs fia énekel – válaszolta Bálint szégyenlősen.

Elszorult a szívem.

Apám és én annyi mindent együtt csináltunk, nagyon jó kapcsolatunk volt, és kilencven százalékban egyezett a véleményünk a dolgokról. Rájöttem, hogy a rock and roll viszont a maradék tíz százalékba tartozott.

Sütő Gyuszi

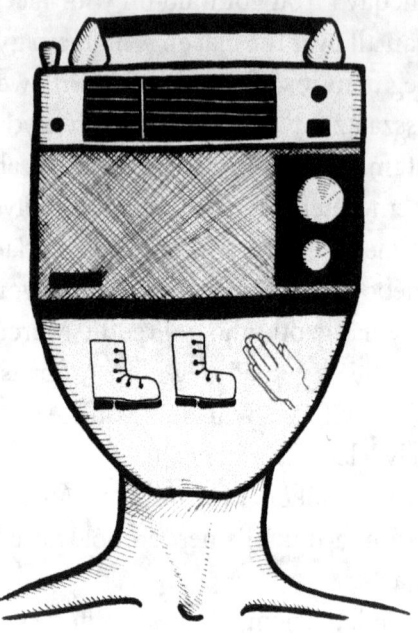

Kajszibarack, Medgidia, 1979 júliusa

fordította Felföldi Zita

Hajnali 5:30-kor keltettek bennünket. Heten voltunk a barakkban: Gyula, Zoli, Bálint, Karcsi, Szaki, Tobi és én. Minden reggel ugyanazt a forgatókönyvet követte. A csoportvezetőt, az iskolánk lakatos műhelyében dolgozó technikust, aki sem a tanárokból, sem a diákokból nem váltott ki tiszteletet, felügyelőnek küldték le velünk a csatornához. Fő feladata az volt, hogy hajnali 5:30-kor keltsen ki bennünket az ágyból. Ezután papucsban kivonultunk a barakk elé. Ilyenkor még csak derengett, az ég tiszta volt, hiszen a sivatagban voltunk. Az egyenetlen agyagút mellett szedett-vedett járda húzódott, és ez a járdaszegély különböző méretű, össze-vissza lerakott kövekből állt. „Fuser munka"– mondta volt annak idején nagyapám, ő maga asztalosmester, amikor ilyen minőségű munkát látott. Az akkori Romániában ez a kifejezés lényegében mindenre érvényes volt. Azt a parancsot kaptuk, hogy kocogjunk – papucsban természetesen – a barakkok körül. Senkinek nem kívánkozott futni, különösen az előző napi, 11 órás kimerítő munka után.

A barakkokban a csatorna építésére idevezényelt különféle munkacsoportokat szállásolták el. Voltak itt hozzá nem értő, dilettáns mérnökök, akik valószínűleg elbarmoltak valamit a munkájuk során, és ahelyett, hogy börtönsorsra jutottak volna, a csatornához rendelték őket. Voltak még itt katonák, kemény, izmos fickók, akikkel nem volt ajánlatos ujjat húzni. A rabok barakkjait szögesdrót kerítés vette körül. Továbbá volt itt egy egyetemista diákcsoport is, de őket valamilyen okból nem keltették olyan korán, mint bennünket. Az a szóbeszéd járta, hogy volt pénzük és cigarettájuk, amivel megvesztegették az őröket, így azok hagyták őket aludni. És ott voltunk mi, középiskolás diákok, akiket véletlenszerűen választottak ki és hoztak ide a haza szolgálatára. Mind fiúk voltunk, több mint ezren, napbarnított, alultáplált és dühös fiatalok. Természetesen a bukaresti hivatalnokok nem a saját körzetükből válogatták a diákokat, mert akkor saját fiaik közül is került volna olyan, akinek a forró napon követ kellett volna zúznia. Inkább az ország alulreprezentált régióiból jelölték ki az iskolákat. Románia akkoriban a keleti blokk legszegényebb országa volt, és mi annak is a legszegényebb városából érkeztünk – mely az ország legnagyobb börtönéről volt ismert, vagy inkább hírhedt. Mi pedig itt voltunk a sivatagban, az ország többi rosszfiújával együtt. Talán nem túlzás azt állítanom, hogy Európa végbelében voltunk.

Egészen az ebédlőig futottunk, amely inkább egy műanyag fóliával fedett, óriási kocsibeállónak nézett ki. Előtte aszfalt terült el, lapos és sima. Itt tudtunk egyedül lábteniszezni. A törött téglával megrajzolt pálya szegélye a hajnal pirkadó fényében is látszott. Fekvőtámaszokat kezdtünk nyomni. Az aszfalt az ételmaradékoktól bűzlött. – Egy, kettő, három, négy! – számolt a csapatvezető. Az aszfalton tenyereltünk szürke pizsamában és barna papucsban. A fekvőtámaszok végeztével négysoros alakzatba sorakoztunk, és visszamenetltünk a barakkokhoz, miközben a kommunizmus jövőjéről szóló, hazafias dalokat énekeltünk.

6 órakor kaptuk a reggelit. Valami barna masszát tettek elénk: burgonya, káposzta, répa és disznóköröm keverékéből főtt kotyvalékot. Rettentő rossz íze volt. Alkalmanként még kavicsdarabok is akadtak a fogaink közé. Amikor ilyet

találtunk az ételben, az ebédlő ablakát megdobtuk vele. Úgy gondolkodtunk, hogy ha elég nagy a kavics ahhoz, hogy betörje az ablakot, akkor a táborvezetőnek azzal érvelhetnénk, hogy ha kisebb kavicsot főztek volna a kajába, akkor az ablak nem tört volna be. A barna kotyvalékon kívül émelyítően édes és vegyszerízű teát is kaptunk. Azt beszélték, hogy bromidot tettek bele, hogy csökkentsék a libidónkat. Fogalmam sincs, hogy igaz volt-e, ugyanis mindannyiunknak három dolgon járt az esze: az alváson, az ételen és a lányokon. Kevés alvás és étel jutott nekünk, lányoktól pedig teljesen el voltunk szigetelve. Több mint egy hónapja már, hogy nem voltunk lányok közelében.

Reggeli után munkásruhába öltöztünk, felvettük a kötelező fehér sisakot, és a buszhoz masíroztunk. A busz egy lepusztult, régi, 22 üléses járgány volt, szűkös annak a hatvan diáknak, akiket bepréseltek. Rendkívül nagy szükségem volt az alvásra. Ha igyekeztem, le tudtam ülni, és azonnal álomba is zuhantam. A fiúk egymás ölébe ültek; ha ülőhelyhez jutottunk, meg kellett fizetni az árát. Máskor csak álltam, megkapaszkodtam a rúdban, és állva bóbiskoltam. A busz döccenői fel-felébresztettek, de hamar visszaaludtam. Voltak napok, amikor annyira fáradt voltam, hogy csak lefeküdtem a poros padlóra, arcomat a kemény sisakba temettem, és végigaludtam a terephez vezető utat. A tábortól 4 kilométerre a busz egy szépen gondozott gyümölcsös mellett haladt el. Az úttól balra egy lankás domboldalon volt ez a barackos, hosszú drótkerítése az úttal párhuzamosan húzódott, annak tetején pedig szögesdrót feszült. A kajszibarackfák rendezett sorokban álltak, támaszhuzalokkal kikötve. Ahogy a busz elhaladt mellettük, és ha éppen ébren voltam, egész jól ki tudtam venni az ágakon virító, szép kerek barackokat. Amikor a táborba érkeztünk, kicsik voltak és zöldek, de az azt követő hetek alatt jókora méretűre duzzadtak. Egy teljes hónapja nem ettem gyümölcsöt. A táborban nem kaptunk gyümölcsöt, a munkáért nem kaptunk fizetséget, semmit nem tudtunk vásárolni. Már tervezgettem egy ideje, hogy egy napon lopok abból a kajszibarackból, amikor már elég érett lesz. Gyula felé intettem, aki a kapaszkodót markolva, hátracsúszott sisakkal félálomban himbálózott.

– Ma megyünk? – biccentettem a bal oldali ablak mellett elsuhanó gyümölcsös felé.

Vállat vont

– Talán.

Fejben próbáltam összeszedni, mi minden hiányzik az életemből. Aztán mindezt fontossági sorrendbe raktam. Bárcsak elmondhatnám, hogy a sor elején valami nemes dolog állt, mint például a szólásszabadság, az utazás szabadsága vagy a valódi demokrácia. Igazán a gyümölcs volt az, ami a leginkább hiányzott nekem a munkatáborban.

A csatornaépítési terület egy tehervasúti sínpálya mellett terült el. Fehér kendős, női rabok hegesztették a síneket, lebarnult, izzadós őr őrizte őket, akinek a vállán egy AK-47-es puska lógott. A fegyverre pedig semmi szükség nem volt. Száraz, lapos agyagsivatag vett körül minket, nem volt hová futni, nem volt hol rejtőzni.

A környék egyetlen épülete előtt álltunk meg. A főmérnök irodája volt ez, de inkább barakkhoz hasonlított, nem irodához. Valahol bent tartózkodott, a függönyök be voltak húzva. Az épület árnyékos oldalánál helyeztek el egy vödör vizet, s egy hosszú nyelű merítőkanál süllyedt bele. Ez volt a napi vízadagunk. Ugyanazt a kanalat használtuk mindannyian. A víz reggel még hideg volt, de ahogy telt a nap, és rövidült az árnyék, délre jócskán felmelegedett. A csoportvezetőnk azt mondta, várjuk meg a mérnök utasításait. Nem érdekelt ez minket, örültünk, ha békén hagytak; lefeküdtünk a földre, kemény sisakjainkat párnaként a fejünk alá helyeztük, és próbáltuk pótolni az alváshiányt.

Egy kis idő múltán a mérnök előbújt az irodából. Napszemüveget és karórát viselt, bőre sötétre barnult, és anyaszült meztelen volt.

– Látom, nincs dolgotok, fiúk – szólt. Lassan felálltunk. A mérnök a látóhatárt kémlelte, majd egy messzi pontra mutatott:
– Látjátok azokat a fákat? – Hunyorogtunk. Valóban volt ott három-négy fa, két kilométernyi távolságra tőlünk, körvonalaik vibráltak a forró levegőben. – Na, akkor szedjétek az ásót és a csákányt, ássátok ki azokat a fákat, és ültessétek ide az irodám mellé! – azzal hátrafordult.

Néztük, ahogy csüngő, ráncos hátsója eltűnt az iroda sötétjében. Elindultunk. Néhányan levettük a munkászubbonyt és a derekunkra kötöttük. Félóra gyaloglás után a fák még mindig ugyanolyan távolinak tűntek, mint amikor elindultunk.

– Menjünk lányokat nézni! – javasolta Angelo. Sötét bőrű, vágott szemű, fekete hajú srác volt. Halk szavú és barátságos, ő volt a legjobb csúzlis a csapatban. – A sínek kevesebb mint egy kilométerre vannak, tőlünk jobbra.

Senki nem ellenkezett, hiszen természetes, hogy mindannyian a lányokra voltunk kíváncsiak. Jobbra fordultunk, és még vagy félórát gyaloltunk ásókkal, lapátokkal és csákányokkal a vállunkon. Odaértünk a sínekhez. A bal oldali láthatártól a jobb oldalig futott a száraz agyagsivatagba ékelt, egyenes ezüstcsík. Jobbra és balra néztünk, jön-e a vonat. Angelo, a western regények nagy rajongója, fülét a sínekre tapasztotta.

– Csitt! – mondta. Feszült figyelemmel vártunk. – Valami jön.

Valóban, balról fel is tűnt egy mozdony. Hamarosan a vasúti kocsik körvonalait is ki tudtuk venni. Kelet-Berlinből a Feketetengerhez tartó, nemzetközi gyorsvonat volt. A tengerpart a keleti blokk munkásosztályának kedvelt nyaralóhelye volt, akik egyedül Románia és Bulgária fekete-tengeri üdülőhelyein tudták élvezni a meleg vizű tengert. Keletnémet, csehszlovák és lengyel turisták körében volt igencsak népszerű. Közel álltunk a sínekhez, hogy láthassuk az ablakon kitekintő lányok arcát. A vonat szele felkavarta a sivatag porát, nagyon gyorsan húzott

el előttünk. A vasúti kocsik sebes, poros, hangos kavalkáddá mosódtak össze. Próbáltam az egészet befogadni. Aztán vége lett.
– Láttad? – kérdezte Marcel.
– Kit?
– Azt a szőkét, az utolsó kocsiban.
Bólintottam. Talán láttam. Vagy talán csak képzeltem, ki tudja? Az biztos, hogy gyönyörű volt. A leggyönyörűbb dolog, amit a sivatag csak nyújthatott nekem.

Ezután újra elindultunk, és mikor elértük a célunkat, ásni kezdtünk a három fa száraz gyökere körül. Már dél volt. Még egy óra, és megérkezik a barnás massza, amit ebédnek neveztek. Kezdtem megéhezni. Azokra az érett kajszibarackokra gondoltam, amelyeket ma este fogok enni. Ettől jobb kedvre derültem. Miután kiástuk a fákat, a törzseket megragadva magunk után vonszoltuk azokat a síkságon át, kettesével-hármasával váltva egymást. A többiek a szerszámokat cipelték. Mire a mérnök irodájához értünk, ott várt az ebéd. Felsorakoztunk a vödörnél, ittunk a langyos vízből, és a forró földön ülve ettük meg az ebédet. A délutánt azzal töltöttük, hogy megássuk a gödröket a fáknak. Maradt egy kis víz a vödörben, ezzel locsoltuk be a fák tövét. A női rabok ekkorra már elmentek. A mérnök bent volt az irodában, még a fáradságot sem vette, hogy kijöjjön és megnézze a frissen ültetett fáit. Gondolom, azzal volt elfoglalva, amivel bármely meztelen főmérnök lenne a forró sivatagban összetákolt irodájában.

Visszabuszoztunk a táborba. Most közelebbről is megfigyeltem a tőlem jobbra elsuhanó gyümölcsöst. A kerítés magasnak, de megmászhatónak tűnt. Mintha láttam volna egy helyet, ahol a szögesdrót kissé meg lett volna lazulva. A barakkba érve Gyula és én átöltöztünk rövidnadrágba és pólóba, mindketten egy-egy vászonzsákot vetettünk a vállunkra. Elmondtuk a szobatársainknak, hová megyünk, de megkértük őket, ne árulják el senkinek. Kocogva elindultunk. Mindketten jó futók voltunk. Gyula rövidtávon gyorsabban futott nálam, én viszont hosszútávon voltam jobb. Azt hiszem, a síversenyzéssel eltöltött évek jót tettek.

Már elmúlt délután 5 óra, a legforróbb órákat magunk mögött tudtuk. Csöndben futottunk. Ütemesen vettem a levegőt – két légzés be a forró száraz levegőből, kettő ki. Harminc perc futás után a gyümölcsös sarkához értünk. A kerítés magasabb volt, mint gondoltam. Még a drótkerítés tetejéig sem értem fel, és erre még 15 centit rátett a gitárhúr feszességű szögesdrót. Végigsétáltunk a kertnek az aszfaltúttal párhuzamosan húzódó, hosszú oldala mentén, hátha megtaláljuk a kilazult részt, de nem jártunk szerencsével. Visszamentünk a sarki oszlophoz, majd fel a dombra, eltávolodva az úttól. A kerítésen kívül észrevettünk egy magas fát. Egyik vaskos ága átnyúlt a kerítésen.

– Másszunk fel rá, és ugorjunk át a kertbe! – mondtam Gyulának ijedt, egyben izgatott hangon.

– És hogy a fenébe fogunk kijutni onnan?

– Megoldjuk majd.

Felmásztam a fára, Gyula követett. Az átnyúló ág magasan volt, de nem volt vészes a lejutás. Kiderült, hogy a barackfák körül felszántották a földet, így puha talajra huppantunk. Ugyanakkor ez meg is nehezítette a futást. A legközelebb álló fa ugyan tele volt kajszival, de csalódva tapasztaltuk, hogy az összes barack zöld és kőkemény volt. A következő, majd az azutáni fa gyümölcsei szintúgy éretlenek voltak. Tisztán emlékeztem, hogy a buszból láttam érett kajszikat. Biztos itt vannak valamerre. A fák a gyümölcsös sarkától 45 fokos szögben húzódó sorokat alkottak. Csöndben, félve indultunk a sorok mentén a puha talajon. Sehol senki a láthatáron. Végre megpillantottunk egy sárga gyümölcsökkel teli fát. A törzse kettéágazott. Az egyik ágon zöld, a másikon érett gyümölcsök csüngtek alá, úgy tűnt, hogy két különböző fajtával oltották a fát. Gyorsan kezdtük megpakolni a zsákjainkat, mintha arannyal teli széfet rabló betörők lennénk. Vászonzsákjaink majdnem teljesen megteltek.

És ekkor láttam meg őket.

A szemem sarkából érzékeltem, hogy valamivel feljebb a dombon, tőlem jobbra két férfi megy át a sorok között. Nem voltam biztos abban, hogy felénk fordították-e a fejüket, hogy megláttak-e bennünket vagy sem. Talán csak két munkás, akik végzik a dolgukat. Talán azt gondolták, mi is ott dolgozunk. A fákat kifeszítő sodronyt átléptük, és ekkor észrevettük, amint a két férfi vasvillával a kezében rohan felénk.

Van az a pillanat, amikor a sprintfutó éveken át tartó edzés és felkészülés után meghallja a rajtpisztolyt, és van az a pillanat, amikor az antilop megérzi, hogy a gepárd támadásba lendül. Nem sokba tellett ráeszmélnünk, hogy üldöznek bennünket. Ősi ösztön – amiről addig nem is tudtam, hogy létezik – vette át az irányítást a testem felett. Eldobtuk a zsákokat, és rohantunk a puha talajon a gyümölcsös jobb alsó sarka felé. Olyan zavaros volt az egész, hogy fogalmam sem volt, hogy a két férfi milyen közel lehetett. Amikor elértük a kert sarkát, megrökönyödve láttam, hogy a kerítésen kívül egy tucat ember botokkal és vasvillákkal felfegyverkezve csak ránk várnak. Mi bent, ők kint.

Vicsorogva kiabáltak: – Fogjátok meg őket! Üssétek!

Éles kanyart vettünk balra, és futottunk a kerítés mentén. Ketten üldöztek a kerítésen belül, és több mint tíz ember követett a külső oldalon. Körülbelül 200 méter után észrevettem a meglazult szögesdrótot; sikerült felhúzódzkodni és átlendülni a túloldalra. Ahogy földet értem, rögtön meg is pillantottam a kinti csapatot, úgy 30 méterre. Gyula éppen mellettem landolt a bal oldalon. Átugrottuk az árkot, és balra kanyarodva futásnak eredtünk újra, de már az aszfaltúton, ami megkönnyítette a menekülést. Meg kell, hogy ússzuk – gondoltam magamban. Gyorsabban vagyunk, mint ezek mögöttünk a vasvillákkal és botokkal. Ha muszáj, akár órákig futok. Nem fognak elkapni. Szaladtunk, ahogy csak erőnkből tellett, és sikerült is elhúzni tőlük.

Ennek sokáig nem örülhettünk, mert észrevettük, hogy üldözőink egy ARO-ba szállnak be. Az ARO egy román gyártmányú, dzsipszerű jármű, a betűszó pedig az Automobil Romanesc rövidítése. Ez volt a kor legmasszívabb terepjárója. Kevés magánszemélynek lehetett ilyen autója, de az államiak gyakran használták őket.

Az úttól jobbra árok húzódott, azon túl pedig egy lankás búzamező, amely már túl volt az aratáson, rövid sárga szalmatövek maradtak csak a helyén. Az ARO gyorsan közeledett, hallottuk is az ajtókon csüngő férfiak üvöltözését. Átugrottunk az árkon, azt remélve, hogy a terepjáró nem fog átkelni rajta. Tévedtünk.

Mintegy 200 méternyire tőlünk, ott húzódtak a vasúti sínek a mezőn. Nyersolajat szállító tartálykocsik sorakoztak rajta. Láttam, amint az ARO átjutott az árkon, és a mező göröngyös talaján döcögött felénk. Az életünkért futottunk, lefelé a lejtőn; mi, az antilopok, üldözőink pedig a szafari vadászai. Előttük értünk a vonathoz, sietősen felugrottunk a kátrányos acéllépcsőkre, majd onnan le, a szerelvény túloldalára. Egy kb. 100 méter széles, lankás mező terült el előttünk; a sínek melletti száraz, sárgás növényzet fokozatosan egyre magasodó, zöldellő bozótosba váltott. Valahol a bozótoson messze túl, ott volt a csatorna. A csatornát szakaszosan építették. Egyes részein még nem fejeződött be az építkezés, és szárazon állt. Itt azonban már végeztek, és a meder vízzel volt tele. Arra gondoltam, jöjjön, aminek jönnie kell, beugrok a vízbe, és átúszom a túlpartra. Az üldözőinknek semmi esélyük arra, hogy utánunk ússzanak gumicsizmában és botokkal a kezükben. A csatorna túloldalán ott várt a szabadság: Liberance. Jobbra tőlünk, két vagonnal arrébb két férfi mászott át a szerelvényen. Futni kezdtünk a sínekre merőlegesen, egyenesen a csatorna felé, de azok ketten 45 fokos szögben jobbra indultak, tőlünk távolodva. Valami nem stimmelt. Rosszat sejtettem. Mintha a játékszabályok váratlanul megváltoztak volna, de még az újakat nem ismerem. Csak annyit sejtettem, hogy talán még nagyobb veszély leselkedik ránk. A bokrok felé futottunk, de közben szemmel tartottuk a tőlünk jobbra mozgó férfiakat.

Hirtelen egy sártengerhez értünk. Mély és mocsaras terület volt. Jobbra egy keskeny, sáros ösvény húzódott. Se előre, se balra nem tudtunk menni, de vissza a vonathoz sem. Így jobbra vettük az irányt az ösvényen. Most már világos volt, mik az új játékszabályok. Száz méternyire előttünk állt egy magas fa, közvetlenül az ösvény mellett, és közöttük a mocsár. 70 méternyire a fától két másik férfi őrült iramban futott felénk, miközben botjaikkal dühösen hadonásztak.

Sok atlétikai verseny végjátékában a harmadik vagy negyedik futó összeszedi minden erejét, és fokozatosan beéri az élen futó, kimerült versenyzőt. Tökéletes célfotó. Az újságok címlapjaira kerülő, drámai győzelem. A mi finisünk a fa volt. Csupán néhány méter előnnyel érkeztünk, és a fánál élesen balra kanyarodtunk. A talaj viszonylag szilárd volt, de tele bozóttal benőtt. Habozás nélkül befutottam a bokrok közé. Még csak nem is éreztem az ágakat, mintha ködből vagy délibábból lettek volna. Megkerültük azt, vagy átvágtunk az egyre magasabbra növő bokrokon, amíg el nem értük a csatornát. Éreztem a szívem szapora lüktetését a nyakamon és a dobhártyámban. Lelassítottunk és hallgatóztunk. Nem hallottunk se lépéseket, se zörgő faleveleket. Úgy tűnt, lehagytuk üldözőinket. Nem volt szükség beugrani a vízbe, legalábbis még nem.

Jobbra fordultunk és lassan, kocogva követtük a csatorna partját.

Miután már bizonyosak voltunk abban, hogy leráztuk őket, megálltunk, és a csatorna agyagos vizében megmosakodtunk. Az ingem elszakadt, a bőrt a hasamon vérző sebpöttyök tarkították szép szabályos sorban, a szögesdrót összetéveszthetetlen nyomaként. A kezem feketéllett a kátránytól. A fejem lüktetett. Bárcsak készült volna egy fénykép rólunk azzal a találó felirattal: „Két lelkes fiatal, kommunista önkéntesek a nagy csatorna építkezésén".

Megérkeztünk a táborhoz. Mellkasomon összefontam a karomat, hogy eltakarjam a szakadt ingemet és vérző sebeimet.

Bálint épp akkor lépett ki a szomszéd hálóteremből. A kezében egy tálat tartott, abban pedig egy halom pénz volt.

– Hál' istennek, hogy visszaértetek! Mi történt? Elkaptak benneteket?

Gyorsan bementünk a szobánkba, és magunkra zártuk az ajtót. A többiek körülvettek bennünket, és mi elmeséltük részletesen, hogy mi történt. Kiderült az is, hogy Dorin, egy srác a másik csoportból, szintén úgy döntött, elmegy barackot lopni. Egy nagyobb társasággal indult el. Nem futottak, kényelmesen sétáltak a gyümölcsös felé, ezért utánunk érkeztek oda. Ekkorra a gyümölcsös őrzői már elvesztették a nyomunkat, és fel-alá járőröztek az ARO-val.

– Hová-hová, srácok? – kérdezte a sofőr Dorint, a csapat legmagasabb tagját.

– Csak sétálunk egyet, elvtárs – mondta Dorin, egy kis éllcel a hangjában.

A sofőr hangosan káromkodott és hozzátette, hogy két társukat már elkapták, és ha csak megérintik is a kerítést, élve megnyúzza őket. Dorin csapata habozás nélkül visszafordult, és miután visszaértek a táborba, elmesélték mindezt.

Bálint összerakta a történéseket, és meg volt győződve arról, hogy elkaptak minket azok a vadállatok, megkínoztak, és valószínűleg kikötöztek egy kajszibarackfához. Ezért adománygyűjtésbe kezdett, hogy a váltságdíjat ki tudják fizetni értünk. Valamennyi pénz össze is gyűlt, és már indult volna, hogy megvásárolja a szabadságunkat. Nem volt rá szükség. Élve megúsztuk. Viszont nagyon éhesek voltunk és pokoli fáradtak.

A vacsorára készen álltunk, de előtte gyorsan inget váltottam, szappannal megmostam a kipirosodott arcomat és a kátrányos kezemet. Igyekeztem nyugodtnak és lazának tűnni.

Az ebédlőhöz közeledve megpillantottam a két zord tekintetű munkást – azokat, akik egy órája még a mocsárban üldöztek bennünket. A bejárat két oldalán álltak, figyelmesen pásztázták a kantinba érkező fiúkat. Átkaroltam Dorint, úgy tettem, mintha csiklandozni akarnám, és a karjába temettem az arcom. Nem ismertek fel.

Szokás szerint nem szolgáltak gyümölcsöt a vacsorához, de a barna massza meglepően jólesett.

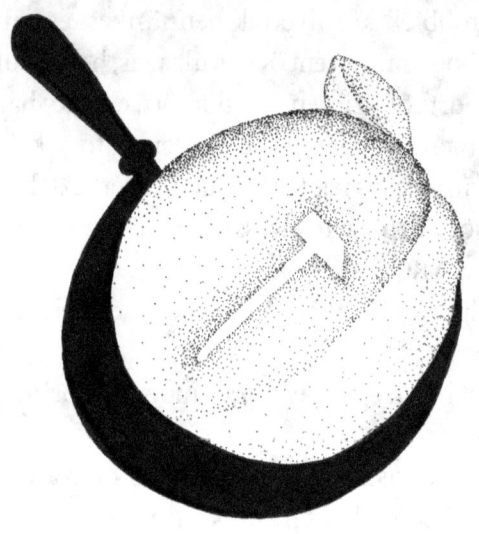

A gyökérkezelésem, Medgidia, 1979 júliusa

fordította: Németh Zsuzsa

Egy éjszaka kezdődött. Éreztem, hogy az alsó állkapcsom a bal oldalon lüktet. Már az előző napokban is észleltem egy nyilalló fájdalmat, de nem vettem róla tudomást; talán az ínyem gyulladt be egy kicsit, gondoltam, majd magától elmúlik. De azon az éjszakán rádöbbentem, hogy valami nagyon nincs rendben. A fájdalom az őrlő fog alól sajdult belém. Hajnal négykor megébredtem, és a kötelező félhatos ébresztőig már csak forgolódtam az ágyban. Nem kívántam a reggelit sem. Mondtam a főnöknek, hogy fáj a fogam. Nem érdekelte. Dolgozni kellett, fájdalom ide, fájdalom oda. A nap folyamán a fájdalom egyre erősödött. Lüktetett, és amikor le kellett hajolnom fellapátolni a cementet, amit aznap kevertünk, éreztem, hogy a fogam egy ütemben lüktet a felgyorsult szívverésemmel. Alig ettem valamit vacsorára. Nyomorult, levert és reménytelen voltam. A kétezer fős táborunkban nem volt orvosi személyzet. Ha valaki megbetegedett, hát annak elfogyott a szerencséje.

Egy csöppet se aludtam azon az éjszakán, és reggelre már olyan rosszul voltam, hogy a könnyeimet nyeltem. Mondtam a főnökömnek, hogy azonnal fogorvoshoz kell mennem, és nem megyek dolgozni, akármit is mond. Végül is azt hiszem belátta, hogy tényleg nagyon szenvedek, és elengedett. A táborunk egy agyagos síkságon terült el, Medgidia külterületén, körülbelül félúton a dunai Cernavodai híd és a fekete-tengeri Constanta kikötő között. Elindultam a város felé a hepehupás, kiszáradt agyagos ösvényen. Valaki mondta, hogy a vasútállomás mellett talán van egy fogorvosi rendelő. Odaértem az állomáshoz, amely egy relatíve nagy téglaépületben volt, homlokzatán a vasúti állomások jellegzetes órája. A vágányok felől ürülék- és vizeletszag áramlott, cigarettacsikkek elszórva mindenütt. A román vasutaskocsikból közvetlenül a vágányokra ürült ki a vécé tartalma. A WC-fülkékben lógott egy felirat, ami arra kérte az elvtársakat, hogy ne használják, amikor a vonat az állomáson áll, de ezt senki nem tartotta be. Amikor az elvtársnak mennie kellett, akkor az elvtárs ment. Emiatt a vágányok mentén volt a legnagyobb az emberi trágya koncentrációja az egész sivatagban, a bűzös termékenység egyenes vonalban szelte át a meddő tájat. Furcsa növények bukkantak fel a vágányok közül, ahogy a zúzott kavicsot ellepte az emberi ürülék. Egy-egy gaz úgy nőtt, mint a gomba; egy nap alatt akár 30 centit is az állomásvezető megdöbbenésére, akinek az volt a feladata, hogy a kis királyságát tisztán és rendben tartsa. Mivel elektromos kerti szerszámok nem léteztek, kiküldtek egy szegény fickót, hogy sétáljon végig a szaros sínek mentén, és kapával próbálja meg kiirtani a vaskos gyomokat. Azt gondoltam, ha a Szahara sivatagát beépítenék keresztül-kasul cikázva vasúti pályákkal, és a román elvtársak ingyen utazhatnának, és ugyanazt az ócska ételt kapnák, mint mi, a tábori munkások, akkor hamarosan növényekkel lenne tele a sivatag. Talán még az állatok is újra megjelennének. Soha nem szabad alábecsülni húszmillió hasmenéses proletár klímaváltoztató potenciálját.

Megtaláltam a fogorvosi rendelőt, az állomás bal oldalán volt egy aránylag rendesebb kinézetű téglaépületben. Fehér, magas ajtaja volt, váróterme nem. Az ajtón keresztül lehetett hallani a fúrógép összetéveszthetetlen vinnyogását. Az ajtónál vártam. A fájdalmam egyre erősödött. Egy darabig ácsorogtam, aztán leültem a járdára, és a falnak döntöttem a hátam. Fél óra

múlva kijött a beteg, fogta az állát, nyilvánvalóan szenvedett a fájdalomtól. Kopogtam és beléptem. A fogorvos, egy fehér köpenyes, középkorú nő cigarettázva ült, egy hokedlire roskadva.
– Jó napot, elvtársnő! – köszöntem. – Nagyon fáj a fogam – mondtam, miközben ujjammal az alsó állkapcsomra mutattam.
– Ki maga, diák?
– Igen – válaszoltam –, a táborból jöttem.
– Diákokat és katonákat nem fogadok – mondta, és elfordult.
– Nincs pénzük.
Még egy darabig álltam ott ledöbbenten, aztán kimentem. Nem volt hova mennem. Leroskadtam a járdára. Egy anya jött a lányával. Bementek. Úgy egy óra múlva hallottam, hogy a fogorvosnő köszönetet mond. Aztán kilépett az ajtón az anya és lánya. Ez biztos jele volt annak, hogy a nő pénzt adott neki. Az egészségügyi ellátás ingyenes volt Romániában. Elméletileg bármelyik rendelőbe bemehettél bárhol az országban, és ingyenes ellátást kérhettél. A gyakorlatban viszont más volt a helyzet. Időpontot kérni nem lehetett; csak elmentél a rendelőbe vagy a kórházba, majd ott vártál akár órákon keresztül a váróteremben a többiekkel együtt. Ha volt pénzed, egy borítékban diszkréten odaadhattad az ápolónak, és előre vittek a sorban; így hamarabb bejuthattál. Azután, hogy az orvos megvizsgált és ellátott, ismét adni kellett neki valami ajándékot: készpénzt, amerikai cigarettát vagy kávét. A szegény parasztok – akiknek pénzük nem volt – élő csirkét, zsákvászonba rejtett malacot vagy egy tucat, egyenként újságpapírba csomagolt tojást hoztak.

Nem volt semmim, amit adhattam volna a fogorvosnőnek. És ő ezt tudta is. Se a diákok, se a katonák nem kaptak fizetést; elvárták, hogy fiatalos lelkesedésből és abban a rózsás jövőben való hitünkből, amit az elnökünk ígért, építsük fel az országot. Kopogtam és beléptem újra. Nyögtem a fájdalomtól, miközben tartottam az államat. Megint kitessékelt a rendelőből. Kimentem és leroskadtam a járdára. A hosszú évek sorban állása megtanított arra, hogy túléljem a hőséget, a hideget és az órákig tartó semmittevést – mint ahogy a legtöbb román ember könnyedén elviselt tízórányi sorban ácsorgást étel, ital és vécé nélkül, némán. Csak állva és remélve, hogy a végén kap valamit. Krumplit vagy tojást, vagy talán fagyasztott csirkeszárnyat. Nagyon fájt. El voltam keseredve. A kliensek jöttek-mentek. Szégyelltem visszamenni a rendelőbe, csak ültem és fogtam a lüktető államat. Tanácstalan voltam.

A Nap már lemenőben volt a nyugati láthatáron, mire a fogorvosnő kijött az irodából.

Rám nézett, és azt mondta: – Na jöjjön be! – Leültetett a fogorvosi székbe. Böködte, szurkálta a fogamat és az ínyemet, aztán igy szólt: – Gyökérkezelni kell. Meg tudom csinálni, de nagyon kevés fájdalomcsillapítóm maradt. Hogy ha kibírja a fájdalmat, elkezdhetjük.

Bólintottam. Nem volt más választásom.

Belekapaszkodtam a székbe. Belevéstem az ujjaimat a szék karfájába, miközben a fogorvos fúrt és reszelt az őrlőfog körül. Egészen mélyre, a foggyökérig fúrt; belehasított a fájdalom az államba, a gerincembe; egészen az ágyékomig nyilallt. Iszonyúan fájt. Talán el is ájultam egypárszor. Aztán vége lett.

Ő pedig cigarettára gyújtott.

– Tettem egy kis arzént a gyökérbe. Még két kezelés kell. Jöjjön vissza holnap ugyanekkor.

– Köszönöm, elvtársnő – mondtam vattával teli szájjal.

Visszasétáltam a táborba. Nem éreztem az ujjbegyemet. Azt hiszem, megrongálódtak az idegvégződések az ujjaimban, annyira szorítottam a szék karfáját. Fájt az alsó állkapcsom és az egész arccsontom. A torkom ki volt száradva, a nyelvem fel volt dagadva.

Visszamentem még két kezelésre. Az utolsóra hoztam egy pakli amerikai Kent cigarettát, amit az egyik haverom adott cserébe egy portréért, amit rajzoltam róla. Mikor végeztünk, odaadtam az orvosnak a cigarettát. Bólintott. Kibontotta, majd kivett egyet és rágyújtott. A hokedliján ült háttal nekem, és kinézett az ablakon, a messzi nyugati égbolt felé.

Évekkel később, mikor megröntgenezték a fogam, a röntgenes azt mondta, hogy fúrófej letört darabja van mélyen a foggyökérben.

Harmincéves koromban a hajam őszülni kezdett.

Az egyik fiam megkérdezte: – Apa, hogy-hogy már annyi ősz hajszálad van?

– Fiam, mindegyik ősz hajszálomhoz fűződik egy történet.

Azt hiszem, ez az élményem több fehér hajszálért is felelős.

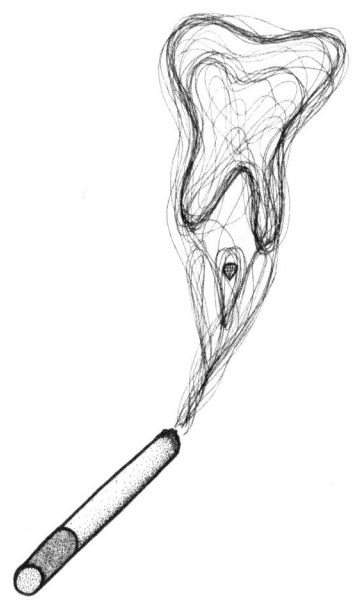

A ló, Medgidia, 1979 augusztusa

fordította: Márkus Krisztina

A háborúkat az uralkodó osztály vezetői robbantották ki, főképpen politikai céllal és anyagi haszonszerzés érdekében. A szegény és alulreprezentált állampolgárokat küldték harcolni, akik éveken át küzdöttek a fronton anélkül, hogy értették volna, mit keresnek ott, és miért is harcolnak. A katonák nehéz választás előtt álltak: vagy a halál lehetőségét választják a harcmezőn, vagy annak bizonyosságát, hogy a katonai bíróság kivégzésre ítéli őket, ha megszöknek. A legtöbb katona az első adódó alkalommal maga mögött hagyta volna a vérontást, a hideget, a szenvedést, a vért, és visszament volna felesége meleg, szerető karjába. Legtöbbnek azonban nem volt választása, gyalogjai voltak egy hatalmas ördögi sakkjátszmának. Ugyanabból a fából faragták ugyan a harcosokat, de miután vagy fehérre, vagy feketére be lettek mázolva, utasítva lettek arra, hogy öljék le az ellentétes színű gyalogokat.

A második világháborúban Románia és Magyarország a központi hatalmak oldalán harcolt. Erdélyben, Románia északnyugati részén élő magyarok és románok évszázadokon át relatíve békében éltek egymással. Először török, később az osztrák Habsburg-elnyomás alatt élt mindkét nép, a románok és magyarok hasonlóan ki voltak zsákmányolva az uralkodó osztály által.

A huszadik században a határok ide-oda tolódtak és ugráltak, akár csak egy rossz minőségű, román televízióképernyő. 1918-ban Magyarország büntetésül területének több mint felét vesztette el, mivel Ausztriával és Németországgal együtt a vesztesek oldalán állt. Magyarországtól keletre fekvő Erdély Romániához került. Ekkor kezdődött a civakodás és a nacionalizmus mindkét oldalon.

1940-ben Magyarország a németek oldalán beszállt a második világháborúba, és a magyar lakosság örömére, de a románok elkeseredésére visszakapta Erdélyt. A románok valamivel később szálltak be a háborúba, szintén a németek oldalán – de a megállapodás továbbra is fennállt; Erdély legnagyobb része már Magyarországhoz tartozott. 1944-re a német hadsereg lendülete elfogyott, az orosz Vörös Hadsereg túlerővel közeledett keletről. Az előző háborúból tanulva 1944. augusztus 23-án a román központi vezetőség, amely ugyan a németek rendíthetetlen szövetségese volt éveken át, most úgy döntött, hogy nem akarják a vesztesek oldalán befejezni a háborút; egyik napról a másikra átálltak az oroszokhoz, és ezáltal a Szövetségesek oldalára kerültek. A második világháború végén Magyarország a románokkal ellentétben újra a vesztesek között volt, ezért Románia visszakapta teljes egészében Erdélyt. Augusztus 23-a ettől fogva Románia nemzeti ünnepe lett.

1979. augusztus 23-a reggelén a szokásos kiáltozásra, ordibálásra és ajtódöngetésre ébredtünk. Már megszoktuk addigra, nem csináltunk ebből nagy ügyet. Már három hónapja a táborban éltünk, és már csak néhány hét volt hátra, hogy hazamehessünk. Valahogy kibírjuk, bármi történjék is. Vékonyak voltunk, lebarnultunk. Néhányunknak pelyhedzett a bajusza már, másoknak az állán kecskeszakáll kezdett nőni.

A kötelező reggeli testedzés után az étkezdébe masíroztunk. Megálltunk az egyetlen, simára aszfaltozott placcon az ebédlő előtt. Innen jól látható volt a téglalap alakú lábteniszpálya körvonala. Nagy gonddal mértem le, hogy pontosan hétszer három és fél méteres legyen, precízen megrajzolt vonalakat húztam, és négy részre osztottam, egyenlő negyedekre. Egy puha, világos színű téglával rajzoltam körül, melyet a kaszárnya mögötti kiszáradt agyagmezőn találtam. A sötét aszfalton erősen elütött a világos téglaszín. Ez volt az egyetlen szórakozásunk, a lábtenisz. Sorinnak volt egy jó labdája. Nem bőrből volt ugyan, ahogy szerettük volna, hanem egy nehezebb, vastagabb falú, kerek gumilabda volt. Mégis tökéletes volt számunkra lábteniszezésre. Átlagos játékos voltam. Nem szerettem ezt a labdát lefejelni, enyhe agyrázkódást okozhatott, mert szédültem, ha többször belefejeltem. Ennek ellenére élveztem a játékot, és nyár végére már elég jól játszottam.

– Ma játszhatnánk – mondtam Sorinnak.

– Aha – válaszolt –, hacsak a szekeres el nem foglalja a pályát.

Arra az emberre utalt, aki minden nap megjelent a lovas szekerével, hogy elvigye a konyhai maradékot moslék gyanánt a disznóinak. Középkorú, vékony, lebarnult férfi, szuvasodó fogakkal és aránytalan arcvonásokkal. A lova sem nézett ki sokkal különbül. Az is barna és vékony, bordái meglátszottak; csúnya, rendezetlen sörénye körül hemzsegő legyek kínozták a betört állatot. A tikkasztó nyári hőségben akár órákon át várt anélkül, hogy evett vagy ivott volna. A vékony lófarok ide-oda csapott, hogy elhessegesse a legyeket. Amúgy meg sem moccant. A gazdája az üres tartályokat becipelte az étkezdébe, majd a konyhai maradékunkkal megtöltve visszacipelte őket; azzal, amit már nem bírtunk a torkunkon letuszkolni. Amikor megláttuk a lovaskocsit begurulni, tudtuk, hogy oda a lábteniszezésnek aznap. Nem volt más sima felület a laktanyán, az utak is kőkeményre száradt, egyenetlen, szomjas agyagdűlők voltak, melyek hónapok óta nem láttak esőt. Megkértük a férfit, hogy 9-10 méterrel álljon előrébb, még azt is felajánlottuk neki, hogy segítünk becipelni a koszos tartályokat, de ránk se hederített. Reméltem, hogy a nemzeti ünnepünk tiszteletére, a férfi és a lova pihenni fog aznap. Mindkettőjükre ráfért volna. Talán még egy fürdés is.

Reggeli után gyülekező volt a kaszárnya mögötti göröngyös agyagmezőn, azon a szükségmegoldásból kinevezett köztéren, ahol névsorolvasásra is sorakoztunk. Miután összetereltek bennünket, megjelent a kapitány. Sarbu kapitány valószínű a legsötétebb bőrszínű volt az egész laktanyán. Senki sem tudta róla, mióta van itt, mit követett el, hogy ilyen istenverte helyre száműzték, és senkinek nem volt bátorsága megkérdezni tőle. Mélyen ülő szemei voltak, kiugró arccsontja, és egy sötét szemölcs virított az arcának bal oldalán. A szája lila volt, és folyton cigaretta lógott ki belőle. A fogai besárgultak, az egyik alsó foga elöl hiányzott. Megnyálazta a filtert, és ettől az alsó ajkához ragadt a cigi. Perceken át tudott úgy beszélni, hogy a cigaretta a mozgó szájához tapadt. Ezután bezárta a száját és beleszívott. Szerintem a cigi pont beillett abba a résbe, ahonnan hiányzott a foga. Rossz lehetett a vérkeringése, mert mindig fázott, még a sivatag kánikulájában is.

– Diákok – szólított meg bennünket egy kis emelvényről –, a nemzeti ünnepnapra való tekintettel, ma nem mentek ki a munkatelepre, hanem ünnepeltek. – Mindnyájan éljeneztünk.

– És legjobb mód az ünneplésre, az a munka. Ugye? – Szünetet tartott és hosszasan beleszívott a cigarettájába. – Ma lesz szerencsénk üdvözölni a főinspektor elvtársat, aki Bukarestből érkezik, hogy megtekintse kiváló táborunkat. Ma az a feladat, hogy rendbe tegyétek és kitakarítsátok a tábort, hogy szép legyen. A csoportvezetők kiosztják a feladatokat. 1:00 óráig dolgoztok, és a délutánotok szabad. Jó munkát várok el!

Még egy utolsót beleszívott a cigibe, és visszament az irodába, a tábor egyetlen kétszintes épületébe. Az a hír járta, hogy a szobájában volt egy ventilátor, de ritkán kapcsolta be, mert mindig fázott.

Négyfős csoportokba osztottak bennünket. Mindnyájan kaptunk egy fehér festékkel teli vödröt, egy hatalmas kerek ecsetet, olyan fajtát, amelyet a szobafestők is használnak.

– Mindenki felelős a tábor egy szakaszáért, és a feladat az, hogy a járdaszegélyt fehérre fessétek – szólt a csoportvezetőnk. Körülnéztünk. Szinte alig volt járda. A rögös, egyenetlen agyagút belefutott egy szintúgy egyenetlen, de magasabban fekvő járdába.

- Milyen járdaszegélyt? Hisz nincs járdaszegély! A csoportvezető odasétált a kaszárnya falától egy méternyire lévő kőhöz. Belerúgott.
- Ez a járdaszegély, látod? - Odament egy másik kőhöz, amely egy elképzelt járdaszegély mentén feküdt. - Ez is szegély, fessed fehérre, és húzzál egy vastag vonalat a kettő közé! Egyenes és pontos legyen! Négy órátok van erre, lássatok hozzá!

Mint már említettem, nem voltam igazán jó lábteniszjátékos, de mértanhoz és rajzhoz értettem. Elég jól rajzoltam portrékat és karikatúrákat is. Ezzel elnyertem a társaim tiszteletét, és nekem osztották az ebédlőhöz vezető egyenes útszakaszt. Az úgymond főutcát. Munkához láttam. Igyekeztem a kaszárnya falával párhuzamos vonalakat húzni, kiemelve a köveket, amelyek az elképzelt járdavonal útjába estek. Mark Twain hőse, Tom Sawyer járt az eszembe, ahogy meszeli a hosszú kerítést. Bajtársiasságot éreztem vele szemben. Próbáltam lejátszani a könyv jelenetét a fejemben, és visszaemlékezni, hogy mivel tömte tele a zsebeit a nap végére. Eszembe jutottak a kavicsok, az üveggolyók, a bicska, talán még egy csúzli is. Mindez ismerősen csengett. Tom Sawyer és én; két különböző kontinensről, különböző korszakból, de mégis összekötött bennünket ez a bajtársiasság.

Végre elkészültem. Megszemléltem a munkámat. Egyáltalán nem volt rossz. Ha hunyorítottál, egy kis fantáziával el lehetett képzelni, hogy a barakkok mentén egy valódi járda futott. A vonalak viszonylag egyenesek voltak. Büszke voltam a munkámra. Leültem a betonlépcsőre. Dél körül lehetett, a Nap magasan járt, alig volt árnyék.

Ekkor minden kétséget kizáróan felismertem a távolból a közeledő patkócsattogás hangját. - Na ne - sóhajtottam -, oda a mai lábteniszezésnek is! - És valóban, a barna ló tőlem jobbról behúzott a táborba, és mögötte ott volt a szekér. A gazda megállt a féltve őrzött lábteniszpályánk kellős közepén. Lassan lekászálódott a kocsiról, bebicegett az ebédlőbe. Iszonyatos lassúság volt minden mozdulatában. Talán spórolt az energiáival, talán megtanulta, hogy csak így lehet túlélni ezt a pokoli hőséget. Hirtelen mozdulatok nélkül, érzések nélkül, vágyak nélkül. Legkisebb erőfeszítéssel, legkevesebb izommunkával történő lassú, kimért mozdulatokkal.

Néztem a barna lovat, ahogy a déli napsütés vibráló levegőjében a legyek csapatostul elözönlik az állat izzadt és sós szőrét. A vödrömre pillantottam. Még mindig volt benne negyedvedernyi fehér festék. Nem volt hófehér már, hisz ahogy a kiszáradt agyagot festettem vele, az út pora elkeveredett benne. Piszkosfehér volt.

Fogtam a vödrömet és az ecsetet. Egyenesen a ló felé indultam, az út közepén haladtam. Eljött az ideje annak, hogy leszámoljak a lóval. Senki más nem volt körülöttünk. Csak én és a ló a tikkasztó hőségben.

Mikor odaértem, belemártottam az ecsetet a vödörbe, és hatalmas betűkkel az állat bal oldalára festettem, hogy CAL – ez ló románul. Az állat meg se mozdult, nem érdekelte. Bármi mást írhattam volna, nem bánta volna azt se. Megszemléltem az írást. Jó volt, de nem volt elég feltűnő. Bemártottam az ecsetet újra, és megvastagítottam a betűket. A betűk egymáshoz értek, és a festék lassan lecsorgott a hasára. Ebből a lónak annyi előnye származott, hogy a legyek nem szerették a festéket, ezért az állat jobb oldalára özönlöttek át. Ez nekem is jól jött, mert így csak az egyik irányba csapta a farkát, és egy hatalmas kifeszített vászonná vált a bal oldal. Mártottam újra, és bemázoltam az egészet fehérre. Egyre izgatottabb voltam. Jó tréfa volt. Bocsi, Tom, de az én lovam veri a te kerítésedet. Mire végeztem, néhány csapattársam megjelent, és röhögve közeledtek felém. Közben elfogyott a festék, visszabandukoltam a betonlépcsőhöz, és leültem várakozni.

Kis idő múlva megjelent a férfi, lassan felkászálódott a bakra, ami nem volt más, mint egy vízszintesen lefektetett deszka kopott báránybőrrel letakarva. Felült és ránézett a lovára. Nem mozdult. Én távolról figyeltem. Fogalmam sem volt, hogyan fog reagálni. Egyáltalán észreveszi-e, hogy mi történt a lovával? Mintha áramütés érte volna, olyan hirtelen ugrott le férfi a szekérről. Odaállt az állat mellé, elkezdett hangosan káromkodni, miközben a csupasz tenyerével próbálta letörölni a festéket. Ezután kezét a szürke ingébe törölte, és újra a lovat tisztította. Nem értettem, hogy miért törli a tenyerével. Dél volt, az év legmelegebb napja a sivatag közepén. Józan ész nem működött.

Elindultam és körbesétáltam a barakkot. Két kollégám a térdét csapkodva kacagott, az egyik még krákogott és horkantott is, mint egy szamár. Én is tele szájjal nevettem, az elmúlt nyolcvan napban ez volt a legjobb mulatságom.

– Sütő! – hallottam, ahogy a csapatvezető hangja visszhangzott a frissen festett főutcámat szegélyező barakk falán. Az üres vödörrel és a kiszáradt ecsettel visszamentem hozzá, s közben igyekeztem a mosolyt letörölni az arcomról. – Irány a kapitányhoz! Most rögtön! – parancsolta.

Hú, ez rossz hír. Még sosem voltam a kétszintes épületben. Oda csak a vezetők és a tisztviselők jártak.

A vödröt a bejáratnál hagytam, és lassan felmentem a lépcsőn.

Sarbu kapitány a bejárati ajtóra néző íróasztalnál ült, a cigaretta odaragadt a lilára színeződött alsó ajkához. Láttam a nyelvét a hiányzó fog résén át. Mögötte előírásszerűen ott lógott a soha nem öregedő, kerek arcú Nicolae Ceausescu elvtárs portréja. A kép megfakult már, még az állam által nyomtatott poszter sem tudta átvészelni a sivatag brutális hőségét. És valóban ott volt a ventilátor tőlem balra, kikapcsolva. Az irodában hőség volt, a levegőben pedig áporodott cigarettafüst terjengett.

Sarbu kapitány szigorúan nézett maga elé.

– Most felteszek neked egy kérdést. Csak egy kérdést. És te meg elmondod az igazat! –Próbáltam nyelni, hiába; kiszáradt a torkom. Meg voltam szeppenve. – Igaz-e, hogy fehérre festetted a lovat?

– Igen, kapitány elvtárs! – vallottam be azon nyomban.

Hirtelen kirobbant belőle a nevetés, bár ez inkább mélyről jövő köhögésnek hallatszott. A cigaretta levált az ajkáról, átrepült az íróasztal fölött és a lábam előtt landolt; vékony fehér füstcsík szállt fel a parázsból. Nevetve felém sétált, lassú mozdulattal felvette az égő cigarettát, megnyalta a lila színű alsó ajkát, és beleszívott hosszan. A füstöt az arcomba fújta.

– Mars ki az irodámból!

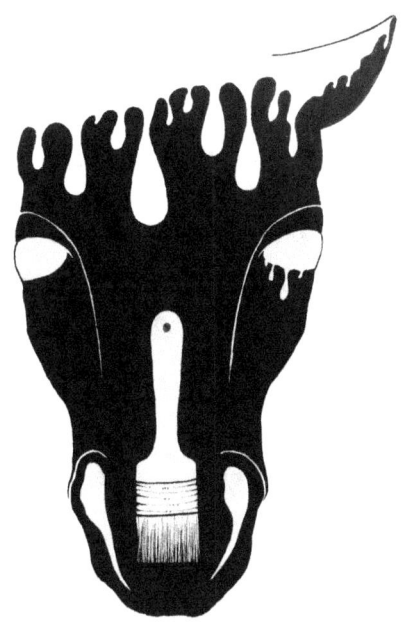

Vasszörny, Medgidia, 1979 augusztusa

fordította: Schaffer Erika

A munkásbuszunk a csatorna melletti kavicsos parkolóba húzott be. A csatornát szakaszokban építették; párat közülük még csak el sem kezdtek, néhány ki volt ásva, de nem volt benne víz, és volt olyan is, amely már elkészült, és már vízzel is fel volt töltve. Azon a napon az elkészült szakasznál álltunk meg. A víz barna volt a körülbelül harminc méter széles csatornában, melynek egyenes szélei párhuzamosan futottak a sivatag látóhatára felé. A partokon nem nőtt növényzet, kivéve azt a néhány csontra száradt bokrot, melyek hónapok óta már nem láttak esőt.

Minket a csatorna partjához irányítottak. Azon a részen a part öt méterrel magasabban feküdt a víz szintje fölött, és egy meredek lejtő vezetett a vízig. Egy természetes kikötőhöz hasonlított. A vízben megláttuk a Vasszörnyet. Ez egy U alakú, öt pontonból álló, úszó platform volt, melyeket acél bilincsekkel szereltek össze. Óriási cipősdobozokra hasonlítottak –, később megtudtam, hogy minden egyes ponton körülbelül 5 méter széles, 12 méter hosszú és másfél méter magas volt. Rozsdavörösre voltak festve egy olyan festékkel, amelynek feltételezésem szerint magas ólomtartalma lehetett; persze ez nem mintha érdekelt volna akkoriban.

Az úszóhidak kettesével voltak egymáshoz erősítve a rövidebb oldaluknál fogva. Az ötödik kapcsolta össze őket, megformálva az U alak alsó részét. Ezen a középső úszóhídon feküdt a hatalmas kotrógép, relatíve vékony acélkábellel rögzítve az acéldoboz négy sarkához. A kisbusz méretű kotró úgy nézett ki, mint egy kigyúrt markológép vagy egy fogazott acéldoboz, amelyről acélkábelek lógtak, hosszú karja pedig átlógott az U középső nyílása felett. Ezeket a gépeket a csatornák aljának kotrására használták az iszapodás megelőzésére. Két héttel ezelőtt láttuk őket munka közben a csatorna egy másik szakaszán. Olyan mozdulattal, ahogy egy horgász bedobja a csalit, az óriási kar meglendült, és a lógó kupát messzire hajította. A kupa lenyűgöző csobbanással csapódott a vízbe, majd gyorsan lemerült az aljára, és azon nyomban mélyíteni kezdte a folyó fenekét. Kikanalazta és azután magasba emelte az iszapot, majd a kotró kilencven fokos fordulatot tett a csatorna széle felé, és kizúdította a kupa tartalmát a partra. Egy acélkábel segítségével egy csapóajtó nyílt ki, és kiömlött a barna iszap, akár egy gombóc óriási, olvadó csokoládéfagylalt.

Ez a kotrógép nemrég lett az úszóhídszerkezetre telepítve. Pokoli súlya lehetett, mivel az U alak középső része enyhén a víz felszíne alatt volt, és a barna hullámok csapkodták a vasszörny lánctalpait. Az U csúcsai magasan a víz felett voltak, és ettől az egész szerelvény húsz fokos szögben meg volt dőlve. Hatalmas, magas és ronda volt, azt a benyomást keltette, mintha bármelyik pillanatban készen lenne a vízbe borulni.

– Meg kell töltenetek homokkal a felső két pontot! – jelentette be a vezetőnk. – Vízszintes helyzetbe kell hozzátok. Itt van a homok – mutatott egy magas kavicsdombra. – Ott vannak az ásók és a talicskák – folytatta. Aztán a felső két ponton sötét, ovális nyílásaira mutatott. – Meg kell töltenetek a pontonokat a csapóajtókon keresztül.

Az egész irreleváns és szervezetlen munkánk, amit az elmúlt hónapokban kellett ledolgoznunk, végre valami értelmet nyert. És most eszközök is rendelkezésünkre álltak. Úgy látszik, néhány vezetőnek a csatornánál maradt még valami sütnivalója.

– Hogyan fogjuk a talicskákat áttolni a platformra? – kérdezte egyik szobatársam, Tobi.

– Áh – mondta a vezető –, menj, hozd ide azt a deszkát, és megmutatom neked.

Két kolléga idehozta a vastag, félméter széles és körülbelül öt méter hosszú tölgyfa deszkát, és ledobta a vezető lába elé. Ő megmutatta, hogyan kell ásni egy téglalap alakú árkot az agyagpart peremébe, és mi a deszkát a sáros szakadék fölé helyeztük. A deszka innenső vége az agyagba vágott nyílásban volt, míg a túlsó vége a ponton felső részén feküdt két acélból készült rögzítő között, közel a tátongó csapóajtókhoz. A deszka így majdnem vízszintes helyzetbe került. Nem tűnt nagyon biztonságosnak, de nem volt jobb megoldás.

Két srác lapátokat cipelve beemászott a csapóajtón keresztül a ponton belsejébe. Mi felváltva megtöltöttük a talicskát nedves homokkal, majd áttoltuk azt a ponton megdőlt, rozsdavörös felületére, és teljes erőnkből feltoltuk a csapóajtóig. – Homok! – kiáltottunk, majd kiürítettük a tartalmát a nyíláson keresztül. Ezt órákon át csináltuk, de a munkánknak alig volt látszata. A kavicshalom ugyanolyan magas volt, mint reggel, az úszóhíd dőlése sem sokat változott. Odamentem a csapóajtóhoz, hogy mentesítsem társaimat a lapátolástól. Ekkor az egész szerelvény kissé megmozdult. Le volt horgonyozva és ki volt kötve a parthoz, de éppen, amikor Tobi a deszka közepén tolta a teli talicskát, egy kis szélfúvás érkezett, és ez elég volt ahhoz, hogy mozgásba jöjjön minden. A deszka, a talicska, a nedves kavics és szegény Tobi körülbelül hárommétternyit zuhant. Csodával határos módon nem sérült meg. A mai napig nem tudom felfogni, mekkora mázlija volt. Sokféleképpen lehetett volna nagyon rossz vége, de szerencsére nem úgy történt.

Miután visszaraktuk a rögtönzött pallót, elmentem Bálintot felváltani a lapátolásban. Kipirosodott arca megjelent a nyílásnál, teljesen megizzadva mászott elő, mintha szaunából jött volna ki.

– Ember, ez szívás itt lent! – mondta, aztán belemerítette a közös merítőkanalat a vederbe, és mohón megitta a langyos vizet.

Dante Alighieri leírta az Isteni Komédiában a bűnösök

kínzásának tíz módját a Pokolban. Egyeseket elégetnek, mások soha be nem gyógyuló, viszkető sebeket kapnak, és ettől megállás nélkül vakaróznak, és így tovább. De a szerző egyvalamit kifelejtett: nedves homokot lapátolni egy megdőlt, kívülről égővörösre festett, belülről pedig fojtogató forró gőzzel megtelt acéldobozban. A ponton másfél méter magas volt, ezért nem tudtam felegyenesedni. Merevítő gerendái negyvenöt fokos szögben kereszteződtek; gondolom ezek akadályozták meg azt, hogy a pontonokat ne zúzzák össze azok a tankok, melyeket a háború alatt át kellett juttatni az ellenség folyóin. Vagy a mi esetünkben ez a kotrógép volt. Behúzott nyakkal és behajlított térddel dolgoztam, hogy ne verjem be a fejem a forró víztől csöpögő, rozsdás vasplafonba. Nehéz volt mozogni, mert a fémgerendák mindenhol ott voltak, akár az indák a dzsungelben.

– Homok! – hallottam a kiáltást, oldalra léptem, hogy legyen helye a lábam elé hulló nedves sódernek. Belefogtam, hogy ellapátoljam homokot a nyílástól. A ponton már bokamagasságig fel volt töltve félnapi erőfeszítésünknek köszönhetően. Egy társammal dolgoztam bent. Ha megérintettem a tetőt, égetően forrónak éreztem. A Nap átmelegítette. Belül sötétség és pára volt. Egy óra elteltével kimerültem. Itt volt az ideje, hogy a következő srácok felváltsanak minket. Kimásztam az acéldobozból, és élveztem a szabad levegőt a megizzadt testem körül. Ittam a vederből, melynek vize a szokottnál is melegebb volt, de így is jólesett.

A nap végére kimerültünk. Senki nem beszélt, senki nem mosolygott. Tobi még mindig sokkos állapotban volt halálközeli élménye miatt. A negyvenöt perces visszaúton mindenki elaludt, függetlenül attól, hogy ültek vagy álltak, vagy arcukat munkássisakjaikba temetve hason feküdtek.

Hét napba tellett teljesen feltöltenünk a két pontot, és vízszintesbe hoznunk a platformot. Ahogy a homokkal fokozatosan töltöttük a ponton belsejét, úgy vált egyre nehezebbé felállni odabent. Le kellett kuporodjunk, hogy testünk beférjen az alattunk levő nedves kavics és a felettünk lévő forró, rozsdás tető közé. Söpörtük, hajítottuk a kavicsos homokot, hogy az acélszoba sötét és mély sarkait is feltöltsük. Ennek ellenére volt bennünk valamiféle büszkeség, amiért megszelídítettük a szörnyet, aki most ki volt egyensúlyozva, és készen állt a csatára. Kezdődhetett a harc: a Vasszörny a Csatorna Iszapja ellen. Két vastag, sárszínű kötelet kötöttek a szerelvényhez, egyet-egyet a nagy U két végéhez. Közülünk tizenöt fiú maradt a part ezen oldalán, és a többi tizenötnek széles, lapos fából készült csónakkal át kellett eveznie a másik oldalra. Azután húzni kezdtük a szörnyet a csatornán. Eltartott egy darabig, amíg kimozdítottuk az iszapból, de végül elindult. Mi kiabáltunk, ordítottunk, káromkodtunk, nevettünk, fingtunk, izzadtunk. Mindent kiadtunk magunkból. Nem érdekelt többé minket. Egy hét múlva úgyis hazamegyünk. Nem számít mi történt, mi végigcsináltuk. Túléltük a legrosszabbat. Nem mondták meg nekünk, milyen messzire kell vontatni a szörnyeteget. Azt gondoltam, talán a munkavezetők sem igazán tudják. Szerintem kimerülésig akartak bennünket dolgoztatni, hogy meglássák, meddig bírjuk. A nehéz kötelet a csupasz vállunkra tettük; a csatorna két oldalán tizenöt-tizenöt lebarnult, alultáplált, piszkos fiú lassan vontatta a szörnyet.

Nem láttunk esőt vagy felhőt már hónapok óta, az ég minden nap ugyanúgy nézett ki, kivéve azon a napon. Amint a Nap alámerült a nyugati látóhatáron, a magasban vékony felhők úsztak, melyek ragyogó, de apokaliptikus színpalettán verték vissza a lemenő Nap fényét. Az egyik helybeli munkás, aki a munkálatokat irányította, felnézett az égre, és azt mondta, hogy jön a vihar. – Nagy vihar – tette hozzá.

Igen, éreztem én is, hogy valami furcsa van a levegőben. Folytattuk a vontatást. A szörny lassan haladt előre, rángatózó mozdulatokkal. A kötél megfeszült, bevágott a vállunkba, de erre mi felkiáltottunk, és még erősebben húztuk. A kötél meglazult a mi oldalunkon, de csak hogy a másik parton levő csapatot rángassa. Előre-hátra. Elértünk csatornának egy szélesebb részére.

– Állj! – ordította a munkavezető.

Örömmel engedelmeskedtünk, elengedtük a kötelet és lefektettük a poros földre. A szerelvényhez odaért egy felnőtt dolgozó, leeresztett két óriási horgonyt, majd kievezett a partra.

Ahogy a táborba visszabuszoztunk, sötét felhőket láttam gyülekezni a nyugati látóhatáron, felső szélei fényes, ezüstösen megvilágított félköröket formáltak a mögöttük lenyugvó Nap megvilágításában. A szokásos vacsorát ettük. Hozzászoktunk, senki sem panaszkodott már – túl fáradtak voltunk, hogy egyáltalán érdekeljen. Találtam egy csirkecsontot az ételemben. Mikor visszafelé mentem a barakkokhoz, odaadtam a csontot Caine-nek, a kis gazdátlan kutyának, akit egy társunk talált az egyik építőtelepen. A busszal hozta vissza a barakkokhoz. Valószínűleg szabályellenes volt ezt, de még a felügyelőink is annyira belefáradtak az egész sivatagi élménybe, hogy egy szót sem szóltak. Caine románul kutyát jelent. Jobb nevet senki sem tudott kitalálni, ezért csak Caine-nek hívtuk. Kicsi, csúnya és piszkos bundájú korcs volt, de nagyon szeretetteljes, és hálás volt minden figyelemért. Elismerően csóválta a farkát, miközben megette a csontot, amit adtam neki. Egy oszlophoz volt kötve a laktanyánk bejáratánál. Semmiképpen sem tudtuk bevinni Caine-t a barakkba, ez meghaladta volna felügyelőink toleranciaküszöbét.

Óriási vihar volt azon az éjszakán. A helyiek az évtized viharának nevezték.

5:30-kor ébredtünk. Az egyik szobatársam kérdezte, hogy hallottuk-e vonítást és a mennydörgést éjszaka. Én halványan emlékeztem, hogy hallottam a mennydörgést a kimerült, mély álmomban, de vonítást nem. Amikor kiléptem a barakkból láttam, hogy két srác megdöbbenve néz le a betonlépcsőre. Caine feje ellapult, koponyája összetört, vér- és agyszövet vette körül. Egy véres tégla ott hevert mellette, egyértelmű, hogy az volt a gyilkos fegyver. Felháborodottan találgattunk, hogy ki tehette ezt.

– Ki volt az éjjeliőr? – kíváncsiskodtam
– Azt hiszem Nicula. Bementünk a szobájába, és felébresztettük a szegény srácot. Éjféltől 5:30-ig őrködött, és most mélyült el a jól megérdemelt álma REM ciklusába.

– Ki ölte meg a kutyát? Te voltál?
– Nem én voltam – mondta halkan.
– Akkor ki volt?
– Nem mondom meg nektek – jelentette ki. – Caine egész éjjel vonított, gondolom a villámlás és a mennydörgés miatt. Valaki kiment és megölte – tette hozzá Nicula. – Nem tehettem semmit. De nem én voltam! Hagyjatok békén! Én nem ölök kutyákat – majd a fal felé fordult, és a fejére húzta a takaróját.

Évekkel később tudtam csak meg, hogy ki volt a gyilkos. Utólag persze már láttam, csak az a gonoszlelkű fickó lehetett képes ilyen brutális cselekedetre.

A heves felhőszakadás egyik napról a másikra a száraz, agyagos ösvényeinket sártengerré változtatta. Téglákat kellett lefektetnünk ahhoz, hogy átjussunk a kantinba.

Visszabuszoztattak minket a szörnyhöz. A felügyelők és a mérnökök különös módon hallgattak, nyilvánvalóan aggódtak valamiért. Mikor elértük a csatorna partját, megértettük, hogy miért. A vihar olyan erősen rángatta a szerelvényt, hogy a kotrót tartó acélkábelek megpattantak, és az egész száztonnás acélgépezet beleesett a csatornába. Talán egészen a Föld belső magjáig zuhant.

Nyilvánvaló volt, hogy ki volt a győztes. Az iszap volt az.

Az U alakú ponton platformja – még mindig lehorgonyozva – lágyan ringatózott a csatorna közepén. Úgy nézett ki, mint egy boldog ló, amely megszabadult túlsúlyos lovasától. Csakhogy most a közepe volt magasan, az U alak csúcsai pedig a víz alatt. A platform újra megdőlt, de ezúttal fordítva.

Megpróbáltam

Tétlenül figyeltük, ahogy a felnőtt dolgozók több utat is megtettek csónakkal, és a parton álló egyetlen fától két párhuzamos acélkábelt kötöttek ki a pontonig. Az egyik vezeték alacsonyabban, a másik magasabban volt. Addig húzták a kábeleket, amíg azok megfeszültek, mint egy óriási, kéthúros gitár húrjai, melyet egyik végén egy vaskos, csontos, száraz fa és a túlsó végén pedig a ponton acélkorlátja tartott.

Pléhvödröket és lapátokat kaptunk, de ahhoz, hogy a pontonra jussunk, át kellett kelnünk a vízen az alsó kábeleken lépkedve, miközben szerszámainkat cipelve és életünkért fohászkodva kapaszkodtunk a felső kábelben.

Amikor a ponton fedélzetére értem, láttam, hogy a víz szinte nyalogatja a nyitott csapóajtót.

– Menj le, és kezdd el tölteni a vödröket! – hallottam az utasítást. Féltem, hogy ebből katasztrófa lesz, mert ha egy nagyobb hullám érkezne, akkor az első pontonok gyorsan megtelnének vízzel. Onnantól kezdve nem lenne megállás; az óriási lópatkó süllyedő csúcsaival azonnal elmerülne egészen az iszap mélyéig, hogy találkozzon a szörnnyel. Ezért nagyon ijesztő volt lemászni a sötét lyukba. Próbáltam a nyílás közelében maradni, ha a bekövetkezett volna a legrosszabb, akkor csekély esélyem lett volna arra, hogy kiússzak. A hasamon feküdtem; alig volt rés a kavics felső felülete és a vastető között. Igyekeztünk a lehető leggyorsabban dolgozni, próbáltuk épp csak annyira szintezni a pontont, hogy kilépjünk a veszélyzónából. A vedreket a kötélhez erősítettük. A bent lévő srácok kavicsot lapátoltak bele, a dőlt tetőn álló srácok pedig felhúzták őket, majd gyorsan kiürítették tartalmukat a barna vízbe. Mindannyian tudtuk, hogy ez már nem vicc. Gyorsan és fegyelmezetten dolgoztunk. Gyakran váltogattuk egymást, mert ott lent a pokol volt, míg a kinti srácoknak a tenyere hólyagosodott a köteltől. A nap végére a ponton csúcsai megemelkedtek valamennyire, végre már nem állt fenn a süllyedés veszélye.

Éjjel arról álmodtam, hogy újabb óriási vihar jött, megtöltötte vízzel a pontonokat, és az egész szerkezet a fenékig süllyedt.
De nem történt meg.

Másnap reggel ugyanúgy találtuk meg a pontont, ahogy egy nappal korábban hagytuk. Egy teljes hétbe telt, mire teljesen kiürítettük a pontonból a kavicsot.

Néha eszembe jut a Vasszörny és elképzelem, hogy még mindig valahol odalent rozsdásodik, a Csatorna Iszapjának mélyén.

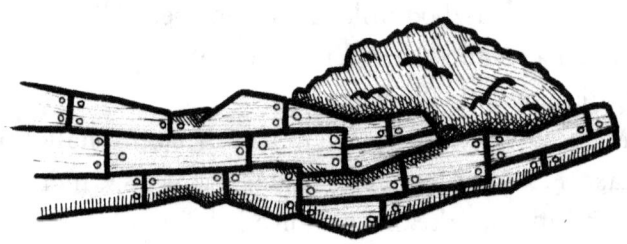

Vízisí, Neptun, 1980 nyara

fordította: Schaffer Erika

Kevés embernek volt autója. Még kevesebbnek motorcsónakja. Még ennél is kevesebbnek volt olyan nagy teljesítményű motorcsónakja, amely egy vízisíelőt el tudott húzni maga után. Nagyon kicsi esélye volt annak, hogy ismerj valakit, aki olyan teljesítményű autóval rendelkezett, melynek megfelelően erős motorja volt vontatáshoz, akinek motorcsónakja és elégséges üzemanyaga volt mindkettőhöz, akinek szintén volt vízisífelszerelése, és hajlandó is lett volna megengedni, hogy a hajója mögött vízisíeljek. Évek óta jártam a tavakhoz úszni és kempingezni, és messziről láttam többször is néhány motorcsónakot, melyek vízisíelőket húztak. Ők a felső réteghez tartoztak, pártfunkcionáriusok voltak, vagy főorvosok, akik már elég kenőpénzt vagy más néven hálapénzt fogadtak el, hogy megengedhették maguknak ezt a luxust.

A líceum befejezése után, és amint túljutottam a kimerítő egyetemi felvételi vizsgákon, volt egypár szabad hetem nyáron. Lementünk sátorozni a Fekete-tenger partjára egy kis baráti társasággal. A vonatút tizenegy órán keresztül tartott. Kilencórányi utazás után a vonat átrobogott a Dunán az Anghel Saligny hídon, egy lenyűgöző építészeti remekművön, amelyet az előző évszázadban építettek. Ez a második világháború előtt épült, sőt évtizedekkel az első előtt, egy olyan korszakban, amikor számított még, hogy a létrehozott építmények gyönyörűek legyenek. A hídnak lenyűgöző kőíves homlokzata van, mindkét oldalán hosszú szuronyú puskát tartó katonák óriásszobra őrzi. Egy órával később a vonat begurult Medgidia állomására, abba a városba, ahol előző évben három hónapot töltöttem munkatáborban. Az állomás keleti oldalán megláttam a fogászati rendelőt, amiről eszembe jutott az ott megtapasztalt rettenetes élményem. De az akkor történt, és most ma van. Eljött a szórakozás ideje. Találtunk egy jó helyet az Olimp kempingben, és a szokásos szórakoztató tevékenységünket űztük: a parton hevertünk, néztük a lányokat, úsztunk, kijöttünk a partra, izmainkat feszítgettük, és ismét néztük a lányokat.

Mialatt az ország többi része szenvedett a súlyos hiánygazdaságtól, és kollektív depresszió állapotában volt, lent, a Fekete-tenger partjánál az élet jobb volt. Az élelmiszerellátás viszonylag kielégítő volt, hotelek szépek, a közterületek gondozottak voltak, teniszpályákat, kosárlabdapályákat, minigolfpályákat, sőt tekepályákat is lehetett találni. Miután a vasfüggöny megépült, hogy elválassza keletet nyugattól, a keleti blokkbeli elvtársak nem utazhattak sem Olaszországba, sem Spanyolországba, hogy élvezhessék a meleg Földközi-tengert. Ehelyett a Fekete-tenger partjára jöttek. Nem annyira szép, nem annyira menő, nem annyira tiszta, de mégis egy jó hely volt, ahol a megfáradt proletárok egypár hetet pihenhettek, és feléleszthették apadó kommunista lelkesedésüket. Románia elkeseredetten szerette volna megtartani és odavonzani a turistákat, akik külföldi pénzt hoztak, amire nagy szükségünk volt. Más néven valutát, a valós pénzt. Extra erőfeszítéseket tettek, és figyeltek arra, hogy a turistahelyeket szépen tartsák, az élelmiszerboltok és az éttermek ott megfelelően legyenek ellátva.

A Fekete-tenger partján kicsi üdülővárosok sorakoztak: Olimp – a hely ahol megszálltunk –, Neptun, Jupiter, Venus, Saturn és végül a tőlünk délre fekvő, régi kikötőváros, Mangalia. Volt ott egy helyi tömegközlekedési eszköz, titicarnak nevezett kis jármű, amely egy sofőrrel az elején maga után húzott nyolc ülőhellyel rendelkező 4-5 utaskocsit. Műanyagból kivágott

Megpróbáltam

nap-, hold-, kagyló- és hableánymintákkal voltak díszítve a színesre festett kocsik, vagy vasúti kocsikat húzó gőzmozdony témáját festették rájuk. Lassúak, de kellemesek voltak, drasztikus ellenpontjai a szürke, túlzsúfolt és megbízhatatlan tömegközlekedésnek otthon. A titicarok tele voltak boldog turistákkal, többnyire a keleti blokk országaiból: Kelet-Németországból, Lengyelországból, Csehszlovákiából. Voltak nyugatiak is, főleg nyugat Németországból, Hollandiából és Nagy-Britanniából. Olaszok, spanyolok és franciák nem nagyon jöttek Romániába, mert nekik volt saját napsütéses tengerpartjuk, ahova mehettek.

Aznap gyerekkori barátommal, Palival utaztam, egy magas és jóképű sráccal, a középiskolás kosárlabdacsapat tagjával. Neptunban szálltunk le a titicarról. Forgalmas hely volt, tömve turistákkal. Két tó volt az üdülőben, és észrevettem, hogy a nagyobbik tó medrébe óriási oszlopokat építettek, villanypóznákhoz hasonlókat, de mégsem egészen. Ezek biztosan nem voltak itt egy évvel ezelőtt, ezért mondtam Palinak, hogy nézzük meg. Ahogy közelebb értünk, észrevettük, hogy minden egyes oszlop tetején van egy vízszintes támaszték, amely egy óriási, tárcsaszerű kereket tart. Az oszlopok magasak voltak, körülbelül tizenöt méteresek, és a tárcsák átmérője pedig körülbelül három méter volt. Vízszintesen voltak elhelyezve, és egy függőleges tengellyel a tartóhoz rögzítették ezeket. Négy oszlopot telepítettek egy óriási képzeletbeli négyszöget formálva, minden irányból körülbelül 200 méterre egymástól. Az oszlopok egyike közel volt a parthoz, a többi három messzire volt, bent a tóban. Egy vastag acélkábelt tartott a helyén a négy tárcsa, úgy mintha a négy ujjadat feltartanád a bal kezeden, majd egy gumiszalagot tekernél köréjük, és azután széttárnád ujjaidat egy négyzetet formálva. Valami ilyesmi. Csak vagy nyolcszáz méter hosszan. Az acélkábel masszívnak látszott, hasonlóan azokhoz, melyeket függővasutakat szállító sífelvonóknál láttam. Feszes volt, mert nem volt megeresztve; úgy futott végig a tó felszínén, mint egy óriási gitárhúr. A szerkezet lenyűgöző és ugyanakkor ijesztő volt. A parthoz közelebbi oszlop tetején egy villanymotort láttam fogaskerekekkel, amely hajtotta a tárcsát, ezáltal állandó sebességgel mozgatta a kábelt. A berendezést arra tervezték, hogy vízisíelőket húzzon a tó körül.

Hosszú sorban vártak az izgatott turisták a sorukra.

– Hű, ezt nézd meg! – kiáltottam. – Ki akarod próbálni, Pali?

– Nem – válaszolta. – Túl veszélyesnek látszik. Amúgy is, nézd a hosszú sort! Órákat kellene várakoznunk.

A homokos part felé elsétáltunk, de párszor visszafordultam, hogy lássam, hogyan szelik át a tavat a vízisíelők. A part közelében észrevettük a nudista strand zöld falát. Ez egy futballpálya-nagyságú, téglalap alakú, zárt terület volt, melynek egyik vége a tengerbe ért. A fal fa- és forgácslap elemekből készült. Egyszínű zöldre volt festve; nem voltak rajta sem rések, scm lyukak, ahol leskelődni lehetett volna. Elhatároztuk, hogy benézünk. Miután kifizettük a belépődíjat, balra küldtek minket a férfirészlegre. Ahogy mi befelé sétáltunk, két fehér bőrű férfi jött éppen kifelé, teletömött táskákat cipeltek. A férfirészlegen egy barnára sült, ráncos bőrű, meztelen öregembert láttunk napozni, senki mást. Hamarosan megjelent néhány fickó, üres táskákkal kezükben. Ők még annyira se zavartatták magukat, hogy levegyék a ruháikat, hanem egyenesen a tengerbe sétáltak. A víz már a mellkasukig ért, amikor táskájukat fejük felett tartva jobbra fordultak, és a női és férfi részt elválasztó falat megkerülték. Ahogy eltűntek szemünk elől, egy másik srác jelent meg a fal mögül. Ő alacsonyabb volt, és a víz majdnem már a nyakáig ért, de ő is a feje fölé emelt, teletömött táskákat cipelt. Elhaladt mellettünk, ruhájából és szandáljából csepegett a víz, ahogy a kijárat felé igyekezett. Nagyon kíváncsi voltam, mi történik a másik oldalon.

– Gyerünk, nézzük meg! – mondtam Palinak.

– Biztos vagy benne? Gondolod, szabályos átmenni a női részre?

– Lehet, hogy nem, de nézd, mindenki ezt teszi. Mi lehet a legrosszabb, ami történhet? Ha a rendőrség megjelenik, akkor csak beszaladunk a vízbe, és elúszunk onnan. Nem fognak üldözni minket az egyenruhájukban és tányérsapkájukban.

Pali elmosolyodott.

– Rendben, de csak néhány percre.

Visszavettük a ruháinkat, majd bementünk a mély vízbe, és megkerültük az elválasztó falat.

Az ellentét nem is lehetett volna markánsabb. Körülbelül százan lehettek ott, férfiak és nők egyaránt. A nők meztelenségének mértéke változó volt, a férfiak többsége viszont fel volt öltözve. Néhány nő valóban csak napozott, de többségük holmikat árult. És az összes férfi ott vásárolt.

Csehszlovákiában a szőke hajú népesség aránya körülbelül nyolcvan százalék volt, Lengyelországban hatvan százalék, Kelet-Németországban ötven százalék és Romániában húsz százalék. A holmijukat áruló nők hajszínét tekintve azt saccoltam, hogy a legtöbbjük valószínűleg cseh vagy lengyel volt; általában ők árultak cuccokat. Valaki a strandtörölközőre tette portékáját; mások csak a táskákban tartották. A pasasok körülöttük tolongva, gyors ütemben vásároltak cuccokat. Nem volt vesztegetni való idő. Bármelyik pillanatban megjelenhettek a hivatalos személyek vagy a rendőrök, bár arra gondoltam, hogy a nudista strandot üzemeltető személyzet valószínűleg jól tudta mi folyik itt, és nekik is jutott részük a csúszópénzből azért, hogy szemet hunytak, és közönyt színleltek.

Volt ott minden. Cigaretták, főképpen menő amerikai cigaretták, mint mindig. Az összes márka közül a Kent volt a király. Sosem értettem miért, mert a többi márka ugyanolyan szépen tervezett dobozba volt csomagolva. Az összeset ismertem: Pall Mall színátmenetes háttérrel és egy lenyűgöző címert tartó két oroszlánnal, Marlboro egy piros háztetős dizájnnal, John Player Special egy fekete hátterű, aranymonogramos dobozban, aztán a Camel, melynek dobozán a sivatagi táj, és a párosujjú patás annak előterében, emlékeztetett egy francia idegenlégiós jelenetre Észak-Afrikából. Franciákat említve, ott volt néhány Gitanes is kék dobozban, melyen a fehér füstfelhő mögül egy vékony derekú és kalapot a feje felett tartó nő fekete sziluettje volt látható, kinek hosszú haja hullámozott a felszálló cigarettafüstben. Még mindig a Kent volt a király, minimalista és letisztult formával, margarinszínű háttérrel, közepén pedig egy cakkozott peremű, háromtornyos kastély kék emblémájával. A történelem során az emberek különféle árucikkeket használtak valutakészletként: köveket, kagylókat, szarvasbőröket, aranyrögöket és hasonlókat. Romániában ez egy csomag Kent cigaretta volt. Gyerekkoromban gyűjtöttem is az üres cigarettásdobozokat. Édesapám haragudott ezért, és azt mondta, ha hozzászokom az illatához és a tapintásához, később dohányossá válhatok. Egy nap ezért elvette a teljes gyűjteményemet, és kidobta a szemetes konténerbe. Akkor nagyon szomorú voltam, de évekkel később beláttam, hogy mennyire igaza volt.

A félmeztelen nők egy rakás terméket árultak, amelyeket becsempésztek az országba: csokoládét, babkávét, tonhalkonzerveket, üres magnókazettákat, floppilemezeket, fogamzásgátló tablettákat, óvszereket. Olyan holmikat, melyeket mi nem tudtunk megvásárolni az üzletekben. Ezekből bőségesen volt a szomszédos kommunista országokban. Ceausescu elhatározta, hogy több kommunistát akar az országában, ezért betiltott minden születésszabályozást, beleértve az abortuszt is. Azt az embert, aki megerőszakolt egy nőt, egyhavi börtönbüntetésre ítélték. Ha az abortuszt végző orvost elkapták, több évre bezárhatták.

Egy nagydarab nő jelent meg a bejáraton. Óriási melleit szorosan tartotta a fekete műbőr melltartó. Egy hatalmas, degeszre tömött, kék táskát cipelt. Talált magának egy szabad helyet a homokon, letérdelt a táskája mellé, és kicipzározta. Egy csoport vásárló, főképpen férfiak, gyorsan körülállták a táskát, és kotorászni kezdtek benne. Lázasan turkáltak a holmik között. Ekkor a nő levette a melltartóját, és mellei leomlottak a táska nyílása felé. Én soha nem láttam ehhez foghatót. Görögdinnye méretűek voltak, fehérek, szeplősök, két hatalmas ingához hasonlóan himbálóztak. A férfiak fürge kezekkel, zavartalanul folytatták a holmik kihúzogatását a táskából, mesterien alkudoztak, miközben ügyesen kikerülték a többiek kezét és a lelógó mellet. Egy csomag színes rágógumi esett ki a homokra. Felvettem. Átlátszó műanyag fólia volt rajta; láttam a színes rágógumikat benne, gömb vagy téglalap alakjuk volt. Megkérdeztem a nőt, mennyibe kerül. Ő felmutatta a tíz ujját. Kifizettem neki tíz lejt a nedves papírpénzekkel, melyeket a fürdőnadrágom zsebéből húztam elő.

Visszasétáltunk a vízbe, majd a választófalat megkerülve visszatértünk a férfiak területére. Az idős, meztelen fickó még mindig ott volt, a hátán napozott. Leültünk és mindketten kivettünk egy-egy rágógumit a zacskóból. Érdekes ízű volt, a gyümölcsíz és az ipari íz kombinációja.

– Pali, újra meg akarom nézni a vízisíelést – mondtam.

– Engem nem érdekel – szólt Pali. – Veszélyesnek látszik, és a sor is hosszú.

– Ja – válaszoltam –, már mondtad az előbb is.

Kimentünk a nudista strandról, vissza az utcára. Odalestem a tóra, és láttam, a sor valamivel rövidebb lett, körülbelül húsz emberrel kevesebben ácsoroghattak ott.

– Gyere, hagyj próbáljam ki! Látod, nem olyan hosszú a sor már.

Pali vonakodva beleegyezett.

Vásároltam egy belépőjegyet negyven lejért, ami körülbelül háromnapi étkezésem árával volt egyenlő. Mialatt sorban álltunk, élénken figyeltem, mi zajlik előttem. A felszerelték a következő embert vízisível, azután ő ráállt egy enyhén lefelé lejtő műanyag szőnyegre, amely a víz felszíne fölé volt helyezve. A síelő egy fafogantyúba kapaszkodott, ami egy harminc méter hosszú nejlonkötélhez volt erősítve. A kötél távolabbi végén egy reteszelő volt található, valamiféle csatlakozó. Az üzemeltetők ezt a mechanizmust egy felfelé hajló sínhez kötötték. A motorizált szerkezet felhúzta a csatlakozót az állandó sebességgel futó, felső acélkábelig. Abban a pillanatban, amint a kábelhez rögzült a csatlakozó, a nejlonkötél feszessé vált, és a síelő a szőnyegről a tó felszínére lett katapultálva. A gyorsulás nem volt egyenletes. Vagy álltál, vagy repültél. Egypár srácon látszott, hogy már csinálták előtte, mert könnyedén manőverezték a rajtot. De majdnem mindenki más csak előrerepült, és arccal a tóba borult.

– Dőlj hátra, tartsd a kezedet a mellkasodnál, és nyomd előre a térdedet! – kiáltotta egy borotválatlan srác, egyike az üzemeltetőknek.

Következőnek egy vékony srác állt a szőnyegre, rossz testtartással, egy rosszul álló, narancssárga mellényt viselt, fejét előre tartotta, térdét annyira kifeszítette, hogy kishíján egyenes volt. – Hajlítsd be a térdedet! – kiáltotta az üzemeltető. A csatlakozó kattant, és a srác menthetetlenül berepült a vízbe, és a síléc ott maradt a száraz szőnyegen. A nejlonkötél mindkét végéhez egy-egy sárga műanyag labda volt erősítve, melyeket a csatlakozó automatikusan leoldott az acélkábelről, és azok belepottyantak a tóba. Az úszó labdák megakadályozták a kötél elsüllyedését. A vízisíelő felelőssége volt, hogy a kötelet kiszedje a vízből. Számomra a technika csodájának tűnt. Csodáltam és izgatott voltam.

Egész életemben alpesi síelő voltam; sokat tudtam a sízésről, a testtartásról, a térd behajlításáról és még minden másról. Többnyire a vad hegyekben síeltem édesapámmal és nővéremmel; síliftek főképpen a drága üdülőhelyeken voltak elérhetők. Használtam már olyan felvonót a múltban, ahol egy acélkábel futott a hó felszínéhez közel, ami felhúzott a hegyre. Ez a szerkezet valamennyire hasonló volt ahhoz. Így volt tapasztalatom arról, hogy milyen álló helyzetből egy másodperc töredéke alatt hirtelen felgyorsulni, mialatt próbálok sem előre, sem hátra nem esni. De az a havon volt, a hó pedig csúszós, és a sílécek viasszal voltak bekenve. Ezek a sílécek viszont száraz műanyag szőnyegen voltak, sokkal nagyobb súrlódás volt a szőnyeg és a síléc felülete között. A kábel pedig nagy sebességgel mozgott, egyébként a vízisíelő nem tudott volna a felszínen maradni. Sokkal nehezebbnek tűnt ez.

Elemeztem minden embert, aki elindult a szőnyegről. Néztem a térdeket, a gerincük szögét, a fenekük pozícióját, és hogy hogyan tartják a karjukat. Amikor a csatlakozó felemelkedett és megrántotta őket, szinte úgy éreztem, mintha engem rántana, annyira beleéltem magam. Próbáltam minél gyorsabban tanulni, fejben megérteni, mi a teendő.

Nem volt sok időm erre, csak tízen voltak előttem. A kilencedik előttem egy testesebb ember volt. A testtartása egész jó volt, de a könyökét kinyújtotta. Nem jó. Amint a kötél meghúzta, berepült a vízbe.

A nyolcadik előttem egy tinédzser volt, láthatóan izgatottan várt. Az üzemeltető visszaszámlált: – Öt, négy, három, kettő, egy! – A srácnak sikerült a vízre csúsznia, de a lába túlságosan előre csúszott, így a hátára esett. Mikor előbukkant a vízből, csupa mosoly volt, láthatóan büszke volt a teljesítményére.

A hetes számú a srác húga volt. A fiú – miközben kezében a kötéllel a part felé úszott – kiáltott néhány instrukciót neki. Nem hallottuk meg a szerkezet mozgó alkatrészeinek a zajától. A lány lazábbnak tűnt, mint a bátyja. Három, kettő, egy – majd sikeresen elindult, és vagy húsz méternyit síelt is, de aztán a hátára esett.

Nekünk meg kellett várnunk, hogy a testvérek visszaússzanak, és kijöjjenek a vízből.

Aztán a hatodik, majd az ötödik következett. Úgy néztek ki, mintha helyiek lettek volna, akik már csinálták ezt előtte. Lebarnultak és izmosak voltak. Az üzemeltetők nem is zavartatták magukat, hogy visszaszámláljanak nekik. Ők egymás után síeltek a sima felületű tavon. Elegáns testtartás, laza mozdulatok. Gyönyörű volt. Én is ezt akartam.

Az ötös egy nagydarab ember volt. A felesége mellette állt, utasításokat adott neki idegesítően magas hangon: – Hajlítsd be a térdedet! Jobban! Fenék hátrébb!

– Húzd a kezedet a mellkasodhoz! – tette hozzá az üzemeltető.

– Drágám, hallottad őt? Tartsd a kezed a mellkasodhoz! Jobban, jobban! És hajlítsd be a térdedet!

Az ember supermanként repült, bal karját ökölbe szorított kézzel magasra nyújtotta, jobb kezét pedig szorosan a csípője mellett tartotta. Még egy 180 fokos csavart forgás is sikerült neki, majd hátraesett, és a lécei két ellentétes irányba szálltak. A tömeg röhögésben tört ki.

– Túl hamar nyújtottad ki a könyököd! Látod! Mondtam neked! – visította a felesége, de nem vagyok biztos benne, hogy a férj hallotta, ahogy maga körül csapkodva próbálta összeszedni a felszerelést.

A negyedik egy középkorú nő volt. Fitt és jó testtartású. Láttam rajta, hogy külföldi. A legtöbb romániai lány szép, vékony és hosszú hajú volt, de legtöbbjük már huszonnégy éves koruk előtt férjhez ment, és attól kezdve nevetséges, kelet-európai stílusba göndörítették a hajukat, abbahagyták a sportolást, meghíztak, és rossz testtartást vettek fel. Ez a testtartás tökéletes volt a pletykálkodáshoz. De a vízisíeléshez nem volt megfelelő. Egyetlen olyan harmincas nőt nem ismertem akkoriban, akinek láthatóan kidolgozott hasizma lett volna. Ez a hölgy azonban dicsekedhetett vele. Valószínű kelet-német vagy csehszlovák lehetett, feltételeztem, hogy atléta. Könnyedén elrajtolt, és körbesuhant a pályán. Meg lehet csinálni, gondoltam magamban.

Közeledtem a zöld szőnyeghez. Az egyik üzemeltető közben ideadott nekem egy narancssárga mentőmellényt.

A hármas számú egy sápadt srác volt, körülbelül egyidős lehetett velem. Nagyon fókuszált, mindent jól csinált, és szépen rajtolt. Síelt százméternyit egyenes vonalban, ezután megpróbált szlalomozni, de elvesztette az egyensúlyát, és bezuhant a vízbe. Nem rossz, gondoltam.

Ezen a ponton a negyedik hölgy a pálya legtávolabbi végén volt, elegánsan szlalomozott az acélkábel alatt. Közvetlenül előttem egy negyvenes férfi volt. Nagyon erősnek és elszántnak látszott. Kopaszodása, szőrös izmos háta, testtartása és a világoskék fürdőnadrágja alapján úgy tűnt, hogy ő egy helyi román ember. Esetleg építőmunkás, vagy kotrógépkezelő. Három, kettő, egy! A karja túlságosan egyenes volt abban a pillanatban, amikor kifeszült a kötél. Úgy repült, mint egy hajítógépből katapultált szikla, egyik léce a szőnyegen maradt, a másik oldalra szállt. A röpke három másodperc alatt, amit a levegőben töltött, végrehajtott egy teljes piruettet, miközben sikerült kiköpnie egy kreatív sorrendbe szedett káromkodássorozatot is. Zsigeri reakció volt, egy azonnali improvizáció, igazi irodalmi gyöngyszem. A tömeg nevetésben tört ki.

Véleményem szerint, a románok vitathatatlanul a káromkodások bajnokai.

Eszembe jutott George Cosbuc verse, az El Zorab, a román nemzeti irodalom kincse, melyet gimnáziumban meg kellett volna tanulni, de senki nem volt képes memorizálni az egészet. Forgalomban volt egy malacverziója is, egy kézzel írt, számtalanszor újramásolt szöveg. Megtartotta stílusát, rímeit és eredeti jelentését, csak ez tele volt trágárságokkal és pornográf utalásokkal. Ha az eredeti Cosbuc egy Mercedes volt, a népköltészeti verzió – kreatív gimnazisták több generációja által tökéletességig csiszolva – egy 911-es Porsche lett. A Turbo S kiadás. Furcsa módon sokkal könnyebb volt megjegyezni az utóbbi változatát a költeménynek. Hiába, az emberi elme kifürkészhetetlen módon működik.

Miközben a káromkodó férfi visszaúszott a partra, felszereltek engem a sílécekkel. Szélesek és nehezek voltak, a bokámat pedig fekete nedves gumikötés tartotta szorosan. A hölgy éppen befejezte a körét, és egy elegáns mozgással még tett egy utolsó kanyart, és miután elengedte a vontatókötelet, finoman és elegánsan elsüllyedt. Nem volt más síelő a pályán. A tó felszíne sima volt. Csak én voltam a gép ellen. Elképzeltem, ahogy a tó felszínén siklok. Készen voltam.

Szorosan a mellkasomhoz fogtam a fafogantyút, bicepszem megfeszítettem a hirtelen rántás ellensúlyozására, ha szükséges lenne. Hátradőltem, súlyom a sarkamra került, lábujjaim felhajlítottam és a gumikötésnek nekinyomtam. A reteszelő mechanizmus elkezdte a meredek emelkedését a kifeszített dróton. A kötél kibomlott előttem. A vastag acélkábel morajlott a nagy tárcsa körül. Öt, négy, három, kettő, egy. Egy hirtelen rántást éreztem, és az idő lelassult. A húzás erősebb volt, mint amire számítottam. Amint tudomásul vettem a szőnyeg és a síléceim közötti súrlódást, előre dőltem. Megfeszítettem a testemet, lenyomtam a sarkamat, és előretoltam a csípőmet. Éreztem, ahogy a sílécek csúszni kezdenek a szőnyegen. A jobb sarkam kissé felemelkedett, de aztán felgörbítettem a lábfejemet, és a sarkam visszahuppant a helyére.

A sílécem orra már elérte a vizet, miközben a hátulja még a szőnyegen volt. Sikerült korrigálnom a testtartásomat, a törzsem ismét függőleges volt. Ahogy a súrlódás csökkent, egyre gyorsabban siklottam, és ekkor újra hátradőltem. A félig behajlított könyökömet kiegyenesítettem, ami segített, hogy a súlypontom kissé előrébb hozzam. A síléceim elhagyták a szőnyeget, és siklottam a vízen. A második rántás akkor érkezett, amikor a könyököm teljesen kiegyenesedett, de akkor már többé-kevésbé ura voltam a testtartásomnak. A testemben csökkent a feszültség és rájöttem, a nehezén túl vagyok. Siklottam a víz felületén.

Akkor észrevettem, hogy a vontatókötél kissé meglazult, engedett a feszültségből. Először azt hittem azért, mert már kisebb súrlódással siklottam. De ekkor megerősödött a húzás újra, aztán ismét csökkent. Valami nagyon nem volt rendben.

Ezután megláttam, hogy a két legtávolabbi oszlop között az acélkábel lengett ide-oda, és az így keletkező hullámok több száz méternyi hosszúságon gyorsan terjedtek a tavat körbefutó kábelen. A vontatókötél egyenetlen időközönkénti rángatásokkal húzott magával; még mindig siklottam, de már alig tudtam megtartani az egyensúlyomat.

Aztán megtörtént.

Mintha csak egy lassított felvétel lett volna, a kábel lecsúszott a tárcsákról, és teljes hosszában bezuhant a tóba, akár egy hatalmas kozmikus guillotine. A többtonnás acélhurok szinte egyszerre érte a tó felszínét, óriási csobbanással körbevéve a tavat.

Elborzadva láttam, ahogy a kábel csupán pár méterrel előttem csapódott bele a vízbe, magával rántva a sárga vontatókötelemet az úszó műanyag labdákkal együtt. A barna víz pillanatok alatt elnyelt mindent.

Arccal előre beleestem a kavargó, habzó vízbe, ezután pár másodpercre elfeketedett minden.

Amikor feljöttem a felszínre, láttam, hogy síléceim szétszóródtak, mellényem szétnyílt, vontatókötelem eltűnt. A morajló hang abbamaradt, csend volt és döbbenet. Az oszlopok egyedül álltak, egymástól elszakadva, magányos acélóriásokként.

A három üzemeltető sokkhatás alatt volt, fejüket fogták.

Azután elkezdődött a káromkodás. Ez magába foglalta a nemi szerveket, különféle testnedveket, valamint a szerkezettel foglalkozó összes ember nemi szervét, belekeverve a rendszer tervezőit, a tárcsák gyártóit, a mérnököket, az építőbrigádot és ezen személyek anyai ági rokonait. Szabadon áramló, gátlástalan trágárságukkal könnyedén lepipálták az El Zorab népköltészeti verzióját.

Kiúsztam a partra. Pali segített kijönni a vízből.

– A fenébe! – mondta. – Ez egy hajszálon múlt.

Otthagytam a sífelszerelésemet a műanyag szőnyegen. Nagy volt a zűrzavar és a kiabálás. A bosszankodó turisták körbeállták az üzemeltetőket, pénzüket követelték. Otthagytuk őket.

Az alga ízét éreztem a számban.
– Kérek egy rágógumit – mondtam.
Pali felém nyújtotta a zacskót. Remegő ujjakkal nyúltam bele, és kivettem egy pirosat. Továbbmentünk a titicarmegálló felé. Lassan rágtam a rágógumit. Édes volt és vegyszerízű.

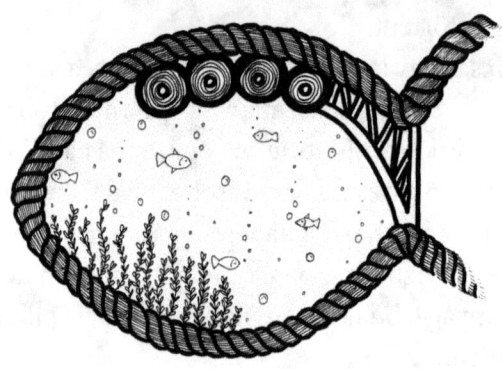

A portré, Ploiesti, 1980 decembere

fordította: Szirbik Andrea

A kötelező katonai szolgálatot teljesítettem. Mindenki, aki 1980-ban ballagott, egyenesen a hadseregbe ment. Akik nem jutottak be az egyetemre, azoknak 16 hónapot kellett a katonaságban szolgálniuk. Minket, akik egy nehéz és kompetitív felvételi vizsga után viszont bejutottunk, csak kilenc hónapra küldtek szolgálatba.

Ploiestibe katonáskodtunk, félúton a Déli Kárpátok és a főváros, Bukarest, között. Ez egy közepes méretű város, mely híres az olajkútjairól, finomítóiról és mosószergyárairól. Semelyik gyár sem volt ellátva hatékony szűrőrendszerrel, így a levegőben édes nyersolajillat, illékony organikus vegyületszag, illetve mosószer aromája terjengett. Szeptemberben soroztak be minket. A közel kétezer 18 éves férfiú, mind khakiszínű egyenruhába öltözve, rettegett az elkövetkező kilenc hónaptól. A szolgálat első két napja sokkoló volt. Hajnalban 5:30-kor ébresztő, egész napos menetelés, a katonatisztek unalmas és logikátlan monológjainak végighallgatása és a szörnyű étel – mindezek borzalommal töltöttek el bennünket. Számomra egy kicsit elviselhetőbb volt az egész, mert az előző évi, három hónapon át tartó kényszermunka a Duna csatornájánál már valamennyire megedzett, de még így is ugyanúgy utáltam az egészet, mint a társaim. Megengedték ugyan, hogy levelet küldjünk az otthoniaknak; ingyen kaptunk hozzá papírt, borítékot és bélyeget. És mi írtunk. Néhányan több oldalas leveleket gyártottak – legtöbb esetben az anyukájuknak címezve –, végtelenségig panaszkodva a pokolról, amibe kerültünk.

Az első hónap egy brutális kiképzőtáborból állt. Korai kelés, futás a virradat sötét óráiban, tornagyakorlatok, tízpercre szűkített fürdőszobai tartózkodás, öltözés, reggelente a több órán át tartó menetelés, kiképző gyakorlatok, ebéd, még több óra menetelés és gyakorlatozás, esti névsorolvasás, vacsora, zuhanyzás – hetente kétszer – és ágyba zuhanás. És ez minden nap ismétlődött.

Az egyenruháink khakiszínű gyapjúból készültek, és elpusztíthatatlanok voltak; teljesen mindegy mennyit fetrengtünk a koszban, ugyanúgy néztek ki. Soha nem lettek elhordva, soha nem tűntek koszosnak, és ha egyszer elérték a lehetséges bűz maximális határpontját, annál már nem lettek büdösebbek sem.

Miután megérkeztünk a kaszárnyába, kapott mindenki egy puha, fehér nejlonszalagot, melyet az egyenruhánk gallérjába kellett belevarrnunk. A frissen vasalt fehér inggallért helyettesítette. A kabát súlya nyomta a nyakunk köré tekeredő, fehér műanyag gyűrűt, melyet az ádámcsutka alatt egy fémkapocs – románul pedig copca – tartott össze. És ettől megőrültünk. Kikapcsoltuk, ha a tisztek látótávolságán kívül kerültünk. Minden egyes alkalommal, amikor a csapatunk egy szembejövő katonai vezetővel találkozott, mindannyiunknak engedelmesen tisztelegni kellett. Ezután a tiszt gyorsan ellenőrizte a katonák frissen borotvált nyakát, és ha kikapcsolva találta a kampót azt ordította, hogy „Copca!". A legostobább dolog volt ez.

Az elmúlt 12 évet tanulással töltöttük, készültünk a kemény egyetemi felvételire, és ez napi többórás matek- és fizikaórából, délután pedig mindennapos, sokszor éjszakába nyúló gyakorlások és házi feladatok sorozatából állt. Logikus és tudományos tantárgyakat tanultunk. Most viszont a létünk le lett egyszerűsítve egyetlen dologra: be van-e kapcsolva a copca, vagy sem.

A szüleinktől nem érkezett válasz még a hosszú levelekre sem. Ők nem ismerték a címünket, és az abban levő titkos kódot kideríteni lehetetlen lett volna, ezért mi ezeket az részleteket megírtuk nekik levélben, hogy válaszolni tudjanak. Mivel nem kaptunk választ, gyanakodni kezdtünk: az a pletyka keringett, hogy valami becstelenség van a dologban. Folyamatosan faggatuk erről a tiszteket.

Kíváncsiskodtam én is a hadnagyomnál, Marculescunál, de ő csak lerázott.

– A szüleid bizonyára túl elfoglaltak, hogy írjanak neked – mondta.

Egy alacsony férfi volt: nem jóképű, nem csúnya; nem szimmetrikus, de nem is aszimmetrikus arccal; semmilyen különleges vonás nem volt rajta. Csak egy arc volt, semmi extrával, egy olyan, amelyet könnyen elfelejt az embert.

Az egyik névsorolvasás után, a kaszárnya épp szolgálatban levő ezredese egy emelvényről így szólt a tömeghez: – Katonák! Tudjuk, hogy a katonaság első napjai nem olyan kellemesek, mint otthon, a mama házában eltöltött napok. Bevallom, kinyitottunk és elolvastunk egypárat a leveleitekből. Ti nagyon sokat panaszkodtok – a meghökkenés moraja zúgott át a sorokon –, ti a panaszkodást egy teljesen új szintre emeltétek, ezért elégettük az összes levelet. Most, hogy már kicsit megedződtetek, megengedjük, hogy a leveleitek célba érjenek.

A hatalmas kantin a bázison négyféle ételt szolgált fel: káposztát hússal, krumplit hússal, sajtos tésztát és babot hússal. A négyféle étel körforgásban volt a napi három étkezés alatt, tehát ha hétfőn káposzta volt reggelire, krumpli ebédre, sajtostészta vacsorára, akkor kedd reggelire kaptuk a babot. És ez így ment kiszámíthatóan, mint ahogyan egy négyfogú fogaskerék forog egy háromfogúval párosítva.

Eljött a december, és vele együtt a síkság brutális hidege is. Kaptunk egy hosszú nehéz télikabátot. Ezeket a kabátokat Moszkva tervezte, a keleti blokk minden katonai kaszárnyájában ez volt a szabvány, kicsi eltérésekkel. Talán egy kicsit más volt a zseb, a szabás, vagy a zöldesbarna színnek volt eltérő az árnyalata. Mindegyik ugyanabból a gyapjúanyagból készült, és mindegyikhez járt egy copca. Ugyanúgy előírás volt ezt is bekapcsolva tartani. A télikabát súlya háromszor annyi volt, mint az előző kabáté. Igaz, már megszoktuk, hogy a műanyag gallér horzsolta a nyakunkat, de ez a kabát lényegesen súlyosabb volt. Ráadásul az ingnyak, amely viszonylag puha és hajlékony volt meleg időben, a hidegben megkeményedett, megrepedt, és kidörzsölte a mindennap frissen borotvált bőrünket a nyakunkon.

Egy napon kivezényeltek minket teljes téli felszerelésünkben egy betonfalátugrás-gyakorlatra. A felszerelésünk vastag gyapjúsapkából, copcával becsatolt hatalmas télikabátból, AK-47-es géppuskából, egy bőr lőszertartó táskából, összegönygyölt pokrócból, vászontáskába csomagolt gázálarcból, szuronyból és egy övünkhöz csatolt, összecsukható ásólapátból állt. Az összes súly a vállunkon nyugodott, copcával pedig mindez hozzánk volt csatolva. Ott álltunk egy két és fél méteres betonfal előtt. A feladat az volt, hogy nekifutásból elinduljunk, a nagy fekete bőrcsizmánkban átgázoljunk a havon, felugorjunk a falra egy nagy lendülettel, hogy annak tetejébe kapaszkodva felhúzzuk magunkat, majd a törzsünket átlendítve valahogy földet érjünk a fal másik oldalán.

Gusztáv egy alacsony, zömök srác volt. Kitűnő volt elektronikai ismeretekben; amikor az elavult, szovjet radarfelszerelést tanulmányoztuk, villogtatta tudását. A gyakorlóterepen Gusztáv viszont nem teljesített olyan jól. Túlméretezett kabátja söpörte a mély havat. Vastag nyaka kiduzzadt a kabátja szoros gallérján, ádámcsutkája kidülemlett a szűk, ezüstszínű copca felett. Hiába próbált felugrani és a fal tetejébe megkapaszkodni, nem sikerült neki. Mi bátorítottuk, kurjongattunk neki. A tiszt káromkodott, és közben gúnyolta. Néhány sikertelen próbálkozás után a tiszt odarendelt egy erősebb katonát, hogy segítsen neki. Gusztáv nekiugrott a falnak, és a bajtársa megragadta kabátját a feneke alatt, és feltolta őt a falra. Gusztáv először a hasán egyensúlyozott, majd eltűnt a másik oldalon. Egy huppanást és egy hangos kiáltást hallottunk. Úgy félperc múlva Gusztáv előtántorgott a fal mögül. A kabátja alja felfelé meredt, mint egy kifordított ejtőernyő. Az egyenruhája is felcsúszott a mellkasára, és láttuk a meztelen, rózsaszín hasát, az ellentétes irányba fordult puskáját, a nyaka köré csavarodott gázpántot és az égnek meredő lapátot.

Egy pillanatra elveszthette az emlékeztét, mert céltalanul jobbra-balra dülöngélt, majd bizonytalan léptekkel, kitárt karokkal és meztelen hassal a tiszt felé indult.

– Copca! – süvítette a parancsnok. – Kapcsold be a copcádat, katona!

Hidegháború tombolt a második világháború vége óta. Ebben Sztálin, Kruscsev, Brezsnyev, Kennedy, Reagan mind szerepet játszottak, és ezzel együtt járt az, hogy dollárok trillióit pazarolták nukleáris arzenálra, fegyverzetre és interkontinentális rakétákra. Úgy vélem, hogy a copca és a velejáró fafejű viselkedés volt az elsőszámú oka annak, hogy Szovjetunió és csatlósállamai elveszítették a hidegháborút.

Elég jó portrékat tudtam rajzolni; ez egy lehetőség volt számomra, hogy eltávolodjak a monoton, khakiszínű őrülettől. Rajzoltam papírra, az osztályterem asztalának felszínére, járdára, szalvétára, bármire, amit találtam. Legtöbbször katonákat rajzoltam, de néha tiszteket is, különösen azokat, akiknek feltűnő vonásaik voltak; akit például a hosszú orra vagy összenőtt szemöldöke vagy mély és jellegzetes ráncai megkülönböztettek a többiektől. Ezek a részletek könnyítették a munkámat, a portrék alanyai könnyebben felismerhetőek lettek. Hírnévre tettem szert a bajtársaimnál.

– Sütő – szólt rám Marculescu hadnagy –, ma egy portrét fogsz rólam készíteni!

Már régóta kérte ezt tőlem, de próbáltam ezelől kitérni; a bázison az ő arca volt az utolsó, melyet lerajzoltam volna. Neki volt a legrajzolhatatlanabb arca.

– Igen, hadnagy elvtárs! – válaszoltam.

– Az irodámban leszek, gyere oda három órakor! Én vagyok az ügyeletes tiszt ma délután. Van időm. Semmi dolgom nincs.

Megjelentem három órakor az irodájában. Az íróasztalánál ült teljes harci felszerelésben és fénylő egyenruhában.

– Legyen rajtam, vagy ne legyen rajtam kalap?

– Ahogy ön jónak látja, hadnagy elvtárs.

Feltette a fényes, simlideres kalapját, és rám nézett. Kifejezéstelen, vonások nélküli arcán még egy ránc sem volt. Egy nehezen meghatározható krumplifej ült előttem; fején egy tiszti kalap, egyenruháját pedig bronz váll-lap szegélyezte.

Összedörzsöltem a két kezem, hogy megdermedt ujjaimat felmelegítsem. Aztán rajzolni kezdtem. Körvonalaztam a szemét, az orrlyukát, a szemöldökét – már amennyire látni lehetett, mert a kalap simlidere eltakarta a silány szemöldököt. Sokáig rajzoltam. Úgy tartják, hogy egy profi rajzoló nyolcvan százalékban a modelljét nézi, és csak az idő húsz százalékát tölti a rajzolással. Eggyé kell válni az alannyal, bemászni a bőre alá, jó mélyre, létrehozni egy varázslatos köteléket, mert csak így lehet egy tökéletes portrét rajzolni. Azonban az időm nyolcvan százalékát az egyenruhája gyönyörű rézszínű csillagjainak rajzolásával és satírozásával töltöttem, és csak a maradék húsz százalék alatt néztem őt. Semmi köteléket nem éreztem ezzel az emberrel. Semmi közös nem volt bennünk. Rá voltunk kényszerülve, hogy együtt töltsünk pár órát ebben az irodában, ennyi. Másfél óra múlva befejeztem a rajzot. Nagyon gyenge volt.

Megdörzsöltem a szemem.

– Sajnálom, hadnagy elvtárs – jelentettem ki –, nem lett igazán jó. Megpróbálhatom újból?

– Persze, de megnézhetem ezt először?

– Inkább ne, elvtárs! – feleltem –, azt hiszem, tudok jobbat rajzolni.

Labdába gyűrtem a régi rajzot, és elővettem egy tiszta lapot. Ez a próbálkozás is sikertelen lett, de legalább korábban eldőlt, hogy nem vezet sehova. Harminc perc múlva azt is eldobtam. A hadnagy nem bánta – ott ült volna órákon át a székben, mozdulatlanul. Gondolom, évtizedek menetelése a román katonaságnál ezt hozza ki az emberből. Kiéget minden kívánságot, kíváncsiságot, érzelmet. Egy öszvér lesz az emberből, pici fogaskerék egy hatalmas, ostoba és haszontalan gépezetben.

Harmadjára máshogy közelítettem meg a portrét. Nem a szemmel kezdtem, ahogy általában szoktam, hanem szerkesztettem egy háromdimenziós, pókhálószerű vázat, amely körbevette Marculescu fejét. Rajzoltam egy dodekaédert, néhány kisebb piramis és háromszögeket képző vonalak kombinációját. Úgy nézett ki, mint egy kiborg vázlat. Egy kicsit hunyorítottam és elképzeltem, ahogy hadnagyom arca megjelenik ezen a kereten. Úgy éreztem, hogy ez most menni fog. Rajzoltam még egy órán át, és egy viszonylag tűrhető portrét készítettem. Továbbra is utáltam. A rajznak nem volt lelke, csak egy egyszerű férfi kifejezéstelen képmása lett, feldíszítve olcsó katonai kitüntetésekkel. A szemét csillogóra rajzoltam; a rendfokozat csillagjainak háromdimenziós satírozással adtam mélységet. A bekapcsolt copcát a bőrébe vágva, az ádámcsutka alá rajzoltam, hogy legyen vele boldog.

Neki tetszett a rajzom. Elégedetten nézegette, majd megkérdezte: – Jóképű vagyok, ugy-e?
– Igen. A hadnagy elvtárs nagyon jóképű – válaszoltam kedvetlenül.

A szemem már nagyon fáradt volt. Kimerült voltam és elégedetlen a művemmel. Leballagtam a sötét lépcsőn a nagy térre. Mind a kétezer katona ott ácsorgott, várták az esti névsorolvasást.

A sarokban volt egy hirdetőtábla. Az állt rajta, hogy „Traiasca si infloreasca scumpa noastra patrie, in frunte cu tovarasul Nicolae Ceausescu!", mely azt jelentette, hogy „Éljen soká és virágozzon a nagyrabecsült hazánk Ceausescu Nicolae elvtárs irányítása alatt!". A betűket fehér szivacsból vágták ki, és egy vörös háterre lettek felragasztva. Mindezt egy üveglap takarta, mely belülről fluoreszkáló fénnyel volt megvilágítva. Csak éppen akkor, a brutális decemberi hidegben, az üveg be volt fagyva, megvilágított felülete fehér volt és jeges. Csatlakoztam az osztagtársaimhoz. Ahogy ránéztem a propagandatáblára, hirtelen megláttam benne egy lehetőséget. Akkor is, ha becsuktam a szemem, Marculescu arcának körvonalai jelentek meg előttem az üvegen. Minél hosszabban bámultam a táblát, annál tisztább lett az arca.

Odaléptem a fehér fagyott üveghez, megnyaltam a mutatóujjam, és egypár gyors és precíz mozdulattal megrajzoltam a portrét a fagyott felületre.

– A hadnagy! – harsogták a társaim elismeréssel. Egyre több katona gyűlt össze a hirdetőtábla köré, tapsoltak, kiabáltak. Én voltam a nap hőse. Az volt a legjobb portré, amit valaha készítettem.

Másnapra elolvadt.

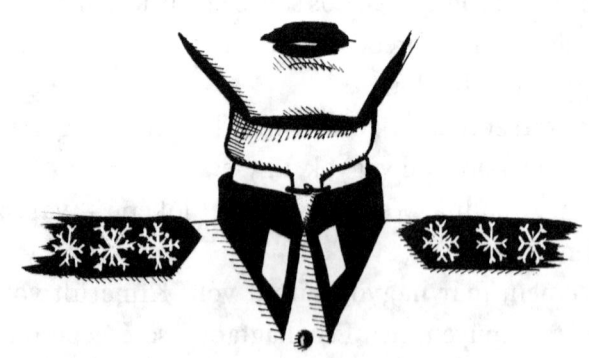

Tíz kilométer,
Brassópojána,
1980 december

Fordította: Tóth Erzsébet

A padló kemény bükkfa parkettával volt kirakva. A fadarabok egyik sora balra dőlt, a másik meg jobbra, így cikkcakkoztak a vadonatúj iroda fehérre meszelt falai között. Térdemen töltöttem az utóbbi négy órát. A kezemben egy ecset volt és egy kis bádogdoboz, benne valamiféle sötét festék, ami rothadt krumpliszagot árasztott magából. A parkettadarabokat festettem egyenként, vigyázva, hogy pontosan csak széltől szélig kerüljön rá festék, mert a mellette levő darabot eredeti színében kellett hagynom. A padló simára volt csiszolva, a fa felülete szomjasan szívta magába a festéket, különösen a világosabb árnyalatú palánkok. Újabb réteget kentem a farostok közé, míg a parkettalap egyenletesen sötétbarna nem lett. Azután nekiláttam a következő parketta festésének.
 Nehéz lépteket hallottam közeledni. Az iroda küszöbén megjelent Vasile kapitány fekete bakancsa.
 – Mikorra leszel meg? – kérdezte.
 – Hamarosan, kapitány elvtárs.
 – Milyen hamar?
 – Talán meg két nap lesz szükséges. Két nap a festés, és még egy nap a lakkozás, kapitány elvtárs.
 Magas termete fölém tornyosult, és azt mondta: – Jövő héten be kell hurcolni a bútorokat, és egy csomó dolgom is van.

Készülnöm kell a Spartachiadára.
Ez felcsigázta az érdeklődésemet: – Mi az, kapitány elvtárs?
Mi az a Spartachiada?
– Katonai versenyjátékok, melyet minden két évben megrendeznek – válaszolta.
Gyorsan felemelkedtem.
– Kapitány elvtárs, kérem, mondjon többet erről!
Vasile éppen távozni készült volna, de felém fordult: – Miért vagy olyan kíváncsi, TR?
Minden fiú, aki betöltötte a tizennyolcadik életévét katonaköteles volt. A szolgálat általában tizenhat hónapig tartott, de azokat, akik az egyetemre bekerültek, csak kilenc hónapra hívták be, vagyis rövidebb terminusra, amit románul úgy mondtunk, hogy „termen redus", azaz TR rövidítve. A TR-eseket eszesebbeknek tartották a közkatonáknál, de fizikailag gyengébbeknek. Ha egy radarantennát kellett felszerelni és pontosan beállítani, akkor egy TR-est hívtak. Ha egy árkot kellett ásni, akkor azt a közkatonákra bízták.
– Kapitány, kik vehetnek részt a versenyen? – faggattam őt tovább. Az ecsetről egy festékcsepp hullott a padlóra, szerencsére egy már megfestett palánkra.
– Nyolc versenyző, ebből hét közkatona és egy TR – válaszolta.
– A verseny szlalomozásból, lesiklásból és sífutásból áll. A sífutás része még a céllövés is. Tudsz-e a TR-esek közül bárkit is, aki benevezne egy ilyen versenyre?
– Igen, kapitány elvtárs – húztam ki magam –, évekig jártam síversenyekre. Nem voltam sífutó, de lenne-e mégis esélyem, hogy részt vegyek a Spartachiadán? – kérdeztem izgatottan.
– Kell egy válogatóversenyt szervezni először – válaszolta elgondolkodva.
– Kapitány elvtárs, a kaszárnyában többen vannak, akik jó sízők, sokszor versenyeztem ellenük.
– Jó, meggondolom – mondta és távozott.
Egy hét múlva Vasile kapitány kihirdette, hogy akik

síversenyekre jártak, jelentkezzenek az irodáján, és iratkozzanak fel a Spartachiadára. Ez december közepén volt. Tizenötöt választottak ki közülünk és hazaküldtek, hogy hozzuk magunkkal a sífelszerelésünket. Három nappal később egy teherautón a csapat fiút elszállították Brassóba, Románia harmadik legnagyobb városába, mely a Kárpátok kanyarulatában, az ország kellős közepén feküdt. Itt van Románia egyik leghíresebb síközpontja, Brassópojána, ahol e sportnak régi hagyományai vannak. A ponyvafedelű katonai teherautó fapadjain ültünk. Hideg volt, sűrűn hullt a hó. Be voltunk burkolódzva a khakiszínű egyenruháinkba és a bunda sapkáinkba, és a lábunknál sílécek hevertek. Néztem a társaim arcát. Legtöbbjüket már ismertem régebbi versenyekről vagy sítáborokból. Ott volt Radu is, kitűnő síző és tanuló. Több éven keresztül versenyeztem ellene. Magasabb volt, mint én, izmos és művelt. Orvoscsaládból származott. A sícsapatban volt gyerekkora óta. Legtöbbször rámvert, nehéz lesz őt legyőznöm, gondoltam. Akkor ott volt Calin is, egy barna bőrű srác. Olyan magas volt, mint én, de vékonyabb, testtartása és mozgása pedig elegáns. Halk szavú és tekintete álmodozó. Szlalomban nagy tehetség volt. A legnehezebb pályát is kitűnően kezelte, a teste könnyedén siklott a kapuk között. Tőlem sokkal tapasztaltabb versenyzők voltak, mindkettővel profi edző foglalkozott éveken keresztül. Kolozsváriak voltak, az ország második legnagyobb városából jöttek, gazdag családból, jobb sífelszereléssel és háttérrel. Én egy kis városból jöttem, és apám volt az edzőm, aki jó síző és hegymászó volt ugyan, de sosem vett részt síversenyeken. Ránéztem az alapminőségű Topáz sílécemre; a családnak csak ennyire tellett. A többieknek osztrák márkájú Atomic és Fischer lécük volt.

A sofőr az út szélére húzott, és megállt egy hentesüzlet előtt. Erősen havazott. A teherautó bal hátsó végében ültem, és a jobb kezemmel kapaszkodtam egy acélrúdba, ami a nehéz ponyvatetőt tartotta. Hogy kilássunk, valaki felhajtotta a vászontető hátsó redőnyeit. A leparkolt teherautónkat kerülgették az elhaladó autók. A látási viszonyok egyre rosszabbak lettek, de észrevettem, hogy egy fehér teherkocsi közeledik. A hóhullás miatt nem lehetett tisztán kivenni, de mintha valami csapkodott volna mögötte, mely hol eltűnt, hol újra megjelent. Ahogy közelebb ért, látni véltem, hogy ez a csapkodó valami a teherszállító autó hátsó ajtaja, és az teljes lendülettel repül felém. Átugrottam az ellenkező oldal fapadjára, és az ezt követő pillanatra rá a súlyos acélajtó egy hangos csattanással belevágódott a járművünkbe. Az acélrúd elgörbült, és ahol az előbb ültem egy lyuk tátongott a teherautó oldalán. A vasburkolat is megrongálódott, a tetőponyva elszakadt és a teherautó közepéig felgyűrődött.

– Mindenki jól van? – kiáltott valaki közülünk. Megrendülve ültünk a padokon, de szerencsére nem sérült meg senki. Kiláttunk a szürke égre, és a hó most akadály nélkül hullott be a teherautóba. A sofőr előbukkant a hentesüzletből, a kezéből egy nedves újságpapírba csomagolt pakli lógott ki.

Amikor meglátta, hogy az autójában mekkora kár esett, cifra káromkodásba kezdett. Intettünk az eltűnőben levő tettes autó felé, amelynek a másik hátsó ajtaja még mindig vadul csapkodott. Beugrott az sofőrülésbe, és üldözőbe vette a fehér teherautót. A csúszós úton ide-oda farolt az autónk. Életünket féltve fogózkodtunk, amibe csak lehetett, a sílécek jobbra-balra csúsztak a vaspadló nedves, havas felületén. Egyre gyérebb lett a látásviszony, minden elszürkült és végül szem elől vesztettük. A fehér teherautó beleolvadt a hófüggönybe.

A sofőrünk Brassó külvárosában, egy kaszárnyánál tett le minket. Süvöltött a szél, a hófúvás vízszintesen szelte át a levegőt. A bázist őrző katona be volt bugyolálva, hogy az arcát védje a szél ellen. A száját az AK-47-es géppuskája csövéhez tartotta, szívott egyet, aztán hosszan fújta ki a füstöt, ami rögtön elvegyült a kergetőző hópelyhekkel. Az AK-47-esnek a csőátmérője 7.62 mm volt. A román kormány bölcsen olyan gyárakat építtetett, amelyben egyszerre lehetett cigarettát és lőszert is ipari méretekben termelni, mivel ugyanazt az átmérőt használták. A golyókat arra az esetre gyártották, hogy a nyugati kapitalistákat öljék, ha azok az országunkat megtámadnák. A cigaretta pedig arra való volt, hogy a nyugdíjazott proletárokat ölje meg. És pontosan azt is tette, nagy sikerrel. Az őröknek cigarettázni szigorúan tilos volt, ezért a cigarettát bedugták a puska csövébe, parázzsal lefelé. Az őr szívott még egy nagyot a csőből.

– Ti átkot hoztok a fejünkre ezzel a vad idővel – motyogta, közben a füst és hó gomolygott bundasapkájának a fülvédője körül. Az őrségszolgálat két órán át tartott, ami után két óra WC-takarítás következett, aztán jött két óra alvás, és ez így ismétlődött huszonnégy órán keresztül. Két órán át ebben a pokoli időben félig átfagyva őrséget állni végtelenségnek tűnt. Tudtam, hogy ez milyen, mert én is hasonlóan durva körülmények között végeztem az őrszolgálatomat a ploiesti bázisomon. Nem irigyeltem a fickót.

Az ügyeletes tisztek egy raktárhoz vezettek minket, és elláttak a sífutáshoz szükséges felszereléssel. A holmik ősrégiek voltak. A bakancsok vastag kemény disznóbőrből készültek, a hosszú sílécek kőrisfából. A síkötéseket valószínű még a hatvanas években gyártották. Oldalán széles fémlapok rögzítették a bakancs orrát, és a bakancs sarkát pedig egy erős acélkábel ölelte hátulról, az ehhez erősített spirál pedig előrefelé nyomta a bakancsot a fémlapok irányába.

Kiparancsoltak bennünket a bázis melletti mezőre, és ezzel elkezdődött sífutásra való edzés. Nem engedték, hogy síszemüveget használjunk. Menetelés közben az arcunkat oldalra fordítottuk, hogy a hóvihar ne csapjon a szemünkbe.

Egy négyzet alakú „careu" formációba állítottak fel bennünket, és középre egy tiszt lépett. Vékonydongájú volt, arca cserzett; a hófúvásra rá se hederítve ezt ordította: – Comsa kapitány vagyok. Jó napot, katonák!

A protokoll szerint az üdvözlést egyhangú válasszal kellett fogadni: „Sa traiti tovarase Capitan!", azaz „Soká éljen kapitány elvtárs!", de a lefagyott arcokból csak egy összemosódó hangzavar szűrődött ki.

– Nem hallom! Jó napot, katonák! – ismételte. Valamivel hangosabban köszöntünk vissza. Látta, hogy át vagyunk fagyva, ezért parancsba adta, hogy fussuk körbe a mezőt. Az elején alig bírtunk mozogni, a sílécek nehezek voltak, a kemény bakancsokban lábujjaink megdermedtek, de a hatodik kör után már kimelegedtünk, és a sífelszerelés is könnyebbnek tűnt.

A kapitány megint careu-ba állította fel a csapatunkat. A szél alábbhagyott; jobban lehetett hallani, hogy mit mond. Már nem fagyoskodtunk; teljes figyelemmel hallgattuk.

– A Spartachiadát minden második évben megrendezik. Ez egy országos katonai triatlon, amit télen tartanak. Ennek a része szlalomverseny, lesiklás és egy tíz kilométeres sífutás. A verseny végén egy emberformájú célpontra kell lőnötök ötször. A verseny február végén lesz. A következő hat napot az én parancsnokságom alatt töltitek. Az fogjátok csinálni, amit mondok! – Egy kis szünetet tartott, majd folytatta: – Úgy értem, hogy jó sízők vagytok. Ezt majd meglátjuk. A három legjobb atlétát választom ki, akik velem jönnek az edzőtáborba. Február végéig ott leszünk.

Végignéztem a csapattársaimon, és látszott az arcokon, hogy mind a tizenöten arra vágytunk, hogy bekerüljünk a csapatba.

– Ha valamelyikőtök nem követi a parancsomat, berúg, verekedik, vagy bámilyen kihágást tesz, azt rögtön visszaküldöm a bázisra. Hülyéskedést nem tűrök. Meg van értve?

– Igenis, kapitány! – kiáltottuk egyöntetűen.

Másnap még mindig süvített a hóvihar, egész nap a sífutást gyakoroltuk a havas mezőn. A hátunkon cipeltük a AK-47-es gépfegyvert, de nem lőttünk. Még nem. Ezek a gépfegyverek nem téli triatlonra voltak tervezve. Vaskosok, súlyosak voltak, a gerincemet állandóan ütötték egy bizonyos helyen. Minden lépésnél nekem csapódott a puska. Próbáltam állítgatni a fegyver bőrszíját, hogy legalább ne mindig ugyanazon ponton üsse a csigolyámat, végül kitaláltam, hogyan igazítsam úgy, hogy

Megpróbáltam

bár még mindig megütött, már nem csontba vágódott, hanem izomba. Így kevésbé fájt – kellemetlen volt, de elviselhető.

Még soha azelőtt nem próbáltam a sífutást, de már éveken keresztül alpesi sízéssel töltöttem szabadidőmet. Ezek vad helyek voltak, ahol nem volt felvonó és taposott pálya sem. Sokszor úgy kerültem a hegy tetejére, hogy lábamon síléccel másztam fel. De azok lesikló lécek voltak, a bakancsok pedig merevek, hogy a sarkot a síhez rögzítsék és a bokát jól tartsák. Egészen más volt ezekkel a hosszú lécekkel és hosszú botokkal lépni; a bakancs is különbözött abban, hogy a sarkam minden lépésnél megemelkedett. Hozzá kellett szoknom a nyújtott lépésekhez, a tempóhoz és a légzéstechnikához. Comsa kapitány – ez az egyenes tartású, acélos ember – az edzés alatt végig ott volt velünk. Nem törődött az időjárással, széllel vagy hideggel. Tréningezett minket, hajtott bennünket. Másfél nap múlva már egészen belejöttünk.

Főleg közkatonák voltak ezen a bázison, csak mi tizenöten voltunk egyedül TR-esek. Nem szívesen láttak bennünket, betolakodó kiváltságosak voltunk a szemükben. Próbáltak kikezdeni velünk ezért, de egyikünk se ugrott be nekik. Legjobb volt minden feszültséget elkerülni. Estére amúgy se maradt semmi erőnk. Holtfáradtan feküdtünk le. A sífutás minden izmomat igénybe vette, még azokat is, amikről nem tudtam, hogy léteznek. Úgy estem az ágyba, mint egy tuskó. Végignéztem a társaimon; mindegyik khakiszínű pizsamában volt, és többségük már aludt. Elképzeltem, hogy milyen vagány lenne, ha bekerülnék a csapatba. Akkor minden nap sízhetnék, és nem kellene a radarbunkerben rothadni a ploiesti bázison. Néztem a tizenöt ágyat egy sorban, benne tizenöt atléta. Közülük csak három lesz kiválasztva.

Kibújtam az ágyból, elővettem a sílécemet és a szerszámaimat, majd bementem a fürdőszobába. Egy teljes órán keresztül csiszoltam a lécet. A lukakat betömtem olvasztott műanyaggal, és simára csiszoltam. A léc élét a féltve őrzött svéd reszelővel megéleztem, a talpat pedig bevakszoltam és kifényeztem. Effajta kezdőlécet nem lehetett ennél jobbá tenni már.

Másnap Pojánára szállították a csapatunkat. Az ég felhős volt, és enyhén havazott. Kivittek a Lupului sípályára, Románia leghosszabb és legkeményebb alpesi lejtőjére. Elkerítették a pálya egyik részét, és egy tiszt kitűzte a szlalomozáshoz szükséges kapukat. Oldalazó lépésekkel másztunk a pályán felfelé, közben alaposan szemügyre vettük a kapukat, a kanyarokat és a támadási szögeket. Egy ismerős szorongás állt belém. A versenyek előtt gyakran görcsölt a gyomrom, és ilyenkor az erdőbe kellett vonulnom, hogy könnyítsek magamon. Gyerekkoromban ez rendszeresen megtörtént, de reméltem, hogy kinövöm, ami ezek szerint nem történt meg. Elkérezkedtem, a közeli erdőnek egyik sűrűjébe ereszkedtem le. Értékes időt vesztettem ezzel, mire visszaértem, a társaim már lassan fékezve hóekében lefelé ereszkedtek, simítva a pálya felületét. Felsiettem a legfelső kapuhoz, aztán én is beálltam a sorba. A felső tíz kapu gyors és meredek volt, erős kanyarokat diktált; utána jött négy kapu, szinte egyvonalban; következett még nyolc, sűrű cikkcakkban, melyek aljában ott volt az utolsó kapu, a célkapu.

Adtak egy kis harapnivalót, aztán kezdődött a verseny. Az én nevemet húzták ki elsőnek. Ez lehetett jó is, és rossz is. Az előnye az volt, hogy a hó még ilyenkor sima, de a hátrányt az jelentette, hogy nem lehetett előre tudni, melyik a legnehezebb kapu. Ezt mások hibájából lehetett látni. Az első futamom jól ment. Utánam Laci következett; nagy erős fiú volt, de a kanyarokat nem vette könnyedén. Határozottan lassúbb volt, mint én. Következett Mazinger, egy helyi fiú Brassóból; a legjobb humorú fiú volt a társaságban, mindig jókedvűen mosolygott, és gyakran viccelődött. Gyorsan és határozottan vette az akadályokat egészen a lentebbi kapukig. A felgyűlt sebesség túl sok volt az alsó sűrű kanyarokhoz. Ott elvesztette az egyensúlyát, így csak egyik léce maradt a pályán, a másik függőlegesen lobálózott előtte. A hátára esett, kihagyott egypár kaput, és a hátán csúszva, sílécekkel a levegőben jutott át a célvonalon.

– Diszkvalifikált! – kiáltotta a pálya aljában segédkező tiszt, kezében a stopperrel. Comsa kapitány csak sztoikusan figyelt a pálya széléről.

Még következett néhány fiú ezután, ők is lesiklottak a versenypályán, de egyikőjük sem vert rám. Eddig én voltam az első. Akkor megláttam Radut, csak úgy hasította a kanyarokat a borotvaéles osztrák léceivel. Hatékony stílusa volt a szlalompályán.

– Negyvennégy és fél! – kiáltotta a segédtiszt. Alig egy másodperccel volt gyorsabb az én 45:20- as időmnél.

– Gratulálok Radu! – kiáltottam oda.

Kifulladva visszabólintott. Lélegzete fehéren párállott a metsző hidegben. A vállunkat botjainkra támasztva – a tapasztalt síversenyzők módjára – pihentettük a lábunkat, ez volt a leghatásosabb pozíció, hogy a futamok közötti szüneteket pihenésre használjuk. A felettünk levő meredek, jeges pálya és a fénylő égbolt irányába néztünk. Mindjárt fel lehetett ismerni Calin körvonalait, ahogy elegánsan manőverez a kapuk között. Semmi erőlködés nem volt benne, gyönyörűen ereszkedett. Csodáltam.

– Negyvenhárom kereken! – kiáltotta a bíró, ahogy besiklott a célba.

A többi versenyző mind mögöttünk végzett. Az első futamban Calin volt az első, Radu a második és én a harmadik. A második futamban fordított sorrendben engedtek le bennünket. Utolsóként indultam most, de bárhogy igyekeztem, nem tudtam megverni az első kettőt. A verseny eredménye nem változott. Továbbra is harmadik voltam.

A ponyvatetős teherkocsiban utaztunk vissza. A megrongált rudak ki lettek egyenesítve, a tépett ponyva be lett foltozva, ezért valamennyire védett a hideg széltől.

Mazinger a középső padon ült, és mint mindig, viccelődött.

– Nem tudom, hogy mi fáj jobban, az önérzetem, vagy a bordám.

A fiúk nevettek. Radura és Calinra néztem. Mindketten feszülten hallgattak. Én úgyszintén. Holnap lesz a lesiklás, és az kemény lesz.

Másnap kegyetlen hideg volt. A Lupului pálya sima és jeges volt. A versenypálya tetejéhez értünk. Ez háromszor olyan hosszú volt, mint a szlalompálya. Az indulás egy erősen lejtő, rövid szakasznál lett kitűzve, utána egy kevésbé meredek rész következett a domborlatig. Mögötte, az előző napi verseny indulópontjánál a lejtő ismét meredek volt. A felső kapuból nem lehetett a domborlaton túl látni, a szervezők ezért egy kék kaput tűztek a hupli tetejére egy olyan szögben, hogy eltereljenek bennünket az erdőtől. Az ereszkedő mindkét oldalán fák voltak. A pálya utolsó harmada jobbra kanyarodott, a felszíne nem volt egyenletes, a bal oldala lejjebb helyezkedett el, mint a jobb. Pontosan ellentétesen, mint ahogy egy jobbkanyarnak megfelelne. Lupului azt jelenti, hogy „farkasok pályája". Nevéhez illően vad és félelmetes volt. Nálam sokkal jobb sízők jártak már pórul ezen a pályán, jópáran komolyan megsérültek, sípcsonttörést, térdroncsolást, kulcscsonttörést szenvedtek.

A sílécem nem volt igazán alkalmas a szlalomversenyre, de az alpesi ereszkedéshez, a vad lesikláshoz végképp nem volt való. Hosszabb és merevebb léc kellett volna, borotvaéles élekkel. Nem ártott volna egy testhezálló síöltöny meg egy bukósisak sem. Ehelyett a viseletünk vastag idétlen gyapjúnadrágból, rézgombos, műanyag galléros gyapjúkabátból állt, amelyet a hírhedt „copca" acélhorogja tartott össze, folyton a nyakunkba vágva. Ez volt a versenyöltözékünk. Gyapjúsapka a fejünkön, az oldaláról lógó fülvédőt egy zsinórral kötöttük le az állunk alatt. Nem úgy néztünk ki, mint az olimpikonok vagy akár a spártai atléták, de motiváltak voltunk.

Együtt csúsztunk oldalasan lefelé a versenypályán, tanulmányoztuk a terepet. A domborlat tetején megálltam, hunyorogva felnéztem a napsütötte indulóponthoz, és elképzeltem egy vonalat az első kaputól idáig, majd tovább lefelé a meredek jeges és árnyékos lejtőn. Fejben elterveztem minden mozdulatomat. Amikor leértünk, kértem egy csavarhúzót, és szorosabbra állítottam a kötéseket. Csak az hiányzott volna még, hogy száguldás közben lepattanjanak a léceim. Az ezüstszínű, nehéz kötéseket Lengyelországban gyártották, ormótlan formájúak volt, de legalább megbízhatóak voltak.

Egy óra múlva az indulásnál sorakoztunk. Először Elemér indult, jól sízett, de nem volt versenyképes. Aztán Andris következett, egy szőke srác Székelyföldről. Jó volt a testtartása, de kissé ékezve sízett; lehetett látni, hogy a lécei nem egyenes vonalat hagytak maguk mögött. Még a legkisebb jégkristály vagy hópehely is, amelyet fölöslegesen mozdítasz el, energiát pazarol, lelassít. A tökéletes ereszkedés sima, szinte hangtalan, és kevés porzó havat hagy maga után.

Radu nagy lendülettel indult; szó szerint kiugrott a startkapuból, nagy kiáltással viharzott le a pályán, és a kék kapu után eltűnt.

Mazinger következett. Elfoglalta a helyet a kezdő vonalnál.

– Hmm, ez korábban jött. Azt hittem, hogy csak a végén fogok beszarni – mondta egy fagyos vigyorral, és nekilendült.

Calin következett.

– Három, kettő, egy, go! – és indult. Leguggolt testtel célba vette a kék kaput. Sebesen és simán ereszkedett a kapuig, de ott felemelkedett és enyhén kanyarodott, hogy lassítson, mielőtt beugrik a mélybe. Lehetett látni, hogy fél.

Én következtem. Az induló kapun áthajoltam, a lábszáram épp, hogy meg nem érintette a startkészülék karját. A botomat stabilan a jeges hóba szúrtam, és jó erősen megragadtam a nyelét. Mindent beleadva kirobbantam a kapuból. Szépen behajoltam, a fejemet behúztam, és a kesztyűmet összeérintve karomat előre nyújtottam, hogy egy tölcsérformát alakítsak ki, és ezzel csökkentsem a levegővel való súrlódást. A sapkám műszőrméje alól lestem a mélybe. Féltem. Repültem a kék kapu felé. Egy pillanatra arra gondoltam, hogy Calinhoz hasonlóan lassítsak, de visszatartottam magam. Nem érdekel, hogy a hupli után mi fog történni. Nyerni akarok. Mint egy puskagolyó, átrepültem a kék kapun, le a meredek szakaszhoz. Míg a levegőben voltam, igyekeztem az aerodinamikus formát megtartani, de a landolás előtt ki kellett nyújtsam a térdem, hogy felfogjam az esést. Körülöttem a sötétzöld fák elmosódtak, és magam előtt csak a pálya ezüstös csíkját láttam.

Minden izmomat megfeszítve próbáltam átvészelni a pokoli rázkódást, ami az lécek jeges pályával való ütközéséből eredt; a vibrálás a lábszáramon, térdemen, combomon keresztül végigvonult egészen a hátgerincemig. A meredek szakaszon túl voltam, de észrevettem, hogy túlságosan a pálya bal felére csúsztam. Nem voltam biztos, hogy be tudom-e venni a jobbkanyart. A jeges felület darabos és egyenetlen volt, a bal lábam lejjebb volt a jobbhoz képest. Erősen jobbra dőltem. Ilyenkor a bal léc belső élére kell erősen rátaposni, de a bal lécem már nem fogott. Még inkább jobbra dőltem, a kesztyűm már a jeges pályát súrolta, és kétszer annyi súllyal nehezedtem így a jobb lécre, mint a bal oldalira. A lécem nem volt ilyen terhelésre tervezve, de végül sikerült a kanyart bevenni. Amennyire csak tudtam behúztam testemet, és célba vettem az utolsó kaput.

Minden összemosódott, amikor átsuhantam a célvonalon. Az elsimított, jeges havon alig lehetett fékezni, egy fenyőfa törzse körüli mélyedés felé siklottam sebesen. Láttam Calint éppen előkecmeregni onnan, vélhetően neki nem sikerült kitérni; én is csak épphogy elkerültem őt és fenyőfa körüli gödröt.

– Jól vagy? – kérdeztem Calint, amikor végre megálltam. Bólintott. A halántékom lüktetett, a lábam reszketett a kimerültségtől. A visszacsapó széltől kibuggyant könnyeket és a taknyot letöröltem az arcomról. Felnéztem. Lacit láttam sebesen a célvonal felé siklani. Khakiszínű kabátja szétnyílva vadul lobogott. Próbált lefékezni, de nem bírt, és Calint is magával söpörte. Káromkodva mindketten az árokba estek, a lécek és a botok pedig szerteszét szóródtak.

– Hogy állok? – faggattam a bírót.
– Radu az első, te vagy a második helyen.
– Mi van Calinnal?
– Hadd nézzem! Calin harmadik.

Az alpesi ereszkedések csak egy futamból állnak. Szóval így állunk. Radu első, én második, Calin harmadik.

Éjszaka erős hóvihar dühöngött. Mind a tizenöten a vaskeretes ágyunkba zuhantunk kimerülten. Ez a verseny a Lupuluion nem volt gyerekjáték. Mindent kiszívott belőlünk. Kint erősen havazott, és üvöltött a szél, benn tizenöt khaki pizsamás atléta egy meglehetősen meleg szobában. Hetente egyszer zuhanyozhattunk, és olyankor kaptunk tiszta alsóneműt is. Ez már öt napja volt. Izzadt, mosdatlan testszag terjengett a szobában, emellett nedves nadrágok és kabátok száradtak a székek támláján, vastag nedves zoknik száradtak a fűtőtesteken, és az ágyak alatt nyirkos bakancsok és kesztyűk hevertek. Állott levegő töltötte be a teret, de az agy csodálatos módon képes normalizálni a dolgokat. Hozzászoktam. Körbetekintettem, néztem a tizennégy lélegző testet a kopott, piszkosbarna, sosem mosott évtizedes takarók alatt. Közülünk csak hárman mehetnek tovább.

Mint mindig, fél hatkor ébredtünk, felhúztuk a katonabakancsot, és pizsamában kimentünk a reggeli tornára. Egy tizedes vezette. Az ég sötét volt, a földet tökéletes fehér hó borította. Futottunk, és guggolásokat csináltunk a lábszárig érő hóban. Ma szabadnapunk volt. Ez volt a tízkilométeres sífutóverseny előtti pihenőnap. A kaszárnyában mi csodabogarak voltunk. A tisztek nem igazán tudták, hogyan bánjanak velünk. Comsa is szabadnapot vett ki. A reggelinél egy csapatban ültünk az étkezde egyik sarkában. Bázison eltöltött pihenést iktattak be számunkra erre a napra.

Ha majmokat egy olyan udvarba zárnál, amely mellett egy banánültetvény van, akkor azok a majmok mindent megpróbálnának, hogy csoportosan kiszabaduljanak, és megegyenek annyi banánt, amennyi csak beléjük fér. Ha egy csapat halászembert zárnál be egy pisztrángos tó mellett, az ágyuk alá pedig halászbotokat tennél, akkor ők hajnalban szétfeszítenék a kerítést, és lemennének horgászni. Hogyha bezársz egy csapat vérbeli sízőt egy kaszárnyába, és ott van mellettük az ország legjobb síközpontja ragyogó napsütéssel és térdig érő porhóval, akkor ők meg fogják kísérelni a szökést, hogy síelhessenek.

Nem volt szükséges ezt megbeszélni, csak egymásra néztünk és bólintottunk. Reggeli után hátizsákba pakoltuk a civil ruhákat és a bakancsokat, majd elhagytuk a laktanyát.

– De hogy jutunk át a kapuőrségen? – kérdezte az egyikünk.

Mazinger kézbe vette a dolgot.

– Álljatok két sorba, hetesével!

Engedelmeskedtünk. Mazinger meneteltetni kezdett bennünket, és mi igyekeztünk ütemben maradni. A rögtönzött szakasz elejére állt, magabiztos tartással, kihúzott háttal lépegetett. A piros-fehér sorompóig vezényelt bennünket, ott megálljt parancsolt. Odafordult a kijáratnál álló két őrhöz. Feszes mozdulatokkal szalutált nekik, és a sorompó felé bólintott. Az egyik katona vállat vont, majd felhúzta a sorompót. Mi szinkronizált lépésekben menetelve kivonultunk, magasan tartott fejjel és síléccekkel a jobb vállunkon.

Természetesen ilyet nem lett volna szabad csinálni. Nem hagyhatod el a bázist engedély nélkül. Ilyet nem tehetsz Romániában és semmilyen más ország katonaságában sem. A tiszteknek teljes ellenőrzése alatt állsz: hol vagy, mit csinálsz, hova mész, mibe öltözöl. Ez a lényege a katonaságnak. Legalábbis békeidőben. Hogyha ezt nem tartod be, akkor az egész rendszer összeomlik; fegyelmezettnek kell lenni, és a szabályokat vakon kell követni. Másképp lehetetlen lenne több ezer fiatalembert hónapokig zárva tartani, akik életük teljében vannak, legfontosabb számukra a szabadság és a szerelem; de ezek a legkevésbé megengedett dolgok egy katonai szolgálat idején.

Félórai gyaloglás után felültünk egy buszra, mely Brassó központjába vitt. Elgyalogoltunk Mazinger szüleinek a házához, pontosabban a garázshoz, és ott civilbe öltöztünk. Mazinger fel volt pörögve. Nagyon büszke volt magára, hogy ilyen könnyedén kijuttatott bennünket a bázisról. Barátságos volt és vidám, mindenkivel viccelődött: – Képzeld el Comsa arcát, amikor megtudja, hogy kiszöktünk – és nagyot kacagott.

Volt egy megérzésem, hogy ez nem fog jól elsülni, de elhessegettem a gondolatot. Nem akartam elrontani ezt a tökéletesnek ígérkező napot a hegyekben. Egy órába tellett, hogy busszal eljussunk a pojánai síközpontba. Rendes civil ruhákban voltunk; az egyedüli, ami elárulta katonai mivoltunkat, a simára borotvált arcunk és rövidre nyírt hajunk volt.

A sízés aznap fenséges volt. Csupán az, hogy saját holmimban és felszerelésemmel sízhettem, és ott, ahol akartam, a szabadságérzés boldogságával töltött el. Ilyet már hónapok óta nem éreztem. Síztem a porhóban, a ragyogó napsütésben, leereszkedtem a fák között, lecsúsztam a hatalmas puha buckák között a Kanzler legvadabb szakaszán. Megcéloztam Lupuluit is, ahol az előző napon az az őrült ereszkedésem volt. A hó tökéletes volt, letakarta a durva jégfelületet. Álomszerűen szép volt az aznapi porhóban lesiklani. Egy pillanatra mintha észrevettem volna a pályán egy egyenruhába öltözött tisztet, aki úgy tűnt, felismert és intett nekem. Felém tartott. Egy tizedes lehetett a bázisról, de nem vettem róla tudomást, és tovább ereszkedtem. Nem fog utolérni. Senki sem fog ma utolérni ezen a hegyen. Ez az én napom.

A nap végén csapatba verődtünk a buszmegállónál, és visszatértünk Mazinger garázsába, ahol egyenruháinkba visszaöltöztünk. Mazinger édesanyja kijött a garázsba egy tálca szalonnakockás kenyérrel. Finom volt, ma minden olyan jóízű volt.

Már besötétedett, amikor a kaszárnya kapujához közeledtünk. Újra havazni kezdett, csodálatos pelyhekben hullt. Sorba álltunk, Mazinger előttünk, és elmasíroztunk a kapuig. Átengedtek szó nélkül. Megkönnyebbültünk. Sikerült!

Az ajtóból viszont megpillantottuk a kapitányt. Messziről is lehetett látni, hogy dühös.

– Tegyétek le a felszerelést, és odakinn sorakozó! – parancsolta.

A román nyelvben az szó, hogy „frecus" annyit jelent, hogy súrolni, mint durva kefével a deszkapadlót, de igazából a fordítás nem adja hűen vissza a szó jelentését. Ha egy tiszt a feljebbvalói utasítását teljesítette, akkor az alárendeltjeinek „frecus" gyakorlatokat adott parancsba; fel-alá masíroztatta őket órákon keresztül, és mindenféle értelmetlen gyakorlatot erőltetett rájuk. Ha egy tiszt haragos volt, akkor a „frecust" azzal fokozta, hogy utasította a katonákat, hogy zsilettpengével tisztítsák ki a vizeldét, majd fogkefével seperjék fel a járdát. A tisztek leleményes ötletekkel tették a katonák életét nyomorúságossá.

Comsa rég túl volt a „frecus" szintjén. Tombolt a dühtől. Azzal kezdte, hogy fél órán át futtatott minket a pálya körül. Már eleve fáradtak voltunk az egész napos sízéstől. Ha egy kissé lelassultunk, akkor ordította, hogy „Futás!". Jött a fekvőtámasz, azt követte a guggolás. Bevezényelt bennünket egy árokba, ahol egészen mély volt a hó, és ott ötven métert kúsztunk előre és vissza, majd újrakezdtük. Elvesztettem az időérzékemet, zsibbadttá vált a testem, ujjaimat már nem éreztem, de nem érdekelt. Mély boldogságot éreztem. Fantasztikus sínapom volt, és nincs az a „frecus" a világon, ami ezt tőlem elvehetné.

Későn vacsoráztunk. Elgyötört izzadtságban ültünk a padon, és rágtuk a megszokott paszulyos disznóhúst.

Comsa megjelent az ebédlőben, és komor hangon megszólalt:

– Csalódtam bennetek. Azt terveztem, hogy közületek hármat viszek magammal az edzőtáborba. De meggondoltam magam – magyarázta és mi figyelmesen hallgattuk –, csak kettőt választok ki a csapatból.

Sarkon fordult és távozott.

Másnap fél hatkor a tizedes ébresztette a csapatot. A tízkilométeres sífutás versenynapja volt, ezért nem tartotta meg a reggeli tornát. Éjszaka a fűtőtesten szárítottam a bakancsomat, és most szikkadt és kőkemény volt. A kikristályosodott só fehér foltokat hagyott a vastag bőrön. A lábam alig fért bele. Hogy fogok ezekkel tíz kilométert lefutni – aggódtam. Zsákom mélyén volt egy pakli Kent cigaretta eldugva, szükség esetére. Elővettem a fényes csomagot. Még nem kelt fel a nap, amikor átmentünk az étterembe. Odakinn egy lábnyi friss hó volt, a csillagok sziporkáztak az égen. Reggeli után bementem a konyhába, és előadtam az ötletemet a kis termetű, sötét bőrű szakácsnak. Röviden elmondtam, mit akarok.

– És nekem mi hasznom az egészből? – kérdezte hetykén. Ekkor előhúztam a csomag Kentet. Bólintott. Levettem a lábamról a bakancsot. Odament a hűtőszekrényhez, és egy bödönből kikanalazott egy kupac zsírt. Vastagon elkente a bakancson, majd azt rátette egy tepsire, és bedugta egy nagy kemencébe. Ültem a padon, és néztem ahogy ténykedik, közben a lábam a levegőben tartottam a hideg és zsíros cementpadló felett. Egy vékony füstcsík szivárgott ki a kályhából, a szakács kinyitotta, ettől egy egész füstfelhő gomolygott ki. Lerakta a forró bakancsot az ölembe, és kinyújtotta a kezét a cigarettáért.

– Most tűnj innen! – mondta, és elvette tőlem a paklit.

A száraz bakancs szomjasan itta magába a zsírt. Forró volt; a gumitalp majdnem elolvadt, de a bőr sötét és fényesbarna lett; bűzlött a szalonnától, döglött disznótól, izzadságtól és kommunizmustól. Mikor kissé lehűlt, lábamra húztam. Puhának és rugalmasnak tűnt. Ezt a fortélyt apámtól tanultam, és most kapóra jött.

Mire kiszállítottak minket a verseny helyszínére, a nap már magasan állott. Ragyogó idő volt, nem fújt a szél, és egy lábnyi friss hó lepte el a talajt. Azt mondják, hogy nincs két egyforma hópehely. De szerintem nincs két egyforma hóvihar sem. Annyi tényezőtől függ: széltől, hőmérséklettől, a levegő nedvességtartalmától, és ezek egy hóvihar alatt folyamatosan változhatnak. Az éjszakai hóvihar különleges és csillogó hópelyheket alkotott. Nagyméretű lapos kristályok voltak, különféle érdekes szögben, levegősen egymásra hullva. A pár nappal azelőtti lesiklási verseny keményre taposott, jeges havon történt. Ez a nap nem ilyen volt; ennél könnyebb és puha havat még nem láttam soha.

Comsa egy havas tisztáson várt ránk. A tizedes és néhány alsóbb rendű tiszt már letaposták a havat egy négyszögletes alakban, kijelölve az indulás és az érkezés pontját. Valaki közülük sokkal korábban kijöhetett, mert a sífutópálya is elő volt készítve.

– Ezt a tízkilométeres pályát fogjátok körbefutni – szólt Comsa, és a nyomok irányába mutatott. – Leírtok egy nagy kört az erdő körül. Ezzel az ellenkező oldalra értek – fordult egyet, és a másik irányba mutatott –, onnan pedig ide visszasíeltek. A nemzeti versenyen ötször célba is lőnek a versenyzők. Ma nem lesz céllövés, de a puskát vállra vetve magatokkal viszitek. – Az arca szigorú volt. – Percenként indultok! Én itt várlak titeket – s ezzel be is fejezte a mondandóját.

A sílécem talpát bevakszoltam, és még utoljára leellenőriztem a felszerelésem. A bakancs kissé megmerevedett a cudar reggeli hidegben, de mindent beleszámítva viszonylag rugalmas maradt.

Elindult az első versenyző, egy perc múlva pedig Radu rajtolt. Magas fiú volt, hosszú lábú és széles vállú. Lépései nyújtottak és hatékonyak voltak. Nehéz lesz ráverni – gondoltam. Egy perc múlva Elemér került sorra, aztán Calin, majd Mazinger és Laci. A szívem erősen dobogott. A tizenharmadik voltam. Radu után tizenkét perccel indítottak engem. A nap szemből sütött, a hókristályok csillogtak minden irányból. Gyors ütemmel kezdtem. Valójában túl erősen. Egy perc után a lépem fájni kezdett, a bal bordáim között szúrást éreztem. Majd elmúlik, gondoltam, csak jó mélyen kell lélegeznem. Levegőt préseltem a tüdőmbe. A levegő éles, tiszta és hideg volt, éreztem, ahogy beáramlik a tüdőm mélyébe. Bal sí előre, jobb kar előre, belégzés – jobb sí előre, bal kar előre, kilégzés. Lassan kialakult egy ritmus. A nyomok egy tisztáson kanyarogtak, kicsi fenyőfák kandikáltak ki a mély hóból, melyeket puha kristályos hólepel takart. Magam előtt láttam a tizenkettes versenyzőt. Hozzá képest kissé szaporábbra vettem a lépteim, és lassan megközelítettem. A verseny nyolcadik percében lehettünk, amikor utolértem. – Engedj át! – kértem. Oldalt lépett a mély hóba, és engedte, hogy elcsússzak mellette. – Köszi!

Nem néztem rá, csak az előttem levő pályát figyeltem: két párhuzamos és mély sílécnyomot, annak oldalán pedig a hosszú botok által hagyott lyukakat. Egy laposabb útszakasz nyílt meg előttem, balra sűrű erdő, jobbra pedig egy hófedte síkterület nyújtózott a meredek lejtő lábáig. A váltakozó karmozgást átcseréltem párhuzamos lökésekre; mindkét karomat felemeltem, nagy levegőt vettem, és a két bottal egyszerre nyomtam magam előre, miközben a térdem támadóan előrelökve guggoló testhelyzetet vettem föl. Ezt a kapitány tanította nekünk pár nappal azelőtt, most jól jött, hogy odafigyeltem. A terhelés az egyik izomcsoportról másikra került át, a kinyújtott test és a magasra tartott kar telítette a tüdőt, míg a mély guggolás a teljes kilégzést segítette. Ezután visszaváltottam a jobb-bal lökésre, minden lépésnél mély levegőt vettem. Kissé igazítottam a karabélyon. A gázcsőzár – amely a puskapor egy részét visszairányítja, hogy a robbanás erejét használva kidobja a megüresedett hüvelyt, és a következő golyót a csőbe töltse –, ez a kiálló fém ütötte a gerincemet. Nem hiszem, hogy amikor Mikhail Timofeyevich Kalashnikov az AK-47-es géppuskát tervezte, gondot viselt volna az ergonómiára. A sífutókat pedig pláne nem vette számításba.

Elöl megláttam a következő versenyzőt. Egyenletes ütemet tartottam, jól haladtam; a szúró érzés a bal oldalamon alábbhagyott, bár a tüdőm égett a hideg levegőtől. Csak siklottam tovább a léceken, hosszúakat léptem, és hajtottam magam a botokkal. A botokat magasba emeltem és messzire lendítettem, karomat testemmel párhuzamosan tartva hajtottam előre. Kezdtem felzárkózni. Enyhén emelkedett az ösvény, és kissé balra tőlem az előttem lévő versenyző V lépésekkel próbálta megmászni. Az ösvényen maradtam, és botlökésekkel nyomtam magam felfelé. Sikerült őt elhagyni, de a tricepszem égett, mire az emelkedő tetejére értem. Itt a pálya lejtett kissé, az ösvény fiatal fenyők között kanyargott.

Megpillantottam még egy versenyzőt, ahogy botjaival hajtotta magát a lejtőn lefelé. Erőteljesen nyomtam magam tovább, igyekeztem egy nagyobb sebességet elérni. Amikor utolértem, kiléptem oldalra, hogy elhaladjak mellette, de a mély hónak meglepően nagy súrlódása volt, és ez annyira lelassított, hogy végül mögé kellett beállnom. Testközelben maradtam vele. Akkor oldalra lépett, és utat adott nekem.

– Köszi, haver! – odakiáltottam, de nem láttam az arcát, nem tudom, hogy ki volt az.

Eggyel kevesebben voltak előttem, és ezzel még egy perc előnyre tettem szert. Az ösvény az erdőbe ért, mindkét oldalán fák magasodtak, a fenséges ágakat vastagon fedte a bolyhos hótakaró. Kezdtem elfáradni. A tegnapi „frecus" és a lopott síkirándulás megviselte a testemet. A fák árnyékai között megláttam Mazingert. Kényelmesen lépegetett, gondolom, feladta, hogy bekerüljön a csapatba, és csak élvezte az utolsó szabad napját, mielőtt visszatér a bázisra. Hallotta, hogy közeledek. Félreállt.

– Sok sikert, haver! – üdvözölt. Köszönetként bólintottam.

Láttam az erdőből kivezető pálya vakító fényét. Hunyorítottam, és újabb versenyző körvonalait vettem észre. Mintha Laci lett volna. A fejét enyhén balra döntötte. Nem emlékeztem a sorrendre pontosan, de legalább hat perccel előttem indult. Egyenletes tempóban közeledtem felé. A pálya lapos volt az erdőn keresztül, de ahogy kiértünk onnan, emelkedni kezdett. Egy perccel később utolértem. A testem fájt, a bicepszem égett a botozástól. Laci is egyenletes ütemben haladt, és semmi érdeke nem volt abban, hogy előre engedjen. Kinn voltunk az erős napsütésben. Az ösvény felfelé vezetett, mindkét oldalán mély hó terült el, semmi esélyem nem volt arra, hogy kikerüljem.

– Laci, engedj át! – lihegtem. Erre gyorsabban szedte a lábát, repült a hófelhő a síbotja mögött. Felvettem az ő ritmusát, és szorosan mögötte lépést tartottam vele. A botjaimat oda céloztam, ahol az övéi mélyedést hagytak. Csak segíthet a súrlódás bármilyen mértékű csökkentése. Laci magasabb volt, mint én, végtagjai hosszabbak voltak, de észrevettem, hogy a karja lendületét nem használja ki maximálisan. Megnyújtottam a saját mozdulataimat. Előbbre dobtam a botomat, kezemből szinte kiengedtem a nyelét, számítva a csuklómra fogott szíjra, hogy az majd a botot jó szögben tartja. Amint az a hóba szúródott, a csuklómat támadó szögbe hajlítva megmarkoltam újra a bot nyelét, karomat testemhez közel lendítve, hátralöktem a botot, amilyen messzire csak bírtam – csuklómmal egy utolsót pöccintve rajta. Az a kis pöccintés minden lépésnél jelentett egy kis előnyt, mely összeadódott.

– Laci, engedj előre! – kértem újra, lihegve.

Rám se hederített, inkább még erősebben nyomta. Ez egy percig tarthatott, de sokkal hosszabbnak tűnt. Valamelyest lemaradtam tőle, majd teljes erőből gyorsítottam, hogy az ösvény jobb szélén hagyjam le akkor. De a mély hó ismét túlságosan lelassított. Visszacsúsztam, a botok fogását elvesztettem, közben kínlódtam, hogy a hó tetején egyensúlyban maradjak. Laci előnyre tett szert. Néhány kettős lökést tettem, és mélyeket lélegeztem a sajgó tüdőmbe. Egy meredek kapaszkodót láttam magam előtt, melyen V nyomokat hagytak a friss hóban az előző versenyzők. Bár a pálya ott kiszélesedett, V-ben mászni sokkal több helyet igényelt, ezért nehezebb volt így bárkit is megelőzni. Nem volt elég széles a pálya arra, hogy lehagyjam őt. Laci mászni kezdett, a lécek orrát szélesre tárva bottal nyomta magát felfelé. Egy lépésre voltam mögötte, és tartottam vele a ritmust. Félúton az emelkedőn a pálya kiszélesedett. Balra tőlünk vékony ágú mogyoróbokrok voltak. Amikor üldöztek a Duna kanálisán, képes voltam szúrós bokrokon átvágni. Döntöttem. Kiléptem balra, és nekifutottam a dombnak. A bottal hajtottam magam, és a sílécekkel széleseket lépve törtettem a bokrok között. Nem törődtem a fejem és a bal vállam felett csapódó ágakkal, teljes erőmet bevetve futottam. Le kell hagyjam Lacit itt és most, nincs más alkalom. Egy magasságba kerültem vele, a síléceink már súrolták egymást. Laci előtt ott a kitaposott nyílt pálya, előttem pedig ágak és a mély hó. Sikerült egy kis előnyt szereznem. A lécem orra már előbbre volt, mint az övé. Csak még néhány lökés kell, utána jobbra húzhatok, hogy elébe vághassak. Ekkor a géppuskám csöve beleakadt egy vaskos ágba, majdnem hátraestem. Meg kellett állnom, hogy kiszabadítsam az ágak közül. Az esélyemet elvesztettem, Laci már tíz lépéssel előttem volt.

Feljutottam a tetőre. Levegő után kapkodtam, majd kiköptem a tüdőmet. Minden erő kiszállt belőlem. Itt a pálya már vízszintes volt, az ösvény nyílegyenesen vágta át a fehér mezőt. Próbáltam újra ritmusba lendülni, az ütemes légzést visszanyerni. Bal, szuszogás, jobb, szuszogás, bal-jobb egyszerre, guggolás, mély kilégzés. Ismétlés. Közeledtem Laci felé. A pálya lejteni kezdett, így a léptek hosszabbak lettek, és a lécek is könnyebben siklottak. Egyre nagyobb volt a lejtés, az ösvény pedig enyhén balra kanyarodott. Már látszott a völgy alja és a kanyargó patak, amely fölött egy keskeny híd vezetett át. Nem volt korlátja, csak egy egyszerű palánk feküdt a víz fölött. A híd közepén a hó le volt taposva, de a szélét puha, vattaszerű hó fedte. Laci guggoló testtartást vett fel, a botjai az égbe meredtek mögötte, ahogy hona alá szorította őket. Én is felvettem ugyanezt a pozíciót. Mikor a lejtő aljához ért, kiegyenesedett, és a gyorsan sikló léceket a híd közepe felé irányította. De nem sikerült rákanyarodnia, ehelyett lecsúszott a hídról, bele a mély hóba. Szétterpesztett lábakkal a hátára esett, a bal síléc vége belógott a patak jeges vizébe. Szerencsés fordulat a számomra, gondoltam. Sikerült kikerülnöm őt, és átcsúsztam a híd túlsó oldalára. Felkapaszkodtam a part magaslatára, most már lassúbb iramban haladtam tovább. Egy újabb fennsík következett, az ösvény nagy ívben balra kanyarodott a sűrű erdő körül. Nem láttam más sífutót magam előtt. Újra felvettem egy egyenletes ritmust, és nyomultam tovább. Az idő fogalma megszűnt, az agyam semmire nem figyelt már, csak az előttem lévő nyomokra a hóban. Percekkel később átléptem az érkezés vonalát, és szinte összeestem.

– Negyvenegy perc és huszonhárom másodperc! – kiáltotta Comsa.

Radu mellém csúszott: – Gratulálok, Gyuszi, a második helyen vagy – mondta.

– Mennyi volt a te időd?

– Negyvenegy kereken – válaszolta. Nem mondta kérkedve, de látszott rajta, hogy büszke.

– Én is gratulálok neked – mondtam elismerően.

Az országos versenyre kettőnket válogattak be. A következő két és fél hónapot sílécen töltöttük, és Comsa edzett minket és a közkatonákat. Februárban részt vettünk az országos katonai Spartachiadán. Ez egy ádáz verseny a katonaság öt ága között. Mi a Radar és Távközlés alakulatot képviseltük. A végső csapatban, amelyik a Spartachiadán részt vett, csak egyetlen TR katona lehetett. Radut választották, én voltam a pótjátékos. Rendben volt ez így. Az igazság az, hogy ő jobb volt, mint én. Bármennyire is igyekeztem az edzőtáborban, nem tudtam legyőzni. Így aztán az oldalvonalról figyeltem, ahogy a csapatunk megnyerte az aranyérmet. Szurkoltam nekik. Kitűnő csapatunk volt. A díjosztásnál készítettek egy fényképet, középen a hadügyminiszterrel, aki egy háromcsillagos generális volt. Sohasem láttam a fotó nyomtatott mását, de a kép beleégett az emlékezetembe. Egy csoport katona, fából készült, ormótlan sílécekkel a kezükben, khakiszínű gyapjú egyenruhákban hunyorognak a napfényben. Comsa kapitány és miniszter a csapat közepén áll, Comsa egy kristálykupát szorongat, piros ötágú csillaggal annak csúcsán.

Sütő Gyuszi

Sárkányrepülő, Szamosújvár, 1981 májusa

fordította: Liszkai Andras

Háromnapos kimenőt kaptam a ploiesti laktanyából. Nekivágtam a hosszú vonatútnak haza a szülővárosomba, Szamosújvárra. A szüleim nagyon örültek, hogy láthattak. Hazalátogatásom meglepetés volt; nem volt módom közölni ilyen rövid időn belül, hogy hazamegyek. Édesanyám sütött egy köménymagos barna kenyeret. Édesapám kivitt a méhekhez, hogy segítsek neki. A méhekkel mindig sok munka volt. Sosem voltam nagy rajongója a méhészkedésnek. Több mint egy évtizeden keresztül segédkeztem édesapámnak a méhekkel kapcsolatos különböző elképzeléseinek a megvalósításában. Szorgalmasan ténykedtem mellette, mert szükség volt a segítségemre. Persze be kell azt is vallanom, a méhek világa varázslatos. Ha egyszer magába szippant ennek a világnak és a tökéletesen megtervezett társadalmuknak a bűvölete, nincs menekvés.

– Hány méhcsaládod van most? – kérdeztem édesapámat.

– Huszonnégy. A múlt ősszel vettem három családot Coptelkéről, és mind túlélték a telet. Az a célom, hogy az összes méhkaptárom be legyen népesítve.

– Az hatvan családot jelent, igaz? – kérdeztem.

– Így van. Hatvanat. Ez volt az álmom, mióta te megszülettél. A nagyapáddal ezért építettünk harminc ikerházat. Most hogy elvégezted a középiskolát, több időm van.

Hatvan – gondoltam magamban –, azzal annyi sok munka jár, hogy teljes munkaidőben lehet a méhészettel foglalkozni.

Az idő csodálatos volt kint a farmon, meglepően jól éreztem magamat ott, bandáztunk édesapámmal, távol a kötelező sorkatonai szolgálat egysíkú, terepmintás őrületétől és idiotizmusától. Szívtam magamba a körülöttünk lévő fehér akácerdő, a völgy és a kerekeskút felé vezető sáros, keskeny ösvény teremtette varázslatot. Onnan tovább felfelé vezetett az út a magányos házhoz, ahol Ilona néni, az öreg boszorkány élt a fiával és a családjával. Valóban úgy nézett ki, mint egy erdei boszorkány, de igazából egy jólelkű öregasszony volt.

Kérés nélkül összeállítottam és beindítottam a füstölőt, rutinból. Apám kinyitotta az egyik méhkaptárt, kihúzta az egyik keretet és egy kicsit megdöntötte.

– Gyere, nézd meg, ahogy táncol! – mondta.

A keret közepén egy méhecske volt, izgatottnak tűnt, és valamiféle táncmozdulatokat mutatott be. A torát rázta, és csapkodta a szárnyát. Egy tucat méhecske vette őt körül, a fejükkel felé fordulva figyelték a táncát.

– Mit csinál? – kérdeztem.

– Elmondja a többieknek, hol vannak a virágok.

– Tánccal?

– Igen. Egyértelműen izgatott, így jelzi, hogy nektárban gazdag virágok vannak a közelben. Látod, a teste körülbelül húsz fokkal el van fordulva a függőlegestől, az óramutató járásával egyirányban.

– Ez mit jelent? – kérdeztem felfokozott érdeklődéssel.

– Azt, hogy a virágok a Naphoz viszonyítva húsz fokkal jobbra vannak.

A völgyön túlra, az akácerdő irányába emeltem a tekintetem, és még ilyen távolságból is láttam a fehér virágokat. Valóban úgy tűnt, hogy a naphoz képest húsz fokkal jobbra vannak. A méhek egyre közelebb mentek a táncoló társukhoz, és úgy tűnt, hogy összeérintik a fejüket.

– Mit csinálnak? – kérdeztem.
– Nektármintát ad nekik a szájából.
Aha, most már értettem, logikus volt. Édesapám stabilan fogta a keretet; mindketten ámulattal néztük, mi történik.
– Mi történne, ha elforgatnád a keretet? – kérdeztem.
– Jó kérdés – felelte apám. – Nem tudom, de próbáljuk ki.
Apám lassan elforgatta a keretet az óramutató járásával egyező irányba. A táncoló méh feje eredetileg 1 óra irányába mutatott, de ezután 3:30 felé jelzett. Erre, hogy ezt ő korrigálja, a táncoló méhecske lassan visszafordította a testét 1 órához, pont úgy, mint egy iránytű. Egyedül ő reagált az elforgatásra, az őt körülvevő méhek nem mozdultak. Tovább táncolt. Még több méhecske gyűlt köréje nektármintáért, néhányan ezek közül végül odébbálltak. Visszatettük a keretet a helyére, és figyeltük, hogyan repülnek ki méhek százai a kaptárból egyenesen az erdő felé. Membránvékonyságú szárnyaik fénylettek a napsütésben, amint leereszkedtek a völgy felé, majd újra a magasba emelkedtek. Boldognak tűntek; szabadok voltak.

Másnap reggel átsétáltam a városon, hogy meglátogassam néhány középiskolai osztálytársamat. Észrevettem egy csoport férfit a járdán, amint egy nagy szerkezetet cipeltek a vállukon. Felismertem köztük Buigát, egykori szomszédunkat. Buiga repülőmérnök volt karrierje kezdetén. Egy sárkányrepülőt cipeltek, amit ő épített otthon a garázsában. Azelőtt soha senki nem látott még sárkányrepülőt a városunkban.

– Sóskútra tartunk tesztrepülésre – mondta Buiga –, velünk tartasz?

– Persze – feleltem. Jó bulinak tűnt.

Körülbelül hatan voltak a csapatban, néhányukat ismertem. Volt egy magas fickó köztük, Cristian, aki Kolozsváron élt, és állítólag tapasztalt sárkányrepülő-pilóta volt. Azt mondták, hogy az első pár tesztrepülést ő csinálja majd.

Segítettem felvinni a repülőt a dombra. Hosszú volt az út felfelé. Négyen vittük, bár nem volt olyan nehéz, mivel

alumíniumcsövekből és vékony vászonból készült.
Felértünk a Sóskút melletti domboldalra, melynek
füves lejtője volt. Kikötöztük a csöveket, és összeraktuk a
sárkányrepülőt. Háromszög alakja volt, egy nagy trapéz volt
az ernyője alatt, tetejéből pedig egy függőleges antenna állt ki.
Acélkábelek kötötték össze a csövek végeit az antenna hegyével.
Buiga felügyelte a kábelek megfeszítését. Úgy buzgólkodott,
mint egy zenész, aki kedvenc hegedűjét hangolja.
Sárkányrepülőket láttam már képeken, de élőben még soha.
Sokkal nagyobb volt, mint elképzeltem. A csövek stabilak voltak,
bár a vászon vékonynak és sérülékenynek tűnt, olyan volt, mint
valami olcsó síkabát anyaga.

Cristian magára vett egy hámot és egy bukósisakot, utána
néhány karabinert odaerősített a trapézról lelógó kampóra,
mely a fő vázcsövek és a trapéz találkozásából indult ki. Buiga
leszakított egypár fűszálat, és feldobta a levegőbe. A szél enyhén
felfelé fújt. Karját balra, a völgy felé nyújtotta.

– Oda, arra irányítsd, Cristian!

Cristian bólintott, megemelte a sárkányrepülőt és futni
kezdett. Lába egyre könnyebb lett, majd már alig érte el a földet,
és végül felszállt. 90 métert repült, majd könnyedén landolt.
Lefutottunk hozzá, és segítettünk felhozni a sárkányrepülőt.

– Balra húz – mondta Cristian.

Buiga még állítgatott egy kicsit az acéldrótokon, majd mind
a két oldalon megpengette a kábeleket, és hallgatta, milyen
frekvencián rezegnek. Valóban úgy, mint egy hegedűművész.
Cristian még egy menetet repült, majd még egyet. Mindegyik
egy kicsivel hosszabb volt, mint az előző. Mindkét alkalommal
izgatottan futottam le a domb aljába, és segítettem neki felcipelni
a sárkányrepülőt az emelkedőn.

A lejtő észak felé nézett, puha és füves felülete volt. Ideális volt
egy új sárkányrepülő kipróbálásához. Tőlünk balra a domb nyugati
oldalán egy sokkal meredekebb lejtő volt, kevésbé füves, kevésbé
egyenletes, és egy baljós magasfeszültségű vezeték is keresztezte.

Cristian arrafele mutatott.

– Lerepülök oda – mondta magabiztosan.

– Nem fogsz nekimenni a vezetéknek? – kérdezte Buiga aggódva.

– Nem – felelte a pilóta. – Nagyon szépen repül; simán el fogok férni felette.

Ezután megemelte a sárkányt, a meredek lejtő felé fordulva lefutott az egyenetlen lejtőn, és felszállt. A kezdeti, veszélyesnek tűnő ereszkedés után, mellyel látszólag a magasfeszültségű vezetéket célozta meg, a sárkányrepülő felemelkedett, és könnyedén átsiklott a vezetékek fölött. Balra döntötte a sárkányt, és enyhén körkörös mozgásba kezdett, majd spirálisan ereszkedett a völgy alja felé. Úgy tűnt, játszi könnyedséggel csinálja; csodálatos volt.

A völgy alján szállt le. A terep egyenetlen volt, és messziről láttuk, hogy a leérkezés egyáltalán nem ment simán. Az egyik szárny sarka nekiütközött a domboldalnak, és a sárkányrepülő hirtelen rángással megperdült. A sárkány bal oldala összeroggyant; messziről is nyilvánvaló volt, hogy valami eltörött rajta.

Mindannyian a domb aljába futottunk. Cristian a sárkány mellett állt, levette magáról a bukósisakot és a hámot. A bal szárnyhegybe futó acélkábelek lazák voltak.

– Csak a karika ment tönkre – mondta. – Hozzáverődött egy kőhöz, amikor leszálltam.

Valóban látható volt, hogy a háromszög alakú sárkány bal oldalán lévő gyűrű eltörött.

– Jól vagy? – kérdezte Buiga.

– Soha jobban – mondta vigyorogva a pilóta. – A gép elég jól repül; meg vagyok elégedve.

Láttam a büszkeséget Buiga arcán. Sárkányrepülőt építeni egy olyan korban, amikor se alumíniumcsövet, se acélkábelt, se megfelelő vásznat nem lehetett beszerezni – ráadásul még repült is –, nem semmi teljesítmény volt. Elképzeltem, hogy hány üveg szilvapálinkába vagy csomag kávéba kerülhetett neki beszerezni ezt a sok anyagot. Volt akkoriban egy mondás Romániában: minden, ami nem kötelező, az illegális. Ebből kiindulva repülő szerkezetet építeni valószínűleg illegális volt. Nem mintha ez bármelyikünket is érdekelte volna.

A völgy mélyén volt egy lerobbant épület, mely előtt egy rozsdás traktor állt.

– Vigyük le oda, talán meg tudjuk javítani! – adta ki az utasítást Buiga. Felemeltük a megrongált sárkányt és óvatosan levittük a völgybe.

Mikor odaértünk az épülethez, egy borostás férfi lépett ki és rágyújtott.

– Ez meg mi a fene? – kérdezte tanácstalanul.

– Sárkányrepülő – mondta Cristian. – Repül.

– Hogyne! – mondta a férfi, majd a földre köpött, és tovább dohányzott.

– Eltörtünk egy vaskarikát – mondta Buiga. – Lennének hozzá szerszámai, hogy csináljunk egy újat?

– Nem tudom – mondta az ember. – Nem kaptam parancsot a párttitkártól, hogy repülőgépet javítsak. – Néhány másodpercig kínos csöndben álltunk. Aztán elvigyorodott. – Csak viccelek, viccelek! Hadd nézzek körül!

Néhány perc múlva a műhelyében voltunk és néztük, ahogy elővett egy egyenetlen acéldarabot, rátette egy masszív üllőre és kalapálni kezdte. Húsz perc után odaadott Buigának egy alkatrészt. Egy vastag, ormótlan karika volt, de jó erősnek tűnt. Buiga kiment. Követtük őt, majd segítettünk bekötni és visszafeszíteni az acélkábeleket.

– Mintha tiszta új lenne – mondta.

A völgy mélyén voltunk. Felváltva vittük a meredek lejtőn fel a sárkányt. Enyhe szellő támadt bal felől. Felemelte a sárkány sarkát, ezért az alumíniumtrapézzal kellett szintben tartanunk. Fáradtan, lihegve értünk fel a dombtetőre.

– Ki akarod próbálni, Gyuszi? – kérdezte Buiga.

– Persze – mondtam.

Titokban reménykedtem, hogy lesz erre lehetőségem. Cristian levette a hámot és a sisakot. Lefeküdt a fűbe elégedetten. Az ő szerepe véget ért. Felvettem a hámot és a szürke bukósisakot. Buiga becsatolt és utasításokat adott: – Tartsd szintben, és fuss, ahogy csak tudsz! Ha a trapézt balra tolod, a sárkány jobbra fordul, ha jobbra, akkor balra fordul. Mielőtt landolsz, nyomd előre a trapézt, akkor lelassulsz.

Aggódva bólintottam. Futni kezdtem a dombon lefelé, nem túl gyorsan, de nem is túl lassan. Éreztem, ahogy a hám megemel, és a lábam már nem éri el a földet. Mindez olyan gyorsan történt. Nem volt elég lélekjelenlétem, hogy kormányozzam a sárkányrepülőt; csak markoltam a trapézt mereven, feszült izmokkal, és hamarosan a füvön landoltam. A mindkét bokám és mindkét térdem megbicsaklott, ahogy félig futva, félig csúszva megállítottam magam.

– Nyomd a trapézt előre, mielőtt leszállsz! – kiabálta Buiga a dombtetőről.

Visszafordultam, majd a sárkány teljes súlyát a karomban tartva lassan felmásztam az emelkedőn. Készen álltam, hogy másodjára is nekirugaszkodjak. A szél erősödött egy kicsit; Buiga megint kitépett néhány fűszálat és a levegőbe dobta.

– Oda célozz! – mutatott a lejtőtől enyhén balra.

– És ne felejts el futni már a levegőben, mielőtt landolsz! Mint a rajzfilmekben – vetette oda Cristian, még mindig a füvön heverészve.

A második repülésem jobb volt; sikerült pár finom manővert csinálnom balra majd jobbra. Landoláskor futottam, ahogy Christian javasolta, de néhány kapálózó lépés után a bal bokám mégis megbicsaklott, a sárkányrepülő pedig egy negyedkörnyi balra csavarodás után állt meg. Ahogy lassan felálltam, és megfordítottam a sárkányt, észrevettem, hogy majdnem kétszer annyit repültem, mint az első alkalommal. Felmásztam a dombra. Fáradt voltam; az izmaim fájtak a teherhordástól és a futástól.

- Ez jobb volt - mondta Buiga, miután felértem -, de jobban le kell lassulnod, és előre kell nyomnod a trapézt egyenletesen, mindkét kézzel!
Bólintottam.
A harmadik repülésem sokkal jobb volt. Lazább voltam, kevésbé pánikoltam. Így már tudtam egy kicsit élvezni is a repülést. Finoman manővereztem, próbáltam tartani az irányt, amit Buiga megadott. A repülésem nem tartott tovább 15 másodpercnél, párhuzamosan repültem a füves lejtővel körülbelül három méter magasan, de ez a 15 másodperc olyan örömöt adott, olyan szabadságérzetet, amit még soha nem éreztem. Mikor a mellkasomhoz húztam a trapézt, a sárkány a földhöz közelebb szállt, mikor előretoltam a rudat, a sárkány orra az ég irányába fordult és lelassult. Lehuppantam a fűbe, tettem pár lépést még, majd megálltunk - én és a sárkányrepülő, mint egy óriási madár, ami egy füves réten landol.
Ráharaptam a repülésre, többet akartam. A hátamon a sárkánnyal felsiettem a dombra, észre sem véve, hogy a kezem már olyan fáradt volt, hogy alig bírtam tartani az alumíniumcsövet. Felértem a tetőre; alig kaptam levegőt.
- Szép volt - mondta mosolyogva Buiga.
- Mehetek még egyszer? - kérdeztem.
- Nem tudom, elég fáradtnak tűnsz - mondta Buiga.
- Csak egy utolsót - kértem.
Bólintott.
Megfordultam, és a szél irányába állítottam a sárkányt.
- Erősebben fúj - mondta Buiga -, tartsd stabilan!
Gyorsabban és magabiztosabban kezdtem el most futni. Fürgén szálltam fel, és a sárkány szépen ráfeküdt a fuvallatra. Magasabbra szállt, mint akartam. Megijedtem. Lehúztam az orrát, de ettől túlságosan felgyorsult. Előrenyomtam a trapézt - lehet, hogy túl gyorsan -, és így a gép orra hirtelen a magasba emelkedett. Ekkor jött egy szélökés szemből, és elengedtem a trapézt. Nagy hiba volt. Az orra iránya felfelé mutató 45 fokos

szögbe került, majd hirtelen és meredeken visszabukott, és szinte szabadesésben zuhantunk a füves lejtő felé. A sárkány orra ütközött először a földbe, előrerepültem, a bukósisakom nekiütödött a nagy csavaroknak, melyek a trapéz tetejét rögzítették a sárkány keresztformájú alumíniumvázához. A fejem visszabicsaklott a becsapódástól, majd két csavar arcon csapott: egy az orrcsontom bal oldalán, a másik a felső ajkamon. A hason fekve elájultam. Kis idő múltán tántorogva felálltam. A hámom még mindig a sárkányhoz volt kötve. A föld forgott velem, mindkét orrlyukamból spriccelt a vér, minden szívverésnél egy-egy erős lökettel.

Ezután ismét elájultam.

A hátamon fekve ébredtem fel, nem volt rajtam se sisak, se hám, se sárkány; csak én nadrágban és pólóban, bámulva a kék eget és a bárányfelhőket. Olyan volt, mintha egy pörgő labdán feküdtem volna, minden mozgott, minden instabil volt. Mindkét kezemmel a fűbe kapaszkodtam, pánikolva, hogy beleesek valamilyen nem létező tátongó mélységbe.

Egy női hangot hallottam, és egy elmosódott arc került a látóterembe. Megkérdezte, hogy vagyok. Azt mondtam, jól, de hogy időre van szükségem, hogy pihenhessek. Azután otthagyott. Bámultam az eget, a felhőket, a madarakat. Körbetapogattam a számat a nyelvemmel. A bal első fogam harminc fokkal befelé fordult. Bepánikoltam, hogy eltörtem, de nem. Csak kifordult a tövéből. A szám vérzett, óriási vágással a felső ajkam felett. Megérintettem az orrom, éreztem, hogy valami elroncsolódott az amúgy sértetlen bőr alatt.

Nem tudom, meddig feküdtem ott, de egy idő múltán összeszedtem minden erőmet, és lassan felálltam, apró bizonytalan lépésekkel lebaktattam a dombról, és a város felé vettem az irányt. Félúton megálltam, a nyelvemmel és az ujjammal megvizsgáltam a fogam. A kibicsaklott metszőfogam most az alsó fogaim mögött zárult, nem előttük, mint rendesen. Elkeseredve, kábultan és zavartan az állkapcsomat lefelé és hátra mozgattam, amennyire csak lehetett, és az alsó fogaimat a kibicsaklott első mögé tettem. Aztán egy mélyről feltörő ordítással előrenyomtam az állkapcsom, visszanyomva a fogat az eredeti, függőleges állapotába. A vér ömlött az orromból, és bugyogott ki a számon. Annyira fájt minden a fejemben, az orromban, a számban, a fogaimban, hogy gyakorlatilag lebénultam tőle. Úgy éreztem, egy maszkot viselek, ami nem is az enyém.

Néhány nappal később ismét a kaszárnyában voltam, Ploiestiben. A szemem bevérzett, az orrom lila volt, a szemem alatti karikák sötétliláról feketévé színeződtek. A felső ajkamban számos öltés volt, elülső fogam lötyögött.

Vieru százados, amint meglátott, az irodájába hívatott.

– Berúgtál?

– Nem, százados elvtárs.

– Megvertek?

– Nem, százados elvtárs.

– Karamboloztál?

– Nem, százados elvtárs.

– Akkor mi a fene történt veled?

Elmeséltem neki a teljes történetet. Többek között azt is, hogy valószínűleg a bukósisak mentette meg az életemet. Mire befejeztem, az arca kivirult, látszott rajta, hogy jól szórakozik.

Ezután sunyi vigyorral előállt egy ott helyben faragott rímmel: – Daca nu aveai casca, ramaneai si fara masca!

Ha a bukósisak nincs véled, maszk nélkül végzed.

Megpróbáltam

A fenekem, Kolozsvár, 1982.

fordította: Incze Emma

Tizenkilenc éves koromban, 1981-ben friss egyetemistaként kezdtem el karatézni. Akkor még nem tudtam, hogy az elnyomó rendszerek gyakran betiltották a karate gyakorlását. Megtörtént 1945-ben még Japánban is, amikor az Egyesült Államok hadserege átvette az irányítást. Persze volt, amikor a japánok tiltották be a fegyverhasználatot, vagyis a hadművészeteket Okinavában. Romániában a Ceausescu-rezsim alatt lett betiltva a karate. Érdekes, hogy a kelet-európai kommunista blokk többi országában nem volt tiltva, csak nálunk Romániában. Ez is mutatja, mennyire elcseszett és diktatórikus volt a romániai kormány. Volt egy népszerű vicc is, miszerint minden, ami nem kötelező az illegális, és minden, ami nem illegális az kötelező. Mivel a karate nem volt kötelező, a vicc logikája szerint illegális kellett, hogy legyen. És valóban illegális volt, de az emberek mégis karatéztek. A helyi rendőrségtől függött, hogy mennyire vették komolyan a tiltást. Mivel a rendőrkapitányok tisztelték az erőt, a fegyelmet és a harcművészetet, ezért gyakran szemet hunytak az efféle rendbontásnak. Ráadásul voltak olyan tisztek, akik civil ruhában természetesen, de csatlakoztak egy ilyen karateiskolához.

Az első mesteremet – vagy japánul senseit – Idirnek hívták, egy jordániai PhD hallgató volt. Szikár, fegyelmezett ember volt, olyan elegáns és könnyed mozdulatokkal, melyeket azóta sem láttam. Évekkel korábban láttam egy fotót az országba becsempészett National Geographic egyik cikkében, mely egy nyolcvanéves idős férfit ábrázolt, amint csupasz felsőtesttel puszta tenyerét vadul egy szójababbal telt hordóba döfi. A leírásban az állt, hogy az idős kungfumester így tartja karban magát, hogy a mereven tartott ujjaival ismételten és teljes sebességgel a szójababok köze vág. Vékony volt, szikár és fókuszált. Eszembe jutottak a városomban élő középkorú férfiak. Ötvenéves kor felett már egyikük sem sportolt, a gyaloglás és a biciklizés volt az egyedüli mozgásforma, ugyanis így közlekedtek az emberek a városban. Hatvanévesen már pocakkal és hajlott háttal kezdték nézegetni az üres sírtelkeket a temetőben. Az idős kungfumester példája a National Geographic oldalán sokkal vonzóbb volt számomra, még akkor is, ha ez azt jelentette, hogy naponta kell egy hordónyi szójababba döfnöm a tenyeremet. Persze az még nem volt nyilvánvaló, hogy honnan fogok majd szójababot szerezni.

19 évesen csatlakoztam a Kolozsváron működő karateegyesülethez, ugyanabban az évben, mikor egyetemi tanulmányaimat elkezdtem, ugyancsak Kolozsváron. Az egyesület nem volt nyilvános, csak úgy kerülhettél be, ha valaki meghívott. Mint egy exkluzív klubba. Kértek bennünket, hogy tartsuk titokban, hogy a klub tagjai vagyunk. Mindannyian tudtuk, hogy bajba kerülhetünk, ha elkapnak. Durvább, vastagabb anyagból készült dzsúdóöltözetben edzettünk. Ha egy idegen felbukkant az edzőteremben vagy a nézőtéren, egyből átváltottunk cselgáncsra, ugyanis az legális volt. Amikor magunkra voltunk, akkor viszont karatéztunk.

Mivel már hosszú évek óta síeltem, a lábam erős volt, de ahogy karatézni kezdtem, rá kellett jönnöm, hogy mennyire nem voltam hajlékony. A sízés arra tanított, hogy a térdemet összeszorítsam, és így tartsam az egyensúlyt a testemmel. A karatéban – pont ellenkezőleg – szélesre nyitott lábak kellettek. Ez nem volt az erősségem. Irigykedtem azokra a fiúkra, akik képesek voltak lemenni spárgába. Voltak, akiknek az angol spárgája is tökéletes volt. Bármit megadtam volna, hogy én is meg tudjam csinálni. Napi gyakorlást iktattam be. Sajnáltam, hogy nem kezdtem el a nyújtást és spárgázást ötéves koromban, de mivel még elég fiatal voltam, gondoltam, nincs minden veszve. Az angol oldalspárgám továbbra is szörnyű volt, a 120 fokos nyújtás volt a legtöbb, amire képes voltam, de a harántspárgám egyre jobb lett. 30 centire meg tudtam közelíteni a padlózatot. A combizmaim ugyanúgy fájtak, mint az elülső sarkam, amivel a padlót nyomtam. De nem érdekelt, folytattam a gyakorlást. Néhány hónappal később úgy egy tenyérnyire voltam a padlótól. De csak egy irányba ment a spárga, a bal lábamat előre nyújtva. Jobb lábbal előre nem ment olyan jól. Arra gondoltam, hogyha sikerülne a ballal csak egyszer is teljesen lemennem, akkor a hátralevő életemben minden nap megcsinálom, és többé nem hagyom, hogy a testem bemerevedjen. Majd megtanítom a másik oldalamat is erre. El voltam szánva, hogy megcsináljam a bal spárgát. Legalább egyszer.

A nagymamámnál laktam akkoriban, aki a nyolcvanas éveire egyre szenilisebbé vált. Cementből készült, kicsi hideg fürdőszobája volt, egy öntöttvas fürdőkáddal benne. A gáztüzelésű kazán nem volt valami hatékony, főleg attól kezdve, hogy a párt úgy döntött, hogy csökkenti a gáznyomást. A gyenge lángon sok időbe telt, amíg a tartály felmelegedett. Ennek ellenére sikerült feltöltenem a fürdőkádat meleg vízzel aznap. A víz azonban gyorsan kihűlt, ugyanis az öntöttvas nem tartja a meleget, sőt, inkább hamar lehűti a vizet. Engedtem a forró vizet csobogni, amíg a víz elég meleg nem lett, és akkor beleültem. Átgondoltam, hogyan fogok nyújtani és végül leereszkedni tökéletes spárgába. Hátha ma sikerül. A testem meleg volt, és hidratált. Most vagy soha, gondoltam.

Néhány hónappal korábban vettem egy használt gördeszkát. A városban nagyon ritkán lehetett gördeszkát látni. Ez volt az egyik legértékesebb tulajdonom. Egy vékony rongyot tettem a deszka felületére, a bal sarkam rátámasztottam, és lassan nyújtani kezdtem. Egy kopott perzsaszőnyegen gyakoroltam a szobámban. Körülbelül kilencven fokos szögben óvatosan előre-hátra gördítettem a deszkát. A bal combhajlatom feszült, de nem fájdalmasan. Reméltem, hogy úgy fogok kinézni, mint egy fordított nagybetűs T, de csak a Mercedes emblémáját tudtam összehozni. A törzsem volt a csillag függőleges szára, a lábaim meg 120 fokban voltak széttárva. Úgy éreztem, hogy ennél tovább már nem fog menni, de lejjebb és lejjebb erőltettem magam. A nyomás a bal sarkamon egyre csak nőtt és fájni kezdett; a vékony rongy nem sokat változtatott a dolgon. De folytattam a nyújtást, amíg el nem értem, hogy egy tenyérnyire legyek a padlótól. Ez volt a legjobb teljesítmény, amit addig el tudtam érni. Csak most következett az igazi kihívás, lemenni teljesen a padlóig. A bal combhajlatom teljesen nyújtott volt, akárcsak egy függőhíd acélkábele – ennél tovább már nem ment –, de azért tovább nyomtam, hogy megnyújtsam. A gördeszka csak néhány millimétert mozdult előre. A jobb csípőm egyre csak nyúlt és feszült, mint még soha. Amikor körülbelül tizenöt centiméterre voltam a földtől, éreztem, hogy most már tényleg elértem az abszolút határomat. A rugalmasságom végére értem. Kész, nincs több. Azt gondoltam, ha öt percig tartom a pózt, hogy a testem hozzászokjon, akkor majd sikerülni fog legyőzni önmagam. Ez az öt perc azonban húsznak tűnt. A lábam nem éreztem már, teljesen elzsibbadt. A fájdalom lassan átalakult szenvedéssé. A feszültség a bal sarkamnál kezdődött, átjárta a bal lábszáramat, a bal térdemet és combomat, hasította az ágyékomat át a pattanásig feszült jobb csípőmön, át a jobb térdemen, le egészen a jobb lábfejemig, ami tonnányi nyomással feküdt a szőnyegen.

    A lábam olyan volt, akár egy acélrúd, ami a tervezési paraméterein jóval túl lett meghajlítva. Mély levegőt vettem, és még egy utolsót nyomtam magamon.

    Egy roppanást hallottam, és utána elájultam.

    A szőnyegen ébredtem fel, fájdalomtól fetrengve. Megfogtam

a bal combom hátsó részét, és egy óriási csomót éreztem, akkorát, mint egy fél sárgadinnye. Pokolian fájt. Ordítottam fájdalmamban. A hátamon feküdtem, de éreztem, hogy valami nincs rendben a bal fenekemmel. Az ülőcsont a fenékpárna nélkül ütközött a kemény padlóhoz. Óvatosan odanyúltam. A bal fenekem eltűnt, elpattant, és a combom hátuljára vándorolt. Gyógytornára kezdtem el járni a Petőfi utcába. A nővér, Rodica elvtársnő nagyon kedvesen hetente kétszer ellátott. Forró paraffinpakolást tett a combom hátuljára, majd infravörös fénnyel kezelt. Az elektromos izomstimulációval fejezte be a kezelést.

Románia nem volt egy prűd ország. Ha le kellett vetkőzni meztelenre, akkor levetkőztél. Az általános iskolában, másodikos koromban vérhasjárvány miatt mindenkit az osztályomból, mind a negyvenünket be kellett injekciózzanak. Az ápolónők megjelentek és mindenkit, lányokat és fiúkat egyaránt felsorakoztattak. Le kellett húznunk a nadrágunkat és az alsóneműnket, majd át kellett hajolnunk a nővér vastag combján, hogy ő egy óriási fecskendővel fenékbe szúrjon minket. A többiek, akik a sorukra vártak, rémülten nézték a történteket. Akik készen voltak, azokat az hátsó padsorba küldték, és ott vártak megszeppentve, aszimmetrikus testtartással a fájó fenéküket óvva.

Rodica elvtársnő utasított, hogy húzzam le a gatyámat, lefektetett az ágyra, vastag ólomlemezt tett a csupasz fenekemre, majd ennek tetejére egy zsák nehéz homokot. Az ólomlemezen levő lyukhoz egy oxidalt rézdrót csatlakozott, mely egy hatalmas, szürke, orvosi eszközhöz vezetett, ami a polcon feküdt. A készülék olyan húszéves körüli lehetett; a kezelőpanel gombjainak és jelrendszerének formájából meg tudtam állapítani a korát. Rodica ezzel a stimulátorral kezelte a fenekemet; néha csak bizsergést váltott ki, de volt, ami görcsbe rántotta a fenekem izmait – azt a keveset, ami megmaradt. Aztán a lemezt a combom hátulján levő csomóra helyezte, és megismételte az eljárást. Négyhetes kezelés után némi javulást kezdtem érezni. A sántításom javult, és ha kényszerítettem magam, akkor meg tudtam tenni néhány lépést bicegés nélkül is, de hamar elfáradtam, és vissza kellett térnem a sántításhoz. Ennek ellenére a dolgok javultak. Azt terveztem, hogy pár hét múlva visszamegyek karatézni is.

A következő fizikoterápiás látogatásomkor Rodica elvtársnő nem volt ott. Ehelyett egy borostás pasas ült az íróasztalnál, és egy vastag szendvicset evett, amelyből csöpögött a mustár. Megcsinálta a szokásos paraffin- és infravörösfény-kezelést, majd rám tette az ólomlemezt. Az elektromos stimulátor mellett ülve ette a szendvicsét. Bekapcsolta a gépet.

– Érzel valamit? - kérdezte teli szájjal.

– Nem – válaszoltam, eközben az arcom a piszkos műbőr ágynak préselődött. Felcsavarta a gombot a 10-es számig. – És most?

– Nem, semmi – válaszoltam.

Beállított néhány egyéb gombot, melyek az áram hullámalakját kellett, hogy megváltoztassák. Tovább majszolta a szendvicsét.

– Most?

– Nem, nem érzek semmit.

Jobb kezében a félig megevett szendvicsét tartva a bal mutatóujját rátette a 100-as gombra.

Aztán elvesztettem az eszméletemet.

A kabinet linóleumpadlóján a hátamon tértem magamhoz, a gatyám a térdemig lehúzva. Egy nővér az arcomat legyezte egy kartonpapírral. Lassan visszanyertem az eszméletem. A homokzsák a szoba egyik sarkában, a nehéz ólomlemez és az elektromos vezeték a szoba másik sarkában hevert. A készülék félig lehúzva állt a polcon, még néhány centi, és rám zuhant volna.

Lassan felültem, a nővér segített felállni. Lenyúltam a gatyámhoz. A nemi szervem kicsire volt zsugorodva. Égett hajnak a félreismerhetetlen szaga terjengett a levegőben.

Felhúztam a gatyámat és a nadrágomat. Lassan visszanyertem az egyensúlyomat.

– Köszönöm, elvtársak – mondtam –, viszontlátásra! – és kisántikáltam a rendelőből.

Soha többé nem tettem be a lábam abba a rendelőbe.

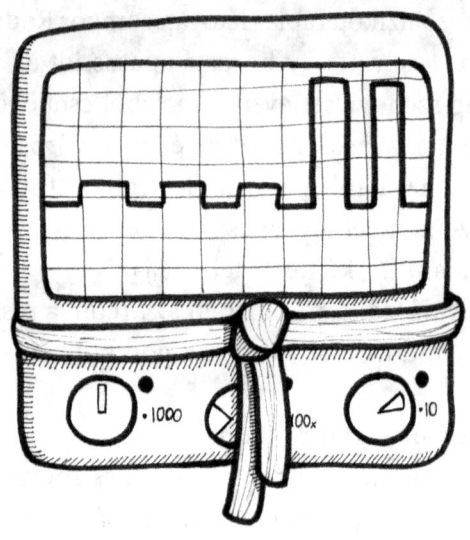

Briefmarkensammlung, Brassópojána, 1983 februárja

fordította: Sütő Ildikó

A rajtkapu mellett álltam a Subteleferic sípálya tetején, Brassópojánán. Dorin Munteanu a kapu közelében melegített. Szinte húsz évvel idősebb volt nálunk, diákoknál, akik óriásműlesiklásban versenyeztünk az egyetemi országos döntőben. Alacsony, izmos férfi volt, hatalmas szöcskeszerű combokkal. Mi, fiatalabb versenytársak, felnéztünk rá. Ő messze jobb síző volt, mint bárki más, akivel én valaha együtt síeltem, vagy akit élőben, közelről láttam a pályán ereszkedni. Fénykorában több nemzeti és nemzetközi bajnokságot megnyert. Még az 1968-as Grenoble-i olimpián is részt vett. Szoros spandexnadrág volt rajta. A térdét is körülvevő combizma vastag hajókötélre emlékeztetett, ahogy erősen kidomborodva vezetett a csípője felé. Hátulról a felső lábizma is nagy ívben kidülledt, egy delfin hátához hasonlított. Leellenőrizte a bordószínű Atomic léceit, amelyek nála magasabbak voltak. Az átlagosnál mindig hosszabb síléceket használt. Gondolom, a kiváló erőnléte és rendkívüli sítechnikája tette lehetővé, hogy hosszú léceket is tudjon manőverezni és könnyedén irányítani. Perfekcionista volt, ezért biztosra vettem, hogy borotvaélesre fente ki a síléce kantniját előző este. Szüksége is volt éles kantnikra, mert a pálya nagyon jeges volt.

A hangszóró sercegett, amint a CB rádión beindult a

kommunikáció a völgybéli bírók és a startnál dolgozó két hivatalos személy között.
— Dorin, készülj! — kiáltotta az egyik indító. — Az előfutár indulásra kész!

Dorin bekattintotta a bakancsát a kötésbe, ledobta magáról a kabátját, beállította a síszemüvegét, és leguggolt kiinduló pozícióba. Mélyen előredőlt, botjait beszúrta az indító pálcika elé. Lécei lefelé mutattak, az első piros kaput megcélozva, és ő a testével föléjük feküdt. Néhány centit lejjebb csúszott, amíg a pálcika épphogy meg nem érintette a lábszárát. Élesen fókuszált, mélyen és hosszan lélegzett. Lehelete látható volt a téli csípős hidegben.

Az illetékes bekapcsolt egy gombot a nagyméretű CB rádióján. — Öt, négy, három, kettő, egy, Indulj!

Dorin rakétaként robbant ki a kapuból. A legenda szerint, évekkel ezelőtt egyszer olyan erővel ugrott ki az indulópontból, hogy kitépte a síkötést a rögzítő csavarokból.

— Rajta, Dorin, menj! — kiáltottuk izgatottan. A széles kanyarokat könnyedén és elegánsan vette be. Mély guggoló helyzetben tartotta magát, ívelő technikája hibátlan volt. Annyira bedőlt a kanyaroknál, hogy úgy tűnt, mintha a könyöke érintené a havat. Sílécei sikítottak a fordulókban, porzó hófelhőként repültek mögötte a jégkristályok.

— Hűha! — mondta csodálattal az egyik versenyző — Ő az igazi mester. Szeretnék én is így síelni harminchét évesen.

Az biztos. Mindnyájan ezt kívántuk.

Ma persze egyetlen dologra vágytam csak, hogy jól szerepeljek a versenyen. Előző nap ötödikként értem be a műesiklás versenyén, melyet a Lupului pálya felső szakaszán tartottak. Az nem volt rossz eredmény a szlalomozásban, de nem is elég jó. Szerettem volna dobogóra lépni. Kívántam egy diplomát, egy bizonylatot, egy szalagot, egy érmet, esetleg díjat is. Még sosem voltam ilyen közel ahhoz, hogy országos szinten dobogós legyek. Igaz, a katonai csapatom megnyerte a téli

Spartachiádát egypár évvel ezelőtt, de én csak egy pótjátékos voltam a csoportban, és a döntőn nem versenyeztem. Noha büszke voltam a csapatomra, és megtisztelve éreztem magam, hogy tagja lehettem, mégis úgy éreztem, hogy én nem igazán járultam hozzá a győzelemhez.

Úgy éreztem, most fel vagyok készülve. Az óriás-műlesiklás volt a kedvencem, mert sokkal gyorsabb és brutálisabb, mint a szlalomverseny. A kanyaroknak tágabb a sugara; több erőt, jobb ívelést, hatékonyabb vágást igényel a lécek éleivel. Komolyan vettem a gyakorlást és az edzést a múlt hónapokban, hogy felkészüljek erre az ereszkedésre. Több ezer mély guggolást végeztem, erdőkön át futottam le szinuszosan, fákat kerülgetve, acélkorlátokon guggolásban egyensúlyoztam, míg az egész testem nem reszketett. Ha valaha is volt esélyem a díjazottak közé kerülni országos bajnokságon, ez a nap volt az.

Körülnéztem, versenytársaimat méregetve. Mindenkinek jobb léce volt, mint nekem. Osztrák Atomic és Fischer, német Völkl, svájci Stöckli, amerikai K2. Egyike voltam azon keveseknek, akik román sílécekkel jelentünk meg. Az enyém egy mustárszínű Topáz volt. Túl rövid volt az óriásszlalomhoz, és túl puha a jeges pályához. Előző este két órát töltöttem szállodaszobámban a Topázom babusgatásával. A talp sérüléseit, lyukait olvasztott műanyag cseppekkel tömtem be, a léc kantniját kézi reszelővel fentem ki, majd az egész talpat oly simára vakszoltam és csiszoltam, amennyire csak lehetett.

A verseny elkezdődött, és a résztvevők felsorakoztak egymás mögé az indulásnál. A rendezők visszafelé számolva, „Három, kettő, egy, indulj!" kiáltással küldték le a versenyzőket a jeges és veszedelmes lejtőn.

Nagyjából húsz versenyző volt előttem. Emelgettem a lábam előre és hátra, mély ereszkedéssel lépkedtem előre, majd térdemet masszíroztam körkörös mozdulatokkal.

Meghallottam a nevezési számomat és léceimet bekattintva beálltam a sorba. Néhány versenyző után odaértem a startvonalhoz. Testem megfeszült, már alig szuszogtam. Erőltettem néhány mély lélegzetet, hogy lenyugtassam a testemet. Lenéztem a kapuk felé: az első egy pirosszínű volt, szinte egyenes vonalban volt az indulópont alatt, majd a második egy kék kapu, élesen jobbra tőle, szinte a versenypálya legszélén, aztán a következő piros kapu a lejtő bal oldalán volt, egészen messze. Próbáltam eltervezni, hogy hogyan vegyem be a kanyarokat, hogyan kantnizzak, vagyis vágjam a havat a lécek szélével, és hogyan fejezzem be a fordulókat kicsúszás nélkül.

„Öt, négy, három...", mély lélegzetet vettem, „kettő...", megmarkoltam a botok nyeleit, „egy...", szépen íveltem a hátam, és megemeltem a sarkam a síbakancsom talpáról, „Indulj!" hangos kiáltására pedig kitörtem a kapuból. Mélyen behúztam magam, majd két másodperc múltán beálltam a pozícióba, hogy bevegyen az első jobbkanyart. A lécek bírták a terhelést. A kék kapunál a kanyar sokkal élesebb volt az előzőnél; agresszíven kellett balra fordulnom. A sílécek rázkódtak, nyafogtak, panaszkodtak, nem voltak ennyire szélsőséges megterhelésre tervezve. Nem törődtem vele. Készen voltam bármit feláldozni, csak hogy mindent beleadjak, amire csak képes voltam. Négy kapu után ráéreztem a ritmusomra. Korán kezdtem a kanyarokat, amik lehetővé tették, hogy néhány centire nyilalljak el a kapuk tövétől, s utána rögtön csavartam is a léceket, és testemmel befordultam a következő kapu irányába, idejében készülve az újabb fordulóhoz.

A versenyszakasz közepén volt egy emelkedő, amely eltakarta a pálya alsó felét. Az emelkedő előtt egy kék kapu következett, egy nem túl éles balkanyarral. Emlékeztem, hogy az alatt viszont egy jobbkanyart követelő piros kapu volt, egészen a pálya bal szegélyén. Felemelkedtem, épp mielőtt beértem volna a kék kapuba, és a fordulás közepén oly mélyre guggoltam, amennyire csak bírtam, hogy csökkentsem az emelkedés okozta levegőben való repülést. A testem balra fordult, a bal térdem annyira be volt dőlve, hogy a hátsó kötés

Megpróbáltam

megütötte a bal fenékizmomat. Próbáltam a hószinthez közel maradni, de legnagyobb erőfeszítésem ellenére is repültem valamennyit. Pont a piros kapu bejárata előtt értem talajt. Túl nagy sebességgel érkeztem, túl későn. Miután átsuhantam a kapun, már csak éltechnikát használtam, csak a sílécem élével kapcsolódtam a talajhoz. Veszélyesen be voltam dőlve jobbra, a jobb kesztyűm súrlódott a jégen, a sílécek remegtek, combjaim megfeszültek a hatalmas nyomástól. Az erőm végső határához értem. Maximálisan bevágtam a lécek jobb éleit, hogy a következő kék kaput megcélozhassam. Kínos pozícióban érkeztem a kapuhoz. A testem még mindig jobbra dőlt, de az agyam küldte a parancsot, hogy már balra kéne fordulni. Amint átjutottam a kapun, egy sürgősségi manőverrel erősen benyomtam a bal lábamat, és egy széleset léptem oldalra a jobbal. Eközben a léceket, bal felé irányítva, hegyesszögbe állítottam, megcélozva a következő, piros kaput, ami gyorsan közeledett a látómezőm bal sarkában.

Ez hiba volt. Az élek nem fogtak, a lécek hevesen rázkódtak, a jobb kötésem pedig kioldódott. Szinte lassított filmként láttam magam kívülről, ahogy a mellkasom bal oldala becsapódik a jeges felületbe, jobb lábam a magasba repül, s a jobb lécem a feszültségtől megszabadulva szabadon piruettezik a levegőben. Aztán a bal kötésem is kicsatolódott, hogy kergesse a jobb testvérét. Forogtam a hátamon, mígnem a felső karizmommal nekiütődtem egy kapunak, ami guruló mozgásba lökött át. Kitártam a karom, hogy meggátoljam gurulást, és hasaló pózba kerülve csúsztam tovább lefelé a jeges lejtőn. Mire megálltam, szemüvegem hátra volt csavarodva, arcom és szakállam tele volt hóval. Felálltam, és síbotjaimra támaszkodva óvatosan lesétáltam a pálya utolsó szakaszán az érkezési vonalig.

Hát ez nem úgy ment, amint szerettem volna. Szomorú voltam és fáradt. Az utóbbi napok feszültsége meg a két verseny izgalma szétáradt bennem. Ez a versenyszám véget ért számomra; kizárásos minősítést kaptam. A bal sílécem fejjel lefelé feküdt kevéssel az érkezési vonal alatt. Átfordítottam, bepattintottam a bakancsom, és elkezdtem lefelé sízni fél lábon; kis sugarú, oldalcsúszásos fordulatokat végezve a jeges felületen.

Lentebb bámészkodók tömege álldogált. Egyik közülük, egy halványkék kezeslábasba öltözött nő fogta a másik lécem. A ruhájából és felszereléséből ítélve úgy véltem, hogy idegen országbeli turista. Szőke volt, fejpántos, Carrera síszemüveggel. Túl szőke volt brit nőnek. Holland, gondoltam, vagy cseh, esetleg német. Ahogy közeledtem, észrevettem a Bogner logót a felső karján. Német, gondoltam, muszáj németnek lennie.

Megálltam előtte.

– Danke schön – köszöntem meg neki.

– Bitte – válaszolta, hogy szívesen. Letettem a lécet a földre, és lehajoltam, hogy bekattintsam a bakancsom. Akkor észrevettem egy nagy szakadást a sínadrágja alsó szárán, a bakancsa fölött, amin keresztül a fehér bélésanyag kibuggyant. Friss szakadásnak nézett ki. Ó ne, gondoltam magamban, a repülő sílécem elkaphatta őt.

– Hat meine ski Sie geschlagen? – kérdeztem, hogy a sílécem megütötte-e.

– Ja, aber alles in Ordnung. – Igen, de minden rendben, válaszolta.

– Entschuldigung – kértem tőle bocsánatot. – Es tut mir Leid – és hozzátettem, hogy nagyon sajnálom.

– Gar nichts – nyugtatott meg, hogy semmi gond, majd elfordult és tovább sízett. Utánanéztem, amint óvatosan, szélesen ívelt a jeges pályán. Megtisztítottam a síszemüvegem a hótól, és utána én is leereszkedtem a hegyen.

Megvolt a verseny, vége. Az adrenalinlöket csillapodni kezdett bennem, fáradtság és nyugalom keveréke vette át a testemet. Kimerültem, de legalább minden erőmet beleadtam, és ez volt a legfontosabb.

Hosszú sor volt a síliftnél, versenyzők és vakációzók

tolongtak a gondolákra várva, hogy sorra kerüljenek. A hét közepe volt, a legtöbb ember turista vagy külföldről jött látogató volt ilyenkor. A helybeliek általában egynapos vizitekre jöttek fel hétvégeken. Legtöbb állampolgár számára túl drága volt egy teljes hetet fennmaradni az üdülőhelyen. Észrevettem, hogy a német nő néhány emberrel előttem állt. Átpréseltem magam egypár versenyző között, és mellette megálltam.

– Helló – köszöntem –, möchten Sie mit mir auffahren?

– Faggattam, hogy szeretne-e velem utazni felfelé. Bólintott, enyhén érdeklődőnek mutatkozva. Beültünk egy kétszemélyes gondolába. Beszélgetni kezdtünk. Még egyszer bocsánatot kértem tőle, hogy a lécem megütötte, és még egyszer megbizonyosodtam arról, hogy nem volt megsebesülve. Nem csinált nagy dolgot belőle.

– Du kannst mich ruhig duzen – mondta, jelezve, hogy tegeződhetünk. A gondola lassan haladt felfelé, majd megállt egy magas oszlopnál. Lenéztem a versenypálya kezdő kapuja felé. A versenyzők már újra sorban álltak, a második menetre készülődtek. Egy pillanatra kívántam, hogy ott lehessek, én is készülhessek a második futamhoz.

A német nő felé fordultam.

– Ich heisse Gyuszi – mutatkoztam be.

– Ich heisse Inga – válaszolta mosolyogva. Szép nő volt, a húszas évei végén, esetleg harminc lehetett. Nehéz volt megmondani. A külföldiek—legalábbis, akik nem dohányoztak—többnyire lassabban öregedtek, mint a romániaiak.

Csevegtünk az időjárásról, a jeges hóról, a Münchentől délre fekvő Garmish-Partenkirchen-i útjairól. Kérdeztem tőle, hogy miért jött el ilyen messzire sízni. Azt válaszolta, hogy Románia egzotikusnak tűnt neki, és kíváncsi volt Drakula földjére. Furcsán ejtette ki azt, hogy Drakula. Nevettem.

– Miért? Te hogyan ejted ki? – kérdezte. Mondtam neki, hogy románul a hangsúlyt a középső szótagra tesszük, nem az elsőre.

A sílift felső megállójához közeledtünk.

- Ott van egy szakasz, a Lupului közepén, ahol a pálya délre néz. Feltételezem, a jég valamennyire megolvadhatott már rajta. Szeretnél-e velem tartani, hogy kipróbáljuk azt a sípályát?

Bólintott, és elindultunk.

Lassan síeltem, hogy ne maradjon le. A pálya teteje erősen jeges volt, de a közepén a feltételek hirtelen jobbak lettek. A fényes napsütésben egy centinyi jég megolvadt, kanyarokat simán és könnyedén vettük emiatt. Ugyanaz a szakasz volt, ahol két évvel azelőtt a katonai csapat próbafutamain versenyeztem. Meséltem neki róla, de nem voltam meggyőződve, hogy valóban megértette a súlyát, amin akkoriban keresztülmentem. Átlósan vágtuk át a pályát jobbra, és a sűrű erdőt egy keskeny, aránylag sima útvonalon szeltük át.

Egész nap együtt síztünk. Az egyik gondolás úton felfelé menet kikérdezett, hogy milyen az élet Romániában a kommunista rendszer alatt. Mondtam neki, hogy általában nem könnyű, de itt fenn a hegyen, a felhők fölött nem rossz az élet. Nem tudtam, hogy bízhatok-e benne. Lehet, hogy egy besúgó? Nem hittem, hogy az lenne. Főleg, hogy a sílécem véletlenszerűen kapta őt el. Nem volt valószínű, hogy a Securitate — a román titkosrendőrség — állította volna oda, csak hogy becsaljon engem egy olyan helyzetbe, ahol a kormányról panaszkodom. Én az ő németországi életéről érdeklődtem. Kiderült, hogy egy frankfurti biztosítócégnél volt hivatalnok, a Versicherung Agentie-nél. Azt is elmesélte, hogy szeretett vízisízni egy közeli tónál. Ez hihetőnek tűnt, mert ahhoz képest, hogy mennyire keveset síelt havon, szép tartása volt, és egész jó léckontrollja.

Miután a liftek bezártak, lesíeltünk az üdülőfaluba.

- Möchtest Du suzammen Abendessen? – megkérdeztem, hogy szeretne-e velem vacsorázni.

Igennel válaszolt.

A vendéglő, amit választottunk, sűrű fenyők között volt megbújva. Számolgattam, hogy mennyi pénzem maradt. Kellett még másnapra is étkezni, meg a felvonókra, a buszjárathoz, ami levisz a vasútállomáshoz, utána meg a Brassó-Kolozsvár-i vonatjegyhez. Ezzel 15 lejem maradt vacsorázni. Semmiképp nem tudnám Inga vacsoráját fizetni. Éhes voltam, de csak egy húsgombóclevest rendeltem, ami 9 lejbe került. Gondoltam, hogy legalább a borravalót majd én állom. Ő marhabordát, krumplit és sört rendelt.

Ettünk és dumáltunk. Mondta, hogy másnap este repül vissza Frankfurtba, és hogy jól érezte magát itt Romániában, mindamellett hogy a hó túl jeges volt. Mondtam neki, hogy általában ennél jobb a havunk, de az ilyen kemény kondíciók legalább javítják az ívelő technikáját.

– Ki tudja, lehet felhasználhatod majd az új képességeidet a vízen is.

Mosolygott. Gyönyörű mosolya volt és tökéletes fehér fogsora. Vonzó volt.

Amikor kihozták a számlát, letettem mind a 15 lejemet az asztalra. Ő felajánlotta, hogy mindent fizet, de ragaszkodtam, hogy a pincér elvegye a pénzemet. Mondtam, hogy szerettem volna az ő vacsoráját is fizetni, de nem volt módomban.

A befagyott járdán sétáltunk, vittük a léceinket, míg egy útkereszteződéshez nem értünk. Az én szállodám jobbra volt, az övé balra. Erőt gyűjtöttem.

– Feljönnél a szállodaszobámba? – szegeztem neki a kérdést.

Rám nézett, felcsigázva.

– Miért? – kérdezte.

– Csak úgy – mondtam. – Hogy még beszélgessünk.

Tanakodott magában egy másodpercig, majd enyhe szarkazmussal a hangjában megjegyezte: – In Deutschland wir sagen: „Ich möchte Dir meine Briefmarkensammlung zeigen." Hogy ezt Németországban úgy mondják: Meg szeretném mutatni neked a bélyeggyűjteményemet.

Ez fájt. Kissé elpirultam. Megvontam a vállam és készen voltam továbbállni.

- Szeretnél együtt sízni holnap? – kérdezte. – Az utolsó napom lesz itt.

Az enyém is az volt, és az eredeti tervem az lett volna, hogy egyedül síelek egész nap, ameddig csak bírom.

– Persze – válaszoltam –, találkozzunk a gondolánál kilenckor! – és megindultam a szállodám felé.

Félúton meggondoltam magam, és balra kanyarodtam. Tíz perc séta után eljutottam a posta épületéhez. A postás benn volt, az ajtókulccsal matatva záráshoz készült. Kopogtam az ajtón és jeleztem, hogy kéne valami nagyon sürgősen. Megrepesztette az ajtót.

– Zárva vagyunk, elvtárs – mondta.

– Elvtárs, sürgős dolgom van.

– Miért nem jön vissza holnap? Kilenckor nyitunk.

– Nem, elvtárs, nem érti, sürgősen kellenek a bélyegek nekem!

– Pont most? Senki sem gyűjti be a postaküldeményeket holnap délig, úgyhogy nem értem, hogy miért kellenek magának bélyegek ebben a pillanatban.

– Kérem! – kérleltem. – Egy projekthez kell, most van rá szükségem.

Vonakodva ajtót nyitott és beengedett. A pulthoz siettem és a legolcsóbb bélyegjeit kértem. Kétszáz darab 1 banis, 100 darab 5 banis és 50 darab 20 banis bélyeget vásároltam.

– Mit csinál ezekkel a bélyegekkel? – kérdezte kíváncsiskodva.

– Egy projekthez kell – válaszoltam. – Ma este be kell fejeznem.

– Majd kifizettem a 17 lejt, és visszamentem a szállodámba.

Következő reggel kilenckor már ott álltam a gondolánál, és hasonlóan Inga is megjelent. Ugyanaz a kezeslábas volt rajta, szoros derékövvel és sarkvidéki műszőr sapkával, amit mélyen lehúzott a füléig. Frissen sminkelt. Még szebb volt, mint azelőtt való nap.

Gyönyörű volt az idő, enyhén melegebb, mint az előző nap. A reggel még fagyos volt, de tizenegyre a jég megpuhult egy picit, és könnyebb volt kanyarodni. Gyakran megálltam, hogy bevárjam.

Mutattam neki rejtett erdei átjárókat, beékelve a Lupului and Ruia pályák között. Dél körül még puhább lett a hó, ezért felvittem őt a Kanzelre, a hegy legmeredekebb buckás pályájára. Mondtam, menjen körbe egy könnyebb úton. Én beugrottam a meredekbe, követtem az esési vonalat, közel a felvonóhoz. Beleadtam mindent a hoppos ereszkedésembe, ugrottam is nagyokat, de ahol kellett, csillapítottam a buckák dobóerejét.

Azt hiszem tetszett neki, ahogyan síztem, mert barátságosabban szólt hozzám, mikor leértem hozzá.

– Ebédelni akarsz-e? – kérdezte.

– Nem – válaszoltam. – Csak két órám van, és utána pakolnom kell. – Elhallgattam az igazságot, hogy kifogytam a pénzből. Így hát együtt síztünk háromig, s aztán szóltam, hogy számomra vége a mai sízésnek. Boldognak látszott; remek síző napunk volt.

– Jól éreztem magam – mondta. – Ma este repülök vissza Frankfurtba. Ha Frankfurtba utazol, látogass meg engem! Elvihetlek vízisízni.

Pontosan Frankfurt, gondoltam magamban. Mi a valószínűsége annak, hogy valaha is kapok útlevelet, vízumot és kemény valutát, hogy Frankfurtba mehessek? Ösztönösen fel akartam világosítani a romániai élet durva valóságáról, de visszafogtam magam.

– Rendben, ha eljutok Frankfurtba, meglátogatlak – mondtam. Közben elértünk az útkereszteződéshez. – Feljönnél a szállodaszobámba? – kérdeztem lazán.

Ő megállt.

– Miért? – kérdezte felvont szemöldökkel.

Mély lélegzetet vettem.

– Meg szeretném mutatni neked a bélyeggyűjteményemet.

Hitetlenkedve nézett rám.

– Ez egy vicc? – kérdezte.

– Nem, tényleg megmutatnám neked a bélyeggyűjteményemet.

– Nem értem – mondta.

– Nézd, be sem kell lépned a szobámba, csak maradj a folyosón, de igazán szeretnék mutatni neked valamit.

Bólintott, bizonytalanul.

Megindultam a szállodám irányába, ő követett. Nehéz vizes bakancsainkkal átmentünk a hosszú, vastag szőnyeggel borított folyosón. Megálltam az ajtóm előtt, és lécemet a falnak támasztottam.

– Csak maradj itt! Nem kell bejönnöd.

Beléptem és kihoztam egy négyzet alakú, 30 centis oldalú kartonposztert és átnyújtottam neki. Tágra nyílt szemmel nézte. Egy színes szegfű volt a kartonon, mely 350 gondosan elhelyezett és felragasztott, olcsó román bélyegből volt kirakva.

– Es ist sehr schön – Nagyon szép, mondta, nyilvánvalóan elcsodálkozva.

– A tiéd.

– De... – habozott a lány.

– Vidd magaddal! – vágtam a szavába.

– De mit csináljak vele? – kérdezte. Az egyik kezével a sílécet szorította, a másikban a színes posztert tartotta. – Ezt te készítetted?

– Igen.

– Mikor?

– A tegnap éjjel.

– De...

– Igen, tudom. Csak menj! – Rám nézett.

Álltam a tekintetét. – Menj, repülj vissza Frankfurtba!

Hátraléptem, hogy átléphessek a küszöbön. Még egyszer utoljára ránéztem az arcára, és lassan becsuktam az ajtót.

Megpróbáltam

A vizsga, Kolozsvár, 1983 júniusa

fordította: Tóth Erzsebet

A vizsgát az amfiteátrumban tartották. A terem bal szélén ültem, olyan középtávolságra a pódiumtól. Szerettem az ablak felőli oldalon ülni, a ferdén beáramló fény közelében lenni. Már másodszorra ellenőriztem a kínai töltőtollammal írt egyenletet: mínusz tizenhat tizenötöd szorozva koszinusz két thétával, mínusz tizennégy harmada a koszinusz thétának. Azon elmélkedtem, hogy szorozzam-e meg az utolsó törtet öttel, hogy majd a tizenötös közös nevezőt kiemeljem szorzónak. Láttam, ahogy Gavrea professzor árnyéka a vizsgalapomra vetődik. Egy cigarettát szívott, és becsmérlően nézte az írásomat.

– Hülye! – mondta.

A szó balról megcsapott, szétáradt a tágas amfiteátrumban, a négy falról visszapattanva elérte a jobb fülemet, és újra megütött. Teljes csend volt a teremben. Körülbelül hatvan diák ült odabenn, mindnyájan a feladatukra összpontosítottak, senkinek sem volt arra való bátorsága, hogy nevessen vagy valami megjegyzést tegyen. Mindannyian ismertük Gavrea hirtelen természetét, humortalan modorát.

Fogalmam sem volt, hogy amit mondott, azt miért mondta. Néztem az egyenletet, sorról-sorra. Egy hármas integrállal kezdődött, benne r-szer szinusz théta, szorozva thétával, aztán szorozva dz-, dr- és d-thétával. Követtem az öt sort, amelyekben egyenként kifejtettem az integrálokat. A végén az egyenlet kifejezése volt, amely csak a thétától függött, minden integráltól szabadon. Helyesnek tűnt. Gavrea még mindig ott állt mellettem, éreztem. A szemem már elfáradt. Hosszú hetem volt. Összemosódtak az éjek és a napok. A tanulás, memorizálás, alvás és álmodás egy hullámzó egyveleggé folyt össze. Két nappal előtte elvágtak a fizikavizsgán, és rosszul esett. Valamikor nagyon jó voltam fizikából. Ősszel vissza kell jönnöm pótvizsgázni.

– Hülye! – mondta Gavrea újra, hangosabban. Szívott egyet a cigarettájába, és mellém ült, a jobb csípőjét hozzám tolta, hogy húzódjak arrébb. A pad szélén ült, és elmélyülve nézte a kézzel írt jegyzetemet. Lehet, hogy képzelődtem, de úgy tűnt, hogy a füstöt egyenesen a papíromra fújja. Egyre nehezebben tudtam figyelni. Szinusz, koszinusz, théta kezdtek összefolyni. Harmadjára is ellenőriztem. Helyesnek nézett ki, de már nem voltam benne biztos. Szerettem volna, hogy az egésznek már legyen vége.

– Apád szégyellené magát, ha tudná, hogy milyen buta fia van – mondta dörgő hangon. Az arcomba vér szökött, a szám kiszáradt. Az apámról beszélt, aki Gavrea évfolyamtársa volt a Matematika Egyetemén még az ötvenes években. Apám egy zseniális matematikus volt, tehetséges a rajzolásban, mértanban, analízisben, architektúrában, repülőmodellezésben és legfőképpen a tanításban. Apám egy szerény jövedelmű középiskolai tanár volt Szamosújváron, ahol én is felnőttem. Évről évre tanította a rengeteg diákot, akik közül sokan a legszegényebb, isten háta mögötti faluból jöttek a városra tanulni. Gyúrta beléjük a matekot, hogy felkészítse őket az egyetemi felvételire, egy diák életében az egyik legnehezebb vizsgára. Mert ha az nem sikerül, egy hosszú és kötelező katonai szolgálat vár reá. És utána pedig egy szürke életnek nézhet elébe a kommunizmus gépezetében, valamelyik szennyező gyárnak három műszakos munkásaként. Viszont ha sikerül a felvételi vizsga, akkor mérnök, tanár vagy orvos is válhat belőle. Egy valaki. A felvételi két matek- és egy fizikavizsgából állt. Így apám felelős volt egy jobb élet lehetőségének a kétharmadáért. Szeretettel és szenvedéllyel tanított. Magyarázatai könnyedek, humorosak voltak. Elegáns vonalakkal húzott rajzai és a hozzáfűzött történetek tették érdekessé a tanítást. Tőle olyan volt matekot tanulni a középiskolában, mint fagyit nyalogatni és közben egy izgalmas színes filmet nézni. Igaz, néha ez agyfagyással járt, de élmény volt számtant tanulni tőle, és a diákok szinte már vágytak még több matekfeladatra. Ezzel ellentétben Gavrea-tól analízist tanulni olyan volt, mintha nyers céklát nyomtak volna le az ember torkán. Ha megfelelően adagolta volna, és időt adott volna megrágni, akkor emészthető lett volna. De Gavrea csak gyúrta belénk az anyagot – ha akartuk, ha nem, amíg csak vörös céklalé nem csurgott ki fülünkből és orrunkból. Ha átjutok ezen a vizsgán, akkor céklához többé soha nem nyúlok. Túlzottan sok és nyers volt. Úgy rémlett – ahogy Gavrea szorosan mellettem ült –, hogy ellenszenvet, talán irigységet érzett apám iránt. Apám évfolyamelsőként végezte az egyetemet, Gavrea talán nem. Nem tudtam, nem értettem, hogy miert csúfságol így velem az egész évfolyam előtt.

Nem bírtam tovább figyelni. Csak bámultam a papírlapot és vártam, hogy kicsengessenek. Mikor végre megszólalt a csengő, és Gavrea felállt, lementem a pódiumhoz, lecsaptam a dolgozatomat a katedrára, és kerülve a diákok tekintetét elhagytam a termet.

Leoldottam a nyakkendőmet és bedugtam az öltönyöm zsebébe. Hazabicikliztem a nagymamám házához. A levegő hűvös volt, hidegebb, mint reggel. Bár a nyár kezdete volt, inkább késő őszi időjárásra emlékeztetett. Igyekeztem a rossz érzéseket kiszellőztetni magamból, és az agyamat a következő próbatételre összpontosítani. Kevesebb mint húsz óra múlva az elektrotechnika alapjaiból fogok vizsgázni Mandru professzornál.

– Csókolom, Nagymama! – köszöntem hangosan, amint beléptem a házba. Mint mindig, az asztalnál ült, és olvasta a Bibliát.

– Szervusz, Gyuszika – válaszolta. – Miért kiabálsz? – kérdezte csendes, ijedt hangon.

Megszoktam az évek alatt, hogy egyre hangosabban szóljak hozzá, mert folyamatosan romlott a hallása.

– Csókolom – szóltam újra, csendesebben. – Hogy tetszik lenni? Akkor lassan felállt a székből.

– Kell, hogy mutassak neked valamit.

Beléptünk a szobába, amelyben a testvéremmel együtt laktunk. Meglepetésemre a szobát világosbarna por lepte el, törött téglák, agyag- és cserépdarabok százai hevertek szétszórva.

– Felrobbant a kályha – mondta és a jobb sarokba mutatott, ahol egy két méter magas, világosbarnára zománcozott cserépkályha állott még a reggel. Helyette a romja volt ott, ezernyi darabja szétszóródva mindenütt a szobában. Az egészből egy vaskos gázégő állt ki, valamiféle rozsdás acélcső tartotta még.

– Mi történt?

– Be akartam gyújtani a kályhát, hogy felmelegítsem a szobádat. Megindítottam a gázt, de eltörött az egyetlen gyufaszál. Kimentem a nyárikonyhába egy új gyufásdobozért.

– Csak nem? – kérdeztem. – És addig nyitva hagyta a gázcsapot, hagyta a gázt szivárogni? – Elképzeltem, ahogy nagymamám elcsoszog a nyárikonyháig, aztán vissza. Legalább négy percbe is belekerülhetett. – De jól van, nagymama?

Megvonta a vállát.

– Nincs baj, csak irtó hangos volt.

Visszamentünk a nappaliba. Éppen megérkezett a nővérem is.

– Csókolom, Nagymama! – kiáltotta vidáman.

– Miért vagy olyan hangos? – kérdezte nagymama.

Erzsébet felvonta a szemöldökét.

– Nagymama felrobbantotta a kályhát – mondtam neki.

Megvizsgáltuk a szobát. Csoda, hogy az ablakok épek maradtak. A törmeléktől eltekintve a dolgok eléggé rendben voltak.

– Megyek és feltakarítom – mondta nagymama, hangjában egy kis bűntudattal.

– Ne, csak tessék hagyni! – mondtuk egyszerre.

– Majd holnap összeszedjük – mondta Erzsébet. – Mind a ketten vizsgára kell készüljünk most. Utána felpucolunk. Ne aggódjon, nagymama! Az a jó, hogy nem tetszett megsérülni.

Lesöpörtem az íróasztalomra hullt törmeléket, és nekikezdtem az elektrotechnikai vizsgára tanulni. A testvérem hasonlóan tett az ő asztalával.

– Hihetetlen! – mondta egy idő után, ahogy a történtek kezdtek benne leülepedni.

– Aha – mondtam. – Négypercnyi metán robbant fel. Csoda, hogy semmi baja nem történt. Ó, és észrevetted? Visszajött a hallása. Biztos egy fél évszázadnyi fülzsírt mozgatott meg a fülében a robbanás.

A testvérem kuncogott, majd megkérdezte: – Hogy ment a matekvizsgád?

– Négy feladatot kaptunk. Az első hármat megoldottam, de a negyedik egy hármas integrál volt; egy kemény feladat. Gavrea odajött hozzám, és hülyének nevezett az egész osztály előtt – ezt közönyös hangom mondtam, de nem tudtam félrevezetni. Jobban ismert ennél.

Odajött hozzám, hátulról átölelte a nyakamat. Könnyek gyűltek a szemembe.

– Ne figyelj rá! Egy bunkó alak. És nem vagy buta. Okos vagy, édes kicsi öcsém.

Tovább tisztítottam az íróasztalomat, összeszedtem és rendszereztem az elektrotechnikáról szóló jegyzeteimet. És ekkor ráeszméltem, hogy valóban hibásan oldottam meg a feladatot. Elővettem egy papírt, és felidéztem az egyenlet levezetését. A tört helyes kifejezése mínusz tizenöt tizenhatod szorozva koszinusszal, és nem tizenhat tizenötöd. Gavrea-nak igaza volt. Töprengtem egy ideig, aztán mindent lezártam magamban. A következő és utolsó vizsgára összpontosítottam. Kinyitottam a jegyzetfüzetemet, melynek első lapján egy idézet volt: „Egy rakás idióták vagytok. És a lányok még nagyobb idióták!"'. Így köszöntött bennünket Mandru professzor még ősszel, a másodév kezdetén. A legkevésbé kedvelt kurzusom volt ez. Magasfeszültségről szólt, transzformátorokról, vezető huzalokról. A főszakom a programozás volt, és nem tűnt nekem hasznosnak ez a tantárgy. Forgattam a lapokat. A jegyzeteim az első fejezetekről rendezettek voltak, szép rajzokkal és tiszta írással készültek. Ahogy teltek a hónapok, az érdeklődésem úgy lankadt, és a kézírásom is romlott. Még néhány helyen megtaláltam „Egy rakás idióták vagytok" idézetet, mivel Mandru így szólított meg minket legszívesebben. A neve románul azt jelentette, hogy büszke. Az is volt. Büszke, hogy van hatalma és nekünk nincs. Büszke, hogy Kirchoff törvényének mind a harminchárom változatát tudta. Igen, a törvénynek volt értelme. Hogy az egy csomópontba bemenő áramok összege egyenlő a csomópontból kimenő áramok összegével. Érthető, nem? A törvény második kijelentése az volt, hogy egy zárt áramkörben levő áramfeszültség összege zéró. Nulla. Pont ennyire érdekelt az egész tudománya. Mandru ezt a két törvényt kiemelte és kilenc hónapig taglalta. Integrálokkal, mátrixokkal, Coriolis-erővel, elektromágnesességgel és klasszikus térelmélettel színesítette. Ha lett volna kapcsolata a kvantummechanikával, Mandru biztos bedobott volna még negyvenoldalnyi Schrödinger-egyenletet, csakhogy nehezebbé tegye az életünket. Szememen és fülemen keresztül Kirchoff-törvényekkel tömött kilenc hónapon keresztül, és pontosan annyi ment is ki belőlem a test többi tájékán. Nem értettem, hogy ez engem hogyan fog felkészíteni a programfejlesztői szakmára. Mindegy, át kell magam gyúrjam ezen, és soha többet nem kell Mandruval egy teremben lélegeznem.

Kezdett sötétedni, én meg fáradtam. Holnap lesz a második egyetemi évem utolsó vizsgája. És utána jön a nyári vakáció. Arra vártam nagyon. Bár elrontotta már a nyaramat, hogy megbuktam a mechanikavizsgát, amire augusztusban készülnöm kell ezért. Reméltem, hogy az elektrotechnikát nem bukom meg, mert akkor a július is odavan.

Erzsébet csendesen tanult a sarokban. Az asztala körül feltakarított már. Mindig tisztább, rendesebb volt, mint én. Bárhogy igyekeztem, mindig túltett rajtam. A kézírása szép volt, a jegyei jobbak, a szekrénye rendezettebb. Éppen készült a diplomamunkáját megvédeni.

Átlapoztam a három köteg kézzel írott jegyzetfüzetet, amely az utolsó kilenc hónapban összegyűlt – ábrák, integrálszámítások, további ábrák és integrálok, dupla integrálok, hármas integrálok. Eléggé jól értettem az anyagot, mégis sok dolog tisztázatlan volt bennem. Éjfél után kettőkor erőt vett rajtam a fáradtság. Próbáltam ébren maradni, még egypár dologról meg akartam bizonyosodni. Eljutottam a harmadik kötet végéhez, és bámultam a legrémesebb fejezetet: Komplex maradékáramok elmélete. Ez volt a legnehezebb és legundorítóbb anyag, amit valaha tanultam. Két oldalon keresztül hármas integrálás, deriválás és trigonometria. Fáradt szemmel ismételtem az egyenleteket, közben a betűk táncoltak a szemem előtt, az agyam egyre sűrűbben kikapcsolt. Akkor elővettem egy pár tiszta papírlapot, és egy utolsó erőbedobással sorról-sorra újramásoltam az egészet, miközben próbáltam bemagolni az elméletet.

Reggel hétkor keltünk. A nővérem a szoba sarkában öltözködött. Én is készülődtem, magamra öltöttem egy frissen vasalt fehér inget, utána az öltönyömet. Ne merjen senki Mandru vizsgájára másképp megjelenni, mint a legelőkelőbb ruhájában!

– Hánykor van a vizsgád? – kérdeztem Erzsébetet.

– Tízkor kezdődik, de még néhány professzorral kell találkoznom előtte. És hánykor van a tiéd?

– Ott kell lennem fél kilencre, de ki tudja mikor fognak behívni.

– Biciklivel mész? – kérdezte, de úgyis tudta a választ.

– Sok sikert a diplomavizsgáddal!

Zsebembe gyúrtam a nyakkendőmet, és felhúztam a fekete

cipőmet. Sikerült elkerülni, hogy agyagrögök ragadjanak a zoknimra. Elköszöntem a testvéremtől. A házból a nagymamám szobáján keresztül lehetett kimenni. Még jó mélyen aludt, amikor indultam. Erős vizeletszag terjengett a levegőben. Korához megfelelően elég gyakran bevizelt, és ezért egy jó vastag flanel alsóneműt hordott, amelyek napközben felszívták a véletlen szivárgást. Azokat nem mosta ki, hanem éjszakára a kályhára tette, ahol reggelre keményre száradtak. Ahogy kiléptem a házból, friss, hűvös levegő fogadott. Egy mély lélegzettel kitisztítottam a tüdőmet, és felugrottam a biciklimre. Gondolataimmal versenyezve hajtottam a pedált az egyetem épületéig. Már jó pár kollégám ott várakozott a vizsgaterem előtt. A márvánnyal rakott folyosón elhelyezett padokon ültek és szorongtak, a műbőr borítású aktatáskájukkal az ölükben.

– Felkészültél? – kérdezte Kovács. Egy kerekded fickó volt, kerek arccal, kerek orral és trapéz bajusszal.

Vállat vontam.

– Ahogy bírtam. Az agyam csordulásig megtelt, már nem bírt többet magába szívni.

Bólintott.

– Átmentél a mechanikavizsgán?

– Nem, megbuktam – válaszoltam kissé szégyenkezve. – Te?

– Átmentem, nyolcassal – mondta büszkén.

– Jó neked, ügyes vagy – feleltem.

A vastag tölgyfából készült lakkozott ajtó kinyílt, és Stelian, a segédtanár kidugta rajta a fejét. Három diákot hívott név szerint, egy lányt és két fiút. A többiek a padon ülve tovább várakoztak odakinn. Megérkezett Sebestyén. Vékony és ovális arcú lány volt, a szeme éles és fókuszált. Az egyik legértelmesebb diák az osztályban. Készenlétet sugárzott.

Kovács az órájára pillantott.

– Kilenc óra tíz perc van. Remélem, tizenegyre megleszek. Jönnek a szüleim délre, hogy felvegyenek. Aztán nyaralni indulunk – mondta, a hangjában a várakozás izgalmával.

Kovácsot és jómagamat hívták be következőleg. Mandru a professzori asztalnál ült, melyen két tucat fehér kártya volt szétszórva, színével lefelé. Mandru álmosollyal rámutatott a kártyákra, hogy válasszunk. Apám tanácsa szerint bal kézzel nyúltam előre. „Jó szerencsét fog hozni, fiam!" – szokta mondani. Nem hittem a babonákban. Nem volt logikus, nekem nem volt értelme. Bátorságot vettem, a bal karomat visszahúztam, és jobb kézzel kihúztam egy kártyát a halomból. Három része volt a tesztnek, két feladat megoldása és egy elmélet bebizonyítása. A padban ülve kellett készülni a válasszal, amire fél órát adtak. Az óra 9:30-at mutatott. Fog ez menni, biztattam magam. Legkésőbb 10:15-re megleszek. Sebtében nekiláttam, hogy a tiszta papírra vessem a megoldások részleteit. Egypáran a padokban ültünk, míg két diák a táblánál állt, kezükben krétával, mellyel felírták a vizsgatétel válaszait. Mandru melléjük lépett, megvizsgálta az írásukat, hümmögött magában, kiszemelte a hibákat, lebutázta őket, aztán visszaült az asztalához.

Elkészültem a válaszaimmal és vártam, hogy rám kerüljön a sor, hogy a tanár tüzetesen megvizsgálja válaszaimat, esetleg ki is gúnyoljon. De nem érdekelt, úgy éreztem, tudtam a helyes választ. Csak essek már túl ezen a vizsgán.

Végre sorra kerültem. Stelian, a segédtanár az ablak mellőli táblához intett. Felhasználva jegyzeteimet rámásoltam a megoldásokat a fekete táblára. Néztem az írásomat, ellenőriztem még egyszer: helyes.

Kinyílt az ajtó, és egy fiatal titkárnő bedugta a fejét.

– Professzor elvtárs, kérem, várják a bizottságnál.

Mandru felállt, és rögtön elhagyta a termet. Stelian is felállt. Magas, vékony termetű és meglehetősen barátságos modorú volt. Fel és alá sétált a padok között, hogy ne bátorkodjon senki se megszólalni. Az élet megállt. Álltam a táblám mellett, Radu kollégám a másiknál. Bámultunk egymásra. Semmi nem történt.

Múltak a percek, eltelt egy óra, aztán kettő. Nem mehettem vissza a padhoz; a táblánál kellett maradnom. Néha áthelyeztem a súlyomat a jobb lábról a balra, meg vissza. Megint ellenőriztem a megoldásomat, hogy ne legyen benne hiba. A tábla melletti pad üres volt, annak nekidőltem, hogy a fáradtságot a lábamban enyhítsem. Kovács, aki még mindig a padban ült, a csípőm felé mutatott.

– Összekened az öltönyödet – súgta.

A mondat közepén viharzott be Mandru a terembe. Dühösen Kovácsra nézett.

– Segíted Sütőt? Azt mered tenni? Megsúgtad neki a megoldást?

– Nem, professzor elvtárs, csak annyit súgtam, hogy összepiszkítja az öltönye kabátját – mondta Kovács engesztelő hangon, és elsápadt.

– Hazudsz! Nincs mit keress a szobámban! Tűnj innen!

Kovács lelohadva ült a padban. Lassan összeszedte a jegyzetlapjait, és elhagyta a termet. Sajnáltam őt. A nyári szünidője ezzel tönkre lett téve. Lepillantottam az öltönykabátomra. Derékmagasságban fehér krétamaszat volt elkenődve rajta. Akkor vettem észre, hogy a pad széle, amely mellett várakoztam az utolsó pár órában, krétával volt vastagon összefirkálva. Egy unatkozó diák lehetett, aki ugyancsak hosszú ideig várakozhatott ennél a táblánál. Szóval, erről beszélt Kovács.

Mandru hozzám lépett. Egész közel. Nagydarab, kopasz fejű ember volt, csontos homlokkal, nagy kerek arccal. Kissé Leninre emlékeztetett, kecskeszakáll nélkül. Ha valaha újjászületik, gondoltam – biztos egy kafferbivalyként jön majd vissza. Izzadt homlokát közel tolta az enyémhez.

– Élve megeszlek! – mondta. Hosszan és mélyen a szemembe nézett. Álltam a tekintetét, szárazon nyeltem. – Mutasd a megoldást!

Magyarázni kezdtem a három feladat megoldását. A hangom gyenge és monoton volt az elején, de lassan nekibátorodtam, végül magabiztosan fejeztem be a bizonyítást.

Mandru hosszan nézte a krétával készült kézírásomat. Aztán felém fordult.
– Kovács segített neked, ugy-e? Megmondta neked a megoldást?
– Nem, professzor elvtárs, ezt mind tőlem van.
Mandru füstölgött magában.
– Menj, húzzál egy új kártyát!

Beletörődve odamentem az asztalhoz, és egy új kártyát húztam ki, ezúttal a bal kezemmel, majd beültem egy padba. Ránéztem az órámra: dél elmúlt. Ez a feladatsor nehezebbnek tűnt, mint az előbbi, vagy csak fáradtabb voltam már. Minden tudásomat összegyűjtve igyekeztem a bizonyítást levezetni és a megoldást megtalálni. Csak félig voltam biztos a dolgomban, de reméltem, ez elég lesz ahhoz, hogy a vizsgán átmenjek, és végre kikerülök e teremből, amilyen hamar csak lehet.

Fél óra után Stelian egy táblához intett. Az előttem vizsgázó diák a táblán hagyta a vaskos betűkkel írt egyenleteit. Egy nedves szivaccsal letöröltem, és írni kezdtem a magam dolgát. Az első feladat megoldásában nem voltam biztos, a másodikéban még kevésbé, a harmadikra viszont jól megalapozott választ dolgoztam ki.

Újabb két diák lépett a terembe. Az egyik közülük Rodica volt. Mandru felállt, kedélyesen üdvözölte, bivalyfeje csupa mosoly volt. Amióta Rodica megnyerte az országos Elektrotechnikai Olimpiászt – az első alkalommal az egyetemünk történetében –, Mandru úgy bánt vele, mint egy sztárral. A hangja kedves lett, még viccelődni is próbált. Rodica céltudatosan leült, és rögtön írni kezdte a megoldásait. Újraolvastam a fehér krétával írt soraimat. Kerestem, hogy mi hiányzik a bizonyításból. Fáradtság és éhség kezdett gyötörni, a vécére is mennem kellett. Mandru éppen végzett a másik táblánál levő diákkal, akit szinte nyársra szúrt, aztán megbuktatott. Rodica jelentkezett, hogy megvan. Mandru kihívta, és végig ott állt mellette, amint Rodica táblára írta a megoldásait. Minden újabb szépen írott sorral egyetértve hevesen bólogatott. A végén csevegni kezdett Rodicával egy konferenciáról, melyen a múltkoriban részt vett, és ahol valami díjjal tüntették ki. Láttam Rodicán, hogy menne már, de nem tehetett egyebet, mint hogy érdeklődést színlelve hallgassa Mandru szóáradatát. Aztán szabadon engedte Rodicát, gondolom, csillagos tízessel. Mandru ekkor hozzám lépett és jelezte, hogy kezdhetem. Igyekeztem az első feladat megoldását bizonyítani, de félúton bosszankodva közbevágott, mert kihagytam a z tagot az egyenletből.

– Mi van, hülye vagy? – kérdezte, de elengedtem a megjegyzését a fülem mellett. Arra gondoltam, hogy csak jussak a második feladaton túl, a harmadiknak a bizonyítása át fog vinni a vizsgán. Alig kezdtem el a második feladat bizonyítását, Mandru kirobbant. Kiabált, hadonászott, mindennek nevezett, arca pedig szigorú és szenvedélyes lett egyszerre. Pátoszos dühében minden irányból letámadta a logikámat, és ahogy a teste és arca egyre dagadt, én úgy lohadtam kissebbé. Ha ma átmegyek ezen a vizsgán, többé soha nem kell ezzel az emberrel egy szobában lennem. Ha elbukom a vizsgán, akkor ősszel pótvizsgára kell jönnöm, és ha azon is elbukom, akkor búcsúzhatok az egyetemi tanulmányaimtól. És ezt mindketten tudtuk.

A harmadik megoldást kezdtem volna éppen előadni, amikor a titkár benézett hozzánk, és kérte Mandrut, hogy menjen át a másik vizsgáztató terembe. Ott kell lennie a diplomamunka vizsgáztató bizottságnál. Akkor jöttem rá, hogy a testvérem végzős osztályát is vizsgáztatja a mellettünk levő teremben. Ő pedig egy gonosz zseni, aki mint egy sakkmester több játszmát futtat egyszerre, és szitkozódva veri ellenfeleit. Reméltem, hogy a testvéremmel jobban viselkedik, mint velem.

Megint csend ült a teremre. Stelian könnyed, lassú lépésekkel járta a szobát, körbenézett és figyelte a diákokat. Senki sem mert egy mukkot se szólni.

Felemeltem a kezem.

– Elmehetek a vécére?

Stelian megrázta a fejét.

– Nem engedhetlek ki. Ha kimész, meg kell buktassalak. Sajnálom, de ez a Mandru professzor szabálya – kissé engesztelő hangon fejezte be az indoklást.

Ekkor már 2:40 volt. Gondolatban újra átnéztem a bizonyításomat. Helyes, nincs mit hozzátenni. Reméltem, hogy elegendő lesz az átmenő jegyhez.

Topogni kezdtem, apró lépéseket tettem jobbra és balra, hogy zsibbadt lábamat felélesszem, de csak óvatosan, hogy ne érjek a bekrétázott padhoz, hogy ne ejtsek újabb foltot a kabátomon. A drámából elég volt. Csak legyek már túl ezen, csak legyek az ajtón kívül. A vécére unszoló ingereket, amennyire bírtam, visszaszorítottam. Félig lehunyt szemmel meditáltam. Gondolatban végigpásztáztam a testem, a fejem búbjától indultam lefelé, a halántékomon, szememen és orromon keresztül az arcomon, államon és ádámcsutkámon át a nyakamig és a vállamig, majd az egész testemen át elképzeltem, hogy ellazítom minden sejtemet. Amikor az ágyékom tájára értem, elképzeltem, hogy száraz forró sivatagban vagyok, és a testem minden csöpp nedvességet meg akar őrizni, hogy túlélje a vízhiányt. Teltek a percek, az első fél óra, aztán egy teljes óra. Minden mozdulatlan maradt. Minden kis beszűrődő neszre a diákok az ajtó felé fordították fejüket.

Fél négy volt, amikor Mandru megjelent. Világos volt, hogy ebédszünetről érkezett. Még mindig rágott valamit, és szalvétával törölgette száját és izzadó homlokát. Kevésbé nézett ki mérgesnek, mint amikor elment, valószínű, a táplálkozás endorfinja hatott rá. Hátha jobbak most az esélyeim, gondoltam magamban. Reméltem, hogy egyenesen hozzám jön, és bemutathatom neki a hátramaradt – és bizonyára helyes – bizonyítást. És akkor végre elhagyhatom ezt a termet. Ehelyett a másik táblánál álló diákot kezdte vizsgáztatni. Hamar végeztek ugyan, de ezután egy másik padban ülő diákot hívott ki.

Aztán Mandru megint kiment.

Bámultam a falat. Középen Ceasescu berámázott színes portréja mosolygott rám. Ezüstös nyakkendőjét ovális minták díszítették, bennük négy apró körrel. Az a hír járta, hogy a portrét készítő művész az 1940-es években használt spiccvasra emlékeztető mintával utalt arra, hogy Ceasescu cipész volt, mielőtt kommunista nagymenő lett belőle. Nagyapám és a dédnagyapám asztalosok voltak, és olykor-olykor viccelődtek a mesterekről. Számomra úgy tűnt, hogy volt valami rangsor a mesterségek között. Építészek és kőművesek voltak a tetején. Alattuk voltak az asztalosok, az asztalosokat követték a fémmunkások. Ezután következtek a szabók, és a legalul a cipészek voltak. Sohasem értettem ezt a sorrendet. Szerintem sokkal könnyebb szekrényt építeni, mint bőrcipőt varrni.

Bámultam Ceasescu fotóját, rászegezve a szemem az ezüstös minta egy részletére, és mereven egy pontra koncentráltam. A kép beleégett a retinámba. Aztán leszorítottam a szemhéjam, és a mély sötétségből szép lassan előtűnt a színes kép negatívja. Az arca sötét volt, a haja fehér, és hasonlított az egyik délszaharai diktátor barátjához. Amikor a hatás eltűnt, akkor újra előidéztem a negatív képet. Ezzel szórakoztattam magam, amíg Mandru vissza nem jött. Akkorra már fél öt volt. Levizsgáztatta a másik táblánál levő diákot; alig engedte át. Csak három diák és én maradtam a teremben.

A titkárnő újra elhívta a bizottsághoz.

– Vizsgáztasd le a többieket te! – adta ki a parancsot Mandru Steliannak. – Ezt a hármat – mutatott a padban ülő diákokra –, kivéve őt! – ezzel rám mutatott, aztán elhagyta a termet.

Stelian vizsgáztatni kezdte a kollégáimat. Okos volt és kedves szavú. Amikor hibát látott, akkor azt kérdezte, hogy „Ezt helyesnek találod? Nem lehetne ezt másképpen írni?". A két tanár közötti különbség nem lehetett volna élesebb. Bárcsak Stelian vizsgáztatott volna engem is, és hagyott volna menni békével. De nem ez volt nekem kisorsolva. Fél hatra minden kollégám végzett, siettek ki a szobából, miközben egy diadalmosoly bujkált az arcukon. Csak mi maradtunk, én és a segédtanár. Valamit írt az asztalnál; én fejbéli játékokkal tartottam az agyam működésben. Mikor belefáradtam Ceausescu negatívjába, a falon levő piszokpöttyöket kötöttem össze gondolatban, érdekes alakokat és emberi arcokat beleképzelve.

Valamivel hat óra előtt Mandru kényelmesen besétált a terembe. Egyenesen hozzám jött.

– Kezdjed!

Nekiláttam a levezetés bemutatásához. Annyit néztem az utóbbi órákban a soraimat, hogy már behunyt szemmel is el tudtam volna mondani.

– Segített valaki? – kérdezte szigorú arccal.

– Nem, professzor elvtárs, senki sem segített.

Hátratett kézzel sétált az üres szobában fel-alá. A csontos homlokán fénylettek az izzadságcseppek a délutáni fényben. Aztán hirtelen hozzám lépett.

– Adok neked egy utolsó esélyt – mondta – A komplex maradékáramok elméletét írd le!

Nyeltem egy nagyot. Annyira ki voltam merülve. Nem vagyok képes ezen végigmenni, gondoltam. Indultam, hogy beüljek a padba és elegendő erőt gyűjtsek össze ahhoz, hogy fel tudjam idézni a választ.

– Nem ülsz le! Itt írjad, előttem! Akarom látni. És most nem fogsz csalni!

Egy nedves szivaccsal lassan törölni kezdtem az írásomat. Tökéletesen vízszintes sorokkal töröltem a tábla felületét, kezdve fentről csíkról-csíkra haladtam, miközben egyre mélyebbre ástam a vizuális emlékeimben, hogy előhúzzam az elméletet. Kézbe vettem a krétát, lábujjhegyen felnyúltam jó magasba, mert tudtam, hogy hosszú a bizonyítás, és alig fog ráférni a táblára. Írtam a sorokat egymás után, követve a nedves szivacs vízszintes nyomait. És ahogy az agyam előidézte az integrálokat, én úgy másoltam őket a táblára. A közepe táján Mandruról szinte el is felejtkeztem. Ez a maradékáram és Gyuszi maradék ereje közötti küzdelem volt. És én meg akartam nyerni a küzdelmet. Meg tudom nyerni, éreztem. Negyedóra múlva a tábla aljára értem, és az eredményt bekarikáztam. Mandru az egészet figyelmesen követte. Gonosz volt, kegyetlen és lekicsinylő. De buta nem volt. Tudta az anyagát. Közben Stelian is csendben figyelte az asztalától a jelenetet. A professzor az utolsó előtti sorra mutatott.

– Itt hibáztál – és vastag ujjával a kifejezés közepére bökött. Igaza volt, mert arc tangenst írtam arc cotangens helyett.

– Igaza van, professzor elvtárs, hibáztam – adtam neki igazat egy mélyet szuszogva. – Itt cotangens théta kéne legyen.

– De akkor hogy jutottál a helyes válaszhoz? – kérdezte fenyegetően.

Ránéztem és vállat vontam. Semmi nem maradt bennem, mindenemet odaadtam. Egymást mérlegeltük egy jó ideig. Már nem érdekelt, hogy megszid, elbuktat, az se, hogy átenged-e, vagy hogy gyomron üt. Bármi jöhetett. Elfogytam.

Összeszorított állkapcsa rágóizmát kiduzzasztotta a vastag arcbőrén keresztül. Az íróasztalhoz ment, kinyitotta a diákellenőrzőmet, és beleírt valamit. Aztán az asztalra csapta, és kiviharzott a szobából, mi pedig Steliannal néztünk csendben. Lassan kinyitottam a bizonyítványomat. Az utolsó bejegyzés: „Elektrotechnika Alapjai: 5 / Aláírás: Gheorghe Mandru". Fellélegeztem. Átmentem, a legrosszabb jeggyel, de átmentem. Kész. Nem kell ősszel pótvizsgáznom. Nem kell soha többé Mandruval találkoznom. Útjaink elváltak itt és most.

Már elmúlt 6 óra, amikor kiléptem a teremből; szinte kilenc órája, hogy betettem a lábam oda. Lebandukoltam a lépcsőkön a biciklimhez, a talpam bizsergett a régen várt mozgástól. Megmerevedett végtagjaim kezdtek életre kelni. Az utam a mozi felé vezetett. Egy plakát kék színű hátterében egy széken ülő nő körvonala látszott, és a poszteren az állt, hogy Flashdance. Vettem egy jegyet, azt hiszem az utolsót; az óriási ezüstös vászon előtt mindjárt az első sorban. A traktorokról és kombájnokról szóló fehér-fekete, kötelező, állami propagandafilm után – mely ecsetelte a szocialista mezőgazdaság felsőbbrendűségét – elkezdődött a film. „Paramount Pictures Presents" felirat után nagy piros betűkkel az állt, hogy Flashdance, és következett a nyitódal:

„First when there's nothing
But a slow glowing dream
That your fear seems to hide
Deep inside your mind"

Az elején, mikor még semmi sem volt
Csak egy lassan parázsló álom
És a félelmed rejtőzni vélt
Benn az elméd mélyén

A háttérben magas felhőkarcolókkal egy biciklis körvonalát láttam, ahogy lelassít és megsimogat egy kiscicát. Nyújtottam a nyakam, hogy a közeli ülőhelyemről befogadjam a széles mozivásznat, a dal pörgött tovább:

„All alone I have cried
Silent tears full of pride
In a world made of steel
Made of stone."

Sírtam magányosan
Csendes könnyek önérzetében
Olyan világban, mely kőből
És acélból épült

Ahogy az ütem felgyorsult, a jelenet átváltott egy ipari helyszínre, ahol egy sötét gyárteremben néhány munkás vastag csövet

Megpróbáltam

hegesztett sisakban és védőmaszkban. Ekkor az egyik hegesztő feltolta a védőmaszkját. Egy lány volt. Izzadt, koszos és fáradt, de a szemében szenvedély ült, és egyszerűen gyönyörű volt.

Hallgattam tovább a dalt:

„Take your passion
And make it happen
Pictures come alive
You can dance right through your life"

Ragadd meg szenvedélyed
Vigyed véghez
Képzelet valóra válik
Táncold végig életed

Az agyam lassan levetkőzte az integrálokat, Kirchoff elméletét, az áram erősségét és feszültségét. Néztem, ahogy a lány fellépett a színpadra, és táncolt egy szék körül. Teljesen magába szippantott a film varázsa. Hátrafeszített nyakkal meredtem a képernyőre. Csodáltam a táncát, elegáns mozdulatait, magabiztosságát. A tánc végén a székre ült, hátrafelé homorítva meghúzott egy zsinórt, és ettől egy zuhatag jég és víz ömlött a mellkasára; a cseppek ezüstös csillogással repültek szerteszét.

Az agyamban a feszültség lassan elengedett. A komplex maradékáramok elmélete elúszott. Egy másik, egy sokkal jobb állapotba kerültem. Az élet nem is olyan rossz. Valami újra voltam készen. Elég volt a matekból és a rideg fizikából, elég az integrálelméletből, a Coriolisból, a Fourierből és az arctangens thétájából.

Kedvességre, melegségre és együttérzésre volt szükségem. Készen voltam a szerelemre.

Sütő Gyuszi

Szerelem, Feketetó, 1983. október

fordította: Németh Zsuzsa

– Hé, várjatok meg! – kiabált lentről Kövi. Zoli meg én megálltunk és megfordultunk. Úgy harminc méterre mögöttünk Kövi lihegve baktatott felfelé a hegy meredek ösvényén. Mögötte, a mély völgyben láttuk a Sebes-Körös folyót. Tiszta, hideg vize egyenes vonalban hömpölygött a nyugati irányba, a magyar határ felé, majd a magyar Alföldön megszelídülve gomolygott tovább, míg a sokkal nagyobb Tisza el nem nyelte. Kövi kifulladva ért utol minket. – Ti meg vagytok őrülve? – kérdezte, és a rekeszizmán nyugtatva a kezét előredőlt.

– Odanézzetek, micsoda szép gomba! – mondta Zoli, és megindult egy terebélyes fa irányába, ami a meredek völgy közepén állt. Elővette olcsó szovjet Smena fényképezőgépét, és odahajolt a légyölő galóca piros pettyes kalapjához, hogy lefotózza.

– Csak nehogy megedd! – viccelődött Kövi.

– Eszem ágában sincs – felelte Zoli, ahogy letérdelt és egész közel hajolt a gombához, a kameráját a szeméhez szorítva. A népi hit szerint, ha egy légy rárepül, azon nyomban meghal már a gomba érintésétől. Bár én ilyet soha nem láttam. De az is lehet, hogy a buta legyek már mind elpusztultak, és azok, melyek életben maradtak, tanultak pórul járt társaiktól es messze elkerülték a mérges gombát.

Folytattuk utunkat felfelé a meredek ösvényen. A fű elképesztően zöld volt és ápolt. Sűrű lombhullató erdő vette körül.

Végül felértünk a tisztás tetejére. Fölötte, a fák közé ékelődve egy parasztház állt, előtte egy középkorú sovány férfi kaszált. Egypár évvel korábban, katonaság alatt én is kaszáltam így sokszor. De ez a férfi profi volt. Figyeltük könnyed mozdulatait. A törzsét jobbra, felfelé fordította, könyökét stabilan tartotta a csavarodó törzséhez képest. A kasza éle alig néhány centivel volt a magas, dús fű teteje felett. Aztán lejjebb engedte a kaszát, és egy hirtelen visszaforduló mozdulattal és egy susogó hang kísértében lekaszált a fűből egy nagy ívet. A lejtőn a lekaszált fű egy rendezett kupacba hullott vissza. A frissen kaszált fű és a tengernyi mezei vadvirág illata töltötte be a levegőt. A férfi megint elfordította a törzsét, és újabb ívet kaszált le.

Zoli elővette a fényképezőgépét.

– Elvtárs, megengedi, hogy lefényképezzem? – megkérdezte.

A férfi megállt a mozdulatsornak a közepén.

– Én nem vagyok elvtárs – mondta, – a kommunisták megpróbálták elvenni a földemet 1947-ben, de nem adtam oda. Próbálkoztak többször is, megfenyegettek. Sőt még két traktort is küldtek modernizáláshoz, legalábbis azt mondták, de az egyik nem volt elég erős, hogy feljusson a meredek lejtőn, a másik meg felborult és legurult egészen az erdőig. – Széles mosoly ült ki az arcára. Elöl a középső fogai hiányoztak. – Hogy hívják? – kérdezte Zoli udvariasan.

– Ioan vagyok, hívjanak Bade Ioan-nak, így hív errefele mindenki.

– Lefényképezhetem, Bade Ioan?

– Persze, ahogy akarja. Csak ne lépjen a magas fűbe, mert összetapossa, és utána nem fogja meg a kaszám éle. – Abbahagyta a kaszálást, a kaszát fejjel lefele fordította, majd előkapott egy hosszúkás fenőkövet, és jól begyakorolt mozdulattal kezdte élesíteni a pengét. Zoli meg kattogtatta a kamerát.

– Netán lenne egy kis sajtjuk? – kérdeztem. – Eladóba?

– Én nem tudom, menjenek fel a házba, és kérdezzék meg az asszonyt! – felelte, aztán visszatette a csiszolókövet a tokjába,

és tovább kaszált.
Felmentünk a házhoz. Az asszony alacsony volt, széles csípőjű és hajlott hátú, éppen a csirkéket etette kukoricával.
– Jó napot kívánunk, asszonyom! – köszöntünk neki.
– Valami ételt szeretnénk venni. Van eladó sajtja? – kérdeztem tőle.
Betessékelt minket a házba. Tisztaság fogadott belül, az ablakokat kék papír fedte, a szőnyegeket meg nejlon. Kihozott egy kerek fadobozt, és levette a tetejét.
– Tessék, itt van egy kis sajt – mondta. Rátett egy darab sajtot egy papírdarabra és odanyújtotta nekem.
– Mennyibe kerül? – kérdeztem.
– Nem kell pénz, vegye csak el! – tette hozzá.
– Biztos? Van pénzünk.
– Vegyék csak el!
Megköszöntük és visszaballagtunk a férfihoz. Leültünk egy fapadkára, és nekiálltunk a sajtnak. Az ujjunkkal húztuk le a sajtról a papírt. Finom volt. Az érlelt sajt karakteres íze összekeveredett a fenyőfadoboz gyantájának az aromájával.
– Nagyon finom – mondtam a férfinak.
Ő bólintott.
– Most már tudom, honnan van az a fiatalos energiája – tréfásan megjegyezte Kövi.
A férfi elmosolyodott, kivillant széles mosolyából a foga közti rés. Letette a kaszát, és odaült mellénk. Inge ujjából kivett egy rozsdás fém cigarettatartót. Majd kihúzott egy szűrő nélküli cigarettát, kettétörte, az egyik felét visszatette a dobozba, a másikat meggyújtotta egy gyufával, és nagyot szippantott belőle.
– Tudják, fiúk, mi az előnye annak, ha az embernek elöl nincs foga? – kérdezte. Megráztuk a fejünket. – Csukott szájjal is lehet dohányozni – nevetett, majd köhögött egyet, aztán megint nevetett tovább. Mi is nevettünk vele.
Néztük az alattunk elterülő tájat. Meredek mező terült el előttünk többszáz méteren át, aztán egy sűrű erdő következett,

és az erdő alatt megint egy ugyanennyire meredek rét volt, ami egészen a Sebes-Körös folyó déli partjáig terjeszkedett.
– Gyönyörű – mondtam.
Zoli a fényképezőgépét beállította, hogy tájképet készítsen. Az öregember rábólintott: – Tavasszal kellene látniuk, amikor minden virágba borul. Annyi a virág, mint csillag az égen.
– Az ott a sátrunk – mutatott Kövi egy sárga pont felé a folyó közelében. A férfi hunyorított.
– Fiatalember, bárcsak látnék olyan messze – aztán szívott még egyet a cigarettájából. A parázs vészesen közel ért az ujjához. Láttuk a szétterülő szabadtéri piacot a folyó másik oldalán. Körülbelül kétszáz méter szélesen és vagy fél kilométer hosszan terült el a folyó partján. Azért jöttünk ide, hogy megnézzük ezt az évente megrendezett eseményt.
– Tudják, mi a piac neve? – kérdezte a férfi.
– Igen, feketetói vásár – felelte Zoli.
– Igaz, – bólintott a férfi – de eredetileg „feketetói leányvásárnak" hívták.
Meglepődtünk, mivel ezt magyarul mondta. – Beszél magyarul? – kérdeztem.
– Egy kicsit – mondta akcentussal.
Ezt az elnevezést már hallottam korábban. – Ez a név honnan ered? – kérdeztem. – Se tó, se eladó lány nincs a közelben.
– Arrafelé régen volt egy kis tó – mondta, és kezével balra intett, miközben ujjai között fogta a rövid, parázsló csikket. – Volt ott egy fatönkökből készült gát a halaknak. Pisztrángnak. Még megvolt, mikor gyerek voltam.
– És igaz, hogy volt lányvásár is? – kérdezte Kövi.
A férfi bólintott: – Igen, még hajdanán. Októberben a parasztok kivitték a portékáikat a piacra. Szarvasmarhát, juhot, gyapjútakarót, kukoricát. Meg a lányaikat, akik már eladósorban voltak. És akkor a fiatal legények végigjárták a standokat, és jól megnézték maguknak a lányokat. Ha mindketten kedvelték egymást, akkor megállapodtak. A fiatalember megkapta a lányt,

és a lány apja kapott egy-két tehenet.
- Ismer olyat, aki így ment férjhez?
- Igen, Mária, a nagynéném. Hosszú és boldog élete volt. Két éve halt meg kilencvenkilenc éves korában.
Bólintottunk, és ültünk csendben.
- Viszont ma már nem így működnek a dolgok – jegyeztem meg.
- Nem bizony – mondta a férfi. Egy kövön eloltotta a cigarettáját, a csikkjét felpöccintette a levegőbe. Felállt, megfogta a kaszáját, és folytatta a munkáját.
Félóra múlva leértünk a sátrunkhoz. Már hűvösödött. Száraz rőzsét gyűjtöttünk a közeli erdőből, és egy nagy tábortüzet raktunk. Megettük, ami kevéske ételünk még volt, és körbeültük a tüzet. Elővettem a fafurulyámat, és furulyázni kezdtem. Először tempósabb dalokat játszottam, de ahogy a tűz alábbhagyott, a dalok is melankolikusra fordultak.
- Csatlakozhatom hozzátok? – szólalt meg egy hang a sötétből, magyarul.
- Persze, gyere közelebb!
Magas srác volt, egy félig teli pálinkásüveg volt a kezében. Leült mellénk.
- Honnan jöttetek?
- Kolozsvárról – mondtuk.
- Aha, én budapesti vagyok. – Beszélgettünk vele egy darabig. A férfi már pityókás volt, mikor odajött hozzánk, és ahogy telt az idő, egyre jobban lerészegedett. – Ti nem is vagytok igazi magyarok – jegyezte meg valamikor az este folyamán. – Ez itt operettmagyarság, amit itt ti csináltok.
- Tati, mi bajod van? – kérdezte tőle Kövi.
- Én mondom nektek, hogy ti operett magyarok vagytok.
Akkor már alig tudott beszélni, nyelve akadozott, szája okádta az erős szilvapálinkaszagot.
- S az pontosan mit jelent? – kérdeztem.
Motyogott valami érthetetlenséget, aztán becsukódott a szeme. Még egy dalt eljátszottam, ahogy a haldokló lángokba meredtem.

- Ez valamikor Magyarország része volt! - kiáltott fel félálomban, és csupasz tenyerével a földre csapott. - Ez magyar föld! Ez nem segít, gondoltam magamban. Csendben bámultuk a kihaló tüzet.

- Álmos vagyok - ásítottam. - Megyek lefeküdni.

Korán ébredtem. A levegő friss volt, a fű harmattól nedves. A srác már elment, az üres üveg a megszenesedett tábortűz közepén hevert. Átnéztem a folyó túloldalára. A piac kezdett életre kelni. Láttam messziről, ahogy ketten a folyó partján, épp a folyóba vizelnek. Nyilvános vagy hordozható vécék nem voltak a kommunista kormány erősségei. Az emberek ott és akkor mentek vécére, ahol és amikor rájuk jött a szükség. Még két másik férfi ment le a partra, és nagy ívben kezdtek vizelni a hömpölygő folyóba. Visszamentem a sátorba, és rázni kezdtem Zoli bokáját.

- Zoli, ébredj! Találtam neked egy tökéletes témát a fotóidhoz.

Megdörzsölte a szemét, magához kapta a kameráját, és kidugta a fejét a sátorból.

- Tényleg, ez marhára jó - mondta elképedten, és jó néhány képet készített a közel tucatnyi férfiról, akik nagy ívben vizeltek a folyóba, a mi irányunkba.

- Úgy néz ki, mintha pecáznának - mondta Kövi résre nyílt szemmel. Nevettünk. - Hol a srác? Az operettsrác?

- Elment - mondtam -, de úgy látszik, előtte azért megitta a pálinkáját - mutattam az üres üvegre.

Ettünk valamit reggelire, aztán átmentünk a folyó másik partjára egy szűk gyalogos hídon keresztül, ami tőlünk háromszáz méterre volt lefelé. A piac már zsúfolt volt, nagy zsibongás vett körül bennünket. Parasztok, gazdák mutogatták áruikat: fadobozok, favödrök, gyapjútakarók, kések meg egyéb áruk sorakoztak egymás után. A piac egyik részén élő állatok is voltak: juhok, kecskék és néhány tehén. Egy másik részén használt dolgokat árultak. Egy ember egy hatalmas méretű gyapjú rövidnadrágot árult. Zoli felvette.

– Ez kinek van? Óriásnak? – kérdezte az árust.

– Próbáljuk fel mindketten! – viccelődött Kövi, és belebújt az egyik szárába, Zoli meg a másikba. Gyorsan lefényképeztem őket, ahogy vigyorognak, és hónaljukig felhúzzák a nadrágot. A piac tele volt, több ezren sétáltak a standok sorai között. Egy idős asszony olcsó, importált csecsebecséket árult. Zoli megragadott egy kicsi, játéknak tűnő horgászbotot, melynek élénkzöld műanyag orsója volt. Fogta az orsó fogantyúját és megpördítette. Az orsó darabokra törött.

– Tönkretette a horgászbotomat! – mérgelődött az asszony.

– Én nem csináltam semmit – felelte Zoli szégyenkezve. – Csak pördítettem rajta egyet, és kész, eltörött.

– Akkor most vegye meg! Aki eltöri, az megveszi! – perelt az asszony.

– Én nem veszem meg! – háborodott fel Zoli. – Ez egy darab szemét. De adok magának 10 lejt – Kihúzott egy 10 lejes bankjegyet a zsebéből.

– Tizenöt – mondta az asszony.

– Nem, tíz. Csak ennyit kap! – és átnyújtotta az asszonynak a pénzt. – Elnézést, hogy eltörtem – tette hozzá megenyhülve, és indultunk tovább.

A kavalkád és kavarodás túlsó felén észrevettem két lányt, akik egy kis asztal mögött álltak. Valami hirtelen megragadott, és ösztönösen elindultam feléjük a nyüzsgő tömegen átvágva. Zoli utolért.

– Te, én ismerem azokat a lányokat – jegyezte meg, mert észrevette, hogy feléjük tartok.

– Tényleg? – kérdeztem.

– Igen – felelte, ahogy próbáltunk kitérni a vásárba menő emberek útjából. Jól megnéztem őket, ahogy közeledtünk az asztalukhoz. A bal oldalinak rövid hullámos haja volt. De én a másik lányt néztem, aki valamivel alacsonyabb volt, hosszú egyenes hajú, és szélesen mosolygott. Tekintetemet rászegeztem, ahogy a tömegen át haladtam felé. Minden lépéssel, amit megtettem, egyre csodálatosabbnak tűnt a szeme. Nagy, barna, melegséget sugárzó szeme volt. Mint az anyaföldnek. Hirtelen úgy éreztem, hogy megtaláltam a koordináta-rendszerem origóját. Körülöttem minden és mindenki, a disznókat cipelő gazdák, a gyapjúsálakat árusító asszonyok, a rohangáló gyerekek kiáltása, az egymásnak támasztott seprűkötegek lényegtelen zajjá és háttérré zsugorodtak. Egyedül csak a szemét láttam, ahogy az asztalukhoz léptem.

– Sziasztok – köszönt nekik Zoli széles mosollyal. Kövi utolért minket.

– Én Kövi vagyok – mondta. Én csak a lány szemét bámultam. Amikor észrevette, hogy nézem, szemérmesen lesütötte a szemét, és az asztalt nézte.

– Akartok sapkát venni? – kérdezte a bal oldali lány. Annának hívták.

Engem nem érdekelt a sapka. Továbbra is a jobb oldali lányt néztem.

Egy gazda haladt el a stand előtt.

A jobb oldali lány felkapta a kalapot, odament a férfihoz, és megkérdezte: – Nem akarja megvenni ezt a sapkát? – A férfi megállt és elmosolyodott. – Próbálja fel, lehet hogy pont jó lesz – kínálta neki a lány a sapkát, és kuncogott. A férfi felpróbálta. A sapka gyapjúból volt kötve, kicsi volt. A férfi feje meg óriási volt. Húzta-nyúzta a fejére a sapkát, de az csak a koponyája felső részeit takarta be. – Jól áll magának – mondta kuncogva a nagy szemű lány, de Anna, a barátnője akkor már hangosan nevetett.

A férfi a fejét rázta, a sapkát levette és visszaadta.

– Túl szűk – mondta és elment.

– Hogy hívnak? – kérdeztem. Magához szorítva a sapkát rám nézett, és tekintetét nem vette le rólam.

– Ildikó – a hangja mélyen és dallamosan csengett, melegség áradt belőle.

– Én Gyuszi vagyok – mondtam.

Néhány másodpercig egymást néztük. Elpirult, és a lábára sütötte a tekintetét, aztán visszament az asztal mögé.

– Kér valaki egy sapkát? – kérdezte Anna, és magasan a feje fölé tartotta a portékát és megpörgette az ujjhegyével. Nem volt semmi más eladnivaló holmi az asztalon.

Elkezdtünk beszélgetni, és elmondtuk nekik, hogy a folyó másik partján táborozunk.

– Mikor mentek haza? – kérdeztem.

– Háromkor akarunk visszafele indulni, stoppal – mondta Ildikó. – Megígértem a szüleimnek, hogy ötre otthon leszek.

– Rendben, akkor mi is veletek megyünk – mondtam anélkül, hogy megkérdeztem volna a barátaimat. – Akkor majd találkozunk a főúton!

Elindultunk, és nézelődtünk még egy kicsit a piacon. De engem már nem érdekelt semmi. Se a faedények, se a gyapjúruhák meg a gyapjútakarók, se a használt rádiók vagy a kézműves övcsatok. Egyedül csak a lány szemét láttam magam előtt, ahogy rám tekintett.

Fontolgattam, hogy visszamegyek az asztalukhoz, de aztán meggondoltam magam, hogy az nem lenne illendő. Türelmetlenül pillantgattam az órámra; a percek, az órák iszonyatos lassúsággal teltek. Kettőkor átmentünk a folyó másik partjára, összepakoltuk a kempingfelszerelésünket, és kisétáltunk a főútra. Sokan gyalogoltak már az út szélén, néhányan céltudatosan baktattak az újonnan vásárolt portékájukkal, mások pedig abban reménykedtek, hogy egy autó felveszi őket. Egy sötét felhő takarta be az eget, aztán kövér esőcseppek kezdtek hullani. Pásztáztam tekintetemmel az utat fel és le, a lányokat keresve. Nem voltak ott. Aztán végigfutottam az út szélén, mindkét oldalt jól megnéztem, de nem láttam őket. Ömlött az eső. Ahogy az esőcseppek az aszfaltnak ütköztek, felpattantak a levegőbe. Amikor egy-egy autó elhaladt, az emberek feltartották hüvelykujjukat, jelezvén, hogy stoppolni akarnak.

Akkor megpillantottam őket. A sáros ösvényen ballagtak az út irányába.

– Ott vannak! – kiáltottam Zolinak, aki a fényképezőgépét egy nejlonzacskóval védte. Odafutottam hozzájuk.

– Örülök, hogy itt vagytok – mondtam. A lányok átáztak az esőben, de vidámnak tűntek, az eső nem zavarta őket. Anna szorongatta kezében az elázott sapkát.

– Nem adtad el? – kérdeztem.

– Nem, senkinek se kellett – felelte.

Közelebb álltunk egymáshoz, és letettük a hátizsákunkat. Zoli előhúzta a sátor esővédőjét és a fejünk felé tartottuk. Megpróbáltuk megállítani a kelet felé vezető sávokban közlekedő autókat, de nem volt szerencsénk. Szinte alig állt meg autó, és amelyik meg is állt, az is csak messze a mi ötfős, csomagokkal teli csoportunktól.

– Menjünk a vonatállomásra – javasoltam. – Jön egy vonat délután ötkor. Húsz percig gyalogoltunk az út szélén a többi járókelő között, akik a fejük felé emelt portékájukkal védekeztek a zuhatag ellen. A zsúfolt épületben várakoztunk, bőrig ázva. Aztán befutott a vonat, és mi feltornáztuk magunkat a tömött kocsiba. Úgy igyekeztem, hogy Ildikó mellé kerüljek. A haja hosszú volt és nedves, az arca piros. Széles szája volt és gyönyörű gyöngyház fogai, bár az egyik foga egy kicsit görbe volt. Aranyos volt. A szemébe néztem. Kíváncsiság és szenvedély tükröződött benne. Még mindig sugárzott belőle a melegség, pedig bőrig áztunk és fáztunk.

– Mégis mi ennek a sapkának a története? – kérdeztem tőle.

Ildikó elnevette magát. Elmesélte, hogy Annának, aki hallótávolságon kívül állt Zoli és Kövi mellett, nagyon elszánt az anyja. És ragaszkodott hozzá, hogy Anna télen hordja a sapkát.

– Általános iskolában? – kérdeztem, mert a kalap olyan kicsi volt, hogy csak egy tízéves fejére passzolt.

– Nem – felelte –, egészen a középiskola végéig. – Mind a ketten nevettünk. – Anna azt mondta az anyjának, hogy "rendben, hordom a sapkát, de ahogy elvégzem a gimnáziumot, eladom!".– Aha, tehát azért jöttetek a vásárba, hogy eladjátok? Kuncogva bólintott. Hosszasan beszélgettünk. Megtudtam, hogy elsőéves egyetemista, földtant tanul, az édesapja meg kémiaprofesszor az egyetemen. A kocsi tele volt utasokkal; az ablakok bepárásodtak az összezsúfolt emberek nedves ruhájától. A vonat lassú volt, zötyögött, gyakran megállt. De én észre se vettem. Az idő megállt. Az út alatt alig vettem le a tekintetem a szeméről. Mi csak beszélgettünk. Zenéről, túrázásról, a hegyekről és a könyvekről, amiket olvastunk. Elmeséltem neki az egyik kalandomról szóló történetet, ami a hegyekben történt. Mikor úgy tizenéves voltam, édesapám elvitt minket a nővéremmel a Radnai-havasokba a nyári szünetben. Egy sötét, Hold nélküli éjszakán hallottunk egy kétségbeesetten nyerítő lovat. A karácsonyi szezonban lemészárolt disznók nyüszítő hangjára emlékeztetett még gyerekkoromból. Másnap reggel megtaláltuk a lovat nem messze a hegyi menedékházunktól. Egy medve ölte meg az éjszaka alatt. Ahogy elmeséltem a történetet, minden szavamat figyelmesen hallgatta, arca őszinte együttérzést sugárzott.

Leszálltunk a vonatról, és csatlakoztunk a barátainkhoz.

– Van kedved gördeszkázni jönni velem? – kérdeztem.

Rám nézett.

– Persze. Mi a telefonszámod?

– Nincs telefonom – feleltem.

– Akkor te hívjál fel! A telefonszámom: 42169.

Bólintottam.

Négy-kettő-egy-hat-kilenc. Hatszor hét, majd hat plusz hét a négyzeten. A szám rögtön bevésődött az emlékezetembe. Zoli, Kövi meg a két lány elindult a buszállomás felé. Még egy darabig néztem őket. A homályosan megvilágított vasúti sínek felé fordultam, melyek a nagymamám pár kilométerre levő háza felé vezettek. Felkaptam a nedves hátizsákomat, bekapcsoltam a hátizsák derékövét, és elindultam a sötétség irányába. Át voltam ázva, fáztam, éhes voltam és fájt a talpam, ahogy a vasúti töltés éles, zúzott kavicsain gyalogoltam. Még sohase voltam ennyire boldog.

Szerelmes voltam.

A gördeszka, Kolozsvár, 1983 októbere

fordította: Liszkai András

– Vidd innen a büdös kutyádat! – ordította egy hang az udvarból. – Manó, gyere ide! – szólítottam magamhoz a kutyámat, akinek a feje egy ütött-kopott fakapu résén kandikált be egy udvarba. Kihúzta a fejét, és mellém szegődött az út szélén. – Jól van, Manó – mondtam neki, miközben a fejét simogattam.

Fényes fekete szőre csillogott; hunyorgott, ahogy hozzáértem a szeme fölötti, hosszú, kilógó szőrökhöz. Lihegett, egészséges nyelve a szájából kilógott, ritmusosan törtek elő belőle a levegővételek. Boldog volt és kíváncsi, de fáradt is. Ő volt az én alig kétéves németjuhászom, Manó. Nem volt sem csúnya, sem kicsi, ahogy azt a manókról általában feltételeznénk. Huncut volt és a legjobb barátom.

Fél kilométerre voltunk nagymamám házától, egy egyenes útszakaszon, melynek jobb oldalát régi düledező magánházak szegélyezték, és bal oldalán pedig egy magas betonfal állt, tetején két sor szögesdróttal. A fal túloldalán egy üdítőital- és kekszgyár volt. Az üdítőhöz és a kekszhez három alapanyag kell: liszt, cukor és vaj; három olyan hozzávaló, melyeket akkoriban az átlagember számára csak jegyre adtak ki. Ez azt jelentette, hogy minden elvtárs csak egy kicsi adagot kaphatott ezen alapanyagokból, persze azt is csak akkor, ha volt ideje és kitartása felkutatni egy lelőhelyet, majd órákig sorban állni értük. A gyárban ott volt a cukor, a liszt, a vaj. Nyilvánvaló volt, még az illatát is éreztük. A gyár épületén kívül se cukor, se liszt, se vaj. Nem csoda, hogy ott volt az a kerítés.

Az út csupa kátyú volt sokáig, ameddig csak a szem ellátott. Annyira leromlott az állapota, hogy a gyár acélkapujában egymást érő kamionok alig voltak képesek végigdöcögni rajta a nehéz szállítmányaikkal, amelyeket valószínűleg valamelyik szomszédos kommunista országba vittek. Tehát nem volt más választásuk – végre leburkolták az utat.

Volt egy narancssárga gördeszkám; pár hónappal azelőtt kaptam. Rengeteg pénzembe került. Amikor egy évvel azelőtt először láttam gördeszkát, ámulatba estem: milyen egyszerű, de nagyszerű jármű. Kellett egy; akartam. Kutattam és kérdezősködtem – egy olyan városban, ahol akkoriban talán összesen ha három gördeszka lehetett. Végül beszéltem valakivel, akinek élt egy unokatestvére Nyugat-Németországban, és ő olykor ellátogatott Romániába. Kiderült, hogy van egy gördeszkája, amire már nincs szüksége. Levadásztam az illetőt, és megvettem a deszkát.

Kihívás volt ráérezni a deszkára, de még nagyobb kihívás volt olyan utakat találni, ahol az aszfalt viszonylag sima volt, és nem volt rajta kátyú. Amint megtanultam deszkázni, megtanítottam Manót, hogy húzzon engem a deszkán. Varrtam neki egy hámot, így nem kellett a nyakörvénél fogva fojtogatnom. Imádta csinálni. Amikor látta, hogy a hámmal kezemben megyek felé, rám ugrott; a feje egészen a nyakamig felért. Nagy kutya volt. Remegett az izgalomtól, alig bírtam a hámot ráadni. Ha megvolt, kimentünk és kerestünk egy sima útszakaszt, és rászóltam, hogy feküdjön le. Az összes izmát befeszítve ugrásra készen feküdt, hatalmas izgalomban.

Aztán ráléptem a deszkára, és kiadtam a parancsot: – Menj, Manó!

Úgy gyorsult fel, mint egy rakéta. Mindent beleadva kellett kapaszkodnom. Először csak egyenesen mögötte mentem, aztán megtanultam szlalomozni, kitérni szélesen balra, jobb kezemben a pórázzal, majd át a jobb oldalra, átcserélve a pórázt a bal kezembe. Manó szögegyenesen futott. Szerintem mind a ketten erre születtünk. Körülbelül másfél kilométert futott, mire teljesen kifáradt, a hosszú nyelve csapkodott fel-alá, végül kényelmesen belassult, lepisilt néhány fát, majd visszajött hozzám, hogy csináljuk még. Ezt úgy fejezte ki, hogy a hátsó lábaira állva a mellső mancsaival kapargatta a sárga deszkámat.

Lépéseket hallottam a kapu túloldaláról, mely baljós nyikorgással nyílt ki.

– Szóval, te vagy az a seggfej! – szólt rám egy mérges képű, ráncos öregember a kapuból.

– Tessék? – kérdeztem.

– Tudom, ki vagy. Te vagy az az idióta, aki a kutyával azt a kerekes hülyeséget csinálja.

Alacsony volt, a háta hajlott, a fején viseltes Lenin-sapkát hordott.

– Ez egy gördeszka – tartottam oda neki. – És ez a kutyám, Manó. Bocs, hogy bepofátlankodott a maga kerítésén. Jó kutya, nem bánt senkit.

Manó mellettem ült, közben finoman simogattam a feje búbját.

Az öreg hunyorított. – Harminc éve élek ezen az utcán. Harminc éve! Ezalatt a harminc év alatt ilyen hülyeséget itt még senki se csinált – üvöltötte egy lélegzetvétellel.

– Hát, valakinek akkor újítania kell – feleltem.

– Még okoskodsz is ráadásul? – kiabálta. – Akkor majd tanítok neked egy leckét!

Megfordult és meglepő iramban a ház háta mögé ment. Fém zörgését hallottam, de nem tudtam rájönni, mi az. Az öreg egy rozsdás vascsővel tért vissza, amit a feje fölé emelt. Csapásra készen állt.

– Móresre tanítalak! – üvöltötte mérgesen, a csövet szorongatva a ráncos, sárgás színű kezében.

Az a benyomásom támadt, hogy harminc éve várt erre az alkalomra. Előtört belőle egy rég elnyomott, mélyen ülő vágy, hogy végre elverhet valakit.

Közelebb lépett hozzám, és fejem felé irányította a csövet. A szemébe néztem, és álltam a tekintetét.

– El akar verni egy csővel, mert a háza előtt gördeszkáztam? – kérdeztem erősen és magabiztosan.

– Igen, pont azt fogom tenni! – kiabálta vissza.

– Jól van, akkor üssön meg! – mondtam neki, egyenesen az arcába. Feszült idegekkel vártam, hogy ki tudjam védeni a sújtást. – Gyerünk, üssön! – ismételtem, ezúttal még erőteljesebben. Manó nyakán felállt a szőr, és vészjósló morgást hallatott a torka mélyéről. A szemem sarkából láttam, hogy ő is ugrásra kész. Ott álltunk hárman, pattanásig feszült idegekkel: az öreg, a kutya és én.

Végül az öreg remegő kezekkel leengedte a csövet. Megfordult, bement a kapun, és bezárta maga mögött egy rozsdás kovácsoltvas retesszel.

Megsimogattam a kutyám buksiját.

– Jól van, Manó, ügyes vagy! – majd felpattantam a deszkára.

– Feküdj, Manó!

Manó leengedte a testét, a füleit hátracsapta, izmai megfeszültek. Készen volt. Szorosan megmarkoltam a pórázt.

– Menj, Manó, menj!

A mentőakció, Radnai-havasok, 1983.

fordította: Várallyay Csanád

Elfordítottam a fejem, és letekintettem. Alattam csillogott a Radnai-havasok kelet-nyugat irányban húzódó hegygerince, amelyből kimagaslott a Laptelui-csúcs, egynapos sítúráink gyakori célpontja. Ez a kirándulásunk viszont azon is túlmutatott. Túravezetőként tizennégy sízőtársammal másztam felfelé az Aniesu Mare csúcsára. A mászás a Lapteluiig viszonylag könnyű és biztonságos volt, de a Laptelui és Aniesu Mare közötti meredek lejtőket jég borította. A síléceket a Laptelui-csúcsnál hagyva ezért, léc nélkül, csupán síbakancsban folytattuk az utat. Az előző napi eső ugyanis megfagyott az azt követő csillagfényes hideg éjszakában, valóságos jégpáncélt képezve a hó tetején. Kemény síbakancsunk orrával megtörtük a jég felszínét, lábnyomaink egy gyöngyfüzérszerű ezüstös vonalat rajzoltak a fehér hegygerincen. Tiszta volt az idő, ragyogó napsütéssel, a látásviszonyok nem is lehettek volna jobbak. A mászás utolsó szakasza előtt álltunk.

– Minden rendben? – kérdeztem Lacit, a síbotjára támaszkodó srácot a sor végén.

– Minden rendben – felelte olyan széles mosollyal, hogy trapéz alakú bajusza denevérszárny alakot öltött. Megindultam felfelé, tovább formálva az égbe vezető jéglépcsőket. Magasra emeltem a jobb sarkam, és a lendület erejével rúgtam a jeget, mély üreget ütve a műanyag sícipő orrával a hóban. Ezután megismételtem ugyanezt bal lábbal, ügyelve arra, hogy a bal és a jobb lépések megfelelő távolságban legyenek egymástól. Apám tanított erre. Ha egy vonal mentén lépkednénk mindkét lábbal, fennállna a veszélye annak, hogy a vastag hótakaró beszakad, és a bakancs lecsúszik az ellenoldali lábnak szánt lyukba. Ez azért veszélyes, mert a mászó könnyen elveszítheti az egyensúlyát. Jobb tehát, ha a jobb és bal lépések szélesebbre vannak egymástól, a hegymászót pingvinszerű, oldalra imbolygó mozgásra késztetve. Az is fontos, hogy a bakancs orra enyhén előre dőlő helyzetben, lefelé hatoljon a hóba, még biztonságosabbá téve a lépést a többiek számára. Jobb bakancs, sarokemelés, jégrúgás, behatolás. A jobb térd kiegyenesítése, majd a test enyhén balra dől, bal síbot beszúrása, bal bakancs sarokemelés, jégrúgás, behatolás, bal térd kiegyenesítése, a test enyhén jobbra dől, a jobb síbot leszúr. Így növekedett a gyöngysor – avagy a saját „Stairway to Heaven" verziónk az Aniesu Mare csúcsának meredek lejtőjén. Délhez közeledvén a levegő hőmérséklete emelkedni kezdett, de a jégtakaró még mindig kemény és csúszós volt. Az új pihekabátom volt rajtam, amelyet nővéremtől, Erzsébettől kaptam. Ő vásárolta a libatollat Ördöngösfüzes faluból, ő maga fejtette le a pihéket a tollról, és varrta nekem a parkát egy zöld szövetből. Ez volt messze a legmenőbb ruhadarab, amim valaha volt.

Ildikó szorosan követett. Vele két hónappal korábban ismerkedtem meg egy vásáron, és a barátságunk folyamatosan erősödött. Boldog mosoly ült az arcán. Egy nem valami jól passzoló, nagyméretű és nem is túl divatos khakiszínű parkát viselt, valamint egy régi bőrbakancsot és egy gyapjúsapkát, mind már használt, valakitől örökölt ruhadarabok. Ez persze sem neki, sem nekem nem számított. Lelkesedése és mosolya mindenkit felvidított a csapatban. Annyira boldog voltam, hogy a szülei elengedték velünk. Alig töltötte be a tizenkilencet. Egy fiatal, ártatlan, fényesszemű, kíváncsi lány volt, rá nem illő öltözékben. Felelősséget éreztem a biztonságáért. A csapat többi tagja tapasztalt síelő és hegymászó volt, de Ildikó még új volt ebben.

Megpróbáltam

– Óvatosan – mondtam neki –, nagyon csúszós. Célozz a lyukra a bakancsod hegyével! Nővérem néhány emberrel mögöttünk jött, megpróbált nem beleavatkozni a bimbózó kapcsolatunkba. Megfigyelőként szemlélte, hogy az öccse mibe keveredik. Integettem neki, és látványosan végigsimítottam kezem az új pihekabátomon. Jólesett neki is, hogy értékeltem az ajándékát.

Micsoda nap! A vizsgaidőszak december közepén ért véget. Hátrahagytuk a szürke rideg pesszimista várost, és most itt voltunk a világ tetején, tíznapos sítúránk első kirándulásán. Nem sokkal később felértünk az Aniesu Mare-ra. Lassan mindenki összegyűlt a hegycsúcsot jelző, tetraéder alakú szerkezet körül. Gyönyörködtünk a kilátásban. Tőlünk délre az Aniesu faluba vezető meredek Aniesu-völgyet láttuk, amelyre még gyermekkoromban felmásztunk nővéremmel és apámmal az egyik nyáron. Tőlünk délkeletre a Corongis tűéles csúcsa emelkedett ki egy fennsíkról. Évekkel azelőtt azt a csúcsot is megmásztuk a nővéremmel, nem felejtem el mennyire féltem, amikor két felvadult pásztorkutya megtámadott minket. Kelet felé a távolban jól látszott az Unökő, a Radnai-havasok legkeletibb hegycsúcsa. Nyáron is többször túráztam arra. Tőlünk északkeletre mélyen a völgyben ott állt a Puzdra-kabana, egy kis rozoga turista-menedékház, amely az alaptáborunkat képezte. Tőlünk északra a Toroiaga-hegység volt, amely még Románia része, de az azon túl eső hófödte gerinc már Ukrajnához, pontosabban akkoriban a Szovjetunióhoz tartozott. Az Aniesu Mare-ról egyenesen lefelé húzódott egy völgy, melynek ellentétes oldalán a Puzdra-csúcs állt. A Puzdra-csúcs a legmagasabb volt a katlant körbevevő csúcsok közül. Magányosan állt, büszkén és tiszteletet parancsolóan. A Puzdra megmászása komoly kihívás volt profi hegymászóknak, számunka az sosem volt napirenden. Az Aniesu volt az ahhoz legközelebbi csúcs, hasonlóan 360 fokos körpanorámával, ami idevonzott minket: lőni egypár fotót a szovjet gyártmányú Fed3 gépemmel, aztán irány vissza a sílécekhez. Zoli – egy szőke srác, kék szemű és nagy szakállú, aki egyben jóbarátom – hozott egy papírzacskót tele szárított almával, amit megosztott velünk. Ő is előkapta a fényképezőjét, egy Smenát, ami szintén egy ismert szovjet márka volt. Bár olcsóbb és gyengébb gép volt, mint az enyém, de mégis ő készítette a legszebb képeket. Boldogan fotózta a fantasztikus tájat, valamint a csapat tagjait – amint mindenki az ő szárított almáját rágcsálta. Készen álltunk a visszaindulásra.

– Figyeljetek a lépteitekre srácok, hagyjatok elegendő távolságot egymás között! – utasítottam a csapatot. Tartottam tőle, hogy a lefelé út nehezebb lesz. A bakancs sarka könnyebben kicsúszhat a lépésből, és akkor baj van. – Szúrd be a botokat magad előtt, és aztán lépj csak!

Elindultam lefelé. Lassan lépkedtem, majd néhány lépés után megálltam, és megbizonyosodtam róla, hogy mindenki rendben van. Laci zárta a sort, aki még alig hagyta el a csúcsot ekkor, és előtte Ági ment, egy fizikaszakos egyetemi hallgató, zöld sínadrágban és piros anorákban. Lépésről lépésre ereszkedtünk le a hegyről. Nagyon lassan, többször megállva. Ildikó követett bőrbakancsban – amely síeléshez ugyan kevésbé volt ideális, de viszonylag erős és recés talpa jól jött ezen az úton. Közeledtünk a meredek hegygerinc aljához, az Aniesu Mare és a Laptelui csúcsok között fekvő nyereghez.

– Ott megpihenünk – jeleztem Ildikónak.

Ő bólintott és hozzátette: – Jól vagyok, ne aggódj miattam. A terep egyre lankásabb lett, enyhítve aggodalmaimat. Végre elértem a nyereg sík részét. Nincs több veszély a lecsúszásra.

Zoli egy sziklán ült, az arcát a Nap felé fordította, és egy elégedett mosollyal azt mondta: – Imádom ezt a boldog semmittevést.

Fizika és kémia szakos hallgatóként, épp egy kemény vizsgaidőszakot tudott maga után.

A csapat fele még mindig a lejtőn volt, lassan és óvatosan ereszkedett lefelé. Nem sokkal később pedig már majdnem mindegyikük elérte a biztonságos lapos nyerget, kivéve Ágit és mögötte Lacit.

Ági talán harminc méterre lehetett a biztonságtól, amikor egyszer csak megállt és leült, hogy fenéken csúszva érkezzen a csapathoz. Megindult, és bár kezdetben lassan közeledett felénk, a gravitáció egyszer csak átvette a teljes kontrollt, pályája balra ívelt, és egyre sebesebben száguldott a meredek völgy mélye felé, majd eltűnt a szemünk elől. Mindannyian hitetlenkedve és kétségbeesetten kiabáltunk. Az egész talán négy másodperc alatt zajlott le.

Ági nem volt többé. Eltűnt!

Egy pillanatra fontolóra vettem, hogy gyorsan lesíelek és megkeresem őt. Ez volt viszont a hegy legmeredekebb része, és bár síeltem ott korábban, de sokkal jobb terepviszonyok mellett. Ezen a jégen öngyilkosság lett volna.

– Vidd le a sílécemet! – kértem nővérem, aki tapasztalt hegymászó és síelő volt. Bíztam benne, hogy le tud sízni a hegyről a léceimmel a vállán. – Találkozunk lenn a menedékházban – mondtam a csapatnak, és gyorsan ereszkedni kezdtem lefelé.

Fogalmam sem volt, mi történt, vagy mi fog történni. Tudtam, hogy nagy baj van. A völgy oldala meredek volt, sima és jeges; csillogott a napsütésben. Ha ráejtettem volna egy kesztyűt, egészen a völgyaljig csúszott volna, mely több mint egy kilométerre volt. Onnan fentről nem is látszott a völgy alja, és Ági valószínűleg ott feküdt.

Túl meredek volt ahhoz, hogy előrefele ereszkedjek le. Hátat fordítottam a völgynek, hátrafelé ereszkedtem nagyon lassan, a síbakancsom orrával a jégpáncélba vésve lépéseimet. Észrevettem, hogy néhány jégdarab fentről megindult, jelezvén, hogy Zoli is elindult utánam, szintén hátat fordítva a lejtőnek, bakancsát ütve a makacs jégpáncélba. Talán 100 méterrel lehetett felettem. Teljes figyelmünk a biztonságos ereszkedésre irányult, mert egy apró hiba vagy megbotlás, és nincs megállás. Szótlanul ereszkedtünk, de biztos vagyok benne, hogy mindkettőnket egyetlen kérdés foglalkoztatott, hogy vajon Ági életben van-e vagy sem.

Ági csúszásnyomait keresve szemléltem a lejtő jeges felszínét, de nem láttam semmi arra utalót. Persze az irány nem volt kérdés. Csakis lefelé. Elértem néhány sziklát, melyek tetejét hó borította. Megálltam az egyiken, és feltűnt egy kis bemélyedés a jégtakaróban, mintegy hat-hét méterrel a szikla alatt. Egyértelmű volt, hogy Ágitól származott, azonban tovább semmi nyomot nem találtam.

– Látod őt? – Zoli kiabált fentről, a Nap irányából. Hunyorítva felé fordultam.

– Nem, nem látom!

Folytattam az ereszkedést. Szegények voltunk. Hálás voltam, hogy a szüleim évekkel korábban megvették nekem a Topáz síléceket. Román mércével mérve középkategóriás lécek voltak, de én nagyra becsültem őket. Hágóvasam vagy jégcsákányom nemhogy nem volt, de akkoriban még nem is láttam olyat. Gondolom hivatásos jégmászóknak vagy hegyi túravezetőknek lehetettek már akkoriban is ilyen szerszámaik.

Egyik pillanatban a jobb lábam megcsúszott, és majdnem kiütötte a bal lábam a lépésből. Botommal sikerült megfékezni a csúszást. Éreztem testemben az adrenalint. Próbáltam még óvatosabb lenni. Bal láb, bal bot, kérlek, hogy legyen életben – jobb láb, jobb bot...

Harmincpercnyi ereszkedés után egyszer csak megpillantottam Ágit. Életben volt! Egy kis jeges mederben feküdt a völgy alján.

– Jól vagy? – kiáltottam. Nem hallottam semmit, de láttam mozogni, mintha sikertelenül próbált volna felmászni a meredek lejtőn, ahonnan lecsúszott.

– Ági, jól vagy?

Semmi válasz.

– Mozog! – kiáltottam oda Zolinak, aki továbbra is követett a hegyen. Még 20 percembe telt, hogy leértem hozzá. Megdöbbenve tapasztaltam, hogy arca belilult és megduzzadt. Körmeit használva próbált felmászni a meder meredek, jeges falára, amely csapdába ejtette. Néhány métert mászott, majd a hasán visszacsúszott a gödör aljába. Egyik kesztyűje a hóban hevert.

– Jól vagy? – kérdeztem tőle ismét, bár egyértelmű volt, hogy jól biztos nincs.

– Ki vagy te? – kérdezte.

– Gyuszi vagyok.

– Hol van Béla?

– Lement Borsára, hogy ételt hozzon a fel a kabanába – feleltem.

Odamentem hozzá és felsegítettem rá a parkám, majd álláig felcipzároztam. Akkor vettem észre, hogy vérzik az orra és a szája. Sötét vérfoltok csöpögtek a zöld parkám gallérjára. Volt egy darab csokoládé a zsebemben, kicsomagoltam és az ajkai közé tettem.

– Egyél ebből egy kicsit!

– Hol van Béla? – kérdezte újra.

– Lement Borsára a fiúkkal, hogy ételt hozzon. Az a hír járja, hogy lesz hús a hentesüzletben. Estére visszajönnek.

– Ki vagy te? – vörösen belövellt szeme gyerekes naivitással nézett rám.

– Gyuszi vagyok, és elviszlek a kabanába.

Zoli is megérkezett. Ági arca őt is aggodalommal töltötte el.

– Ki vagy te? – kérdezte Ági.

– Zoli vagyok – felelte –, Béla osztálytársa.

– Hol van Béla? – kérdezte újból.

– Lement, hogy élelmiszert vegyen – válaszolta Zoli.

Felmértem a terepet. Körülbelül kétórányi járásra voltunk a menedékháztól: lefelé egy sziklás gerincen a törpefenyőkig, majd tovább onnan le a sűrű erdőbe; annak alján csatlakozni az erdei úthoz, amely elvileg csak nyáron érhető el, azon jobbra fordulni, egy kilométert menni, majd átkelni a patakon, feltúrázni a kerekded dombra és onnan már csak egyenesen lefelé a Puzdra-

kabanába. Mindez két órát venne igénybe normális körülmények között, ami persze nem volt elmondható a jelen helyzetre.
Zoli segítségével felkaptam Ágit a hátamra és megkértem, hogy kapaszkodjon erősen. Zoli felvette a fekete kesztyűt a földről, és elindultunk lefele. Ági alacsony és vékony testalkatú volt, ennek ellenére sok energiára volt szükségem, hogy cipeljem. Lassan és óvatosan lépegettem. Az utolsó dolog, amit akartam, hogy elessek. Fokozatosan ereszkedünk le.
– Hol van Béla?
– Lement, hogy ételt hozzon – feleltem újra.
Néhány perccel később újra megkérdezte: – Hol van Béla?
– Lement, hogy ételt hozzon – de ezúttal Zolin volt a sor, hogy válaszoljon.
És ez így folytatódott tovább.
Amikor elértük a törpefenyőket, a hótakaró elveszítette kemény, fényes burkolatát. Az elcsúszás veszélye kisebb volt, lábam azonban egyre mélyebbre süllyedt a hóban, nehezítvén a haladást. Ágit lassan leengedtem a hátamról és megkértem, hogy ragadja meg a derekam, és lépkedjen a nyomdokaimban. Így folytattuk az utat, hallottam, ahogy a bakancsa ki-be csúszik az ovális lépésnyomokból, melyeket a mély hóban hagytam magam mögött. Délután három óra felé lehetett, három és fél órával a baleset után. Haladtunk lassan, de biztosan a szállás felé. Ági már nem kérdezősködött, üres, érzelemmentes tekintet ült az arcán. Szeme még jobban megduzzadt, nem voltam biztos benne, hogy egyáltalán lát-e valamit. Benn voltunk az erdő mélyén. Az ég még világos volt, a környező hegyek csúcsait megvilágította a lemenő félben lévő Nap, de érződött, hogy hamarosan közeleg a sötét éjszaka, és hogy hideg lesz, nagyon hideg.
Elértük az erdei utat, amin jobbra fordultunk. Viszonylag lapos volt. Az volt az a hely, ahol először síeltem ezen a hegyen. Pont ezen az úton. Sok évvel azelőtt történt, ötéves koromban, amikor apám, aki nagy természetjáró és síző volt, felhozta gimnáziumi fiúdiákjait és engem. Büszke voltam, hogy én is a

nagyfiúk közé tartozhattam. Ez az én hegységem volt, ahol otthon éreztem magam. Évente 3-4 alkalommal voltam itt túrázni, télen természetesen sível. Néha csak pár napra jöttem fel, de volt, hogy három hétre is. Ismertem minden csúcsot, minden völgyet. Szinte itt nőttem fel. Ez a hegy gyakran próbára tett, de megvédett és szabadságot adott, kiszakítván engem a szürke valóságból, a rideg, szennyezett, merev szabályokkal teli, kontrollált világból. Itt fent ennek az ellenkezője volt igaz: tiszta levegő, napsütötte csúcsok, hatalmas érintetlen hegyoldalak, és itt azt tehettem, amit akartam. Most azonban csak egy dolgot akartam, azt hogy Ági biztonságban legyen. Furdalt is a lelkiismeret, mert nem akadályoztam meg, hogy becsússzon a meredek völgybe. Nem is értem, hogy történhetett meg. Az én hibám is.

Besötétedett, mire elértük a Puzdra menedékházát. Barátaink körülvettek minket, és nyugtatgatták Ágit. Egy fából készült emeletes priccsre fektettük. Valaki gyorsan hozott neki egy csésze meleg teát. A mennyezetről lógó olajlámpa halvány fényében szemléltem Ági arcát. Rettenetesen püffedt volt, szeme teljesen el volt zárva a duzzanattól, a halántéka lila volt, az állkapcsa oldalán pedig horzsolások. Orrlyukából sötét alvadt vérrögök álltak ki.

– Ági, hogy érzed magad? – kérdeztem tőle.

Béla, a barátja is bejött a szobába.

– Jézusom! – nyögött, amikor meglátta. Melléje feküdt az ágyon, megölelte és gyengéden megsimogatta. Súgott valamit a fülébe, azt hiszem, a könnyeivel küszködött. Elhagytam a szobát. Ildikó hozott egy kis ennivalót, és csendben megölelt.

Laci is átjött.

– Hol találtad meg? – kérdezte.

– A völgy alján – feleltem –, csúszott vagy egy kilométert.

Csak ekkor vettem észre, milyen fáradt vagyok. A házikó hideg előterében egy székre zuhantam. A nagy Nyugat felé tekintő ablakokon át a csodálatos Puzdra-csúcs kontúrja még kivehető volt.

- Csak le akart csúszni hozzátok - dünnyögte Laci. - Úgy gondolta, jó ötlet.
- De az annyira veszélyes - feleltem fáradt hangon.

Laci folytatta: - Mondtam neki, hogy ne tegye, de csak kuncogott, és leült a csúszós sínadrágjára. Nem tudtam elkapni, pár méterre volt előttem. Aztán eltűnt. Mindketten bámultuk egymást. Hitetlenkedve ráztam a fejem. Lacinak nagy, fényes szeme volt. Ő volt az egyik legokosabb diák a főiskolánkon. A számítástechnika és matematika tananyaga mellett elkezdett tanulni ókori görögül és latinul, majd filozófiát és szociológiát is felvett. Mindig lenyűgözött az intellektusa. Szerette bámulni a tüzet, és órákon át képes volt elmerengeni. Mintha megbabonázták volna a lángok, s olyankor kifinomult elméleteket fejtett ki az élet értelméről, a fekete lyukakról és a gravitációs hullámokról. Hallgattam egy darabig, de amikor túl sok volt, mondtam neki, hogy „Laci, egy barátnőre van szükséged!". Most felém irányult ez a sajátságos bámuló tekintete, amit én is viszonoztam.

Rares, egy magas román srác megjelent a szomszédos kisebb hálószobából. Az orvosin tanult.
- Ott van? - mutatott a nagyobb hálószobára.
- Igen - feleltem -, megnéznéd? Nagyon rossz állapotban van.
- Hogy találtad meg? - kérdezte.

Röviden meséltem neki a csúszásról, hogy hol találtam meg, hogy úgy tűnt, elvesztette az időérzékét, valamint arról is, hogy egyikünket sem ismert fel, és hogy ugyanazokat a kérdéseket hajtogatta. Rares eltűnt a hálószobában. Egy idő után kijöttek Bélával együtt. Többen körülvettük.
- Lehet, hogy vérzés van a fejében. Lehet, hogy nem húzza ki reggelig - mondta Rares.

Béla ismét a könnyeivel küszködött.
- Le kell vigyük a hegyről! - kiáltott Béla, majd hirtelen felkapott egy acélrudat, kirohant a menedékház jeges teraszára, és kongatni kezdte a vészharangot. Ez nem éppen

egy harang alakú harang volt, hanem egy négyszögletes, rozsdás acéldarab, ami a ház külső sarkában lógott egy vízszintes szerkezeti gerendáról.

A kisház eredetileg egy bányászati felvonóállomás volt, amelyet a Radnai-hegység déli oldalán bányászott ércekkel megrakodott csillék cseréjére használták. Akkortájt, amikor megszülettem, a bányát bezárták, és az állomást egy turistamenedékházzá alakították át. Ez azon kevés dolgok egyike volt, amit a kommunista kormány jól csinált: a túrázás és a hegymászás népszerűsítése. A Kárpátok hegységeiben több hegyi kisházat is kialakítottak a túrázóknak és a síelőknek. Minden kunyhóban általában egy főállású alkalmazott élt – a kabanás.

A harang csupán egy nagy acéldarab volt, a lebontott bányászati felvonó toronymaradványa, melyet annak idején vészhelyzet esetén használtak. Ha elég erősen ütötték, a völgyben a falusiak meghallották a hangját, és riasztani tudták a hegyimentőket. Béla odakint egy szál ingben vehemensen verte a harangot, ami hangos, artikulálatlan zajt keltett. Stefan Timis – a kabanás – kilépett a pici privát hálószobájából. Mormolt valamit, és megragadta Béla vállát. Nem hallottuk, mit mondott neki, de feltételeztük, hogy valami olyat, hogy semmi értelme ütni a vasat, mert senki sem jön a segítségünkre. Többen összegyűltünk a folyosón, és arra a gyors elhatározásra jutottunk, hogy azonnal le kell vinnünk Ágit a hegyről.

Stefan azt mondta, hogy van egy törött hordágy a fészer padlásán. Kimentem a zseblámpámmal. A hasogatott fát tároló kis tákolmány mintegy ötvenlépésnyire volt a háztól. Benne a frissen hasított fenyőfa kellemes illata keveredett a mellette lévő pottyantós vécék bűzével. A hordágy egy egyszerű fakeret volt, mind a négy sarkán fogantyúval. Két ellentétes sarka el volt törve. Kiléptem a hideg csillagfényes éjszakába, két hatalmas L alakú kerettel a kezemben. Hogy fogom ezt megjavítani?

Barátaimmal együtt egy órát dolgoztunk rajta, és sikerült használható állapotba hozni kötelek és síbotok segítségével. Egy

hosszú kötelet tekertem a hordágy köré, majd néhány takarót tettem a felületére.
– Vidd ki Ágit a mosdóba! Vidd el, kérlek, pisilni! – mondtam Ildikónak. – Hosszú éjszaka lesz.

Amikor a lányok visszahozták Ágit, extra ruharétegekbe bugyoláltuk, hogy melegen tartsuk: két sapkát húztunk a fejére, majd lefektettük a hordágyra, és a legmelegebb hálózsákba cipzároztuk. Aztán az egész testét a hordággyal együtt pántokkal tekertem körbe. Ági a hordággyal egy egységet képezve hevert a folyosó hideg cementpadlóján.

– Nyolc emberre van szükségünk – szóltam a összegyűlt csapathoz. – Legalább nyolcra!

Béla és Zoli is jelentkezett. Laci is felemelte a kezét. Azt hiszem, bűntudata volt, hogy nem akadályozta meg Ági balesetét. Én is hasonlóan éreztem. Még négyen csatlakoztak a csapathoz. A legmelegebb ruháinkba öltöztünk, és elindultunk a kunyhóból.

Én a bal oldalon levő rudat, Zoli pedig a jobb oldalit ragadta meg elölről, és még ketten hátul tartották. A hordágyat a vállunkra emeltük, Ági a tetején, biztonságosan a szerkezethez szíjazva.

– Hogy vagy, Ági?
– Jól vagyok – mondta alig hallható hangon.
– Énekelsz nekünk valamit? – kérdeztük, de arra nem válaszolt.

A hosszú völgy alján fekvő Birt nevű falu általában háromórányi túra lefelé. Éjjel 11 óra körül indultunk el a menedékháztól. Sötét éjszaka volt, a Hold még nem volt fenn, élesen ragyogó csillagok töltötték meg az égboltot. Lassan ereszkedtünk le a kopár hegyoldalon a fenyőerdő határáig. Majdnem egy órába telt, hogy elértük az erdőt, ez a szakasz normális körülmények között kevesebb, mint húsz perc gyaloglás. Lassan haladtunk. Amikor elértük ezt az erdősávot, a másik négy srác vette át a hordágyat. Az erdő még sötétebb volt itt, már a csillagfényt visszaverő

Megpróbáltam

havas csúcsok sem látszottak, csak a sötét sűrű erdő és a lámpafényben megvilágított keskeny ösvény, amely átvezet rajta. Jól ismertem az utat. Tizenöt éve tapostam rajta, forró nyári napokon, felhőszakadások idején, télen mély porhóban, tavasszal latyakos hóban. Ismertem az összes kanyart az úton, a hét keskeny hidat, amelyek átvezettek a gyors, jéghideg patakon, amint az tájékozva sietett lefelé a völgyön.

Az ösvény szokottnál is jegesebb volt. A falusiak a kivágott farönköket, miután legallyazták azt, lecsúsztatták az ösvényen, azt U alakú bobpályává formálva. Továbbra is négy srác vitte Ágit, aki úgy tűnt hol kómában volt, hol nem. Az egyik srác elöl megcsúszott, és térdre rogyott, a másik három pedig megpróbálta megakadályozni az esést. Hátul az egyikük megragadott egy faágat, és sikerült megelőzni, hogy mindegyikük megcsússzon és elessen. Szerencsére Ági fejjel hátul volt.

– Hogy érzed magad, Ági?

Halovány hanggal válaszolt valamit a hálózsák alól.

A román zseblámpa négy és fél voltos, lapos elemmel működött, amely három sorba kötött, henger alakú, másfél voltos egységekből állt összeragasztva és kartonba csomagolva. Egy elemmel a lámpa mintegy két órán át világított, azt is elég gyenge fénnyel. Alig láttuk, hová lépünk. Valahányszor elértünk egy tisztásra, és megpillantottuk az eget, kikapcsoltuk a zseblámpákat, hogy takarékoskodjunk az elemmel. Félóránként váltottuk egymást a hordágy cipelésében. Az erdő egyes részein az ösvény szélesebb volt, és ott szélére húzódhattunk, közelebb a magas fák törzseihez, ahol a hó nem volt olyan csúszós. Az első hídon viszonylag könnyű volt átkelni, ez a patak felett átfektetett két farönkből állt, fenyőgallyakkal a rönkök felszínén, hogy megakadályozzák a vízbecsúszást.

A következő hídtól viszont tartottam, mely körülbelül még egy kilométerre lehetett.

Ötéves voltam, amikor apám először vitt fel Puzdrára. Egy hetet töltöttünk a menedékházban, és naponta síeltünk az erdőben, ahol egy viszonylag lapos, természetes sípálya található. Tulajdonképpen ott tanultam meg síelni. Azután a hét után apám és a gimnazista diákok úgy döntöttek, hogy nem gyalog megyünk le Birt falvába, hanem lesiklunk síléccel az erdőn át. Követtem apámat az apró, fából készült sílécemen. Később gyakran mondta nekem, hogy én egy született síelő vagyok. Arra jól emlékszem, hogy apámat a láthatáron belül kellett tartanom, miközben ő az erdőben szlalomozott a friss porhóban az óriási hátizsákjával. Csak követni akartam a nyomait. Egy bizonyos ponton a lejtő meredekké vált, és még láttam apámat, ahogy hirtelen jobbra fordul és eltűnik egy magas fa mögött. Követtem őt, bevettem egy éles jobbkanyart, majd folytattam az egyetlen lehetséges irányba egy éles balkanyarral, ami egy keskeny hídra vezetett. Ez a híd egyetlen vastag farönkből állt, keskeny havas felülettel. Apámnak sikerült átsiklania rajta, és én csak követtem a nyomvonalát. Megállt a túloldalon, és nem felejtem el azt az aggódó tekintetet, ahogy rám nézett. Ahogy átértem hozzá, átölelt, és egy ideig szorosan ölelt magához. Megfordultam és láttam, hogy a híd, amin átsíeltem, körülbelül hét méter magasban ívelt át a félig befagyott, gyorsfolyású patak fölött. Lehetetlen lett volna túlélni, ha beleesek. Legalábbis nem ötéves korban.

Közeledtünk ehhez a veszélyes hídhoz Ágival a vállunkon. A jobb oldalt, hátul voltam most, és az út egyre meredekebb lett.

– Várjatok, srácok, ez nagyon csúszós!

A hordágyat a bal vállamon tartottam, és kétségbeesetten megragadtam az ágakat a jobb kezemmel.

– Térdeljünk le! – javasolta Zoli, és mindketten térdre ereszkedtünk a jégen.

Béla és Laci elöl voltak, és próbáltak megkapaszkodni minden ágban vagy fatörzsben, amit csak meg tudtak ragadni. Az éles jobbkanyar felé haladtunk. Végül elértük a fát, amelytől nem láttuk a hidat. A jobb kezemből kicsusszant, amibe kapaszkodtam, Zoli és én is balra csúsztunk. A térdem egy sziklának ütöttem, ami fájt.

Megpróbáltam

– Jól vagy? – kérdezte Laci a jobb első sorból.
– Igen. Ez az! Várjatok! Meg kell állnunk a hídnál! Megkerültük a nagy fát. Térden csúsztunk le a jeges ösvényen, egészen a hídig. A csillagos ég alatt láttuk az ezüstszínű vonalat a folyó felett, ez volt a fatörzset borító fagyott hó. Béla Ági feje mellé hajolt, és bekukucskált.
– Hogy van? – kérdeztük.
– Azt hiszem, alszik – mondta. Az orra mellé tette a fülét, hogy vesz-e levegőt. – Lélegzik.
– Át kell csúsztatnunk a hordágyat a farönkön. Kizárt, hogy a vállunkon át tudjuk vinni – mondta Zoli. Tapasztalt hegymászó volt, és bíztam az ösztöneiben.

Tervet készítettünk. Hátat fordítottam a folyónak, lábam közé véve ráültem a széles farönkre. Hátrafelé csúsztam, míg két srác felém tolta a hordágyat, csúsztatva azt a jeges farönkön. Megragadtam mindkét fogantyút, és lassan elkezdtem húzni magam felé. Amikor az egész hordágy már a fán feküdt, Béla leült a farönkre velem szemben, és tolni kezdte Ágit felém. Hátrafelé mozgattam a hordágyat, araszolgattam a jeges fán, én húztam, míg Béla felém tolta. Amikor elértük a folyó közepét, a Hold is feltűnt. Mi ketten cipeltük az értékes rakományt a jeges folyón keresztül. Végül átjutottunk a túloldalra. A másik hat társam óvatosan egyensúlyozva kelt át a csúszós hídon. Sikerült! Legalábbis idáig.

De még csak félúton voltunk ekkor a hegyen.

Hajnali 5 óra volt, mire beértünk Birt faluba. Az utolsó szakaszon Béla előreszaladt, hogy hívja a mentőket. Ahogy végigmentünk a patak menti jeges úton, láttam néhány házat, ahol már ébren voltak. Szorgalmas falusiak éltek ott, állatokkal, szénaboglyákkal, pajtákkal. Keményen dolgozó emberek, akiket megedzett a természet, nehézségek közepette éltek, de mégsem panaszkodtak. Mire elértük a kövezett utat, a mentő már ott várt. Béla izgatott hangon beszélt a mentőssel. Kicsomagoltuk Ágit, levettük hordágyról, és befektettük a mentőbe. Béla mellé ült. A mentő szirénázva elhajtott.

Felnéztünk a sötét hegyre, és felismertük a fehér gerinceket a magasban. Vissza kell mennünk. Nem ettünk, nem ittunk egész éjjel. Pár srác leült a hóba.

– Pihenünk egy kicsit.

– Srácok, mennünk kell, különben itt megfagyunk! Menjünk! – sürgettem őket.

Lassan elindultunk felfelé a jeges úton a falun keresztül. Alig volt energiánk beszélgetni. Elértünk egy házat a falu közepén. Fényt láttam a konyhában.

– Várjatok csak!

Odamentem az ajtóhoz, és kértem, hogy engedjenek be. Egy középkorú nő éppen friss tejet forralt a tűzhelyen. Őt nem ismertem, de a fiát, Adolfot azonban igen, aki nehéz zsákok cipelésében segített a hegyen az előző kirándulásaim során. Ő volt az egyik serpa segítőm. Elmondtam neki, mi történt, és hogy éhesek és szomjasak vagyunk. Behívott mindannyiunkat, és tejjel kínált minket. Székekre zuhantunk, és csendben kortyolgattuk a forró habos tejet. Úgy éreztem, minden energiám elfogyott. A konyha falán több vallásos, ortodox ikon lógott, amelyek szenteket ábrázoltak a fejük körül glóriával, és a nevük megnyújtott, geometriai formákra emlékeztető betűkkel volt ráírva a képre. Nem volt pénzünk, de elhatároztam, hogy hozok neki ajándékot, ha legközelebb erre járok. Megköszöntük neki a tejet, és távoztunk a házból.

Megindultunk a hegyre fel. A Hold magasan volt az égen, erős fénnyel világított szerencsénkre, mert zseblámpáink már rég lemerültek. Nem emlékszem a visszaút részleteire. Minden összemosódott, mintha két idő lenne, az egyik a normális, ami minden másodpercben ketyeg előre, és egy másik, az én belső órám, ami megállt, mert azt már nem hajtotta semmi.

Mire felértünk a menedékházba, a Nap is felkelt. Egy újabb fényes nap kezdődött.

Ildikó korábban felébredt, és forró teát, valamint

szendvicseket készített. Sokáig némán öleltük egymást. Elmeséltem neki, mi történt.
– Nehéz volt? – kérdezte.
Csendben bólintottam.

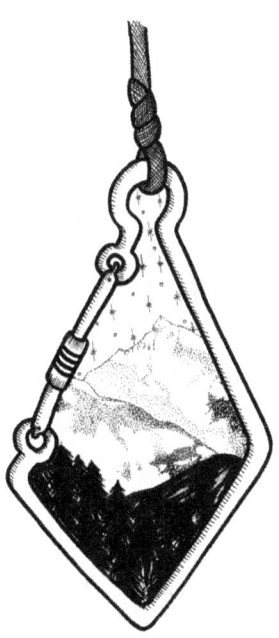

A fülke, Kolozsvár, 1984 szeptembere

fordította: Incze Emma

Az idősebb férfiak általában túlsúlyosak, hajuk őszül és kopaszodnak. A fiatalabb férfiaknak egyenesebb a testtartása, sűrűbb a hajuk, és ettől vonzóbbak a nők számára. Az idősebb férfiaknak van elegendő pénze, politikai hatalommal és befolyással bírnak, és fiatalabb nőkkel akarnak kapcsolatot, ezért a fiatal férfiakat vetélytársaiknak tekintik. Olyan háborúkat találnak ki, amelyeket senki sem akar megharcolni, és olyan haditörvényekkel állnak elő, amelyek a fiatalokat háborúra kényszerítik, és amíg fiatal riválisaik háborúban harcolnak, és az árkokban halnak meg, az idősebb férfiak kapcsolatot alakíthatnak ki a hátrahagyott, fiatal és magányos nőkkel.

Amikor a 17. században Európában tombolt a szifilisz, XIV. Lajos király divatba hozta a rizsporral fehérített parókát, ami a nemi betegség okozta elvékonyodó haját és a varasodó fejbőrét volt hivatott takarni. Körülbelül ugyanabban az időben II. Károly, angol király – aki Lajos unokatestvére volt – ugyanezt tette, amikor a haja őszülni kezdett. Olyan mértékben népszerűsítették az aprólékosan kidolgozott, fehérített parókák divatját, hogy mindenkinek, aki meghatározó akart lenni a társadalmi játszmákban, viselnie kellett. Az idősek nyertek; minden férfinak – fiatalnak és idősnek egyaránt – stílusos parókák takarták a fejüket, így a fiatalok elvesztették a hajukból adódó előnyüket.

A középkori Japánban a szamurájok borotválták a homlokuk fölött a koponyájuk tetejét. Ez nagyjából megfelel a világ azon

Megpróbáltam

részére jellemző kopaszodási mintázatnak, az elülső hajvonal fokozatosan hátrébb húzódik, egyre növekvő homlokot alkotva.

Bár azt állítják, hogy ezt azért tették, hogy a szamurájsisak jobban illeszkedjen a koponyához, én úgy gondolom, hogy valójában az idősebb férfiak így kényszerítették a fiatalokat arra, hogy ők is leborotválják a hajukat, hogy mindannyian egyformán kopasznak tűnjenek a gyanútlan nők számára.

A Közel-Keleten a férfiak a fejbúbon kopaszodnak; talán nem véletlen, hogy a yarmulke, vagyis a kippah pontosan ezt a részt takarja el.

Ez egy jól kidolgozott játszma, ahol a hatalmon lévők határozzák meg a szabályokat. Olyan ez, mint ha az öregedő hímpávák összeállnának, hogy vékonyodó farktollaikra orvoslást találjanak, és ezért hoznak egy olyan törvényt, amely szerint minden fiúpáva csak farktollának harminc százalékát tarthatja meg, az összes többit ki kell tépni, különben vagy kiközösítik, vagy megölik őket. Ezután a összezavart nősténypávának az átlagos kinézetű egyenhímek közül kell kiválasztania párját.

Szaddám Huszein bajuszt növesztett, és errefel minden minisztere es hadvézere ugyanezt tette . Gondolom, vagy beilleszkedtél a sorba, vagy pedig kiűztek a Ba'ath Párt kabinetjéből.

Karl Marx és Friedrich Engels, akik a kommunizmus filozófiájának elterjesztéséért felelősek, mindketten széles szakállat viseltek. Ez az ezernyolcszázas évek közepén volt. Lenin az első világháború környékén csatlakozott a kommunista mozgalomhoz, és addigra a divat megváltozott; neki csak bajusza és – a rá oly jellemző – kecskeszakálla volt. Sztálinnak, aki folytatta Lenin munkáját, és a nagy Szovjetunió vezetőjévé vált, már csak bajusza volt; ugyan széles és vastag.

Nicolae Ceausescu 1965-ben lett a Román Kommunista Párt vezetője. Ez az esemény indította el őt azon az úton, hogy Európa egyik leghírhedtebb diktátorává váljon a második világháború után. Arcszőrzet nélküli gyermekarca volt, nem túl csúnya, nem túl jóképű. Ahogy a huszonnégy éves uralkodása alatt egyre nagyobb hatalmat szerzett, az egész országban előírta az arcszőrzet tilalmát. Ha a legfelsőbb vezetőnek nem volt szakálla, akkor másnak sem lehet szakálla. A fényképe minden hivatalos épületben, minden tanteremben ott csüngött. Minden tankönyvben – legyen az a matek-, vagy irodalomkönyv, vagy akár természettudományi tankkönyv – Ceauşescu képe ott volt az első oldalon. Ugyanaz az elavulttá vált, negyvenes éveiben járó gyerekarc. Utáltuk őt és mindent, amit képviselt. Az, hogy én szakállat növesztettem, az többek között a Ceauşescu és intézményrendszere iránti undorom kinyilvánítása volt.

Sok arab diák tanult akkoriban Romániában. Az oktatás elég jó volt, és Románia tárt karokkal fogadta őket, mert valutát, valódi pénzt hoztak az országba. Fekete hullámos hajuk volt. Akárcsak nekem. Fekete szakálluk. Nekem is. Khakiszínű katonadzsekit viseltek. Én is khakikabátot viseltem, nem katonadzsekit, de a szabása és színe hasonló volt. Sötétebb volt a bőrük, akárcsak nekem. A párt békén hagyta az arab diákokat, nem igazán avatkozott bele a dolgaikba. Sokuknak volt autója – elhasznált BMW-jük vagy Peugeot-juk –, így összemérhetetlenül gazdagabbak voltak nálunk, és ezért igen népszerűek voltak a lányok körében. Az autó nagy dolog volt akkoriban. Ráadásul volt kávéjuk és cigarettájuk is. Emellett gyakran utaztak a Közel-Keletre, és divatos ruhákban és sportcipőkben érkeztek vissza, ami még inkább népszerűvé tette őket a lányokkal.

Többször megtörtént velem, hogy a lányok arab diáknak néztek.

Egy ilyen eset egy trolibuszon történt. A busz hátsó részében álltam. Egy gyönyörű lány lépett fel a lépcsőn. A busz ritka mód majdnem teljesen üres volt. Amint az hirtelen felgyorsult, a lány elvesztette az egyensúlyát, és tárt karokkal repült felém. Elkaptam.

Megölelt, romantikus szemmel rám nézett, és megkérdezte:
– Arab vagy?

– Nem – válaszoltam. Rögtön láttam a csalódást az arcán. – Igazából magyar vagyok.

A lány ellökött magától, megfordult és busz elejére ment át.

Még néhány ilyen alkalom után varrtam egy sárga Dávidcsillagot két hadseregjelvénycsíkból, amelyeket még mindig őrizgettem a katonaságból. Kettő darab egyenlő oldalú háromszöget varrtam, és hatszögű csillaggá formáltam őket. Sárga csillag a fekete szövetre helyezve. Felvarrtam a kabátomra, közvetlenül a bal vállam alá.

– Zsidó vagy? – kérdezte tőlem Fawzi Salah, a szíriai osztálytársam.

– Nem.

– Akkor miért viseled a zsidó csillagot?

– Csak úgy – válaszoltam. Nem érdekelt. Az egyetem alatt évekig viseltem ezt a kabátot. Már senki sem zaklatott miatta. A román kormány rengeteg hibát, ostobaságot követett el, kormányzásra való alkalmatlanságukat nyilvánvalóvá téve, a rasszizmus is jelen volt, de legalább nem voltak antiszemiták. Legalábbis akkor nem. A legtöbb zsidó egyébként is már kivándorolt Izraelbe; az a néhány ember, aki ottmaradt, hogy az omladozó zsinagógákat gondozza, politikai hatalom és vagyon nélkül csak halvány árnyéka volt önmagának.

Édesanyám eljött Kolozsvárra. Rendszeresen meglátogatta édesanyját, aki már elmúlt nyolcvan. Vonattal érkezett, elment a templomba, aztán nagymama házában találkoztunk. Az esti 7:20-as vonattal kellett volna visszaindulnia, de nagymama ruháinak mosása és vasalása visszatartotta, így tehát úgy döntött, hogy inkább az esti 10 órás vonattal indul. Ez nagyon késő volt már számára. Este tízkor általában már ágyban volt. Elkísértem a vonatállomásra, ami a vasúti sínek mentén húsz perc sétányira volt tőlünk. A biciklim is velem volt, toltam magam mellett. Anyám soha sem sportolt; vékony alkata és rövid lába volt, de a gyaloglás soha sem esett nehezére. Sokat beszélgettünk. 9:40-

re értünk ki az állomásra. 10:15-kor a hangszórón keresztül jelezték, hogy a vonat késik. Anyámmal tovább folytattuk a beszélgetést. Mindig jó volt a kapcsolatunk; nem hinném, hogy valaha is vitatkoztam volna vele. Nagyon szeretett, és szeretetét minden lehetséges módon kifejezte.

A vonat éjjel 11-kor zötyögött be az állomásra. Búcsúcsókot adtam anyukámnak, felsegítettem a meredek acéllépcsőkön. Aztán a vonat elindult. Alig volt ember a peronon; az állomáson alig volt fény. Egy takarító unottan söpörte a cigarettacsikkeket.

Évekkel korábban egy földalatti átjárót építettek, hogy a munkások nagy tömegének ne kelljen átkelni a vágányokon a helyközi buszok felé menet. Meredek lépcsők vezettek le az átjáró kivilágítatlan alagútjába, mely egyáltalán nem volt egy hívogató hely, szóval ehelyett a peron nyugati végén lévő átjárót követve vágtam át a síneken. Ez az átjáró a kézzel húzott postakocsiknak volt szánva, ezen keresztül vitték a postai dolgozók a vonatokhoz a szállításra szánt csomagokat. Az átjáró egyenetlen cementtömbökből épült, merőlegesen keresztezve a nyolc vágányt. Az állomás épülete felé haladva magam mellett toltam a biciklimet. Valamikor az épület nagyon szép lehetett, de a nyolcvanas évekre felújítás hiányában eléggé lerobbant; kivilágítatlan volt, koszos, borzasztó szagú vécékkel és várótermekkel.

Jobbra kanyarodtam a főperonon, és ahelyett, hogy a biciklim áttoltam volna a vasútállomás csarnokán, a vámépület udvarán keresztül haladtam át. Az udvart egyenetlen macskakövek borították, félköríves mintákban. Mindkét végén egy-egy nagy gördülő kapu volt, az egyik a peron felé, a másik a város felé nézett. A kapun egy kis rozsdás tábla lógott „Accessul Interzis" – azaz Belépni Tilos – felirattal. Ez a jelzés évek óta ott csüngött, de soha senki nem vette figyelembe. Számtalanszor mentem már át ezen az udvaron, akárcsak sok más útitársam. A vonattal érkező munkások ezrei, akik váltásokban jöttek dolgozni a közeli nagy

Megpróbáltam

gyárakba, mind azon az udvaron haladtak át. Szürke és szomorú munkások széles áradata, útban az egyik nyomorúságos helyről a másikra. Végigmentem az udvaron, bal oldalt a vasútállomás épülete, jobbra a vámépület sárga falai magasodtak, és egy erős lámpa világította meg az udvar közepét köralakban.

Az épület mellett egy fülke állt, benne pedig egy biztonsági őr felügyelt.

A fülke ajtaja fémes nyikorgással nyílt ki, az egyenruhás őr kilépett; egy alacsony és zömök ember, fején egy lapos tiszti sapka volt, széles tehénbőr övén pedig pisztoly lógott egy tokban. Odajött hozzám és elállta az utamat.

– Elvtárs, kövessen! – parancsolta szigorú hangon.

A kis bódé felé vezetett. A biciklimet a fülke előtt leparkoltam, és bementem. Odabent volt egy kis asztal és két faszék. Utasított, hogy üljek le a sarokban lévő székre, amely a fal és az asztal között volt. Magához húzta a másik széket, és rátérdelt. Apró, barátságtalan szemmel nézett le rám. Sarokba szorítottnak és bezártnak éreztem magam, de igyekeztem nyugodt maradni.–
Mutassa a buletinjét! – szólalt meg.

A buletin, azaz Buletin de Identitate, a személyes fényképes igazolvány rövidítése volt. Úgy nézett ki, mint egy mini útlevél, egy több lapot tartalmazó pici könyv volt. Ezt a személyi igazolványt kötelező volt állandóan magadnál tartani.

Kinyitotta az igazolványom, és felvonta a szemöldökét.

– Suteu?

– Sütő – válaszoltam, ügyelvén arra, hogy a nevemet a magyar nyelv szép dallamával ejtsem ki.

– Milyen név ez?

– Ez magyar, tiszt elvtárs.

Felém fordította az igazolvány nyitott oldalait.

– Lát itt szakállat? – kérdezte.

Ránéztem a fekete-fehér fotóra, melyen simára borotvált arccal szigorúan a kamerába nézek.

– Nem, tiszt elvtárs, nem látok.

– Akkor minek a fenébe visel szakállat? – kérdezte fennhangon.
– Gyászol valakit? Nemrég halt meg valaki a családjából? Románia legelterjedtebb vallásos gyülekezete körében, a keleti ortodoxoknál szokás volt, hogy egy rokon halála után egy-két hónapig nem borotválkoztak.

– Nem, nem gyászolok.

– Nézzen rám! Van nekem szakállam?

– Nincs, tiszt elvtárs, nincs szakálla.

Pofozni kezdte a saját arcát.

– Viszketne az arcom, egy ilyen szakálltól – és még erősebben kezdte csapkodni az arcát. Kivörösödött.

– Hegyet mászok, elvtárs, télen fázom. A szakáll melegen tartja az arcomat.

A gyenge kísérletem arra, hogy kimagyarázzam magam, nem működött. Egyre dühösebb lett.

– Akkor tekerjél az arcod köré egy átkozott sálat! – kiáltotta. Előrehajolt, kövér vörös arcával fölém tornyosult. Úgy éreztem, jobb, ha nem válaszolok. – Hol laksz? – kérdezte. Észrevettem, hogy letegezett.

– Itt Kolozsváron, a nagymamámnál.

– Mi a címed?

– Campul Painii 30, a Clujana közelében.

Átlapozta az igazolványom oldalait.

– Nincs flotánsod – állapította meg bőszen.

A falvakból és a kisvárosokból származó embereknek – köztük nekem is – Visa Flotantát, vagy másnéven flotánsnak nevezett engedélyt kellett szerezniük ahhoz, hogy egy nagyvárosban élhessenek vagy dolgozhassanak. A flotáns megszerzéséhez azonban munkahellyel kellett rendelkezni a szóban forgó nagyvárosban. Ez egy 22-es csapdája helyzet. A legtöbb szabálynak nem volt értelme akkoriban. Az emberek többsége nem zavartatta magát, és az értelmetlen szabályokat egyszerűen figyelmen kívül hagyta. Ilyen volt például a kapura függesztett rozsdás szabálysértési tilalom és a flotánstörvény is, amely megtiltotta, hogy a saját nagymamámmal éljek abban a városban, ahol születtem és egyetemre jártam.

– Barátom, te nagy bajban vagy – mondta elégedetten vigyorogva, miközben a nagy szóra helyezte a hangsúlyt. – Nincs flotánsod, és csak úgy átsétáltál a vámhivatal udvarán.

– Nem tudtam, hogy nem szabad átmenni az udvaron, tiszt elvtárs – válaszoltam.

– Hát nem láttad ott azt a táblát? – ujjával a tábla felé mutatott. Ahogy megfordult, látni véltem, hogy a fehér nejlongallér belevág a kövér, borotvált nyakába.

– Láttam, dehát évek óta mindenki átmegy az udvaron. Nem látom, hogy mi baj származna ebből, elvtárs. Ez a legrövidebb út a peronról az utcáig.

– Ja, még okoskodsz is? – válaszolta dühös hangon. Kinézett a bódé ablakán, és meglátta, amint egy négyfős rendőrjárőralakulat közeledik a vasúti peronon, mind a négyen géppuskával a vállukon. – Maradj itt! – parancsolta szigorúan.

Kiment a rendőrökhöz. Hirtelen átfutott az agyamon, hogy ki kellene ugorni a bódéból, felpattanni a biciklimre és elhajtani a sötétben. De a személyi igazolványom nála volt. Tudta, hogy ki vagyok, és a menekülés még nagyobb kalamajkát okozott volna.

Az őr elfordult a rendőröktől, és céltudatosan tartott visszafelé, a fülke irányába. A járásából látni véltem, hogy még dühösebb, mint korábban. Fogalmam sem volt, mit mondtak neki a rendőrök, de láthatóan nem volt elégedett. Beviharzott a szobába, és becsapta maga mögött a fémkeretes ajtót. Lecsapta a személyi igazolványomat a jobb oldalamon lévő kis asztalra.

– Bajban vagy, nagy bajban vagy!

Kipattintotta a pisztolytokja gombját; láttam, ahogy a fegyver hideg fémfogantyúja előkandikál. Próbáltam megőrizni a nyugalmamat. Nem gondoltam, hogy le fog lőni azért, mert át merészkedtem menni az udvarán. Romániában rossz volt a helyzet, de annyira azért nem. Az megtörtént, hogy a hatóság tárgyalás nélkül börtönbe zárt politikai disszidenseket, és volt,

hogy évekre eltüntette őket, vagy simán kivégezte őket, de
olyan azért nem volt, hogy egy kerékpárját toló diákot csak úgy
lelőjenek. Ez nem volt benne a játékban.

Mégis megijedtem, mivel az ember hangja és viselkedése
megváltozott. A szája kiszáradt, erősen megizzadt, és láttam,
hogy dundi ujjai remegni kezdtek. Szinte szexuális izgalomnak
tűnt, a rossz fajtának. Nehezen szedte a levegőt. Aztán mint
derült égből villámcsapás, öklével megütötte a homlokomat.
Aztán másodszor is megütött. Felemeltem mindkét karomat,
és megpróbáltam megvédeni az arcomat.

– Meg akarsz akadályozni, mi? – mondta halk, rekedt, szinte
erotikus hangon.

Körkörös ütéseket mért rám, mindvégig a halántékomat
célozva. Behúztam a fejem, hogy valamennyire védjem magam
az érkező csapásoktól. Aztán felemelte a fejem, és a nemi
szervemet vette célba. Összeszorítottam a térdemet, de ő egyik
ütést a másik után adta. Egyik csapás pont a herémet érte, éles
fájdalom nyilallt át a gerincemen.

Elhomályosodott minden körülöttem.

Nem emlékszem, meddig tartott. Harminc másodperc
lett volna? Nem tudom, akár hat perc is lehetett. Az ütések
folyamatosan minden oldalról érkeztek. Közelről éreztem a
rossz leheletét; a fokhagyma, hagyma és rossz szájhigiénia
kombinációját.

Kiáltást hallottam az udvarról.

– Hé, hagyd békén azt a fiút!

Az ütések hirtelen véget értek. Kinéztem. Egy munkás
állt ott, valószínű a vámtól, függőlegesen csíkozott
munkászubbonyt viselt.

Az őr kinyitotta az ajtót és kikiabált: – Ne avatkozz bele; ez
hivatalos ügy!

– Hagyd békén, ne verd azt a gyereket! – kiáltott vissza
a munkás.

Az őr megragadta az igazolványomat, és dühösen kicsörtetett

a munkáshoz. Jobb kezében tartotta az igazolványomat és odacsapta a bal tenyeréhez.

– Nincs flotánsa, szakálla van, ráadásul átment az udvaromon! És te meg ne avatkozz bele az én dolgomba; megértetted? Közelebb lépett, és jobb öklével arcon ütötte a férfit, miközben még mindig az igazolványomat szorongatta. A munkás visszavágott, az őr lapos sapkája lerepült macskakövekre. Egymásnak ugrottak, majd a földre döntötték egymást, és veszett kutyákként, ordítva és káromkodva verekedtek. Felálltam a székről. Egyik kezemmel a fájó ágyékomat fogtam, a másikkal a lüktető halántékomat.

A verekedés folytatódott, nem volt egyértelmű, ki a győztes. Fogalmam sem volt, mit tegyek. Kis idő múlva egy hivatalos kinézetű, magas férfi lépett ki a Vámigazgatóság épületéből. A fülke felé indult. Addigra felálltam, és a küszöbig sántikáltam.

– Mit csinálsz itt? – kérdezte dühös hangon.

– Az az ember megvert – panaszkodtam.

– Tűnj el azonnal! – utasított.

– De nála van a buletinem – érveltem.

Határozott léptekkel odament a két férfihoz, akik még mindig egymást püfölték a kövezeten. Kirántotta az őr kezéből az igazolványt, és visszajött hozzám.

– Zsidó vagy?

– Nem, elvtárs, nem vagyok az.

– Akkor miért viseled a Dávid-csillagot?

– Csak úgy díszként, elvtárs.

A kezembe nyomta az igazolványomat és rám parancsolt. – Tűnj el innen!

Összeszedtem minden erőmet, felültem a biciklimre, és elhajtottam az egyenetlen, rögös macskaköveken.

Sütő Gyuszi

Hajtóvadászat, Kolozsvár, 1984 október

fordította: Sütő Ibolya

Harmadéves voltam a kolozsvári Műszaki Egyetem számítógépszakán. Nagymamámnál laktam akkoriban. Ősz volt, épphogy elkezdődött az új tanév. Az ország gazdasága és a tömegközlekedés meredek lejtmenetben voltak. Gyakran mondták az emberek, hogy numa' mai rau sa nu fie, ami annyit jelentett, hogy csak rosszabb ne legyen. Ettől még semmi nem lett jobb, sőt, napról napra vált nehezebbé az élet.

Már rég lemondtam arról, hogy a túlzsúfolt és megbízhatatlan buszközlekedést igénybe vegyem. Volt egy háromfokozatú orosz biciklim, mely az egyedüli közlekedési eszközöm volt. Éjjel és nappal, napsütésben vagy esőben, mindenhova azzal mentem. Gondosan karbantartottam. Rendszeresen szétszedtem a hátsó kerékagyat: mind a nyolcvan pici csapágygolyót átmostam benzinben, finoman vékony vazelinréteggel bekentem, majd óvatosan egy csipesszel visszaillesztettem őket a perselybe. A kerékagyban volt két racsni, amelyek ráharaptak a kerékagyra, amikor előre pedáloztam. Edzett acélból készültek, vékony rugó tartotta őket távol a tengelytől. Ha véletlenül eltörtek, az maga volt a katasztrófa, mert nem lehetett az üzletben kapni ilyeneket, és nélkülük a bicikli használhatatlanná vált. Ha valaki nagy ritkán elutazhatott a Szovjetunióba, mindig megkértük, hogy hozzon belőlük pótalkatrésznek. Még mindig volt egypár racsnim eldugva az íróasztalom fiókjában, finom illatos vazelinbe csomagolva.

Fekete, olcsó műbőr aktatáskám volt, rá volt ragasztva egy színes matrica, mely a világkupa egyik síversenyzőjét ábrázolta, ahogy lefelé siklik a lejtőn. Ebben az aktatáskában voltak a jegyzetfüzeteim. Sokan bicikliztek napi rendszerességgel, alapfelszereltségnek számított a hátrapillantó tükör, a sárvédő, a dinamó, a fényszóró és a hátsó csomagtartó. Az aktatáskámat rákötöztem a csomagtartóra egy zöld gumikötéllel, így indultam az egyetemre.

Két épületben folyt a tanítás, az egyik a belvárosban volt, húszpercnyi távolságra a nagymamám házától, másik a hegyen, kétszer olyan messze. Nehéz volt feljutni oda. A város legmeredekebb utcája volt a Görögkatolikus utca, annak utolsó egy kilométere pedig különösen. Minden erőmet össze kellett szedjem, hogy fel tudjak tekerni anélkül, hogy leszállnék a bicajról. Néha cikkcakkban nyomtam a könnyebb dőlésszög miatt. Az utcán alig volt autósforgalom, néha semmi. Üzemanyag alig volt, autó sem sok, de azt a keveset, ami volt, a tulajdonosok inkább kímélték, nem használták túl gyakran. Voltak olyan autósok, akik a veszélyesen meredek lejtőn csak gurultak motor és fék nélkül, hogy spóroljanak a benzinnel.

Reggel hét óra volt, októberi kora reggel. Elindultam a nagymamám házától, a hegyen levő egyetemi épületig kellett eljutnom. Ha minden rendben ment, ez negyven perc pedálozást jelentett. Hűvös reggel volt, a levegő meg sem rezzent. Marta az orromat a szomszédos óriásüzemek szennyezésének egyvelege. Egyik egy nehézipari üzem volt, másik egy vegyi gyár, mellette egy gyógyszergyár, az utca végében pedig egy lepusztult cipőgyár állt. Közvetlen mellettük ott volt egy másik óriáslétesítmény is, ahol köszörűköveket és mindenféle csiszoló felületeket, mint például smirglipapírt, gyártottak. Egyik gyár sem igyekezett, hogy a kibocsátott szennyezést egy szűrőberendezés beszerelésével csökkentse.

Előkaptam a biciklimet és elindultam. Az utcák kihaltak voltak; az üzemekben már elkezdődött a reggeli műszak, és utána már nem volt igazán mozgás. Átgurultam a vasúti síneken, és nekilendültem az útnak egy hosszú betonkerítés mentén, melynek tetején szögesdrót volt. Üdítőitalt és édességet gyártó üzemet zárt el a külvilágtól. Az édesség- és vaníliaillat furcsán keveredett a vegyi bűzzel.

Nagyon fázott a kezem, zsebre vágtam. Kéz nélkül pedáloztam, enyhe csípőmozgásokkal tartva az egyensúlyt. Félig behunyt szemmel a Radnai-havasokba képzeltem magam, kedvenc helyemre, és ez feltöltött lelkileg. Gondolatban lefele siklottam egy sima havas lejtőn, és magamba szívtam a tiszta hegyi levegőt. Puhán havazott, a hópelyhek érintették az arcomat, mellettem sudár, illatos fenyőfák suhantak tova.

Az agyonhasznált, de jól beolajozott biciklim boldogan gurult a kietlen egyenes úton. Észre sem vettem, hogy az út túloldalán, közel a kerítéshez egy pótkocsis kamion parkol. Valószínű, rakodásra várt, az édesség- és üdítőital-szállítmányra. Az alapvető élelmiszerek mind hiánycikknek számítottak, nem lehetett a boltokban kapni se lisztet, se cukrot, ezért az élelmiszerfeldolgozó üzemeket pont úgy őrizték, mint a börtönöket; köréjük magas szögesdrót kerítéseket húztak, és a bejárati vaskapuk körül fegyveresek őrök álltak.

Ahogy közelebb értem a teherautóhoz, észrevettem a szélvédő mögött hadonászó sofőrt, és amikor elhaladtam mellette, ő hangosan káromkodva kidugta a fejét az ablakon, anyámat és különböző nemi szerveket emlegetve. Azon akadt ki, hogy nem fogtam a biciklikormányt. Felriasztott a békés boldog álmodozásomból, ezért jó hangosan visszafeleseltem neki a saját nemi szervemre és a mocskos szájára utalva. Lassítás nélkül folytattam az utamat.

Egy dízelmotort beindítani körülbelül négy másodperc, az izzító gyertyák ennyi idő alatt melegítik be, de egy kamionnak talán öt másodpercre is szüksége van. És ennyi idő múlva hallottam meg, hogy egy dízelmotor felbőg mögöttem. Szokatlanul agresszíven indította. Ránéztem a visszapillantó tükrömre, és nem akartam elhinni, amit látok; a hatalmas kamion pótkocsistul teljes fordulatot csinált. Reméltem, nem miattam vágta be az éles kanyart. Próbáltam higgadtan és logikusan végiggondolni, hogy egy teherautó-sofőr, aki hosszú órákon keresztül várt a sorára, vajon milyen oknál fogva durálná így neki magát hirtelen. Amikor a szavannában a vadászó oroszlán megjelenik, az antilopon látni lehet, hogy érzékeli a közelgő veszélyt. Nem változtat a sebességén, irányt sem vált, de nyaka állása, meredező füle és az, ahogy lesi a terepet elárulja, hogy érzékeli a veszélyt. Hasonlóan baljós érzés járt át rajtam.

Romániában nem volt szokás az abroncsokat koptatni, nem terhelték túl sem a motorokat, sem a gumikat. Hogy egy teherautó kerekei kipörögjenek, ahhoz kopott gumik kellettek, egy bivalyerős motor, üres rakomány és főképpen egy nagyon dühös sofőr.

Amikor meghallottam a kerekek pörgését, tudtam, hogy én vagyok az antilop, és az oroszlán utánam vetette magát. Elkezdődött a hajtóvadászat. Olyan négyszáz méteres előnyöm volt. Rákapcsoltam én is, minden erőmet bevetve kezdtem tekerni, közel a maximumot hoztam ki magamból. Reméltem, hogy amikor elérem a négysávos keresztutat, és neki meg kell állnia a stoptáblánál, akkor lerázom. A kamion viszont sokkal gyorsabban közelített a kereszteződéshez, mint ahogyan számítottam arra. A visszapillantómban ijesztően nagy lett a tükörképe. Gyorsítottam a tempón, száguldottam a stoptábla felé, amely fél kilométernyire volt előttem. Már majdnem utolért, amikor a gyér, bal oldali forgalomban átjutottam a két sávon. Biztos voltam benne, hogy meghallom a fékek csikorgását, de nem, ehelyett még jobban felbőgött a motor.

Nem hiszem el, de ez nem áll meg a stopnál! Megdöbbentem. Miután megbizonyosodtam, hogy jobb kéz felől nem jön semmi,

Megpróbáltam

átváltottam harmadik fokozatba, a legmagasabb sebességbe. Hallottam, ahogy rádudálnak a kamionra, válaszul ő háromszor dühösen vissza, mélyhangú tülköléssel. Nyilvánvaló lett számomra, hogy ez nem vicc, ennek nagyon csúnya vége lehet. Bekanyarodtam egy kétsávos utcába, de a teherautó vészesen közelített felém. Levágtam a kanyart egy éles balra fordulással, ezzel enyhe előnyhöz jutottam, mert le kellett lassulnia, hogy ő is be tudja venni. Felhajtott a járdára, a kerekei hangosan huppantak vissza utána az úttestre. Nagyon nyomtam, de az üldözőm kezdett beérni.

A házak, a járdák, az út menti fák – minden összemosódott. Csőlátásom lett, csak az útburkolatot láttam magam előtt, és hallottam a közeledő kamion zúgását. Már nem néztem a visszapillantóra, de mégis éreztem, milyen vészesen közel van a vasszörnyeteg. Bevágtam jobbra egy másik utcába, két óriási vízzel teli kátyú között a burkolat egy keskeny sávban épen maradt, megcéloztam azt, és azon hajtottam át. Néhány másodperc múlva hallottam a víz fröccsenését, ahogy a kamion kerekei a tócsákon áthaladtak.

Teljesen kétségbeestem. Mit akarhat tőlem ez az alak? Meg akar ölni? Itt, most, fényes nappal? Elment az esze?

Százméternyire balra egy keskeny, egyirányú utca nyílt, majdnem elszáguldottam mellette, de hirtelen balra rántottam a kormányt. Nyilvánvaló volt, hogy a kamion nagyon nehezen tudja majd bevenni ezt a kanyart. De ő mégis befordult. Most nem tudok egérutat nyerni, mert nincsenek mellékutcák, könnyen utol fog érni.

Az út közepén hajtottam, fenekemmel magasan az ülés fölött, fejemet előreszegtem, és a kormány fölé hajoltam. Mindent beleadtam. A teherautó alig fért el az utcában. Ahogy egyre jobban közelített hozzám, hallani lehetett, ahogy az útmenti fák ágai súrolják a járművet a keskeny utcában. Már a sarkamban volt, rettegtem, hogy elgázol, átmegy rajtam. Rápillantottam a tükrömre; a láttam a kamion hűtőrácsát és a repedt fényszóróját.

Összeszedtem maradék erőmet, ráguggoltam a pedálra, majd nagyot rúgva ráugrattam a bringát a járdára. Meghúztam mindkét féket. A kerekek lemerevedtek, vékony fekete nyomot hagytak a cementen. Megfordítottam gyorsan a biciklimet, és elhajtottam az ellenkező irányba.

Néhány perc múlva már lassúbb tempóval áthúztam a belvároson. Próbáltam megérteni a történteket. Az egésznek nem volt semmi értelme. De akkoriban és ott sok mindennek nem volt értelme.

A görögkatolikus templom utcájának aljába értem újra. Hullafáradtan ugyan, de azért még megpróbáltam feltekerni; már semmi erőm nem volt. Leszálltam a bicajról, és magam mellett toltam fel az egyetem épületéig. Az elektronikai labor felé vettem az utam.

A tanársegéd rám nézett, és csak annyit mondott: – Elkéstél, Sütő!

– Sajnálom, tanár elvtárs – válaszoltam, és kimerülve beültem a padba.

Másnap reggel újra hét órakor indultam az egyetemre. Ahogy elhagytam nagymamám házát, a hűvös, de áporodott és állott levegő megcsapott. Marta az orromat a szomszédos óriásüzemek ipari szennyezésének egyvelege. Az utcák kihaltak voltak; az üzemekben már elkezdődött a reggeli műszak, és utána már nem volt igazán mozgás. Átgurultam a vasúti síneken, és nekilendültem a felfele vezető útnak a hosszú szögesdrótos betonkerítés mentén, az üdítőitalt és édességet gyártó üzem mellett. Az édesség- és vaníliaillat ma reggel is furcsán keveredett a vegyszerek bűzével.

Nagyon fázott a kezem, ismét zsebre vágtam. Kéz nélkül bicikliztem, enyhe csípőmozgásokkal tartva az egyensúlyt.

Akkor észrevettem ugyanazt a teherautót az út bal oldalán. A gyomrom görcsbe rándult, és belekapaszkodtam a kormányba. Kétszáz méternyire lehettem a pótkocsis kamiontól, amikor kinyílt a vezetőfülke ajtaja, és egy jól megtermett sofőr szállt ki. Az út közepére lépett, ott megállt, karjait enyhén széttárta, és egyenesen rám nézett.

Leszálltam a bringáról, és lassan, de határozottan mentem feléje. Azon gondolkoztam, hogy ez a mai felállás – férfi, férfi ellen – tulajdonképpen igazságos, ellentétben a tegnapi kamion-bicikli csatával. Legyen, ami lesz. Semmiképpen nem fordulok vissza.

Ha ez a jelenet egy westernfilmben játszódott volna, akkor a csípőnkön ott fityegett volna még a pisztoly is, aggódó járókelők vettek volna körbe bennünket, és fűzőbe szorított, kalapos kisasszonyok az út széléről figyeltek volna minket. De itt csak mi voltunk, ketten, ő meg én, a szennyezéstől bűzlő, ködtől párás reggelen. Hárompméternyire lehettem tőle, amikor megálltam. Néztük egymást szótlanul. Nagyjából olyan magas volt, mint én, de tőlem zömökebb és izmosabb. Kissé pocakosodott. Kopott mellényt viselt, és az arca borostás volt. Bozontos szemöldöke alól nézett rám. Nem volt sem jóképű, sem csúnya.

Feszülten figyeltem, az árulkodó jeleket kerestem, hogy vajon mindjárt nekem esik-e és megüt-e. De nem mozdult. Inkább szomorúnak tűnt, mintsem dühösnek.

– Tegnap káromkodtál rám – mordult rám.

– Igen – válaszoltam –, de nem én kezdtem.

Egy kis ideig még méregettük egymást.

– Ezentúl tartsd a kezed a kormányodon!

– Jó – rábólintottam, majd felpattantam a bringámra, és már ott se voltam.

Szuperhűtött tranzisztorok, Kolozsvár, 1985 januárja

fordította: Eck Péter

Reggel 6:30 volt, még mindig sötét volt odakinn; bicikliztem. A dinamó zúgott, dörzsölve a kerékpár első gumiját csekély mennyiségű áramot termelt, és ez éppen, hogy elég volt a fényszóróm áramellátásához. A lámpa halványsárga fényt vetett az egyenetlen járdára. Az egy hónappal azelőtti havazásból visszamaradt hó jéggé tömörült a gyalogosforgalomtól. A burkolat látható volt itt-ott, különösen ott, ahol a földalatti fűtőcsöveket lerakták, melyek hírhedtek voltak a hőveszteségükről, és megolvasztották a jeget a járdákon. A gyalogút legnagyobb részét egyenetlen fekete jégpáncél borította, melybe a homok és kosz visszafagyott esténként.

A műszaki egyetem főépülete a belvárosban volt: egy impozáns, csodálatos barokk épület. A domb tetején levő kampusz viszont modernebb volt, amelyet neokommunista stílusban építettek betonból és üvegből. Maga az épület nem volt olyan szép és lenyűgöző, mint az egyetem főépülete, de mégis kellemes hely volt, mert terjedelmes ablakaiból az egyik irányban a temetőre, a másik irányban pedig a lankás dombokra nyílt gyönyörű kilátás. Aztán az ipari park közepébe ékelődve ott állt a melléképület, rátelepedve a lepusztult buszállomásra. Az egyik oldalról szennyező nehézipari gyárak, a másik oldalról pedig tízemeletes, szovjet stílusú tömbházak vették körül. Időnként néhány előadást ebben a melléképületben tartottak, és hogy fokozzák ennek borzalmát, ezek az órák reggel 7 órakor kezdődtek.

A kezem lefagyott, mire elértem a melléképületet. Amint beléptem a folyosóra, megütött, hogy bent még hidegebb volt, mint odakint. Elmentem egy kék acélhordó mellett, amit szemetesnek használtunk, ez volt a lerakóhelye a diákok eldobált jegyzeteinek és tankönyveinek is. Beléptem az osztályterembe, és ha lehet még fokozni, ez még a folyósónál is hidegebb volt. Körülbelül tíz évfolyamtársam már helyet foglalt, mindannyian sapkába, kesztyűbe és kabátba bugyolálva. – Jó reggelt, Rodica! – üdvözöltem a lányt, aki mögött helyet foglaltam. Megismertem a drágának tűnő, sarki róka bundáját imitáló műszőrme sapkájáról. Megfordult, és ő is üdvözölt engem. Volt egy olyan rossz szokása, hogy tanulás közben kaparászta a pattanásait. Minél intenzívebben tanult, annál jobban piszkálta őket. Még láthatóak voltak a néhány héttel korábbi vizsgák maradványai. Halovány rám mosolygott.

Lungu professzor bejött a terembe. Hogy üdvözöljük és megadjuk a tiszteletet, mindannyian felálltunk a padban. A padsorok előtt volt az előadói pódium, azon egy asztal és egy szék, mögötte pedig egy hatalmas tábla lógott a falon. Ledobta a slusszkulcsot az asztalra, és levette a gyapjúsapkáját, de azonnal vissza is vette. Két kezét erősen egymáshoz dörzsölte.

– Jó reggelt, osztály! – köszöntött minket erőltetett jókedvvel. – Ma tanulmányozni fogjuk a BJT, vagyis a bipoláris tranzisztorok belső működését.

Előhúztuk a füzetünket és jegyzetelni kezdtünk.

Az elemi iskolától kezdve a középiskolán át, egészen a gimnáziumig, ingyenesen kaptuk a tankönyveket. Többnyire vadonatújak és jó illatúak voltak. Mindig az volt tanévkezdés fénypontja, amikor ősszel visszamentünk az iskolába, és megkaptuk az új tankönyveinket. Szépen papírral befedtük őket, majd címkét ragasztottunk a borítóra, és egy töltőtollal büszkén ráírtuk a nevünket és osztályunkat. Természetesen az összes tankönyv címlapján Nicolae Ceausescu kötelező képe volt, egy időtlenné retusált fénykép, amely mindenféle publikációban és mindenütt jelen volt. Amikor befedtem a tankönyveimet, külön gonddal ügyeltem arra, hogy Ceausescu fényképét a borítóval eltakarjam, hogy ne kelljen az arcát néznem egész évben.

Az egyetemen viszont nem kaptunk tankönyveket. Ez részben annak volt betudható, hogy számítástechnikát, egy teljesen új tudományágat tanultunk, ami gyorsan fejlődött, és a tudás nagy része a dekadens nyugatról, az imperialistáktól származott. Románia nem rendelkezett forrásokkal ahhoz, hogy megvegye a könyvek jogait, sem hogy lefordítsa, illetve terjessze azokat, mielőtt elavultak volna. Egyébként is a dolgok gyorsan romlottak; ami 1980-ban még lehetséges és elérhető volt, az 1985-ben már nem. A legtöbb egyetemi tanár, aki a tanszéken számítógép-architektúrát, algoritmusokat, adatszerkezeteket, operációs rendszereket, C programozási nyelvet vagy hasonlót tanított, kapott néhány nyugati tankönyvet, melyeket óriási becsben tartott, és ezekből tanított.

Mi, a diákok, nem szerezhettük meg és nem is másolhattuk őket. A kormányellenes propaganda terjesztésétől való félelem miatt a fénymásoló gépek nem voltak a nagyközönség számára hozzáférhetőek. Tehát jegyzetelni kellett. És mi jegyzeteltünk is. A hat év alatt több ezer kézzel írott oldalt jegyzeteltem, miközben hallgattam a professzorok előadásait.

– A cím pedig: „A BJT alfa és béta jellemzői" – közölte Lungu professzor, a cím szót erősen hangsúlyozva. Közben mi láttuk a beszéd közben lecsapódó leheletét.

Le akartam írni a címet. A golyóstollam szilárdra fagyott. Megpróbáltam egy forgó tornádót rajzolni a jegyzetfüzetem szélére, hogy beinduljon, de hiába. Aztán kinyitottam a számat, és a golyóstollat a nyitva tartott szájüregbe tettem, és ráleheltem, hogy felmelegítsem. Végül felébresztettem.

– Mint már korábban említettem, ha egy tranzisztorról van szó, 10 százaléknál kisebb áramot figyelmen kívül lehet hagyni. Kihagyható a képletből. Gyenge áramnak hívom őket – és a kezével egy nagy X-et mutatott.

Én 10%-ot írtam a füzetembe és áthúztam.

Lungu professzor folytatta: – Az emitter régiót erősen szennyezik, a p típusú adalékolást vagy bórral, vagy galliummal végzik, melyek a periódusos rendszer III. csoportjának elemei.

Mire a lecke ehhez a részéhez értünk, a kora reggeli biciklizés hatása lassacskán elmúlt, a pulzusom és az anyagcserém lelassult, és éreztem, hogy kezem és lábam még mindig át vannak hűlve. Összedörzsöltem a ujjaimat, és tovább folytattam a jegyzetelést. Rodica előttem lázasan írt, megpróbálta rögzíteni Lungu minden egyes szavát. Vannak, akik higgadtan jegyzetelnek, akik nem rázzák az asztalt írás közben, többnyire csuklóból és az ujjaikkal irányítják a tollat. Aztán vannak azok, akik egész testükkel írnak, a betűk formáját a hasukban képzik, és az egész törzsükön, vállukon, könyökükön keresztül rázkódnak, miközben megfeszítik alkarjukat, csuklójukat és ujjaikat. Ezalatt a folyamat alatt rázzák a padot. Én higgadtan jegyzeteltem, többnyire az ujjaimat és a csuklómat használva formáltam a betűket. Rodica egy asztalt rázó jegyzetelő volt. Láttam, ahogy a műszőrme sapkája rázkódik minden egyes leírt szóval és betűvel. Szinte le lehetett olvasni, hogy mit írt, a sapkájából kiálló, ezüstszínű szőrszálak mozgásából.

Lungu lelépett a pódiumról, és a jobbra tőle lévő keskeny ablak felé sétált. Odament a központi fűtés öntöttvas fűtőtestéhez, és rárakta a kezét. Annak vezérlőcsapjáról egy óriási rozsdaszínű jégcsap lógott le, akár egy cseppkő. Megütötte az öklével, és erre letört a jégcsap alsó, elvékonyodott része, melyet az ablakhoz emelt, és átbámult annak koszos kúpján. Fejét rázva összeszorította az állkapcsát, és ettől a rágóizmai kidudorodtak.

- Az n típusú szennyezést az V. csoport elemeivel, más néven elektrondonorokkal lehet elérni, ilyen például az arzén és a foszfor.

Egyre nehezebb volt tartani a lépést vele. Az ujjbegyem bizsergett, az ízületeim fájtak. A lábam addigra teljesen átfagyott. Próbáltam begörbíteni a lábujjaimat, majd előre és hátra nyújtogattam őket. A lábamon a bal nagyujjam teljesen elzsibbadt. Hargita hideg sípályáin néhány évvel korábban megfagyott, és azóta sem jött rendbe. Erőteljesen mozgattam az ujjaimat, majd összedörzsöltem a tenyerem. De ez sem segített. Felvettem a kesztyűmet. Hidegnek és barátságtalannak éreztem a belsejét, a kora reggeli utam verejtéke beszivárgott a szövetbe, majd szilárdra fagyott.

– Az emitter, ahogy a neve is mutatja, hordozókat bocsájt ki. Az NPN tranzisztorok esetében ez a hordozó elektron. És az általuk használt szimbólum pedig egy kör, a bázistól az emitter felé mutató nyíllal. – A professzor felment a pódium mögé, és megragadott egy darab fehér krétát. – Rajzolunk egy kört, és megjelöljük a kollektort egy C-vel a tetején. – Beszéd közben rajzolta volna mindezt, de a kréta nem hagyott semmiféle nyomot a táblán. A tábla felülete jeges volt. Úgy tűnt, hogy a levegő nedvességtartalma lecsapódott a matt üvegfelületre, majd jéggé fagyott. Újra megpróbálta, de ezúttal arrébb lépett, hogy a tábla másik részére írjon, oda, ahol a felülete még száraz volt. Sikerült egy félkört rajzolnia, de a kör másik felénél a kréta egyszerűen csak átcsúszott a jégen, és nem hagyott nyomot. Lungu felkapta a kulcsait az asztalról, és bekarcolta vele a kör másik felét a vékony jégbe. – Azután megjelöljük a bázist egy B-vel a bal oldalon – folytatta a tranzisztor rajzolását a kulcsával. Csikorgó hang hallatszott, mikor a kulcs fémcsúcsa megkarcolta a jeget, keskeny ezüstös nyomot hagyott maga után, s eközben a jégkristályok a hideg cementpadló felé hullottak.

Azt mondják hogy a jobb kéz fagy meg hamarabb, mivel egy kicsit távolabb helyezkedik el a szívtől. Valóban, a jobb kezem átfagyott. Nem tudtam a tollat tovább tartani. Bedugtam a kesztyűs jobb kezemet a fenekem alá, és megpróbáltam bal kézzel írni. Rajzoltam egy ovális alakú tranzisztort egy kollektorral és bázissal.

– Aztán az alján levő emittert egy E betűvel jelöljük. A bázisnak egy függőleges vonalat rajzolunk, és utána összekötjük a tranzisztor három elektródáját vonalakkal, így – és folytatta kulccsal az ábra rajzolását.

Az ajtó kinyílt, és Paszuly lépett be. Bocsánatkérően bólintott a professzor felé, majd leült mellém. Az igazi neve István volt, de mindenki csak Paszulynak hívta. Alacsony és zömök volt, nagy fejjel, bajusszal és huncut mosollyal. A feje valóban bab formájú volt, és a név ezért is ragadt rá.

– A buszom lecsúszott az útról – suttogta –, harminc percig tartott, hogy gyalog ideérjek, a bejárat előtt pedig elcsúsztam a jégen. – Megmutatta a jobb tenyerét, duzzadt volt, vékony vörös horzsolásokkal tele. Megnyalta a sebét. – Mennyiről maradtam le?

Megmutattam neki a jegyzeteimet, amit addig készítettem.

A hideg elérte a térdemet, összeszorítottam, hogy legalább megpróbáljam megakadályozni, hogy a maradék meleg is elszökjön testemből. A hasamban egy enyhe remegés kezdődött, amely a gerincemen és a nyakamon át az állkapcsomig terjedt. Keményen összeharaptam, hogy a fogaim ne vacogjanak.

– Az NPN tranzisztorokat jelölve húzunk egy nyilat a B bázistól az E emitterig, ami az elektronok áramlásának irányát mutatja – folytatta Lungu professzor a diagram ábrázolását.

– Miért nem használ krétát? – kérdezte Paszuly suttogva.

– A táblára ráfagyott a jég – válaszoltam neki fogaim közül sziszegve, mire Paszuly elmormogott egy káromkodást a bajsza alatt.

A jobb kezem felmelegedett egy kicsit, ezért kezet cseréltem, ezúttal a bal kezemen ültem. Még így is nehéz volt írni. A gondolataim elkalandoztak; ennek ellenére még valamennyit hallottam az előadásból, valamiféle gyenge áramról és erős áramról, és a tíz százalékról, amit figyelmen kívül lehet és kell hagyni. Megtettem minden tőlem telhetőt, hogy folytassam a jegyzetelést. Tudtam, hogy a vizsga nehéz lesz, és nem lesz egyéb tananyag a tanuláshoz, csak a kézzel írt jegyzeteim. Az előttem ülő Rodica még mindig buzgón jegyzetelt. Feltételeztem, hogy mivel ő a gyomra belsejében formálta betűket, papírra tudná vetni őket még akkor is, ha a csuklója és az ujjai lefagynának. Ez nálam nem így volt. Begörbített ujjaimat ökölbe szorítottam a megfagyott kesztyűben, és az öklömben tartottam a ceruzát. A betűim egyre nagyobbak és rakoncátlanabbak lettek. Az egész testem elkezdett kontrollálatlanul remegni. Összehúztam magam, a karomat közel szorítottam a testemhez, hogy megakadályozzam a meleg elillanását.

Végül volt egy tizenöt perces szünet. Lungu gyorsan elhagyta a termet. Kisétáltunk a folyosóra, melyet nagy acélkeretes ablakok szegélyeztek. Ezek a buszpályaudvar kopár homlokzatára néztek, közvetlenül a melléképület udvarán túl. Paszuly és egy másik srác cigarettázni kezdtek. Mindannyian csendben álltunk, bámultunk ki az ablakon. Látható volt a leheletük vagy a hidegtől, vagy a cigaretta füstjétől, pontosabban mindkettőtől.

– Nagyon fázom – panaszkodott Abiga. Alacsony lány volt, szögletes alakú szemüveggel és egy barna kalappal. A kabátján egy döglött rágcsáló bundájából készült gallér volt, melynek a feje előrefelé nézett két barna üvegszemmel. A kezét bedugta a kabátja ellentétes ujjába.

– Gyújtsunk tüzet! – javasolta Paszuly.

– Hol? – kérdezte Abiga.

– Itt, gyújtsuk meg ezt a kukát! – folytatta.

Néhány diák erre felkapta a fejét, és körénk gyűltek. Paszuly nem vesztegette az idejét, előkapta a gyufásdobozát, és lángra lobbantotta a papírszemetet. A tűz kicsiben kezdődött, de fokozatosan növekedett.

– Fel fogod gyújtani az épületet – aggódott Rodica.

– Mi? – kérdezte Paszuly, miközben körbenézett. – Pontosan mit fogunk mi itt felgyújtani? A betonpadlót? – és mutatott lefelé.

Megpróbáltam

– Vagy a betonmennyezetet? – csóválta a fejét. – Az ablakok acélkereteit? – és az udvar felé fordította a fejét.

Összegyűltünk a kék acélhordó körül, és kezünket a tűz fölé tartottuk. Éreztem egy kis melegséget. Levettem a kesztyűmet, és megpróbáltam felmelegíteni az ujjaimat. A lángok egyre magasabbra csaptak, és folyosó az acélhordóból szálló füsttel kezdett megtelni, keveredve a cigaretta füstjével. Mi a hordó körül álltunk könnyezve, köhögve, és melegedtünk.

Egy srác hozott egy jegyzetfüzetet, és a tűzbe dobta.

– Ez a szocializmus gazdaságtana jegyzetem volt – mondta félénken. – Már nincs rá szükségem.

A jegyzetnek keményfedeles borítója volt, időbe telt, mire meggyulladt. A füstön keresztül láttuk Lungu professzor Dacia típusú autóját a parkolóban. Füst áradt a kipufogóból, ami egyértelmű jele volt annak, hogy a kocsiban melegedett.

– Tudod azt, amikor a rendőr meglát egy gyereket cigizni a járdán? – kérdezte Paszuly, miközben kifújta a cigarettafüstöt.

– Hé te, kölyök, hányadik osztályos vagy? | Negyedikes, tiszt elvtárs, válaszolja a kölyök. – Paszuly megvizsgálta a jobb kezén lévő sebet, majd megnyalta. – Megkérdezi a rendőr: Gondolod, hogy jó ötlet dohányozni a negyedik osztályban? | Miért, ön nem gyújtott rá, amikor negyedikes volt? | Dehogynem válaszolja a rendőr, csakhogy akkorra én már tizennyolc éves voltam.

Mindannyian nevettünk, köhögtünk és újra nevettünk.

Láttuk, ahogy a professzor kiszáll az autójából, és az épület felé tart. Paszuly mélyen benyúlt az égő hordóba, és kivett egy vastag nehéz könyvet, amit rádobott a lángra. A cigarettacsikket a hordóba dobta, és mindannyian visszamentünk az osztályterembe. A bent lévő hideg még sokkolóbb volt, mint előtte.

Lungu felment a pódiumra.

– Tüzet csináltátok a folyosón?

– Majd megfagyunk, professzor elvtárs – panaszkodott Abiga elhaló hangon. Lungu csóválta a fejét, majd hagyta az egészet. Ott folytatta az előadást, ahol abbahagyta.

261

– PNP tranzisztorok esetén a kör felső sarkába rajzoljuk az emittert – odalépett a táblához és megragadott egy darab fehér krétát, de meggondolta magát. Visszatette a krétát a párkányra, és előhúzta kocsikulcsát a zsebéből, és egy kört karcolt a jeges felületbe –, és mivel a hordozók az emitter felől a bázis felé haladnak, az E-től a B-ig nyilat rajzolunk – és folytatta a diagram vésését.

Az osztályterem ajtaja résnyire nyitva volt, többnyire csak azért, hogy egy kicsi meleg levegőt beengedjünk a folyosóról, vagy más nézőpont szerint, hogy a hihetetlenül hideg, állott levegőt kiengedjük az osztályteremből. Az ajtó tetején át egy fehér füstcsík szivárgott be, ami lassan az osztályterem közepe felé szállt. Az egyik diák elkezdett köhögni.

Lungu csak folytatta: – A bipoláris tranzisztor alfa tényezője a kollektor és az emitter áramának aránya – majd felkarcolt egy egyenletet a PNP tranzisztortól jobbra.

Abiga is köhögni kezdett.

– A béta, vagy ahogy ismert, az áramerősítés…

Próbáltam jegyzetelni, de az ujjaim feladták. Nem tudtam már tovább tartani a tollat. Jobbra fordultam, Paszuly felé; az ő keze is már kékülni kezdett, az ujjbegyei sárgák voltak a többévi dohányzástól. Elkeseredetten próbált jegyzetelni, a betűi és diagramjai ugyanolyan keszekuszák voltak, mint az enyémek.

A füst lassacskán elért hátra a mi sorunkig is. Rodica is köhögni kezdett, a bundasapkája össze-vissza rázkódott. Aztán abbahagyta a köhögést, és folytatta a lelkiismeretes jegyzetelést.

A professzor távolabb lépett a táblától, jobb kezében a himbálódzó kulcsokkal hátat fordított nekünk. Átnézte az előbb felkarcolt diagramokat és képleteket. Majd ő is elkezdett köhögni. Előhúzott egy fehér makulátlan zsebkendőt a bal zsebéből, és eltakarta vele a száját. Aztán lassan feltekintett Ceausescu bekeretezett és retusált, tábla felett lógó képére. Mindentudó mosollyal nézett le ránk. A fotótól jobbra volt egy műbársonnyal bevont óriásplakát, fehér, egyenként kivágott polisztirol betűkkel: „TRAIASCA SI INFLOREASCA SCUMPA NOASTRA PATRIE, IN FRUNTE CU TOVARASUL NICOLAE CEAUSESCU". Ez annyit jelentett, hogy „Éljen és virágozzon drága hazánk, Nicolae Ceausescu elvtárssal az élen!".

Lungu elfordította a fejét balra, és bámulta a transzparenst a másik oldalon: „STIMA NOASTRA SI MINDRIA, CEAUSESCU – ROMANIA". Ez még rímelt is: „Tiszteletünk és büszkeségünk, Ceausescu – Románia".

– Fagyok meg, professzor elvtárs – panaszkodott Abiga, ha lehet, még elkeseredettebb hangon. Lungu szembefordult az osztállyal, a szeme megteltek könnyel. Néhány másodpercig összeszorította az állkapcsát.

– Órának vége – mondta szigorú hangon, majd azonnal kiment a teremből.

Kisiettem az épületből. Vettem néhány mély lélegzetet a fagyos levegőből, majd köhögtem. Ahogy felültem a biciklimre, Paszuly kijött és körülnézett. Egy fagyott bokor közelében talált egy vastag barna jégtáblát. Sarkával erőteljesen rugdosva letörte. Aztán bevitte a folyosóra, és bedobta a füstölgő acélhordóba.

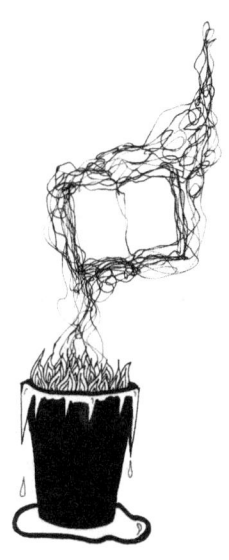

A halál, Kolozsvár, 1985 májusa

fordította: Márkus Krisztina

Szombat volt, május negyedike. A szüleim pici, lebetonozott padlójú fürdőszobájában álltam, apám zöld törölközőjét mostam, melyet véres nyálkája és izzadsága mocskolt be. Néhány nappal korábban, hajnal kettőkor, megtöltöttük a fürdőkádat vízzel, azon ritka alkalom adtán, hogy volt elég nyomás a csövekben, hogy a negyedik emeletre is feljusson a víz. A nehéz öntöttvas fürdőkád csak félig lett tele, de úgy számoltam, ha takarékosan bánunk a vízzel, akkor akár két-három mosásra elegendő lesz. Két lavórt használtam, melyeket egy-egy hokedlire tettem. Egyikbe a rezsón felmelegített forró vizet töltöttem. A másikban hideg víz volt öblítésre. A négyzet alakú szappant a törölközőbe tapadt nyálkába dörzsöltem.

A szappant otthon főztük sertészsírból és marószódából. Ennek a szappannak, az úgynevezett mosószappannak a készítése az egyik legundorítóbb munka volt a családok háztartásában. Mivel ritkán lehetett mosószert kapni, ezért a lakosok a sertészsírt és a használt olajat egy szorosra zárt tégelyben gyűjtötték egészen a szappanfőzés napjáig, mikor végül ezt a szerves anyagot marószódával, egy erősen mérgező lúgos anyaggal felfőzték. A teljes napon át tartó szappanfőzés akkora bűzt árasztott, hogy nemcsak a lakás, de a környező otthonok is napokon át bűzlöttek. De elnéztük egymásnak, hisz minden családban ez egy bevett szokás volt akkoriban.

Hallottam apám köhögését. Két szobával arrébb, csupán

négyméternyire volt tőlem. Április elején betegedett le, és két hete pedig ágynak dőlt.

A nagy törölközőket kiöblítettem és kicsavartam. A kezemre tekintettem; a bőröm fehér volt és ráncos. Már egy hete szinte megállás nélkül csak mostam. Apám minden egyes lepedőt és törölközőt beszennyezett, ezért mindennapi feladatommá vált a mosás. A kicsavart törölközőt egy vödörbe tettem, és az erkélyen kiteregettem a szárítókötélre. Láttam, ahogy balról egy vonat begurul az állomásra. Hamarosan a testvérem, Erzsébet is leszállt a vonatról, hatalmas hátizsákkal és sílécekkel a vállán. Még innen messziről is észrevettem, hogy mennyire lebarnult.

– Megérkezett Erzsébet – közöltem izgatottan, és leszaladtam a lépcsőn, hogy köszöntsem őt. Megöleltük egymást.

– Hogy van apa? – kérdezte.

Az orra le volt barnulva, az arca egy kicsit le is égett, de a szeme körül a bőr fehér maradt. Lehetett látni a síszemüveg által hagyott csíkot.

– Nincs jól, nagyon beteg – mondtam neki.

Elvettem tőle a hátizsákot és a síléceket, majd előreengedtem a lépcsőn. A nehéz cuccokkal lassan megmásztam a hatvanöt lépcsőfokot a negyedik emeletre, a 13-as lakásba.

Erzsébet apám ágya mellett térdelt. Megölelték és megcsókolták egymást. Anyám, egy törékeny, halk beszédű és kedves asszony ott mellettük állt. Példátlan feleség volt, mindent megtett azért, hogy apámról gondoskodjon, mindennap friss ételt főzött, barna lisztes, köménymagos kenyeret sütött, és fekete teát főzött. De láttam rajta, hogy már fogy az ereje. Az elmúlt hetek eseményei kiszívták az életet belőlünk.

A lepedőt és a törölközőket kicseréltük, és újra belefogtam a mosásba. Már egészen rutinos voltam. A rezsón a vizet felmelegítettem, a lavórba öntöttem, a ruhákat beletettem, a szappant az anyagba dörzsöltem, amit két kezemmel egymáshoz suvickoltam, áttettem a törölközőt az öblítésre használt lavórba, kicsavartam, végül az erkélyen kiteregettem. Anyám szárította

és vasalta, az volt az ő feladata.
Halk kopogást hallottam az ajtón.
– Nagymama! – mondta a testvérem. – Tessék bejönni!
Mindnyájunkat meglepett a látogatása. Apám és ő már évek óta nem beszéltek. Már szinte nem is emlékeztem, hogy mikor láthattam utoljára a mi kicsi lakásunkban. Legalább hét-nyolc éve lehetett.
– Hallottam, hogy a fiam beteg – mondta aggódó hangon nagymamám, aki még anyámnál is alacsonyabb volt, mélyen ülő, kíváncsi kék szemekkel.
Odament apámhoz, és az ágya mellé térdelt. Sírt és apám homlokát simogatta.
Könnybe lábadt a szemem. A fürdőszobába siettem, bezártam az ajtót, és folytattam a mosást. Az ajtón keresztül átszűrődtek a beszélgetés foszlányai a párnákkal megtámasztott apám és a mellette térdelő nagymamám között.
De miért...?; nem kellet volna…; én mindig...; valahányszor…; te soha…; de te mindig…; én soha…; annakidején…; de most…; minden gyermekem…; de te tudtad…; emlékszel...?; azt szoktad...
A heves beszélgetés lassan elcsendesedett; már csak tompa hangok hallatszottak át. Aztán a félreismerhetetlen zokogás. Először csak az egyikőjük, de hamarosan mindketten sírtak.
– Szeretlek – hallottam nagymamám hangját.
– Én is szeretlek – válaszolta apám.
Az elmúlt huszonkét év alatt soha nem hallottam még, hogy ezt kimondták volna egymásnak. Már nem bírtam visszatartani; a szemem könnybe lábadt, a forró könnyeim az arcomon lecsorogtak a szappanos vízbe. Közben egyre nagyobb erővel suvickoltam. Miért kellett ilyen sokáig várniuk? Bármi nézeteltérés is volt közöttük, miért nem oldották meg tíz vagy akár húsz évvel ezelőtt?
A tudatom igyekezett racionalizálni a történteket, próbáltam megtartani a reményét annak, hogy apám meggyógyul. De valahol mélyen nagyon jól tudtam, hogy haldoklik. Jól

ismertem őt, talán jobban mint bárki más. A gyermekkorom nagy részét mellette töltöttem. Ő vezetett be a méhészetbe, ő tanított biciklizni, horgászni és síelni. Matektanárom és osztályfőnököm volt a gimnáziumban. Logikai rejtvényeket, geometriát, algebrát, differenciál- és integrálszámítást – mind tőle tanultam. Rajta keresztül ismertem meg a természetet, a fűszernövényeket, a virágokat és az időjárási viszonyokat. Megmutatta, hogyan fenjem borotvaélesre a bicskám, és a bicskával hogyan hegyezzem ki a ceruzámat, azután hogyan készítsek vele művészi igényű mérnöki vázlatokat. Megtanított vitorlázó repülőmodellt és sárkányt építeni, ejtőernyőt varrni, és hordalékfából tökéletes formájú propellert faragni. Megtanított papírrepülőgépet hajtogatni, megmutatta, hogyan hajtogassam úgy a szárnyakat, hogy egyenesen és simán repüljenek.

Amikor versenyszerűen síelni kezdtem, ő lett az edzőm. Szlalompályát épített, bátorított, hogy erősebb és gyorsabb legyek. Városi versenyek szervezésébe fogott ezután, hogy lehetőségem legyen versenytapasztalatot szerezni.

Bejártam vele a Nyugati-, Keleti- és a Déli-Kárpátok gerinceit, völgyeit és csúcsait. Húsz éven át minden évben legalább két expedíciót vezetett, és magával vitt tíz vagy akár húsz diákot is. Minden alkalommal elkísértem, ott voltam szorosan mögötte a nyomában. Jól ismertem a lépteit, a kezét, az ujjait, azt, ahogy megérintett dolgokat, ahogyan a kését fente, ahogyan vágott, csomót kötött és tüzet rakott. Már szinte előre láttam a következő mozdulatát, annyira jól ismertem őt. Okos volt, erős és magabiztos; tekintélyt parancsoló személy.

De most halványodott, gyengült napról-napra. Valahol mélyen éreztem, tudtam, hogy haldoklik.

Aznap délután Ibolya nagynéném megjelent egy autóval.

– Beszéltem egy orvossal Kolozsváron, a zsidó kórházban, és hajlandóak felvenni az osztályra – mondta. Nem kérdeztem, de sejtettem, hogy kenőpénzt adott a személyzetnek, hogy a bátyját felvegyék kórházi kezelésre. Az apám túl gyenge volt ahhoz, hogy járjon, ezért együtt vittük le a keskeny, lebetonozott lépcsőházon keresztül az autóhoz. A nagynéném, a testvérem és az apám elhajtottak. Ekkor érkezett meg a helyi orvos.

– Hova viszik az apádat? – kérdezte, miközben a távolodó autót figyelte.

– A zsidó kórházba, Kolozsvárra – válaszoltam.

– Az jó. Az egy nagyon jó kórház.

– Megérkeztek a véreredmények? – kérdezte aggódó hangon anyám.

– Igen, de nem jók – az orvos együttérző hangon közölte. – Minden arra mutat, hogy vérrákja van, előrehaladott leukémiája.

– Jaj, csak az ne! – anyám szeme könnybe lábadt.

Ó, ne, gondoltam én is, miért pont rák?

– De a zsidó kórházban nagyon jó az ellátás. Ott jók az orvosok, fognak tudni segíteni – próbált megnyugtatni minket.

Aznap este vonattal Kolozsvárra utaztam, és egyenesen a zsidó kórházba mentem. A testvérem már ott ült a párnákkal kitámasztott apám mellett, akinek az arca hamuszürke volt a betegségtől. Csevegtünk, s miután a testvérem elment, egyedül maradtam apámmal; órákon át bátorítottam és biztattam, hogy higgye el, minden rendben lesz.

A folyosón találkoztam a kezelőorvossal.

– Hogy van az apám? – faggattam.

– Nagyon beteg, de stabil az állapota – válaszolta az orvos.

– A szamosújvári doktor azt mondta, hogy vérrákja van.

– Én is úgy sejtem – bólintott a doktor. – Vért vettünk tőle, és a vörösvérsejtszám nem túl rossz. Stabilizálódott. Ha rosszabbodik az állapota, akkor hétfőn átküldjük a hematológiai kórházba.

– Ott mit tudnak vele csinálni? – kíváncsiskodtam.

– Vérátömlesztést kaphat.

– Esetleg kaphatna inkább csontvelő-átültetést? – tettem fel a kérdést reménykedve. – Lehetnék a donor, tőlem vehetnek.

– Fiatalember, ez nem így működik. Először a vizsgálatokat

kell befejezni. Megnézzük, hogyan válaszol a teste a vérátömlesztésre, és csak utána jöhet számításba a csontvelőátültetés. Nem könnyű megfelelő donort találni.

– Én a fia vagyok, én lehetek a donor – erősködtem.

– Ez nem ilyen egyszerű. Sok minden másnak egyeznie kell. Mi az ön vércsoportja?

– B3 – vágtam rá gyorsan.

– És az apjáé?

– O1 – halkuló hanggal jegyeztem meg.

Apám mindig büszke volt a vércsoportjára. Gyakran mondogatta, hogy neki van a legtisztább vére, mert ő bárkinek adhat. Ő egy univerzális donor. Ez egy nemes gondolat volt. Amikor tizennégy évesen vért vettek tőlem, és megtudtam, hogy a vértípusom B3, nagyon csalódott voltam. Most viszont szomorúnak és ironikusnak találtam, hogy apám tökéletes vérét a rák emészti fel.

– Látja – folytatta az orvos –, a vércsoport meg kell hogy egyezzen, és még sok más paramétert is figyelembe kell venni. De nyugodjon meg, az apja jobban lesz!

– Az apám nincs jól, doktor úr – könyörögtem –, az arca hamuszürke.

– Ezzel a betegséggel ez teljesen természetes. Adok neki egy enyhe nyugtatót, hagyj pihenjen az éjszaka, és holnapra már jobban lesz.

Miután az apám mély álomba zuhant, elindultam, és a nővérekre hagytam őt az éjszakára. A sötét utcákon gyalogoltam fel a hegyre, a diákkollégium felé. A botanikus kerthez közel volt egy üres telek, ahonnan ráláttam a városra. Gyakran meditáltam itt esténként; amikor magányra és befelé fordulásra vágytam, ide jöttem. Telehold volt aznap. Alattam a bágyadtan megvilágított Kolozsvár terült el. Legtöbb házban sötétség volt, és az ablakok mögött csak halványan pislákolt egy-két lámpa. Egyik fénysugár talán a kórházból jött. Ott álltam, tanácstalanul. „Miatyánk, ki vagy a mennyekben – imádkozni kezdtem –, szenteltessék meg a te neved" – újra és újra elismételtem. Ó, istenem, ha létezel, ne engedd, hogy az apám meghaljon! – folytattam az imádságot.

A telihold fénye halványodott, sárga fényét a Föld árnyéka szép lassan felemésztette. Holdfogyatkozás volt. Ahogy a hegyre fel újra elindultam, az ég egyre sötétebb lett. Koromsötétségben haladtam előre, az utcai lámpák közül csak néhány világított. De ismertem az utat, ezerszer megtettem már, akár csukott szemmel is odataláltam volna, de mire felértem a kollégiumhoz, a Hold már visszanyerte teljes fényét.

A szobatársaim még fenn voltak, és gyertyafénynél kártyáztak.

– Jó, hogy itt vagy! Kell egy negyedik játékos.

Haboztam, de végül leültem kártyázni velük.

– Tudjátok, hogy odakinn holdfogyatkozás volt? – kérdeztem.

– Hát akkor azért sötétült el annyira minden az előbb – érvelt az egyik szobatársam.

– Nem, haver, nem azért – szólalt meg egy másik –, hanem azért, mert a marha illetékesek lekapcsolták a marha áramot!

Ittak és nevettek, jól érezték magukat. Észrevettem, hogy én is velük nevetek, de ettől rögtön bűntudatom támadt.

Másnap reggel lebicikliztem a kórházba. Apám állapota rosszabbodott, még szürkébb lett az arca, szeme kifejezéstelenné vált. Leültem mellé, és egy magazin egyik novellájának a felolvasásába kezdtem.

Egy amerikai író írta a történetet négy futballjátékosról, akik felnőtt korukban is rendszeresen találkoztak. Már családjuk volt és gyerekeik is, de minden évben négyen együtt elindultak Alaszkába vadászni. Aztán kiderül, hogy minden egyes kiránduláson megállítanak egy-egy autót, elrabolják az utasokat, elviszik őket egy elszigetelt vadászkabinba, ahol megerőszakolják a túszokat. Ezután útjukra engedték őket, hogy mentsék az életüket. Húsz perc előnyt adtak nekik, majd utánuk eredtek, és ezzel megkezdődött az igazi vadászat. Valamikor egy órába, valamikor egy teljes napba került megtalálni őket. De

Megpróbáltam

minden évben megtalálták a szökevényeket, lelőtték őket, és egy nagy szikladarabot a lábukra kötve a tó közepén a mélybe dobták a tetemeket.

Az apám levegő után kapkodott; hívtam a nővért, és ő egy kartonpapírral legyezni kezdte a levegőt az orrnyílása felé.

– Tessék, megmutatom, hogy kell csinálni – mondta. – Tartsa a papírt felfelé és mozgassa gyorsan a mellkasa irányából, de mielőtt az orrát elérné, pöccintse fel! Így lehet a legtöbb levegőt az orrcimpához ventilálni – magyarázta. Kipróbáltam és egészen belejöttem. – Csak folytassa! – biztatott, ahogy az ajtó felé közeledett.

– Miért nem adnak neki oxigént? – suttogtam.

– Nincs elég oxigén – halkan ejtette ki a szavakat.

Miután elhagyta a szobát, én tovább legyeztem a levegőt, de apám intett, hogy hagyjam abba.

– Olvasd tovább! – mondta.

Kiderül, hogy a négy férfi az egyetemi éveik alatt megerőszakolt egy lányt, aki feljelentette őket, de a fiúk letagadták. A fiúk gazdag családból származtak, a lány szegény volt. A fiúk népszerűek voltak, sztárjátékosok, a lány nem. A fiúknak hittek, a lánynak nem. Később a lány hozzáment egy férfihoz, akiből FBI ügynök lett, és akit megbíztak azzal, hogy nyomozzon az Alaszkában eltűnt esetek után. Hamarosan a vadászok nyomára is akadt. A gyalázatos játékuk kellős közepén voltak, éppen a szökevényekre vadásztak: egy középkorú házaspárra, akiket előző nap ejtettek foglyul. A sovány, kopaszodó férj könyvelő volt, és egy elhagyatott malom állványzata alatt találták meg. Az egyik vadász a homloka közepén egy golyót eresztett bele. Már a feleséget űzték, egy vegyes házasságból való, latina nőt. Gyönyörű és sztoikus asszony volt. Egy hangot nem adott ki, amikor előző este nyüszítő férje szeme láttára megerőszakolták. A jó barátok négy különböző irányba széledtek szét a tó körül a végső zsákmányért, és ekkor egy különös irányból lövés hallatszott; más kaliberű puskából jöhetett, más volt a hangja.

A vadászok űzött vaddá váltak. Az FBI mesterlövésze egyenként nyomukra bukkant, és lelőtte őket.

– Nagyon jó történet volt – mondta apám.

– Akarod, hogy még legyezzelek? – kérdeztem.

Megrázta a fejét.

– Neked kell majd gondoskodnod a méhekről. Hatvan család van odakint. Az akácfa hamarosan virágozni fog, ezért ki kell menned! Nyisd a kijáratokat szélesebbre!

Halkan beszélt, levegő után kapkodott. Bólintottam. Előrehajolt, köhögött és nyálkát köpött a lepedőre. Megtöröltem a száját.

Megérkezett a nővérem a barátjával, és felváltva ültünk apám ágyánál. Később lebicikliztem a belvárosba, megálltam enni valahol. Mire visszaértem, már alkonyodott. A folyosón beszélgetés foszlányait hallottam meg, és ez aggodalommal töltött el.

– Már nem éli meg a reggelt. Látom a körmén – suttogta az egyik nővér.

Odamentem hozzájuk és megkérdeztem: – Az apámról beszélnek? Dehát miről van szó?

Az egyik nővér láthatóan kerülte a tekintetem, de a másik csendesen megszólalt: – A körme szürke, és ezt azokon a betegeken szoktuk látni, akik már nagyon közel vannak a halálhoz. Sajnálom.

Megkerestem az orvost. A dolgozószobájában volt, tévét nézett.

– Doktor úr, a nővérek azt mondták, hogy az apám haldoklik. A körméről állapították meg, mert beszürkült.

– Ó, hát az teljes képtelenség – mondta az orvos, és kikapcsolta a tévét. – A vérképe szerint stabilizálódott a vérszáma. Reggel 8-kor átvisszük a vérkórházba.

– Most nem tudnánk átvinni? Vagy maga nem tudna neki vérátömlesztést adni?

– Nem, most nem, mi erre nem vagyunk felszerelve. Holnap

reggel. Minden rendben lesz. De menjünk, megnézem az apját. A folyosóra értünk, én szorosan mögötte.

– Sütő elvtárs! – szólította meg apámat kedélyesen. A nővérem apám mellett ült, a sápadtság még a lebarnult arcán is átütött. A doktor folytatta: – Hogy érzi magát? – Apám meghúzta a vállát. Az orvos kitapintotta pulzusát, majd biztató hangon hozzátette: – Minden rendben lesz. Holnap reggel egyenesen a vérklinikára visszük önt – és ezután távozott.

Megfogtam apám kezét; hidegnek és gyengének éreztem a mindig erős és meleg kezet.

– Ne engedj meghalnom! – suttogta.

– Nem engedjük – nyugtattam –, ne aggódj! –, de valójában rettegtem én is.

Egészen 11-ig az ágya mellett voltam, majd a testvérem váltott fel. Felpattantam a biciklire, és egy telefonfülkéig tekertem. Már csak egy kártyám volt. Felütöttem a telefonkönyvet, és Dr. Karácsonyi számát kikerestem. Az egészségügyi hivatalnál valami fontos ember volt, és a fia, családunk közeli ismerőse pedig fogorvos volt Szamosújváron. Bár személyesen még sosem találkoztam idősebb Karácsonyival, tudtam, apám és ő ismerték egymást, a karrierjeik során útjaik gyakran keresztezték egymást, és kölcsönös elismeréssel adóztak egymásnak.

– Halló! – mély és riadt hang szólt bele a telefonba. Bemutatkoztam és elmondtam, mi a helyzet. – Mi a vérszáma? – kérdezte. Fejből elmondtam neki a fehérvérsejt- és vörösvérsejtszám eredményeit. – És azt mondod, hogy holnap elviszik a vérklinikára?

– Igen, reggel.

– Az jó.

– Nem tudnánk őt esetleg most átvinni? A nővér szerint már reggelre meghal.

– Semmit nem tehetek most, fiam. Éjfél van, várjuk meg a reggelt! Hívj fel újra, ha már a hematológiai kórházban vagytok! Most menj haza, és pihend ki magad! – és ezzel letette.

A város sötét utcáin át bicikliztem hazafelé. Mire a hegyhez értem, a telehold a felhők mögül előbukkant. Leszálltam a kerékpárról, és lassan felsétáltam a hegyre. A Hold kerek és békés volt. Imádkozni kezdtem. A szívemet kiöntöttem az imádságban, és már semmi más nem maradt, amit kérhettem vagy ígérhettem volna.

A bentlakásos kollégiumi szobámban ágyba dőltem, és kómaszerű álomba zuhantam. Valamivel később egész testem rázkódni kezdett. Bár aludtam, de valahogy tudatában voltam annak, hogy apánk eltávozott tőlünk.

Négy erőteljes kopogást hallottam az ajtómon, mintha csak Beethoven 5. szimfóniájának nyitó hangjai lettek volna. Nyikorogva nyílt meg az ajtó.

– Gyuszi, erősnek kell lenned!

A Pál házaspár hangját hallottam meg. A családunk barátai voltak, mindketten tanárok.

– Elment – mondta a feleség.

Már a szobatársaim is felébredtek erre, szemük előtt zajlottak le ezek a drámai pillanatok. Kábultan álltam és bámultam magam elé.

– Fázom – mondtam és felöltöztem gondolkodás nélkül.

Amikor már az autóban voltunk, Pál úr odaszólt: – Sírd ki magad nyugodtan, segíteni fog.

De egy könnycsepp sem jött elő. Ültem csendesen, bámultam a sötét utcákat.

A kórházban, a folyosón, a nővérek részvétüket nyilvánították. Kinyitottam a kórterem ajtaját. Apám még mindig ott feküdt, az arca sárga volt, az álla pedig fel volt kötve egy sállal. Később megtudtam, hogy mielőtt a hullamerevség beáll, egy ilyen stólát szokásszerűen a halottak arcára csavarnak azért, hogy a száj zárva maradjon.

Apám rövid füttyjelzése családi hívójel volt. Amikor kirándulni jártunk és szétszéledtünk, akkor ezzel a füttyjellel hívott vissza bennünket; ez már kora gyermekkoromban elmémbe vésődött.

Csendes, de pontos füttyjelzést adtam ki. Semmi válasz. Még egyszer. A szemem könnybe lábadt. Megpróbáltam újra. – Mozog a mellkasa – bizakodtam. Meg voltam róla győződve, hogy láttam a fehér lepedő alatt megmozdulni a mellkasát. – Apám él! – mondtam reménykedve.

Egy nővér bejött.

– Elhunyt az apja, nagyon sajnálom – mondta. Ott álltam bénultan, hang nem jött ki a torkomon.

– Elvigyünk valahova? – kérdezte Pál úr.

– Nem, magamra akarok lenni.

Elhagytam a kórházat. Keresztül-kasul sétáltam a sötét városban, céltalanul bolyongtam. Egy kis idő múlva, hajnal négy táján az unitárius templom épületénél kötöttem ki. Összecsuklottam, letérdeltem a csukott tölgyfa ajtó elé, és a homlokomat a pácolt fafelületnek támasztottam.

A vallások olyanok, akár az alagutak; miután az alagútba értünk, a teljes sötétségben már csak előre lehet haladni, miközben a pap az ígért fény felé terelgeti a nyájat. Visszafordulni nem lehet, mert arrafelé még sötétebb és még magányosabb az alagút. Nem lehet egy másik alagútba sem átjutni, mert ahhoz iszonyatos erőbefektetéssel ásni kellene az agyagos, köves talajon át. Különben is, nem lehet tudni, hogy a másik alagút végén lévő ígért fénynek van-e olyan ereje, mint ezen alagút végén lévő megígért fénynek? Tehát lassú lépésekben ugyan, de csakis előre lehet haladni utazótársainkkal együtt.

Ha egy közösség megváltoztatta a vallását, az általában erőszak hatására történt. Ezt lehet vonatkoztatni a katolicizmusra, iszlámra, kálvinizmusra és még sorolhatnám. Istvánnak, Magyarország első királyának döntenie kellett, hogy vagy a törökökhöz igazodik, és az iszlám vallás határát ezzel nyugat felé tolja, vagy Ausztriához igazodik, és ezzel kelet felé terjed a katolicizmus. Az utóbbit választotta, és erőszakkal az egész országot erre az új hitre áttérítette. Több ezer embert végeztetett ki, még terhes nőket is, ha ellenálltak. Ezredfordulóra az egész magyar nemzet vallási beállítottsága egy kaptafára lett húzva – a pápa nagy örömére – aki ezért István királyt szentté avatta. A történelem folyamán misszionáriusok a Föld minden szegletében terjesztették hitüket. Az igaz, hogy így lassan és békésen áttérítettek embereket egy új hitre, de arra, hogy egy egész nemzet önkéntesen vallást váltson egyik napról a másikra, nem van példa. El tudjuk-e képzelni, hogy valaki Salt Lake Cityben egy beszédet mond, és ennek hatására minden mormon új hitre tér? Nem valószínű. Vagy talán valaki Szaúd-Arábiában, Riyadhban, meg tudná-e győzni a muszlim lakosságot arról, hogy van egy jobb vallás az övékénél, és mindnyájan válasszák azt. Ez még valószínűtlenebb.

Egyszer ez mégis megtörtént Erdélyben. 1460-ban Kolozsváron Ferenc Dávid beszédeket tartott. Kiállt egy kerek kőre a Fő utca sarkán. Ez még a középkorban volt, amikor a katolikus vallás szorosan markában tartotta egész Európát. Heves vallási üldöztetésnek voltak mindazok kitéve, akik megkérdőjelezték a Vatikán doktrínáját, vagy ellenálltak annak; eretnekség vádjával végezték ki őket. Ferenc Dávid mégis megkérdőjelezte a Vatikánt. Beszédeket tartott egy nagy kerek kő tetejéről, és azt állította, hogy Jézus nem egy isten volt, hanem egy halandó; ezért követnünk kell az ő tanításait, de nem imádhatjuk őt istenként, mert csak egy Isten van. Követelte, hogy a ceremóniákat magyarul, tehát ne latinul tartsák a papok, hogy az egyszerű emberek is megértsék a tanításokat. Prédikálta, hogy nincs se mennyország, se pokol. Egyetlen életünk van, és abból kell a legtöbbet kihoznunk. Gazdag embereknek ne lehessen bűneik bocsánatát megvásárolni, ehelyett arra kellene törekedni, hogy kevesebbet vétkezzünk.

Többszöri prédikáció után valami bekattant, és Kolozsvár városának szinte egész lakossága – mintegy százezer lélek – elhagyta a katolicizmust, és átállt erre az új hitre. Az új hitet unitárius vallásnak hívták. A szentekről készített gipszszobrokat az új hitre tért emberek kidobták a templomokból, fehérre meszelték a falakat, és ettől fogva a pápai Szentszék rémületére egyetlen Istenhez imádkoztak. A Vatikánnak ezután majdnem két évszadba tellett visszaszerezni templomait és hatalmát.

Az a kerek kő, amelyen Ferenc Dávid prédikált, ott hevert a nehéz tölgyfaajtó mögött. Valahogy a hatalmas fájdalom ehhez a kőhöz vezetett. Talán azt reméltem, hogy egy logikus magyarázatot találok itt a történtekre. Ott térdeltem, a homlokom a tölgyfa ajtónak nekinyomva. Az emlékeim színes részletei cikáztak a elmémben. Ahogy apámmal fociztunk. Ahogy mézet pergettünk a friss és törékeny méhviaszból. Sárkányt eregettünk a domboldalon. Csukát fogtunk a Széki-tónál ősszel, utána pedig hokiztunk annak befagyott jegén januárban. Tüzet raktunk Nikulánál, hogy frissen vágott kukoricát főzhessünk. Még egy csipetnyi cukorral is megszórtuk, hogy édesebb legyen. Fent a Puzdrán térdig érő hóban másztam utána. Az elsötétített szobában álmélkodva figyeltük az előhívóoldatban megjelenő fekete-fehér képeket. Mértanfeladatokat oldottunk meg, frissen hegyezett mogyorófa botokkal pontos és részletes ábrákat rajzolva a homokba.

A gyomrom összerándult, előtört belőlem a megállíthatatlan zokogás.

Azt hiszem, hogy amikor megszületünk, két rejtett szervvel jövünk a világba: az egyik az anyánkat, a másik az apánkat jelképezi. Amikor egyikőjük meghal, akkor ez a szerv szétszakad, és egész testünket elönti szomorúsággal. Olyan szomorúsággal, amelyet még soha nem tapasztaltam. Olyan szomorúsággal, mely elképzelhetetlen fájdalommal jár.

Mélyről, a testem középpontjából induló és minden irányba szétáradó zsigeri kiáltás tört ki belőlem. Összekuporodtam a hideg kőlépcsőn, melyet századokon át templomot látogató emberek cipője simára és homorúra koptatott. Az állkapcsom kinyílt, a gyomrom görcsbe rándult, a könnyeim az arcomon csorogtak. Mikor elapadtak, felálltam. Megtöröltem a nedves arcomat.

Hajnalodott. A halovány telehold lassan ereszkedett a nyugati látóhatár felé.

Motorkerékpározás, Nikula, 1985 ősze

fordította: Somogyi-Mann Márta

Édesapám halála után vettem egy használt motorkerékpárt. Egy egyhengeres, 45 köbcentiméteres, Mobra gyártmányú jármű volt, kopottas okkersárga színben. Túl soknak bizonyult már a sok lótás-futás a kolozsvári egyetem, a jegyesem, édesanyám szamosújvári háza, valamint az Ördöngösfüzesen túl fekvő tanyai méhtelepem között. A vonatozás, buszozás, autóstoppolás, valamint a biciklizés mind egyre kevésbé fértek bele a napjaimba. Úgy gondoltam, egy olcsó motorkerékpár megoldást nyújt majd. Kis összegyűjtött pénzemből vettem is egyet. Bár használt volt, és alig volt több ereje egy fűnyírónál, ahhoz képest elég jól robogott.

Néhány napig a forgalmi szabályokat tanultam, és utána a jogosítvány megszerzéséért folyamodtam. A vizsgáztatást a rendőrség végezte. Előre tartottam tőle, mert semmi jó élményem nem volt a rendőrséget illetően akkoriban. A vizsga napján megjelentem a rendőrség vizsgáztató termében. A szobában vagy ötvenen várakoztak, főleg férfiak, asztalok mellett ülve. A vizsgakérdések könnyűek voltak, és jól haladtam. Éppen a vége felé jártam már, amikor a vizsgáztató rendőr elvtárs megállt az asztalomnál, és szúrós szemmel rám nézett.

– Miért van magának szakálla? – szegezte nekem a kérdést.

Váratlanul ért a kérdése, és hebegve csak annyit tudtam mondani, hogy édesapámat gyászolom. Egy gyakori szokás volt Romániában, hogy elhalálozott családtagjaik iránti tiszteletből a férfiak egy ideig felhagytak a borotválkozással. A törvény persze az volt, hogy csak akkor viselhetsz szakállat, ha szakállas fényképed van a személyazonossági igazolványodban. De az igazolványba nem fogadtak el szakállas képet, ha csak nem voltál ortodox pap vagy színész. És én nyilván egyik sem voltam. A személyimben szereplő fotón szakáll nélkül voltam megörökítve.

– A vizsga gyakorlati részére szakáll nélkül gyere! – mondta a rendőr szigorúan és továbbállt.

Az írásbeli után siettem a borbélyhoz. Félóra múlva három apró vágással az arcomon már a rutinfeladatokból vizsgáztam. Borbélyhoz különben rendszeresen jártam, de ez volt az első és utolsó alkalom, hogy a szakállam leborotválását másra bíztam. Mondanom sem kell, hogy a borbély borotvája nem volt túl jól kifenve, és keze sem volt igazán precíz. Nem számított; szakáll ide vagy szakáll oda, meg kell szereznem a jogosítványomat.

Először nyolcasokat leírva kellett a közlekedési kúpok között motoroznom, majd 50 méteren keresztül fél kézzel kormányozva egyenesben tartani a motorkerékpárt, míg a bal kezemmel jeleztem a balra fordulási szándékomat. Ugyanezt végigcsináltam kézcserével. Elérkeztem a vizsga utolsó részéhez, amikor is a rendőr elvtárs felpattant mögém. Utasításait követve motoroztunk együtt.

– Itt fordulj balra! – kiáltotta, amint egy balra fordulást tiltó táblához értünk.

– Rendőr elvtárs, tisztelettel kérem, itt tilos balra fordulni – hebegtem zavaromban.

– Tudom, tudom – majd folytatta parancsoló hangon –, te csak kövesd az utasításaimat!

Nem tudtam, mitévő legyek, mi a nagyobb vétek: ellenszegülni a rendőr elvtársnak vagy kérésére szabálysértést követni el. Követtem az utasítását, és sikeresen levizsgáztam. Fénykép készült a sápadt, szakáll és bajusz nélküli arcomról. A három apró friss vágás emlékeztetett csak a volt szakállamra.

Néhány hónappal később úgy döntöttem, megmotoroztatom

édesanyámat. Édesapám halála után én voltam édesanyám támasza, nagyon nagy szüksége volt rám.
– Vegyél magadra kabátot is! – ajánlottam. – Hideg a szél a motoron.

Egy szürke, bélelt kabátot öltött magára, és máris készen állt élete első motorozására. Gyönyörű napsütötte őszi nap volt. Elhagytuk a téglagyárat, és Nikula fele vettük az irányt. Utunk mezők és legelők között vezetett. Békésen legelésző tehenek és szalmakazalok váltogatták egymást, itt-ott gémeskutak is feltűntek. Egy szép fehér bukósisak volt a fejemen, amit Ildikó vett nekem Magyarországon, és valószínűleg többet ért, mint az egész motorbiciklim. Édesanyámon egy világossárga sisak éktelenkedett. Ő sose sportolt, ezért sohasem hordott semmiféle sportfelszerelést.

Nikula a hegytetőn elhelyezkedő apátságáról volt híres. Az a legenda járta, hogy néhány évtizeddel korábban a szűz Máriát ábrázoló olajfestmény könnyezni kezdett. Ezek után a kis faluból egy zarándokhely lett, és minden év augusztusában több tízezer ember vándorolt ide Szent Mária napra, valami csodát remélve. A kommunista kormány mindent megtett, hogy eltörölje vagy legalábbis csökkentse az ortodox vallás befolyását, ami a többség vallása volt Romániában, de az emberek továbbra is gyakorolták a hitüket.

Szeptember vége volt, egy csendes és nyugodt szombat délután, semmi forgalom, és embereket is alig lehetett látni. Balra fordítottam a fejem, az apátság épületét kémleltem, mialatt közeledtünk a falu központjában elhelyezkedő betonhíd felé. Rossz előérzetem támadt, valahogy érzékeltem, hogy valami nincs rendben, ezért hirtelen jobbra rántottam a motor kormányát. A motorbicikli oldalra dőlt, és mindketten az aszfaltra estünk, de szerencsésen kikerültük a nyakmagasságban kifeszített acéldrótot, ami a híd két átellenes oszlopa közé volt kikötve.

A jobb vállamon feküdtem, combomra nehezedett a motorbicikli, de az első kerék még forgott. Kíváncsi gyerekszemek kandikáltak ki a híd rácsai mögül. Feltápászkodtam, felsegítettem édesanyámat, lehajítottam a bukósisakomat, és a gyerekek után iramodtam, akik addigra már futásnak eredtek. A nem több mint tízéves kisfiút gyorsan utolértem.

Megszorítottam a karját, és ráripakodtam: – Ezt miért csináltad?

A kisfiú szólni sem mert először, majd védekezésképpen csak annyit tudott mondani, hogy: – Nem én csináltam, nem én! A karjánál fogva a levegőbe emeltem, és tovább ordítottam: – Meg is ölhettél volna bennünket! Miért csináltad?

– A szűz Máriára esküszöm, hogy nem én voltam – dadogta.

– Ő csinálta, én csak néztem – mondta, és rámutatott egy kamasz fiúra, aki az út túlsó oldalán futott a kopár domboldalon felfelé.

A kisfiút elengedtem, és a kamasz után eredtem – a híd alatt, a patakon át, majd fel a töltésen. Próbáltam utolérni, de nem sikerült; már az apátság közelében járt, elérte a domboldal tetején az erdő szélét, és befutott a sűrű fák közé.

Lihegve és szitkozódva visszaereszkedtem a faluba, és bekopogtam egy kapun. Egy asszony nyitott ajtót. Elmeséltem neki a történteket, hogyan nézett ki a kamasz fiú, mire ő csak vállat vont.

– Egy lakodalmas menet a templomból a híd felé tartott, és a gyerekek a kifeszített dróttal gondolták őket megállítani, hogy kalács és cukorka fejében átengedjék őket.

Gyerekes csínytevésnek tüntette fel a dolgot.

– A drót le is vághatta volna a fejemet. Fél méterre volt a torkomtól, amikor félrerántottam a kormányt – magyaráztam továbbra is emelt hangon. – Hol lakik ez a fiú? – kérdeztem, mire ő egy ház felé mutatott a hegytetőn.

– Árva a fiú, a nagyszüleivel él – mondta az asszony.

Úgy döntöttem, felmegyek a házhoz. Útközben a második világháborúban játszódó filmjelenetek jutottak az eszembe, amikor a partizánok által kifeszített acéldrótok a német motorosok fejét levágta, hasonló körülmények között.

Felértem a házhoz. A ház előtt egy idős asszony ült, és két csövet egymáshoz dörgölve kukoricát morzsolt. Gondolom a nagymama lehetett. Vak volt az öregasszony, és a nagyot hallott. Próbáltam neki elmondani, hogy mi történt, de ő csak a ház felé mutatott egy kopasz kukoricacsutkával. A házban egy részeg öregembert találtam elterülve a heverőn. Próbáltam vele is beszélni. Kinyitotta a vérben forgó szemét, valamit mormogott, majd visszaaludt.

Nem volt mit tennem, fáradtan és dühösen megindultam a falu központja felé. Édesanyám a motor mellett állt és várt rám.

– Minden rendben? – kérdezte aggódva.

– Igen – válaszoltam. Most rajtam volt a sor, hogy végre megkérdezzem, hogy ő hogy van.

– Jól vagyok, csak a kabátom szakadt el két helyen – válaszolta.

– Ostoba gazemberek! – válaszoltam, amint a szakadt kabátot vizsgálgattam.

Leoldottam a kifeszített hosszú drótot a hídfőkről, karikába tekertem és az útszéli sáncba dobtam. Néhány próbálkozás után sikerült berúgnom a motort. A karburátor át volt ázva benzinnel. A kétütemű motor nagyokat pukkant, és fehér füstöt okádott ki a kipufogón, de kis idő múlva már újra rajta ültünk, és folytattuk az utunkat a falun át, majd az enyhén kanyargó úton a mezők között. Kicsit meghúztam a gázt, a motorbicikli erőre kapott. A Nap lemenőben volt már, a hideg szél fújta arcunkat.

Édesanyám szorosabban megölelt. Ahogy robogtunk a kietlen úton, a fehér bélés szigetelő pihéi szálltak ki a dszeki friss szakadásából.

Sevilla hőse, 1986

fordította: Sütő Ibolya

Románia férfilakosságának két hobbija volt: az ivászat és a futball. A kommunista Romániában nem sok mindent lehetett kapni, mindenből hiány volt. De alkohol és foci volt bőven. A legsötétebb években is hozzá lehetett jutni sörhöz és pálinkához. Az élelmiszerüzletek üresek voltak, nem lehetett üzemanyagot kapni, nem volt szólásszabadság, viszont volt ital és labdarúgás bőségesen. Adj a munkásosztálynak erős szilvapálinkát egy maszatos üvegben, ültesd le őket egy alacsony felbontású fekete-fehér tévé képernyője elé, amelyen egy focimeccset közvetítenek, és légy tanúja annak, ahogy az alkohol kiüti a frontális homloklebenyt és letompítja a szimpatikus idegrendszert. Az ember ilyenkor egysíkúvá válik, elfelejtkezik a mindennapi problémákról, vállalja a három műszakos munkarendet a hatalmas és szennyezett gyárakban. Hajlandó lesz akár évtizedeken át lázongás nélkül órákig sorban állni élelemért. Ha megvan a havi fix, nem keresi a bajt.

„Panem et circenses" – írta Juvenal, a régi római költő. Adj a népnek kenyeret és cirkuszt, ennivalót és szórakozást, hogy ne legyen idejük gondolkodni az önkényen, s így könnyen lehessen őket terelni és leigázni.

Mennyiség volt, minőség kevésbé. A sör langyos és keserű volt, a szilvapálinka bűzlött és égette a nyelőcsövet. A foci legjobb esetben is középszerű volt. A román futball történelmében soha nem fordult elő, hogy a mi csapatunk győzött volna egy nemzetközi bajnokságon. Nagyszerű atlétáink voltak, olimpiai érmes tornászaink és evezőseink. Ez mind nagyon rendben volt, a románság mellkasát minden olimpiai évben a nemzeti büszkeség feszítette.

Na de a labdarúgás! Az akkor is vallás volt. Minden sportot felülmúlt. A napilapok első oldalán Ceausescu feszített a rengeteg fotón, és hősi tetteiről zengtek az újságcikkek. A második oldal is főképpen Ceausescuról szólt, némi nemzetközi hírrel keverve; ha ő találkozott és tárgyalt a baráti kommunista országok vezetőivel, mint például Szovjetunióval vagy Kínával, azt itt lehetett olvasni. A harmadik oldalon a helyi hírek szerepeltek, a negyedik oldal felső felében időjárás-előrejelzés és hirdetések, alsó felében pedig a sporthírek voltak. A férfiak zöme rögtön, ahogy megvásárolta az újságot, négyrét hajtotta, és kizárólag a negyedik oldalt olvasta el, annak is csak az alsó felét.

A nagy gyáraknak és üzemeknek saját focicsapata volt. A játékosok különleges bánásmódban és tiszteletben részesültek. Hivatalosan ugyan úgy szerepeltek az állományban mint gépész, villanyszerelő vagy esztergályos, de munkaidejüket valójában az edzéseken töltötték. Időnként megjelentek az üzemben is, de az csak szemfényvesztés volt. Ugyanez az előjog kijárt a mérnököknek és munkahelyi vezetőknek is, akik edzőként vagy menedzserként ügyködtek a focicsapatban. Kedvük szerint jöhettek-mehettek munkaidőben. Senkinek nem kellett beszámolniuk, hogy merre járnak, mit csinálnak.

Természetesen ezek a csapatok középszerű csapatok voltak. Ritkán nyertek mérkőzést, de a játékosok mezén ott virított a gyár logója, és fáradt arcú munkatársaik lelkesen buzdították őket a pálya széléről akár esett, akár fújt. Ez a kivételes bánásmód nem volt érvényes semmilyen más csapatsportra sem. A röp- és kosárlabdázóknak közel sem jártak ilyen kiváltságok. Senki és semmi nem múlta felül azt az izgalmat, mint amikor tizenegy izmos combú férfi kilencven percen át kergetett egy labdát. Romániában volt sport és volt futball. Pont így. Egy napon nem lehetett említeni.

Az első osztályú labdarúgó-bajnokságra Romániában egy

tucatnál is több csapat nevezett be, voltak ott még egyetemi csapatok is, de más csapatokat nagy ipari cégek pénzeltek. A két legerősebb csapat a Dinamó és a Steaua volt; az első a rendőrségé, a második a hadseregé. Mindkét csapat bukaresti volt, egymás ősi riválisai. A nemzeti bajnokság győztese részt vehetett a bajnokcsapatok Európa-kupáján. Nemzetközi megmérettetéseken persze a román labdarúgócsapatok általában gyengén szerepeltek. Az első fordulóban ugyan túljutottak az albán vagy bolgár csapatokon, viszont esélytelenek voltak az igazi nagyágyúkkal szemben. Ajax Amszterdam, Reál Madrid, Bayern München vagy Manchester United mind szupersztárcsapatok voltak szupersztárjátékosokkal, és tele pénzzel. Olyan óriáscégek álltak mögöttük, mint a BMW, Mercedes, Rolls Roys, Fiat és hasonlók. Tehetséges és képzett játékosaik voltak. Egyeseket közülük a volt gyarmataikról toboroztak, nekik szuper izomzatuk és furcsa frizurájuk volt, és mágikus labdaérzékkel rendelkeztek. Kizárt volt, hogy velük szemben egy román klubcsapat győztesként kerüljön ki.

Ha megkérdeztél volna egy román szurkolót, hány évet adna az életéből, hogy a kedvenc csapata bejusson az Európa-kupa negyeddöntőjébe, simán bevállalt volna legalább ötöt.

1985-ben a román labdarúgó-bajnokságot a bukaresti Steaua nyerte, a katonacsapat ezzel részvételi jogot nyert az Európa-kupán. A bajnokság több hónapon keresztül zajlott, minden csapat oda-vissza játszott egymással, de az egyik mérkőzést mindig hazai pályán vívták meg. Románia – minden túlzás nélkül – nagyon sötét korszakát élte akkor, és a helyzet évről évre egyre rosszabbodott. Ceausescu kemény megszorító intézkedéseket vezetett be, hogy az ország minden külföldi adósságát visszatéríthesse. Korlátozta az áramszolgáltatást, szűkös élelmiszeradagokat vezetett be, az egyetlen tévécsatornán lecsökkentették az adás idejét napi két órára, és azalatt is a legtöbb műsor őt istenítette – azt az embert, aki felelős volt mindezért a nyomorért. Megszorítottak az árubehozatalt, nem lehetett trópusi gyümölcsöt, kávét, kakaót, divatos ruhákat, farmernadrágot, edzőcipőt, ABBA lemezeket, márkás sportcuccokat, egyszóval semmit se kapni. Az üzemanyagfejadag nevetségesen alacsony volt, ezzel a saját autó használatát is korlátozták akár hónapokon át. Már a nyugati filmeket sem hozták be, helyette a régi filmeket játszották újra és újra. Természetesen ezek a megszorítások nem vonatkoztak a kommunista rezsim elitjére, akik továbbra is bőségben éltek. Ceausescu végtelen bölcsességében elhatározta, hogy felépítteti a világ egyik legnagyobb palotáját. A fáraók piramisait rabszolgák építették, a kommunista diktátorok monstrum palotáit meg a koplaló proletariátus. Más korszak, de ugyanaz a kizsákmányolás.

Steaua az első Európa-kupa-meccsét Dániában játszotta a dán bajnok, a Vejle ellen, 1985 szeptemberében. A román állam természetesen nem vásárolta meg a közvetítési jogot, így nem lehetett tévében követni, hanem csak rádión lehetett hallgatni a mérkőzést. Nagy volt az öröm, mert 1:1-re egyenlítettek a dán bajnokcsapat ellen. Lehet, hogy ez csak a szerencsén múlt, de az is majd elfogy, mint minden más, gondolták a románok.

A visszavágó 1985 októberében Bukarestben volt, hazai pályán, ezért élőben közvetítette a televízió. A Steaua meggyőző fölénnyel 4:1-re nyert, ezzel továbbjutott. A meccs éjszakáján a fél ország alkoholmámorban ünnepelt.

A következő fordulóban a budapesti Honvéddal sorsolták össze a Steuát. Az első mérkőzést Magyarországon játszották október végén. Nem lehetett élőben követni a tévében. A megszorítások kora volt végül is. A rádióközvetítésből derült ki, hogy a Honvéd nyert 1:0-ra. Nyomasztó szomorúság telepedett a román futballszurkolókra. Bukarestben, a hazai pályán viszont 4:1-re győzedelmeskedett a Steaua a budapesti csapat ellen. Ráadásul ezt a meccset élőben lehetett végigizgulni az élő televízióadásban. Zászlókat lengetve utcára özönlött a szurkolótábor az egész országban, és hangosan énekelték: „Benn

vagyunk a negyeddöntőben!".
A negyeddöntő mérkőzéseit 1986 tavaszára írták ki. Hosszú, sötét, kemény és hideg tél volt abban az évben. A román szurkolóknak volt idejük latolgatni az esélyeket a következő ellenfél, a finn bajnok ellen. Meg tudjuk-e őket verni? Képesek leszünk-e egyáltalán gólt lőni? Nehezen teltek a téli hónapok, a találgatások és mérlegelések ideje volt.
A két csapat először Bukarestben mérkőzött meg 1986 márciusában. A finn bajnokcsapat, a Kuusysi fantasztikusan festett a pályán, népes stábjuk volt külön erőnléti edzőkkel, jógaoktatókkal, gyúrókkal és saját pszichológussal. A játékosok többsége szőke volt, magas és egészségtől duzzadó, jóltáplált fiatalemberek. A játék elején, amikor a két csapat felsorakozott a pályán, nagy volt a kontraszt közöttük. A Steaua kudarcra ítélt társaságnak nézett ki a finnek mellett, szürkén és sápadtan sorakoztak egymás mellett az alultáplált játékosok. Nem volt biztató látvány. Kilencven perc körömrágó izgalma után gól nélküli döntetlennel zártak. Nem esett találat. Mélységes csalódottság ült Romániára. Mindkét előző bukaresti meccsen a Steaua 4-et vágott be az ellenfélnek. Most viszont semmit. A finn hátvonal jól zárt, a Steaua támadásai nem vezettek eredményre. A Kuusysi védelemre rendezkedett be: túlélni ezt a meccset kapott gól nélkül és majd hazai pályán győzelmet aratni. Jól működött a stratégiájuk; nekik igen, nekünk nem.
Románia épp túlélt egy kemény telet, úgy tűnt, hogy rosszabb már nem lehet. De igen, minden rosszabb lett. Már a kenyeret is szűkösen mérték, két-három órát kellett sorban állni a napi betevőért. Részben lisztből, részben valami fűrészporszerűből sütött akármivel kellett jóllakatni valahogy a proletariátust. Ha a hosszú sorban állás után sikerült is néha sonkát vásárolni, az íze és állaga radírszerű volt, mintha cipőtalpat rágtál volna. Isten tudja, miből készítették. Nagy szüksége lett volna az országnak a jó hírre és arra, hogy valami feldobja a népesség hangulatát. Le kellett volna győzni a finn bajnokcsapatot, de nem sikerült.

A finnországi visszavágót Helsinkiben, az 1952-es olimpiára épített stadionban rendezték meg március végén. Mindenki azon törte a fejét, hogy vajon majd sugározza-e a román tévé? Megvásárolják-e a közvetítési jogokat? Mennyi valutát ér meg az országnak, hogy mindenki élőben láthassa egy román focicsapat negyeddöntős szereplését, melyet nem itthon játszanak? Végtére is Románia futballtörténelmében először került klubcsapat ilyen helyzetbe a világ egyik legrangosabb kiírásában. Természetes, hogy közvetíteni fogják. De nem úgy lett. A román kormány közölte, hogy a mérkőzést rádión közvetítik, de tévében nem. Az európai országok mindegyike megvásárolta a televíziós közvetítési jogot, egyedül Románia nem, annak ellenére, hogy ők bekerültek a negyeddöntőbe. Ez mindennél jobban elárulta, hogy Románia valóban Európa sereghajtója volt akkoriban; ennél mélyebbre már nem lehetett süllyedni. Ennél nagyobb büntetést már nem lehetett volna ráróni a románokra. A nép valahogy eltűrte, hogy nincs kenyér, nincs sonka, vagy ha mégis van, az olyan mint a cipő talpa. Az viszont már túl sok volt, hogy egy ilyen meccset, melyre egy életen át vártak, nem láthatnak. Ez a proli gyomornak is emészthetetlen volt.

Az egész ország a Steaua csapatának drukkolt már ekkor, még a Dinamó, az ősi rivális szurkolói is. Ez már nemcsak fociról szólt, hanem az élet értelméről is. Miért is vagyunk mi itt? Milyen nemzet is vagyunk mi? Mi az értelme ennek a sok szenvedésnek? Hozzájárulunk-e valamivel a világhoz? Be tudjuk-e bizonyítani, hogy mi is értékesek vagyunk mint nemzet, és hogy jók is vagyunk valamiben?

A régiót évszázadokon át az Oszmán Birodalom hajtotta igába, aztán a Habsburgok uralták, s végül jött a szovjet irányítás. Mindig elnyomásban, mindig hátrányban, mindig lenézettként; a népünk volt az örök sereghajtó. Kiszikkadt az életkedvünk, a motivációnk és a boldogságunk. A szocializmus zsákutcába vezetett, de Nyugat-Európának nem kellettünk.

Elárvultak, elhanyagoltak és éhesek voltunk. Vágytunk valami felemelőre, amire büszkék lehetünk, valamire, ami megcsillantja a remény sugarát.

Abban az időben egyetemi kollégiumban laktam Kolozsváron, a csillagvizsgáló környékén. A számítástechnika negyedévét ismételtem. Apám halála teljesen kiütött, első nekifutásra nem sikerült befejeznem a negyedik egyetemi tanévemet. Rendszeresen látogattam nagymamámat, ő a város másik végében lakott, az ipari zóna közvetlen közelében. Laci a szomszédja volt. Alacsony, zömök ember, vékonyra nyírt, deresedő Chaplin-bajuszt viselt kerek orra és keskeny felső ajka között. Egyik este arra lettem figyelmes, hogy valami furcsa dolgot cipel, valami bokorszerűséget, egy koszos barna pokrócba bugyolálva.

– Mi az, Laci bácsi? – kíváncsiskodtam.

– Gyere, megmutatom!

Még mindig lihegett a cipekedéstől. Átmentünk az udvarába, becsukta maga mögött a magas vaskaput, félve körülnézett, aztán letette a csomagot a betonra és kibontotta: egy nagy köteg furcsán hajlított, műanyagszigetelt huzal volt.

– A gyárból loptam – mondta Laci.

– De hát minek? – faggattam.

– Antennát akarok csinálni, hogy lássam a meccset – válaszolta.

– Milyen meccset? – de azonnal kapcsoltam, hogy ez hülye kérdés volt.

– A Feleki-tetőn van egy hely, ahol fogni lehet a magyar tévéadást, ha van megfelelő antennád.

– És milyen tévékészülék kell hozzá? – kérdeztem.

– Bumbujnak van egy hordozható Sport-tévéje.

– Ki az a Bumbuj? – ezt a nevet még nem hallottam.

– Kollégám a gyárban. Esztergályos. Együtt fogjuk összehozni az antennát. Nem akarsz segíteni? Végül is elektronikát vagy valami ilyesmit tanulsz az egyetemen.

- Számítástechnikát - válaszoltam.
- Mindegy. Jó lenne, ha beszállnál. Bumbujnak megvan az antennaterve, de az összeállításban kellene egy kis segítség.

Ezekről volt valami fogalmam, az biztos, a román hadseregben kilenc hónapon keresztül radarkezelőként szolgáltam. Mindenféle összetákolt radarantennával dolgoztam, de egyáltalán nem vonzott ez a tevékenység, nem volt igazán az én pályám.

- Hát, nem tudom - vonakodtam. - Eléggé lefoglal a tanulás.
- Gyere vissza holnap este kilenckor, akkor itt lesz Bumbuj is! Gyere, segíts nekünk!
- Még meggondolom - válaszoltam.

Másnap fél tíz körül jelentem meg a helyszínen. Bumbuj és Laci már az udvaron tanulmányozták a tervrajzot, körülöttük gyűltek rendesen az üres sörösüvegek. Bumbuj középkorú megtermett férfi volt, kerek vörös képén kedves mosollyal. A nagy pocakja miatt a nadrágja állandóan le akart csúszni. Bizalmatlan voltam a nagy hasúakkal, nekem azt sugallta, hogy kapcsolataik lehettek befolyásos emberekkel. Ha ehetnek, amennyit csak akarnak, akkor biztos pártelvtársak vagy szekus informátorok - a titkos rendőrségnek a besúgói. Bumbuj viszont inkább szelídnek tűnt, semmiképpen sem veszélyesnek. És végül is, nem volt törvénytelen antennát építeni.

Egy jegyzetfüzetből kitépett, gyűrött lapra valaki ceruzával felvázolta az antenna tervrajzát. Az ábra egy központi szárból induló vízszintes elemeket mutatott. Kézzel írt jegyzetek adták meg a méreteket és a szerelési távolságokat.

- Még soha nem láttam ilyesmit vagy bármi hasonlót - mondtam.
- Ez egy speciális vevő a magyar adás frekvenciasávjára - válaszolt Bumbuj. - A magyarországi unokatestvérem küldte levélben. Ő ért hozzá, hidd el!

A vázlat nem úgy nézett ki, mint amit szakértő készített, de nekem mindegy, gondoltam.

- Miért nem szeded le a szigetelést a kábelekről? - kérdezte Laci.
- Nem hiszem, hogy számít - feleltem. Emlékeim szerint, a radarantennák ugyanolyan jól működtek akkor is, amikor háromujjnyi jég és hó fedte őket.
- Nézd, itt azt írja, hogy csupasz rézcsövekből kell antennát építeni - mondta Bumbuj.
- Hát igen, ez viszont alumínium, nem réz; és nem cső, hanem tömör vezeték - még közelebbről szemügyre vettem, majd folytattam -, és háromszög alakú a keresztmetszete - folytattam.
- Mindegy, ez is jó lesz - jelentette ki Bumbuj szakértelemmel.
- Egyébként mire használják őket? - kérdeztem Lacit.
- Egy óriási transzformátort építenek a gyárban. Egy marha nagy tekercsről vágtam le egy fűrésszel.

Ja, most már értettem. Egy nagy transzformátor, ami a fémkohászatot és ívhegesztést látja majd el, hogy egyre több traktort gyárthassanak a kollektív mezőgazdaság fellendítésére. Na, annak lőttek amúgy is, gondoltam.

- Rendben, csináljuk meg az antennát! - határoztam el magam.

Elővettem a bicskámat, és nekiálltam meghámozni a huzalokat. Az alumíniumdrót ujjnyi vastagságú volt, a műanyag borítása pedig egyenetlen és merev volt a késő esti hidegben. Bevagdostam, aztán lekapartam. A felhólyagzott ujjaim átfagytak, de sikerült befejeznem. A csupasz alumíniumrudakat lefektettem az udvar betonjára, és a kemény talpú bakancsommal taposva kiegyenesítettem őket. Egész jól sikerült. Laci odahordott egy csomó téglát, mérőszalagot és fémfűrészt. Bumbuj nekiállt méretre vágni a huzalokat. Jól bánt a szerszámokkal, minden mozdulatán látszott, hogy volt gyakorlata a fém megmunkálásban. Ahogy a bal térdével ránehezedett az alumíniumrúdra, a pocakja rábuggyant a bal combjára, zihált a térdeléstől és a mozgástól, s közben a nagy feje le-fel járt a fűrészelés ritmusára. Nem viselt nadrágszíjat. Egy adott pillanatban lecsúszott a nadrágja, és sápadtan világított a fél feneke. Azon elmélkedtem, hogy a bevörösödött képe és a nagyon fehér tompora közötti bőrszínkülönbség valószínű az alkoholfogyasztásnak volt a mellékhatása.

Másnap este visszamentem. Laci büszkén mutatta a betonra fektetett hosszú, rozsdás acélrudat.

– Honnan szerezted? – kérdeztem.

– A gyárból – büszkélkedett. – Ismerek egy srácot, ő gazdálkodik a fémhulladékokkal a gyár hátsó udvarán. Adtam neki egy üveg szilvapálinkát. Átcsúsztatta a csövet a hátsó kerítésen, egyenesen bele az ingoványba. A műszak végeztével megkerültem a gyárat, és megkerestem. Bokáig ért a sár. – Ránéztem a cipőjére, tényleg nagyon sáros volt. – Apropó, szilvapálinka, kérsz-e? Apósom csinálja. A legjobb a világon. Emiatt nősültem meg – kacsintott rám.

Nagyon reméltem, hogy neje, aki valószínűleg a fürdőszobában volt, és kézzel mosta tisztára férje koszos ruháit, nem hallotta meg, miről beszélünk.

– Nem, nem. Köszönöm!

A focit azt szerettem, az italt kevésbé.

Kissé később megjelent Bumbuj. Békésen iszogattak Lacival, amíg én lyukakat fúrtam az antenna faházába. Éjfél előtt készen voltunk a munkával. Úgy néztünk ki, mint a hajótöröttek, akik egy kietlen szigetről egy elektronikus tákolmánnyal próbálnak a világgal kommunikálni. Ami részben igaz is volt.

Március ötödikén újra összegyűltünk Laciéknál. Minden elő volt készítve: a piszkosfehér fogantyús sporttévé, az autóakkumulátor, a vezetékek, a tartórúd és maga az antenna. Ja, és természetesen egy nagy sörrel teli műanyagláda. Ez már túl sok volt hármunknak.

– Itt kéne hagyjuk a sört – mondtam.

– Nem! – Bumbuj és Laci egyszerre válaszolt.

Laci előhozott egy hevederekkel megerősített fakeretet, melyet ráerősített Bumbuj hátára. Rárakta a sörösládát, arra az akkumulátort és ennek a tetejére a hordozható tévékészüléket. Aztán mindezt összekötözte egy jó erős, durva spárgával. Bumbuj rezzenéstelenül tűrte. Méretes pocakja kiegyensúlyozta a hátára erősített súlyt. Laci kihozott egy hátizsákot, melyet telepakolt, aztán felvette a hátára. Én a vállamra helyeztem az antenna nehezebb végét, másik vége a Laci vállát nyomta. Kijött a házból Laci felesége, ránk nézett, de nem szólt semmit, csak megcsóválta a fejét.

Gyalog indultunk el. Egy furcsa hármasfogatot alkottunk – persze a helyzet is, mely összehozott bennünket, különös volt. Elhaló elektromágneses jelek vadászatára indultunk, hogy megnézhessük a Steaua meccsét Helsinkiben. Némán ballagtunk át a városon, elkerülve a forgalmas utakat. A nehéz rozsdás acélcső nyomta a vállamat, az antenna, mint egy óriási alumínium százlábú billegett előttem. Bumbuj lihegve cipelte a rakományt, és Laci, hogy bennünk tartsa a lelket, elsütött néhány disznóviccet.

Mikor már közel jártunk a Felekhez, észrevettünk egy hozzánk hasonló társaságot. Ők hatan voltak, és az antennájuk hosszabb rúdra volt szerelve, sokkal profibbnak tűnt. Más csapatok már előttünk kapaszkodtak, egyesek a mellékutakról bukkantak fel, többen pedig mögöttünk jöttek. Emberek – szürkés ruhákban és sapkákban, a saját kezűleg barkácsolt antennáikkal – baktattak a hegyre fel. A nagyobb csapatok székeket és tartalék akkumulátort is cipeltek magukkal.

Ahogy az aszfalt véget ért, a földúton folytattuk. A fagyott talaj olvadásnak indult az előző napokban, sárban úszott az ösvény.

Bumbuj megállt.

– Nem tudok már továbbmenni

Levegőért kapkodott. Laci levette válláról az antennát, leoldotta barátja hátáról a nehéz rakományt. Egyik kezemmel a hordozható tévét ragadtam meg, másikkal a vállamon cipelt antennát fogtam. Újra nekiindultunk, de a domboldal egyre meredekebb, a sártól pedig egyre csúszósabb lett az ösvény. Mindkét kezem zsibbadtan fájt, gyengült a fogásom a tévé markolatán. Újra meg kellett álljunk. Hátulról beért egy másik társaság, egyetemistáknak tűntek.

– Segítsünk? – kérdezte egyikük.
– Hát, jó lenne – felelte Bumbuj. – Nem bánnám, ha hoznátok az akkumulátort.
– Inkább a sörösládát – poénkodott a srác.
– Rendben, azt is – válaszolt Bumbuj, kissé ingerülten.
– Oké, de akkor veletek nézhetjük a meccset – folytatta a fiatalember.
– Persze, nézhetitek a meccset – egyezett bele Laci.
– És a fele sör is a miénk – mondta pökhendin a srác.
Bumbuj káromkodással válaszolt: – Csókold meg a seggem!
– a sápadtbőrű hátsójára utalva.
– Kettő üveg a tietek lehet, semmivel nem több! – döntött Laci.
– Négy – alkudozott a srác.
Zsibbadt már a kezem, alig tartottam a tévét. Laci füstölgött a méregtől.
– Három üveg, ennyit kaphattok! Átcipeltük a láda sört az istenverte városon, a holttestemen keresztül sem adok többet!
– Jó, akkor megegyeztünk – válaszolta a magasabb egyetemista.

Elkezdtünk megint kapaszkodni, Bumbuj jobb kedvű lett, miután megszabadult a hátára csatolt nehéz súlytól. Mire felértünk a sáros hegytetőre, ott már legalább ötven darab, mindenféle méretű és alakú antenna állt. Legtöbbjüket 5-6 méter magasra meredező acélcsövekre szerelt alumínium- vagy rézelemekből szerelték össze, egyeseket a miénkhez hasonlóan vízszintesen, másokat függőlegesen, sőt olyan is akadt, melyen mindkét módszert alkalmazták. Ránéztem a mi antennánkra. A kétórányi gyaloglás megviselte az alumíniumdrótokat, szomorúan lekonyultak a rázkódástól. Be kell vallanom, hogy a fenti felhozatalból a mi antennánk volt a legsilányabb. A kezemmel kiegyenesítettem, majd elrendeztem párhuzamosan a drótokat, szintbe hoztam őket. Felállítottuk a szerkentyűt és három dróttal kifeszítettük. Amíg Laci, Bumbuj meg én rácsatlakoztattuk a vezetékeket és a tápegységet a tévére, az egyetemista srácok a sört nyakalták. Éledezett a képernyőnk a szürke, domborodó üvegfelületen, időnként fényesebb pixelek villogtak keresztül-kasul rajta. Közvetlenül mellettünk már fogták a magyar adást, feketefehéren lehetett látni a telt házas Helsinki-i stadiont. A legtöbb képernyőn gyenge felbontású, homályos kép jött be, a közvetítés hangját viszont minden szögből hallani lehetett, bömbölt a bemondó a hordozható készülékekből. Valamennyire sikerült betájolni az antennánkat, hogy elkapjuk a gyenge jelet. Pocsék volt a vételünk, halványszürke csíkok futottak a képernyőn fentről lefelé. Ugyan néha felderengtek a pálya felfestett fehér csíkjai, de legtöbbször még annyit sem lehetett látni.

Mire elkezdődött a mérkőzés, százával hevertek a dombtetőn a szétdobált üres sörösüvegek. Csak mi voltunk öten a kis képernyőnk előtt. Ahol jó volt a vétel, ott összecsődült a tömeg, mindenki a maga sörével a kezében.

Félidőben az eredmény 0:0 volt. Az alkoholmámoros tömeg a szünetben körbepisilte a bokrokat és a csupasz fák tövét. Bűzlött a hely; az olvadozó sár, a testszag, az olcsó sör és a vizeletszag keveréke terjengett.

Befújták a második félidőt. A magyar sportközvetítő nagyon visszafogott volt, nem lehetett sejteni, melyik csapatnak szurkol, ha egyáltalán számított neki. Végül is érthető volt, hisz a magyar és a finn nyelvet rokon nyelvekként tartják számon, nem mintha én felfedeztem volna bármilyen hasonlóságot is. Talán hangzásukban hasonlítanak. Magyarország és Románia szomszédos országokként ugyan hasonló történelmi múlttal rendelkeznek, de egy erős ellenségeskedés is kialakult közöttük, főleg Erdély miatt. Erdély a világháborúk során többször is gazdát cserélt – mint egy ide-oda pattogó pingponglabda. A magyar kisebbséggel szembeni rossz bánásmód sem használt a barátságnak. Viszont a román csapatban két magyar is játszott, Bölöni és Bálint, valamint az edző, Jenei Imre is magyar volt. Ez talán kissé a román csapat felé billentette a magyar bemondó szívét.

Nehezen lehetett követni, mi történik a pályán, annyira rossz volt a képünk minősége. Aztán az a kevés is, amit láttunk, eltűnt. Laci jobb öklével rácsapott a tévé tetejére, miközben bal kezével a sörösüveg nyakát szorongatta. A kép visszajött, Bumbuj elégedetten felkiáltott. A mérkőzés nyolcvanadik percében még mindig gól nélküli döntetlen volt, de ekkor lemerült az akkumulátorunk, és a képernyőnk elsötétült.

– A francba bele! – nyögött Laci. Megpróbált igazítani a kábeleken az elektródák körül, de semmi sem segített.

Próbáltunk közelebb férkőzni a szomszédos tévéképernyőhöz, de túl nagy volt körülötte a tömeg, lábujjhegyről is alig láttunk valamit.

Négy perccel a meccs vége előtt a Steaua betalált az ellenfél kapujába. A domboldal felüvöltött az örömtől, mintha egy földrengés járta volna át a helyet. 1:0 maradt a végeredmény, ami azt jelentette, hogy elődöntősök lettünk, és ezt torkuk szakadtából ordították a szurkolók, miközben legurították az utolsó csepp italukat. Mindenki mindenkivel ölelkezett, teljesen idegen emberek borultak egymás nyakába.

Összecsomagoltunk, felszedtük a szerkentyűt, és elindultunk lefelé. A dombtetőn maradt a pisiszag és a szétdobált üres sörösüvegek százai.

A Steaua a belga bajnokkal, az Anderlechttel, került össze. Az első összecsapás Brüsszelben két hétre rá lett kitűzve. Románia ismételten nem vette meg a közvetítési jogot. Vagy nem tudta, vagy egyszerűen nem akarta kifizetni a kemény valutát. Úgyhogy néhány nappal később Laci átjött nagymamámhoz.

– Gyere, mutatok valamit! – alig tudta visszafogni izgatottságát. Az udvarában egy újságpapírba csomagolt, spárgával szorosan átkötött henger alakú tárgy feküdt. Elvágta a sárgás köteleket, és elkezdte kicsomagolni. – Rézcsövek, 12 mm-esek. A legjobbak! – mondta vigyorogva. Az újságpapírok

mindegyikén Ceausescu büszkén feszített a fotókon. Miután Laci kibontotta, két tucat fényes rézcső került elő. Egyenesek, mint a nyílvessző. Felvettem egyet, belenéztem a csőbe: tükörfényes volt, tökéletesen megmunkált felülettel.
– Nagyon jó. Megint szilvapálinka? – kérdeztem.
– Nem, ezúttal két kiló babkávé. Ennek nem tudott ellenállni a srác. A legjobb rézcsöveket szerezte meg nekem. Ipari hűtőbe készültek.
– Ezért elzárhatnak – aggódtam.
– Nem engem, hanem a srácot. Ő lopta, nem én. Én csak hazahoztam – válaszolta védekezően. Csendben egymásra néztünk, majd vállat vontam. – Egy másik antennát építünk!
– Egy jobbat kéne csináljunk – javasoltam –, egy Yagi-antennát. Nem tetszik a Bumbuj tervrajza – tettem hozzá, hogy nyomatékosítsam.
– Mi az a Yagi-antenna? – érdeklődött.
– Irányított keskeny sávú antenna, mely hatékonyabb annál, amit használtunk. Függőlegesek az alkotóelemei, múltkor láttunk néhányat a dombtetőn.
– Aha, értem – mondta Laci. – Van hozzá tervrajzod?
Az nem volt, de volt egy ötletem, honnan szerezhetnénk.
Másnap kissé késve megérkeztem a Béke téri egyetemi könyvtárba. Bumbuj és Laci már ott ültek, kissé kényelmetlenül feszengtek a kiterített, kopott könyvek előtt.
– Minden román nyelvű könyvet már kikölcsönöztek – mondta Bumbuj.
– Pszt – csitítgatta Laci –, halkabban! – Bumbuj arca még jobban elvörösödött, láthatóan izzadt. Felnézett a csodálatos mennyezetre. Az volt az érzésem, hogy még soha nem járt ebben a könyvtárban, sőt valószínű, semmilyen más könyvtárban sem.
– Csak németül és oroszul van meg a keresett könyv – mondta csalódottan Laci.
– Nem baj – válaszoltam –, megvan a pontos frekvencia?
– Igen – Bumbuj kivett a zsebéből egy gyűrött papírlapot,

Megpróbáltam

amire lejegyezte a magyar tévéadás frekvenciáját. Előtte való éjjel felhívta a budapesti rokonát, hogy megtudja a pontos adatokat. Egyszerre lapozgattam mindkét könyvet. Amit nem értettem oroszul, azt a németből próbáltam összerakni és fordítva, ami nem volt világos németül, azt a cirill betűkből silabizáltam ki. Sikerült megtalálni a keresett antenna tervét, a pontos adatait és méreteit, és a kínai töltőtollammal készítettem egy pontos vázlatot.

A következő napokban az új antenna összeállításával kínlódtunk. Csak az acél tartóoszlopot tartottuk meg a régiből, minden mást újraépítettünk. Jó minőségű fakeretet eszkábáltunk, melyre pontosan kimért lyukakat fúrtunk, hogy a precízen kiszabott rézcsöveket beleillesszük és csavarokkal rögzítsük. Két függőleges sorba rendeztük el ezeket; tízet jobbra, tízet balra a tartóoszloptól, lapos vezetékkel összefűzve azokat. Koaxiális kábel jobb lett volna, de arról álmodni sem lehetett. Az 50 ohmos lapos kábel megteszi majd.

Már csak az volt a kérdés, hogy működik-e?

Igen, működött!

Ezúttal kétszer annyi antenna volt a hegyoldalban, és háromszor annyi ember gyűlt össze a képernyők előtt, mint a múltkor. Messze jobb volt a képminőségünk. Láttuk, merre tart a labda, sőt néha még a játékosok arckifejezése is kivehető volt.

Már hetven perce tartott a mérkőzés, amikor nyakunkba szakadt az eső. Mindenfelé kinyíltak a nagy fekete esernyők, hogy szárazon tartsák a tévét és az akkumulátort; az nem volt baj, ha mindenki más bőrig ázott. A 78. percben az Anderlecht betalált a Steaua kapujába. Szomorú csend telepedett az esernyők alá szorult tömegre. Ez maradt a végeredmény: 1:0. Mindenki kedvetlenül, leszegett fejjel ereszkedett le a hegyről a rengeteg csomaggal.

A visszavágót április közepén rendezték meg Bukarestben. A meccs előtt özönvízszerűen szakadt az eső, áradtak a folyók, a pálya vízben tocsogott. Reménytelennek tűnt a helyzet, a román hadsereg bevetette harci helikoptereit, órákig lebegtek a pálya felett, és szárították a gyepet. A román tévé kivételesen élőben közvetítette a meccset; leállt az ország, a gyárak, az üzletek bezártak, minden bezárt, szünetelt a forgalom, mert az egész ország otthon ült a tévéképernyők előtt.

Harmincezer Steaua szurkoló töltötte meg a stadiont, ebből tízezer katonatiszti díszegyenruhát viselt. Már a negyedik percben Piturca betalált az ellenfél kapujába. Az örömtől talpra ugrott az egész ország. A huszonharmadik percben Bálint megszerezte a Steaua második gólját, mely egetrengető élmény volt, de amikor Piturca belőtte a harmadikat is, minden eldőlt. Az összesített végeredmény 3:1 a Steaua javára, és ezzel bekerültünk a döntőbe! Soha előtte, a román futball történetében egyetlenegy csapatnak sem sikerült ekkora teljesítmény, sőt egyetlen keleteurópai csapatnak sem.

A döntőt Sevillában, Spanyolországban, május 7-én az FC Barcelonával kellesz majd megvívni. A négyszeres UEFA bajnok a lehető legkeményebb ellenfél. Mindenki a döntőről beszélt. Az április végi csernobili atomkatasztrófa sem homályosította el a várakozás izgalmát, pedig az északi határtól nem messze történt, az akkor még Szovjetunióhoz tartozó Ukrajnában. Kit érdekelnek az esetleges láthatatlan sugárzások, ha a román labdarúgócsapat döntőt játszik az Európa-kupában?

Kormányzati szinten eldöntötték, hogy ezúttal megveszik a közvetítési jogot. Nem akartak vagy nem mertek szembenézni azzal a közfelháborodással, melyet kiváltott volna ennek ellenkezője. Talán még a hatalmukat is megrendítette volna.

1986. május 7-én a Steaua játékosai felsorakoztak a sevillai futballstadion gyepszőnyegén a Barcelona legjobbjai mellett. Elkezdődött a megmérettetés, elkezdődött a mérkőzés. Ha az elődöntő idején megállt az élet, akkor most teljesen kihaltak az utcák, a gyárak nem gyarapítottak, a dolgozók nem dolgoztak, a vásárlók nem vásároltak, a tanárok nem tanítottak, a rendőrök nem őrizték a rendet, és kis időre még a tolvajok is leálltak a lopással.

Mindenki a meccset nézte.

Izgalmas mérkőzés volt, de nem esett gól. Első félidő 0:0-val zárult, de a második negyvenöt perc sem hozott eredményt, gól nélküli döntetlennel zárult a játékidő. Következtek a kétszer 15 perces hosszabbítások.

Egyik csapatnak sem sikerült betalálnia az ellenfél kapujába. A lelátókon hetvenezer ember követte lélegzet-visszafojtva a pályán történteket. Romániában 20 millió állampolgár meredt a tévéképernyőre, összeszorított állkapoccsal izgultak. Húszmillió kiéheztetett, alulértékelt, elemi emberi jogaiktól és méltóságuktól megfosztott ember – mind valami csodára várva.

Büntetőrúgásokra került a sor, a tizenegyespárbajra. Mint a nevéből is kitűnik, 11 méterről rúgják kapura a labdát, és a lövés meghaladja a 120 km/óra sebességet. Tehát a labda fél másodperc alatt eléri a gólvonalat, de a legjobb kapus is csak hat tized másodperc alatt tud a kapu közepéről valamelyik félfáig elugrani. Ha hibásan dönt, és rossz irányba ugrik, esélye sincs kivédeni a tizenegyest. Ha jó a megérzése, és jó felé mozdul, akkor talán igen. Statisztikák szerint, mindössze 25 százalékos a sikeres védés esélye, tehát a háromnegyedük bemegy.

Az első tizenegyeshez Majearu állt oda, a Steaua játékosa. Urriti, a Barcelona kapusa kivédte. A stadion ünnepelt, hisz a lelátókon Barcelona-szurkolók ültek. A románoknak nem volt útlevelük, szabadságuk és persze pénzük sem, hogy kiutazhassanak Sevillába a csapatuknak drukkolni.

Alexanko következett, a Barcelona hátvédje. A Steaua kapusa beállt a gólvonalra, arca enyhén verejtékezett, miközben nyitott ajakkal koncentrált. Alexanko elrúgta, Duckadam higgadtan kifogta a labdát.

Harmadikként Böloni következett. A bal alsó sarokra szúrta a labdát, de Urriti hárított, és a labda visszapattant a román csapat középjátékosára, aki csalódottan újra belerúgott. A nézők állva ujjongtak.

A kamera rákeresett Jenei Imrére, a Steaua edzőjére, aki

rezzenéstelen arccal követte az eseményeket.
Ezután Pedroza bal alsó sarokba tartó rúgását Duckadam
ujjbeggyel tolta kapun kívülre.
Maradt a 0:0.
Ezután Lacatus állt a tizenegyes pontnál. „Be kell rúgnia,
Lacatusnak sikerülni fog!" – üvöltötte rekedten a román
közvetítő. A labda kilőtt, egyenesen a felső léc alá. Urritinek
semmi esélye nem volt fogni. Mint a mennydörgés, úgy tört fel
az ujjongás a sűrűn lakott román tömbházakból.
1:0 a Steaua-nak.
Alonso bandukolt oda a következő lövéshez. Duckadam
beállt a gólvonalra, nyugodt arccal és szúrós tekintettel. Enyhén
guggolva állt, kesztyűbe bújtatott kézfejét a mellkasánál tartotta,
könyökei kifelé néztek. Alonso is a bal alsó sarkot célozta meg.
Duckadam ugrott, és kivédte! A román sportriporter fokozott
izgalmában elfelejtett beszélni. A robbanásszerűen kitörő ováció
tapintható volt, szó szerint megrengette a panelházak betonfalait.
Duckadam fellőtte a labdát az égbe, hogy megünnepelje, majd
összetett kézzel elnézést kért a bírótól. Letérdelt a gyepre, és
kesztyűjébe temette az arcát.
Bálint következett. Messziről nekifutott, és bevágta a labdát
a bal alsó sarokba, centikre a kapufától. Urriti rosszul döntött: a
másik irányba ugrott. Góóól! – visszhangzott mindenhonnan.
Már semmi más nem számított.
Marcos állt ezúttal a labda mögé. Duckadam ugyanúgy
beállt a gólvonalra: nyitott ajkak, hajlított térdek, kesztyűs keze
most a hasa előtt. Marcos irányt váltott, a kapu jobb alsó sarkába
próbált betalálni, de Duckadam ezt is hárította.
Éljenzés moraja járta át a tömbházakat, ezrével áramlottak ki
az emberek az utcákra. „Mi vagyunk a bajnokok!" üdvrivalgása
hangzott mindenhonnan, amire „Kettő nulla!" volt a hangos
válasz. Boldogság érzése töltötte el az országot. Az emberek ittak,
ünnepeltek és még többet ittak. Több évtizednyi szomorúság és
középszerűség váltott át büszke kitörő örömmé.

Kelet-európai futballcsapat még soha előtte nem nyerte meg a bajnokcsapatok Európa-kupáját, ezt a rangos trófeát! Soha még kapus nem védett egymás után ki négy tizenegyest, de Helmuth Duckadam igen. Lehet, hogy jobban működtek a megérzései, mint Urritinek. Lehet, az idegsejtjei gyorsabban reagáltak. Lehet, nyugodtabb volt, lehet, hogy motiváltabb. De az is lehet, tudatában volt annak, hogy ő egymaga felvidíthat egy szomorú nemzetet. Egy olyan nemzetet, amelynek nagy szüksége volt vidításra.

Ő lett Sevilla hőse.

Nagymama keresése, Kolozsvár, 1986 októbere

fordította: Kiss Misi

Anyai nagyanyám, Erzsébet, 1900-ban született. Alacsony néni volt, fekete szoknyát, fekete blúzt, fekete cipőt viselt, és olyan kötött gyapjúsapkát hordott, mint Rocky Balboa. Amikor betöltöttem a tizennégy évet, édesanyám a legnagyobb meglepetésemre elárulta, hogy a néni valójában nem vér szerinti nagymamám, hanem annak nővére. 1933-ban, mikor édesanyám egyéves volt, az anyja, Anna, egy sikertelen kaparás áldozata lett. Anna egyike volt a tíz testvérnek. Erzsébet volt a legidősebb, s az anyjuk halála után átvette az anya szerepét. Nevelte testvéreit, vigyázott rájuk, munkát és lakást szerzett nekik. Nagyon szerény asszony volt, soha nem dicsekedett azzal, hogy mi mindent megtett a testvéreiért. Mivel neki nem volt gyereke, ezért úgy döntött, örökbe fogadja az egyéves édesanyámat Anna halála után. Megváltoztatta anyám keresztnevét és vezetéknevét is, hogy szakítson a múltjával. Szigorú unitárius hitben nevelte fel őt. A nagymamám csak általános iskolát végzett, de fontosnak tartotta a tanulást. Egyszerű családból jött, ezért nagyon szerette volna, hogy édesanyám továbbtanuljon a főiskolán. Egyvalamire viszont büszke volt: a kertjében termesztett kitűnő paradicsomjait a közeli vásárcsarnokban árulgatta.

– Találd ki, mi történt ma velem? – kérdezte tőlem egy nap.
– Mi, nagymama?

Megpróbáltam

– Egyik vásárlóm, amikor paradicsomot vett tőlem, kíváncsiskodott, hogy hány éves vagyok. Megkérdeztem, hogy szerinte hány. – A nagymamám 15 éve volt özvegy, de még mindig volt benne egy kis huncutság. – Azt mondta az illető, hogy „Körülbelül hetvenöt éves lehet a néni." De én mondtam neki, hogy 86 éves vagyok! Erre azt válaszolta: „Nem néz ki egy nappal sem idősebbnek, mint hetvenhat."

Erre a nagymamám úgy elkezdett nevetni, hogy még a protézise is kicsúszott, ezért gyorsan visszaigazította a szájába.

– Biztos, amiatt a sok paradicsom miatt tetszik ilyen fiatalnak lenni, amit megeszik nagymama – mondtam neki.

Tényleg neki voltak a legfinomabb, legzamatosabb lédús paradicsomjai. Azon nőttem fel gyerekkoromban. Ehhez hasonló történeteket gyakran mesélt. Büszkélkedett, hogy miután idegenek megkérdezték, hány éves, hitetlenkedve megjegyezték, hogy mennyivel fiatalabbnak néz ki. Mindig jót nevetett rajta.

Erős akaratú, bölcs asszony volt. Túlélt két világháborút, számos kormányváltást, és sok más viszontagságon ment keresztül. Meg volt róla győződve, hogy Ceaușescu brutális diktatúrája is hamarosan véget ér. Számára Ceaușescu csak egy volt az egymást követő császárok, királyok és diktátorok sorában, és ő is megbukik majd. És milyen igaza volt, de azt a napot már sajnos nem érte meg. Egy évvel a kommunizmus bukása előtt halt meg.

Szombaton 11 óra körül járt az idő. Indulásra készen álltam, betettem a karate Gi edzőruhámat egy hátizsákba, hogy elinduljak a karateórámra. Abban az időben a karatét hivatalosan betiltották Romániában, ugyanazon oknál fogva, amiért más diktatúrák a történelem különböző időszakában betiltották a fegyvereket vagy a harcművészeteket. Úgy gondolták, hogy könnyebb egy birkát leigázni, mint egy méhkast. Mert a birkának nincs fegyvere, de a méhek megszúrhatnak, ha bántani mered őket.

Egy fekete Dacia állt meg a kapu előtt. Akkoriban a családok mintegy tizenöt százalékának volt autója, és azon belül is csak a pártvezetők kaptak fekete autókat. A Dacia az egyetlen román autómárka, amelyet a francia Renault Csoport leányvállalata gyárt. Ennek ellenére a nyugat-európai cégek által előállított autók közül talán a legsilányabb lehetett akkoriban. Csak egyetlen modellt lehetett venni abban az időben, és a motor is ugyanaz volt mindegyikben, csak a színük különbözött.

A következő módon lehetett felismerni valakinek a társadalmi rangsorolását: aki az alsó 85 százalékba tartozott, annak nem volt autója, tehát akinek volt autója egy négyjegyű rendszámmal, az benne volt a felső 15 százalékban; a politikai vezetés tagjainak fekete autója volt, ezen belül az 'igazi' elvtársaknak, az elit felső két százalékának az autóit az különböztette meg, hogy csak három számjegyű rendszámuk volt; és minél kisebb volt ennek számértéke, annál magasabb volt az elvtárs pozíciója.

Az egyszerre tiszteletet és utálatot kiváltó 100-as rendszámtáblát csak a Román Kommunista Párt főtitkára – Ceaușescu – használhatta. Természetesen nem Dacián volt ez a rendszámtábla, hanem egy dekadens, Amerikából importált Cadillacen. A pártvezetők ugyanis kivételt tettek magukkal, amikor az importált luxuscikkekről volt szó.

Hármassal kezdődő, háromjegyű rendszámtáblából következtetve, a kapunk előtt parkoló fekete Dacia tulajdonosa egy megyei szintű vezető lehetett. Amikor a férfi kiszállt a kocsiból, az első benyomásom az volt, hogy úgy néz ki, mint egy vaddisznó. Jókora előredülledő pocakja volt, a homloka pedig ferde, és a zselétől csillogó fekete haja hátra volt fésülve. Állkapcsa erős volt, alsó fogai pedig kiálltak. Úgy nézett ki, mint aki mindig készen áll arra, hogy bárkit orron csapjon a csontos homlokával. Bárkit, aki útjába mer állni.

Az udvarunk alacsonyabban feküdt, mint az úttest. Az ember lenézett rám. Ott álltam a biciklim mellett, a karateruhám a hátizsákomban lapult. Éppen indultam volna a karateórára, amelyet a szabadban tartottak egy sűrű erdő rejtett tisztásán, távol a hatóságok kíváncsiskodó szemeitől. A férfi nagyképűen feltartott, éreztetve felsőbbrendűségét.

– Le kell festeni a kerítést! Alsó állkapcsa előreállt, kilátszottak a fehér, éles fogai.

Igaza volt. Nem ártott volna a kerítésünknek egy alapos festés. Nekünk volt a legócskább, legrozogább kerítésünk az egész negyedben. Legalább nyolcvanéves volt, túlélt két világháborút, robbantásokat és számos kormányváltást. A kerítés deszkája száraz és repedt volt.

– Sajnálom, elvtárs – feleltem –, lefesteném, de nincs festékem.

– A főtitkár, Ceaușescu elvtárs hétfőn érkezik, tudja, hogy ez mit jelent, ugye? A kerítést le kell festeni! – morgott rám irritált hangon. – Menjen az üzletbe festékért! Vasárnap estére le legyen festve!

– Nincs pénzem – válaszoltam. – Egyébként is, ez nem az én házam. Hadd hívjam a tulajdonost.

A férfi összeszorította fogát, majd még mérgesebben rám tekintett.

Bementem házba és szólongattam a nagymamámat. Még hálóingben volt. Ahogy az évek teltek, egyre több időt töltött az ágyban. Dél körül átöltözött, de este 5 körül már visszavette a hálóingét. Lassan, komótosan kisétált, kezét a háta mögött összekulcsolta. Szép keze volt, selymes sima bőrrel. Egész életében ezekkel a kezekkel másokat szolgált. Békés volt az arca, ősz haja hátra volt fésülve. Zen mesterre emlékeztetett, végtelen bölcsességgel és temérdek élettapasztalattal, és hálóingben a nap közepén. Felnézett a férfira, aki románul ugatott neki valamit. A nagymamám elfordította a fejét egy kicsit, jelezvén, hogy nem hallja, amit mondott. A férfi kinyitotta a rozoga fakaput, és odament a nagymamámhoz. A kezét hátratette, hasát előre nyomta és kivillantotta alsó fogsorát.

– A kerítést kékre kell festeni vasárnap estéig! – ordította románul.

A nagymamám sosem vette a fáradtságot, hogy megtanuljon
románul. Minek arra a kis időre? Meg volt róla győződve,
hogy Erdély hamarosan újra Magyarországhoz kerül. Minek
kínlódni egy másik nyelvvel? Ez persze több mint negyven
évvel ezelőtt volt. Bár tudta, hogyan kell eladni paradicsomot
a román vásárlóknak és megszámolni a visszajáró pénzt, nem
értette a bonyolult mondatot a kerítésről és festésről. Persze
nem törődött sem a pocakos férfival, sem Ceaușescuval. Túlélte
az első világháborút, az osztrák császárt, a robbantásokat, a
depressziót, a nácizmust, Hitlert, a második világháborút, a
további bombázásokat, az éhínséget, a Vörös Hadsereget, a
kommunizmust és a korai özvegységet.

Kilenc kistestvérének anyjuk helyett anyjuk volt, és az évek
során többet közülük el is temetett. Mindent átélt, mindenkit
túlélt. Nem hagyta, hogy egy jött-ment kibillentse a lelki
egyensúlyából.

– Ceaușescu elvtárs hétfőn jön! A kerítést előtte le kell festeni!
– ismételte a férfi, aki nyilvánvalóan egyre bosszúsabb volt.
A nagymamám csak nézett rá a békés zöld szemével. – Érti
egyáltalán, amit mondok?

A nagymamám hunyorított a szemével, hátha jobban
megértené ettől, amit a férfi mond. Aztán kitolta az alsó
műfogsorát a nyelvével, ahogy szokta minden öt percben.
Élénken figyeltem az eseményeket. A férfi harapásra készen
kivillantotta az alsó fogsorát. Támadásra készen állt, szemben
a nagymamámmal, aki nikotinfoltos műfogait előretolva
higgadtan, szinte gúnyosan nézte a férfit. Jó ideig szótlanul
bámulták egymást. A férfi majd megpukkant az idegességtől.
Aztán hirtelen megfordult, beszállt a fekete kocsijába és elhajtott.

Órákkal később kerültem haza aznap. A jobb vállam
vérzett. Az erdőben edzettünk. A társam próbált megrúgni, és
ahogy blokkoltam, megcsúsztam a nedves füvön. Egy éles kőre
estem, mely átszakította a kimonómat, és mély sebet vágott
a vállizmomba. Délután 3 óra lehetett. A kerékpározással és

a karateedzéssel körülbelül négy órát voltam oda. Ahogy a nagymama háza felé közeledtem, észrevettem, hogy a szomszédok a kapuk előtt állnak, aggódó tekintettel beszélgetnek.

– Gyuszi, gyere ide! – hívott a szomszédasszony. – A nagymamád jól van, de...
– Mi történt? Mi a baj? – vágtam közbe.
– Majdnem elütötte egy vonat. Elkóborolt, felmászott a töltésre, és beszorult a lába a talpfák közé.
– Nem tudta kihúzni a lábát – folytatta a férje, Laci bácsi, akinek őszülő mellszőrzete kilátszott a fehér trikója alól.
– Nem esett baja?
– Nem, jól van! Szerencsére a mozdonyvezető le tudta fékezni a vonatot, ezért időben, de csupán néhány méterre előtte állt meg. Aztán leugrott a mozdonyról, és segített neki átmenni a síneken. Gyuszika, soha nem hallottam ilyen hangos vonatfüttyöt, pedig harminc éve élek itt.

Beszaladtam a házba. A nagymamám a Bibliát olvasta, az egyetlen könyvet, amit valaha is kézbe vett. Mélyen elmerülve olvasott, talán nyugodtabban, mint bármikor. Idős kora ellenére nem volt szüksége szemüvegre. Azt hiszem, ezt a paradicsom antioxidánsainak köszönhette, amit egész életében evett.

– Nagymama, mi történt? Jól van? – kiáltottam, mert nagyothalló volt.
– Jól vagyok, ne aggódj!
– Miért próbált átkelni a síneken? Miért nem ment a vasúti átjáróhoz?

Csak legyintett és mosolygott.
– Most már minden rendben. A vonat megállt. A mozdonyvezető egy nagyon kedves ember, és a keze is erős.

Odamentem, és megöleltem nagymamámat. Meleg volt a teste, egy kicsit izzadt – a vizelet és az olcsó cigaretta szagának keverékével. Olyan szaga volt, mint a földnek.

Másnap reggel édesanyám Kolozsvárra utazott a vonattal, hogy részt vegyen a 11-kor kezdődő, vasárnapi istentiszteleten az unitárius templomban. Néha beugrott a nagymamámhoz, és együtt trolibuszoztak a templomhoz. Néha egyenesen a templomban ment, és ott találkoztak. Édesanyám két-három hetente egyszer ment a templomba. A nagymamám minden vasárnap ott volt, nem hagyott volna ki egy istentiszteletet sem. Mindig ugyanabban a padban ült. Időnként én is elmentem, főleg mikor édesanyám és nagymamám is kérte, de néha a saját akaratomból is, hogy halljam az orgona hangját, amely mindig helyrebillentette a belső egyensúlyomat.

Aznap délelőtt kirándulni mentem a barátnőmmel, Ildikóval. Körülbelül öt óra volt, mire hazaértem a nagymamám házához. Anyámnak és a nagymamámnak is ott kellett volna lennie, de a ház üres volt. Különös érzés fogott el. Édesanyám egy órával később megérkezett. Megöleltük és megpusziltuk egymást, mint mindig.

– Nem találom anyut sehol – közölte, nyilvánvalóan aggódva. – Nem jött el a templomba sem. Kérdezősködtem, de senki sem látta.

– Lehet, hogy János bácsihoz ment – mondtam, utalva nagymamám egyik öccsére, aki nem volt híve rendszeres templomba járásnak. – Átbiciklizzek hozzá, hogy megnézzem ott van-e?

– Légy szíves, indulj! Este 7-kor indul a vonatom, úgyhogy már mennem is kell az állomásra. Kérlek, keresd meg anyut! – azzal megölelt és távozott.

Felpattantam a biciklimre, és János bácsihoz vágtattam. Körülbelül egy kilométerre lakott. A verandán találtam rá, amint szárított gyógynövényeket válogatott. Rövid bajusza volt, többnyire fehér, de egy kicsit sárga a szélén; azt hiszem, az alkalmi pipázástól. Felnézett rám és megörült, ahogy meglátott. Kedves ember volt, kis termetű és karikalábú, mint az összes testvére.

– Nem látta nagymamát? Nem ment templomba.

– Nem, szerda óta nem láttam.

– Hol lehet?

Megpróbáltam

– Biztosan Birica nénihez ment. Betegeskedik. Lehet őt látogatta meg. Amúgy Imrétől hallottam, hogy a tegnap majdnem elütötte a vonat.

János bácsi, Imre bácsi és Birica néni a nagymama testvérei voltak. Mindnyájan nagy tiszteletben tartották nagymamámat, legidősebb nővérüket.

– Igen, beszorult a lába a beton talpfa alá. Szerencsére a mozdonyvezető időben megállította a vonatot, és lesegítette a vágányról.

– Ez veszélyes helyzet volt, Gyuszika. Jobban kellene vigyáznod rá! – mondta. Nem szidott a hangjával, csak tényszerűen megállapította.

– Próbálom, de rajta is múlik. Nem szereti, ha megmondják neki, mit csinálhat és mit nem.

– Tudom – bólintott az öreg. – Kérsz egy kis szárított bazsalikomot? Vegyél belőle!

A zsebembe tettem a fűszernövényt, és hamarosan elindultam Birica nénihez a biciklimmel. A kapuja zárva volt. Megnyomtam a kapucsengőt. Egy kis idő múlva a szomszédasszony jelent meg és odajött a kapuhoz, egy rozsdás kulccsal a kezében.

– Csókolom! Itt van a nagymamám? Nem találom sehol. Nem ment templomba sem.

– Nem, nem láttam. Birica lázas, csak azért jöttem át, hogy teát készítsek neki – válaszolt a szomszédasszony. Közben Birica néni kinyitotta az utcára néző ablakot. Vékony nő volt, szép vonásokkal. Valószínűleg ő volt a legszebb az összes testvér közül. Láttam róla egy ötvenéves fekete-fehér fotót: olcsó, de elegáns ruhában volt, a fejét büszkén tartotta. Most sápadtnak, gyengének tűnt. Kérdeztem a nagymamám hollétéről, de ő sem tudott semmit. Gyors felépülést kívántam neki, és siettem tovább.

Imre bácsihoz bicikliztem. A háza két kilométerre volt a város irányában. Alacsony, tömzsi ember volt, karikalábán mindig fekete csizmát viselt. Biztos vagyok benne, hogy az ősei

- és így az én őseim is - valamikor lovas emberek voltak. Imre bácsi mindig úgy nézett ki, mint aki épp most szállt le egy lóról. Vörös arca volt, apró, pödrött bajuszt hordott, csintalan szeme csillogott. Szeretett mások kárára viccelődni, de nem volt rossz ember. Őt is megkérdeztem nagymamámról, de ő sem látta.

- Hallottam, hogy tegnap majdnem elütötte a vonat - kiabálta. Ő is nagyothalló volt. Minden beszélgetésnek hangosnak kellett lennie, mindkét irányban. Visszakiabáltam neki, hogy pontosan mi történt. Ahogy meséltem neki, láthatóan egyre jobb kedve kerekedett. Hangosan nevetett, amikor ahhoz a részlethez értem, hogy a vonat csak néhány méterrel állt meg a nővére előtt. Az arca ettől még vörösebb lett, aztán felköhögött egy kis nikotint, amit utána beleköpött egy közeli szemetesbe. Hamarosan elhagytam a házat. Ez egy kicsit morbid volt, gondoltam magamban, ahogy elbicikliztem.

Október vége volt, kezdett sötétedni. Bekapcsoltam a dinamómat a biciklin. Kicsit megnehezítette a pedálozást, de próbáltam elkerülni a bajt a rendőrökkel. Már többször elkaptak és megbüntettek, mert nem működött a lámpám a kerékpáron. Valamiért a rendőrség mindig engem választott ki a tömegből, úgy éreztem. Talán a fekete szakállam miatt, talán a kabátom irritálta őket, vagy csak megérezték a mély megvetést, amit irántuk és a kormány iránt éreztem. Nem volt szükségem több drámára, különösen nem ma. Meg kellett találnom a nagymamámat.

Visszabicikliztem a nagymamám házához. A ház sötét és üres volt. Bejártam a környéket, és kérdezgettem az alkalmi járókelőket. Senki sem tudott róla semmit. Felpattantam újra a biciklimre, és a környék utcáin nyomokat kerestem. Az utcák sötétek és üresek voltak, itt-ott egy magányos utcai lámpa derengett. A biciklilámpám felvillant minden pedálmozgásra. Valami jobb módszert kell kitalálnom, gondoltam, ez nem vezet sehova. De vajon hova mehetett? Mi van, ha elütötte egy autó, vagy rosszul lett a templomba vezető úton? Jobb, ha elmegyek a rendőrségre.

Húsz percig bicikliztem, és elértem a rendőrőrs impozáns épületét. Az acélkerítéshez lakatoltam a biciklimet, és bementem. Egy biztonsági őr megállított. Mondtam neki, hogy szeretnék beszélni a főnökkel, mert nem találom a nagymamámat. Felrohantam a széles és csúszós márványlépcsőn, Ceauşescu mosolygós portréja nézett rám a díszes falról. Beengedtek a főnök irodájába, aki egy nagy asztalnál ült. Jobb kezében Lenin bronz mellszobrát tartotta.

– Jó estét, rendőr elvtárs! – tisztelegtem az egyenruhás férfinak. Rám nézett.

– Te szereted Lenin elvtársat? – kérdezte.

Meglepve, rávágtam: – Igen, kapitány elvtárs, szeretem Lenin elvtársat! De nem találom a nagymamámat.

– Én is szeretem Lenint – mondta a tiszt, és hosszasan figyelte a kezében levő szobrot.

– A nagymamám egy nyolcvanhat éves alacsony asszony, és fekete ruhát hord.

Ebben biztos voltam, mert még soha nem láttam másban, csak feketében. Azt hiszem, egyetlen színes ruhája sem volt, kivéve a rózsaszín hálóingét. Gyakoriak voltak a halálesetek a kiterjedt családjában, és ő minden temetésen részt vett. Szinte állandóan gyászban volt. Évtizedeken át élt az élet és a halál határvonalán, megbékélve mindkét állapottal.

A tiszt a bal tenyerét a szobor kopasz homlokára tette, finoman simogatva azt. Lenin bronzszemébe nézett, majd megszólalt: – Szeretlek Vlagyimir, olyan hasznos vagy számomra – és egy gyors mozdulattal lecsapott a szoborral egy dióra. Ezután szétszedte a repedt dióhéjat, majd komótosan kipiszkálta a dióbeleket és szájába tette.

Éreztem, hogy kiszárad a torkom.

– Kapitány elvtárs, nagyon aggódom a nagymamámért.

Lassan felemelte a fejét, és a szemembe nézett.

– Miért van neked szakállad? – kérdezte kemény hangon. Ott álltam némán, és csak néztem magam elé. Egyértelmű volt,

hogy a tisztnek esze ágában sincs segíteni.
 – Köszönöm, elvtárs, és jó éjszakát! – sarkon fordultam, és gyorsan kimentem az épületből.
 Tovább bicikliztem a sötét utcákon, és magamban füstölögtem. Mi a bajuk a szakállammal? Marxnak, Engelsnek és Leninnek is szakálla volt. Csak azért, mert Ceaușescunak nincsen, miért zavarja őket az enyém? Különben is, Ildikónak tetszik a szakállam, és nekem csak ez számít.
 Úgy döntöttem, hogy elbicklizem a Mikó-kert melletti főkórházba. Tudtam, hogy oda szállítják a mentők a betegeket, állítólag még egy hullaház is volt ott. A legrosszabbra gondoltam, de legalább hátha kiderítek valamit a nagyiról.
 Éjfél felé járt, mikor elértem a kórház épületét, mely egy dombon állt, ahova meredek macskaköves út vezetett fel. Egy középkorú őr állt a bejáratnál, a nehéz tölgyajtó előtt. Ott állt egy mentő is kitárt ajtókkal. Összeszorult a szívem.
 – Jó estét, a nagymamámat keresem. 86 éves, és nem látta senki reggel óta – mondtam zihálva. – Nem egy idősebb asszonyt hoztak a kórházba véletlenül? – néztem a mentő irányába, rosszat sejtve.
 – Egy részeg férfit hoztak be, akit elütött az autó egy órával ezelőtt – mondta az őr. Arca ráncos volt, és fáradtnak tűnt, mint aki már mindent megért, mindent látott, de a szemében még ott volt az együttérzés és emberség jele. – Volt itt egy idősebb asszony korábban egy magas fiatalemberrel.
 – Feketét hordott? – kérdeztem.
 – Igen, azt hiszem – válaszolta. – Körülbelül ilyen magas volt – és felemelte kezét a mellkasához.
 – Akkor lehet, hogy az nagymama volt – mondtam izgatottan.
 – Akkor még itt vannak a kórházban, ugye? – kérdeztem.
 – Nem, már elmentek – mutatott a domb irányába. – Azt hiszem a fiatalember egyetemista volt, és fölmentek a kollégiumhoz, de nem vagyok benne biztos.
 – Köszönöm!

Megpróbáltam

Felugrottam a biciklimre, és újult erővel hajtottam tovább, felfelé a macskaköves úton. Kifogytam a szuszból, mire felértem a bentlakásos kollégiumhoz. Tőlem balra volt a férfi orvostanhallgatók épülete, amire már ráfért volna egy friss tatarozás. Még a sötétben is feltűnt a málladozó vakolat, ami mögül előbukkantak az öreg téglák. Néhány egyetemista ácsorgott a lámpa sárga fénye alatt, szívták a füstszűrő nélküli cigit, és közben egy lány figyelméért vetekedtek.

– Nem láttatok itt egy idősebb asszonyt egy egyetemistával?

– szakítottam félbe a flörtölést. A fiúk vállat vontak, de a lány megszólalt: – Talán tíz perce láttam őket.

– Hol lehetnek most?

– Azt hiszem, a park fele indultak.

– Miért? És hol van az a fiú, akivel volt?

Ekkor a lány egy barna hajú egyetemistára mutatott, aki éppen kilépett az épületből.

– Ő az! – aztán figyelmét újra az udvarlói felé fordította.

Odamentem a sráchoz, és mondtam neki, hogy a nagymamámat keresem. Egy román fiú volt, Radunak hívták, és ide járt iskolába. Intelligens arca volt, és csöndes hangon elmesélte, hogy ezelőtt két órával egy sötét sikátorban rábukkant egy idős asszonyra. Fölsegítette és elkísérte a kórházig a nénit, aki bizonygatta, hogy semmi baja nincs. Mintha csak a nagymamámat hallottam volna, aki sosem bízott az orvosokban, ezért messze elkerülte őket. Radu azt gondolta, hogy akkor legalább hazakíséri a nénit, de előtte fölszaladt az ötödikre, hogy szóljon a szobatársainak, hogy késni fog.

– Itt hagytam őt néhány percre – mondta bocsánatkérően.

– Kértem, hogy várjon itt meg, de mire visszaértem, már nem volt itt.

– Az a lány mondta, hogy bement a parkba.

Elindultam a bringámmal a macskaköveken. A park valaha gyönyörű lehetett, de most már csak egy bozótos terület volt a hatalmas gesztenyefák tövében. A kertészek évekig gondozatlanul hagyták. Ez a sötét park a titkos randik kitűnő helyszínévé vált. Az egyetemistákat ugyanis nemek szerint külön épületekbe szállásolták, négyesével bezsúfolva egy-egy kis szobába. Koromsötét volt. Nem láttam semmit.

– Nagymama! – kiáltottam. – Nagymama!

A föld nedves volt, erősen lejtett az út. Felemeltem a kormányt, és a bal kezemmel, megpörgettem első kerekét. A dinamó surrogott, és a fényszóró életre kelt pár pillanatra. Újra és újra megpörgettem a kereket, hogy a sötétebb bokrok alá világítsak. Tovább kutattam a bokrok között, és közben kétségbeesetten szólongattam a nagymamámat.

Ekkor bal felől egy halk nyögést hallottam. Tovább pörgetve a biciklim kerekét, hogy valami fény jusson a sötétbe, elindultam a hang irányába. Megpillantottam egy pár cipő talpát. Ahogy közelebb értem, megláttam a cipőhöz tartozó testet is, mely fejjel lefelé bezuhant egy bokor alá. Eldobtam a biciklimet, és hasra vágódtam. A koromsötétben tapogatóztam, majd megragadtam a jobb karját. Kihúztam őt a vastag sűrű ágak alól. Már keze érintéséből megbizonyosodtam, hogy ő tényleg a nagymamám. Ezer közül is megismertem volna az erős és meleg kezét, melyen a bőre sima és hűvös tapintású volt. Igen, most már teljesen biztos voltam benne, hogy ő a nagymamám! Segítettem neki felállni.

– Gyuszika, te vagy? – kérdezte.

Megcsapott a szilvapálinka szaga. Jobb karommal felnyalaboltam őt, és a ballal toltam a bicajt felfele. Mire a sárga fényű lámpa alá értünk, már Radu is ott várt ránk a park szélén. Végigmértem nagymamát. Csupa sár volt, és kicsit pityókás, de mégis mosolygott huncutul, mintha jól megtréfált volna mindannyiunkat. Nem volt komolyabb baja.

– Hívok egy taxit – mondtam Radunak. – A város másik felében lakunk, de nincs nálam semmi pénz.

– Segíthetek? Egy százas elég lesz? – kérdezte.

– Köszi, itt hagyom a személyimet nálad cserébe.

– Felszaladok a pénzért – mondta Radu.

Hirtelen megláttam egy taxit, amint a szomszéd utcában lassan gurult lefelé. Felpattantam a biciklire, és vadul utána hajtottam. Integettem, kiabáltam és egy nagyot füttyentettem, mire észrevett és megfordult. Csak néhány taxi volt az egész kétszázezres városban, így nem sok esélyem volt, hogy egy másikat találjak ilyen későn ezen a környéken. A biciklimet egy lámpaoszlophoz lakatoltam. Közben Radu lejött a pénzzel. Oda akartam adni a személyimet, de ő legyintett.

– Az 53-as szobában vagyok, majd odahozod a pénzt, amikor ráérsz.

Megköszöntem a segítségét, és kezet fogtunk. Közben a taxis megérkezett.

– Mennyiért vinne el a Campul Painii utcába?

– Hetven lei – mondta fáradt hangon a sofőr.

– Rendben, mind a ketten jövünk.

Ránézett a nagymamára.

– Ó, inkább ne! Összesározza a kocsimat.

– Legyen szíves segíteni! Bajban vagyunk, és ezt az egész százast megtarthatja a fuvarért.

Nagy nehezen beleegyezett. Besegítettem a nagymamámat a sárga Dacia hátsó ülésére, és elindultunk.

Tüzetesebben megvizsgáltam őt. A vasárnapi ünnepi ruhát hordta, amiben a templomba szokott menni. Sáros és gyűrött volt a ruhája. Az aranycsatos, csillogó, fekete retiküljébe belenéztem, abban néhány szilvapálinkába áztatott kenyérbéldarab lapult. Pálinkabűz töltötte be az autót.

– Mi történt vele? – kérdezte a sofőr.

– Fogalmam sincs, tegnap eltűnt, azóta keressük. Még nem tudjuk mi történt.

Négy óra körül érkeztünk meg nagymamám házához. Az utcák sötétek voltak, kivéve azt a néhány vasúti vezérlőlámpát a sínek mellett, amelyek párhuzamosan futottak az úttal.

Bementünk a házba, egyenesen a konyhába. A nagymamám leroskadt egy székre, és a távolba meredt elégedett arccal. Ránéztem, piszkos volt. Így nem feküdhet le. Megtöltöttem egy nagy edényt a kinti csapnál, és feltettem a tűzhelyre melegedni vizet. Kihoztam egy kerek zománcozott lavórt a spájzból. Itt volt az ideje az esti fürdésnek. Felállítottam, és segítettem neki levetkőzni. Egyesével vettük le a ruhadarabokat. Amikor levettem a blúzát, életemben először és utoljára láttam a meztelen mellkasát. Soha nem viselt melltartót, és az összes ingét állandóan nyakig begombolva hordta. Soha nem tárt fel semmit. Mellkasának fehér, sima bőre mély ellentétben állt a cserzett arcával és nyakával. A mellei egy kicsit megereszkedtek, de még mindig formásak voltak. Világosbarna mellbimbói a kerek hasa felé mutattak. Óvatosan levetkőztettem. Ott állt a bokáig érő vízben, meztelenül. Egy nagy bögrével mertem rá a vizet, és óvatosan beviztem a fejétől a lábfejéig. Halkan kuncogott, mint egy kisbaba. Selymes bőre volt, soha nem volt kitéve a napnak, senki sem látta így, sem az anyám, sem az orvos, csak én. Lemostam egy puha szivaccsal és szappannal, aztán egy törölközőt tekertem a haja köré, és egy másikkal betakartam a testét. Ráadtam egy tiszta, világoskék hálóinget a szekrényből, és az ágyába fektettem; abban a pillanatban, hogy becsukta a szemét, azonnal elaludt. Néztem a kedves arcát, a kisimult ráncait, és gyengéden megsimogattam a homlokát. Aztán a tekintetem rásiklott az egyetlen fekete-fehér fényképre a falon, amely a férjét örökítette meg az ötvenes éveiben. Jóképű, bajuszos férfi volt, sztoikus arccal. Még halványan én is emlékeztem nagyapámra, aki már kiskoromban meghalt.

Akkor éreztem, milyen éhes vagyok. Reggel óta nem ittam és nem ettem semmit. Bementem a spájzba, találtam egy kis darab száraz sajtot. Egy nagy sárgarépát is levettem a polcról, és meghámoztam a bicskámmal. Összecsuktam a késemet, és ahogy zsebre vágtam, a kezembe akadt az ott lapuló szárított bazsalikom, amit János bácsi adott. Megszórtam vele a sajtot, és faltam belőle, ezután pedig beleharaptam a sárgarépába, és lassan rágni kezdtem. Hagytam, hogy a három íz furcsa keveréke szép lassan átjárja a szám üregét.

Eltörött, Brassó, 1988 júliusa

fordította: Várallyay Csanád

Pontosan 15 óra 20 perckor megszólalt a műszak végét jelző csengő. Ötezer munkás gyülekezett az Electroprecizia gyár udvarán, ahol akkor dolgoztam. Ötezer szürke arc bámulta a nagy acélkapu szárnyait, amint az elektromos motorok surrogása közepette megnyílt. Ötezer proletár indult apró léptekben, munkásbakancsuk orra finoman rugdosva az előttük álló elvtárs sarkát. Mint amikor repedés jelenik meg egy hatalmas gáton, s ahogy a víz először csak lassan, majd egyre sebesebben szivárogni kezd, úgy özönlött ki a gyárból az emberek tömege; egyre több munkás lépett át a fő gyárkapu lassan szélesedő nyílásán.

Ötezer ember készen állt, hogy buszra szálljon. Ötezer ember készen állt, hogy élelmiszerért sorban álljon. Ötezer ember készen állt arra, hogy végre hazaérjen és megölelje családtagjait.

Egy átlagos busznak negyvennégy ülése volt. További negyven utasnak volt állóhelye viszonylag civilizált módon, különféle kapaszkodókat használva, megtöltve a helyet az ülések között, elöl a vezető közelében, valamint a busz hátuljában, az utolsó üléssor mögött. Mivel a román proletariátus alultáplált volt, további harminc befért úgy, hogy az emberek teste már egymáshoz ért. Ezzel az utasok száma több mint száztízet tett ki. A dolgok ezután kezdtek eldurvulni. Miután az utasok száma elérte a százötvenet, gyakorlatilag nem volt légrés az emberek között. A lépcsőkön is álltak emberek, hosszúra nyújtott karokkal kapaszkodtak bármibe, amit meg tudtak ragadni ujjaikkal. A törvény szerint, a busz csak akkor hagyhatta el az állomást, ha ajtajai zárva voltak. A sofőrök a következő trükköt alkalmazták: a még nyitott ajtókkal gyorsítottak pár méteren, aminek hatására a már szorosan egymás mellett álló emberi tömeg a tehetetlenség törvénye szering a busz hátulja felé lendült, esélyt adva arra, hogy a vezető becsukja az elülső ajtót. Az ezt követő hirtelen fékezés pedig az emberek tömegét előre lendítette, csökkentette a hátsó ajtóra nehezedő nyomást, és ekkor a vezető azt is megpróbálta becsukni. Ezen a ponton mind az első, mind a hátsó ajtók még félig nyitva, vagy ha úgy jobban tetszik, már félig csukva voltak. A vezető ezt a manővert akár többször is eljátszotta addig, amíg teljesen be nem tudta zárni mindkét ajtót.

Az utasok csípőt csípőnek, mellkast mellkasnak nyomva szorosan tömörültek. Az egymás mellett állók kénytelenek voltak felváltva lélegezni. Amikor az egyik kifújta a levegőt, a szomszédja beszívta és fordítva. Kommunizmus volt és minden közös: a tér, a zsúfoltság, a levegő, a testszag és a nyomorúság. Volt olyan alkalom is, hogy még vagy ötven ember próbált felszállni a már teljesen megtelt buszra. A sofőr ilyenkor teljesen feladta, hogy megkísérelje becsukni az ajtókat. A lépcsők is tömve voltak az elkeseredett utasokkal. A lépcsőn állók közül a magasabb emberek hosszú karokkal nyúltak át a szerencsésebbek feje fölött, mutatóujjaikat akasztva a mennyezetről lelógó kapaszkodókba. Az alacsonyabbak az egy lépcsővel felettük állók lábai között átnyúlva próbálták megragadni a legfelső lépcső fölötti függőleges rudat. Aztán ott voltak azok az utasok, akik nem érték el a kapaszkodókat, lábuk alig állt a lépcsőn, ők a tágra nyílt ajtók gumiszegélyét fogták. Végül néhány utas szinte csüngött a busz oldalán, az ajtón kiboltosuló embertömeg legszélén. Ők mindössze lábujjuk hegyével álltak a lépcsőn. Nem volt egyetlen rögzített tárgy körülöttük, amibe kapaszkodhattak volna, így megragadták, amit csak tudtak: egy utastárs könyökét vagy bőrtáskáját, esetleg egy esernyőt, vagy egy másik munkás csípőjét átkarolva utaztak, aki maga is alig kapaszkodott.

Ebben az állapotban a busz – az előírt maximális kapacitás mintegy háromszorosával – megsüllyedt a jobb oldalon, az alsó vaslépcsők szinte súrolták az útburkolatot. A lépcsőn állók kilógó sarkai veszélyben voltak, hogy elsodorja őket a gyorsan mozgó durva aszfalt.

Ezen a napon is rengeteg ember várakozott a buszmegállóban azzal a céllal, hogy hazajusson. Kevés busz járt, és azok is nagyon ritkán. Amint az előrenyomuló embertömegben préselődve a busz nyitott ajtaja felé törekedtem, megpillantottam a távolból Sorint, barátomat és kollégámat, aki bicaját szerelte. Egész nap nem láttam Sorint, azt hiszem, éjszakai műszakban volt a hetedik emeleten. Jobban jártam volna, ha én is biciklivel jövök – gondoltam magamban –, csak előző este kaptam egy defektet, és már túl fáradt voltam, hogy megfoltozzam a lyukas belsőt.

A buszsofőr több sikertelen ajtózárási kísérlet után végül elhagyta az állomást. Emberek füzére csüngött a nyitott ajtókon. A tömött buszból láttam Sorint az úton fürgén pedálozni. Normál körülmények között a buszozás sokkal rövidebb volt, de ekkora túlterhelés mellett, és ráadásul nyitott ajtókkal, a sofőr lassabban ment. Minden állomáson több időre volt szükség ahhoz, hogy a busz belsejében lévők is leszállhassanak. Biztos voltam benne, hogy Sorin hamarabb ér Brassó városába, mint én.

Nők és férfiak izzadt testtel, piszkos munkaruhában préselődtek egymáshoz, esélyt nem adva politikai korrektségre vagy udvariasságra. Nem voltak határok, nem voltak titkok.

A legszebb gyémántok a Föld mélyén keletkeznek, ahol a szürkének vélt, közönséges szénatomokat a hatalmas nyomás és hő valami rendkívülivé alakítja. A legjobb viccek is a legkeserűbb emberi körülmények között születnek. Így megemlíthetnénk például a náci Németország haláltáboraiban sínylődő zsidók által írt vicceket, melyek később több nyelvre lefordítva váltak ismertté a huszadik század második felében. Amikor

Megpróbáltam

egy riporter megkérdezte az egyik auschwitzi túlélőt, hogy hogyan mesélhettek egyáltalán vicceket, és nevethettetek rajta, miközben családtagjaikat és legjobb barátaikat elgázosították és elhamvasztották a szomszédos épületekben, a férfi néhány másodpercig gondolkodott, majd így felelt: „Nem engedhettük meg magunknak, hogy ne nevessünk. Ez volt az egyetlen módja annak, hogy épelméjűek maradjunk és túléljük a haláltábort."

Állt egy alacsony ember néhány méterre tőlem; többen szorították közre, én csak a feje búbját láttam.

Magas hangon szólalt meg, szinte kiabálva, hangja betöltötte az egész buszt: – Kétszáz méter hosszú.

Az utasok meglepődve forgatták a fejüket, de nem látták a magasabb emberek között.

– Három méter széles – a férfi folytatta, miközben a busz mennyezete felé kiabált, a lehető legnagyobb esélyt adva annak, hogy amit mond, minden sarkot elérjen –, kígyózik – visszhangzott a hangja, és mi kíváncsian hallgattuk –, de nem mozog sem előre, sem hátra.

Addigra már kihallottam a mezzoszoprán hangjából, hogy ez egy vicc lesz.

– És káposztát eszik. Mi az? – tette fel a kérdést.

– Anakonda – szólalt meg egy hang a busz elején.

– Nem, dehogy! Sorban állók a mészárszék előtt!

Az egész buszon kitört a nevetés; az utasok egymásnak szorított hasa és mellkasa staccatoban remegett. A sofőr mindkét kezét a hatalmas kormánykerékre csapta nevetve. Neki volt persze a legkényelmesebb, mert a kis pocakja akadálytalanul mozoghatott fel-le az erős ki- és belégzés közben.

És ez így ment tovább. A busz lassú tempóban haladt Szecseleváros keskeny, kanyargós útján. Minden megállóban öt percet töltöttünk, hogy az utasokat leengedjük a buszról. Egy idő után a sofőr már az ajtókat is be tudta csukni. Két további megálló után már képes voltam állni anélkül, hogy szoros testkontaktusom lett volna bármely utastársammal. Mire elértük Brassó külvárosát, már az ablakon is ki tudtam nézni akadálytalanul.

Ahogy a busz áthaladt a vasúti síneken, észrevettem valakit az út szélén elterülve, mellette egy bicikli még mindig forgó hátsó kerékkel. Úgy tűnt, hogy Sorin az. Sietve leszálltam a buszról a következő állomáson, és visszarohantam. Valóban Sorin volt, aki addigra már a járdán ült, a kisujját szemlélte, amint annak erősen vérző sebéből kikandikált egy fehér csont.

– Mi történt? – szegeztem a kérdést Sorinnak, aki sápadtan válaszolt.

– Az első kerekem megakadt a sínekben.

Kinyújtottam a kezemet, hogy segítsek neki talpra állni.

– Fel tudsz állni? – Egy kicsit bizonytalan volt, de bólintott.

– Mit csináljunk? – kérdeztem.

– Hazatekerek. Teszek rá ragtapaszt – mondta, erősen alulértékelve sérülését.

– Nem, így ne bicajozz! Ilyen állapotban semmiképp – reagáltam magabiztosan.

– Akkor gyalog megyek – mondta közönyösen.

– Hívjunk mentőt! – javasoltam. – Keresek egy telefonfülkét.

– Kétségbeesetten kotorásztam a zsebemben. – Van nálad aprópénz telefonra? – kérdeztem tőle.

– Szó sem lehet mentőautóról, nem akarok mentőt – Sorin hajthatatlan volt. – Elvisznek valami lerobbant klinikára, ahol tönkreteszik az ujjam. – Lelombozva tekintett az ujjából kiálló fehér csontra. – Hogy fogom ezután lenyomni a Shift gombot?

Biztató volt, hogy visszatért a humorérzéke.

– Ismerek egy orvost, dr. Kovács a neve – mondtam. – Ortopéd sebész. Többször síeltem vele.

– És mint orvos is jó? – érdeklődött Sorin.

– Nem tudom, de azt hiszem, igen. Egy értelmes pasas – válaszoltam. – Ha jól tudom, az ortopédiai klinikán dolgozik – folytattam –, nincs messze innen, csak pár kilométer. Induljunk, mert ezzel az ujjal valamit csinálni kell.

Felkaptam a biciklijét, és megindultunk gyalogosan. Sorin véres ujját feltartotta maga elé, homlokát ráncolva szemlélte.

– Nézd, úgy néz ki a csontom, mint egy sápadt makaróni! – viccelődött.

Elértük a klinikát, és dr. Kovácsot kértem. Szerencsénkre aznap épp szolgálatban volt. Vérfoltos, fehér köpenyben jelent meg a váróban. Nem érdekelt, hogy emlékszik-e rám, elmondtam neki, hogy Sorinnak sürgős segítségre van szüksége. Hívott egy nővért, aki egy szűk, kanyargós folyosón keresztül bevezetett minket egy kis kórterembe, majd kérte, hogy várjunk ott, amíg az orvos megérkezik. Sorin az egyik ágy szélén leült.

– Mi történt veled? – szólalt meg egy rekedtes hang a másik ágy felől.

Egészen meglepődtünk, nem is vettük észre, hogy valaki más is van a szobában. A férfi felemelte a bekötözött fejét, felénk tekintett a duzzadt, véresen belövellt szemével.

– Eltörtem az ujjam – válaszolta Sorin tényszerűen. – Leestem a bicikliről. Hát magával mi történt? Maga hogyan került ide ezen a napsütéses délutánon?

– Megvertek – felelte a férfi suttogó szomorú hangon.

– Kik verték meg? – kérdezte kíváncsian Sorin.

– Nem ismerem őket, egy csomó srác – majd elfordult a fal felé. Csak a gézkötést láttam a fején, valamint az annak résein kilógó, őszülő, göndör haját. Hangja elcsuklott, zokogni kezdett a barna teveszőr takaró alatt. Egy idő után megnyugodott, légzése egyenletessé vált; úgy tűnt, hogy elaludt.

Csak ültünk, és bámultuk a kis szoba betonfalait.

Néhány perccel később a férfi felemelte a fejét és megigazgatta a párnáját. Ahogy felénk fordult, láttuk meggyötört, borostás arcát. A karját kihúzta a takaró alól. Az egyik be volt kötve, a vérfoltok több helyen átszivárogtak a fehér gézen, de a másik karja sértetlen volt. A nagy erős kezét a takaró tetején pihentette. Felénk fordult, duzzadt szemével erősen pislogott.

– Miért verték meg? – kérdeztem együttérző hangon.

Sütő Gyuszi

A férfi mesélni kezdett. Kiderült, hogy trolibuszvezető a Racadau völgyének útszakaszán. Csuklós trolibuszt vezet, Brassó talán legnépszerűbb tömegközlekedési eszközét. A trolibuszok tágasak voltak, rengeteg üléssel, és a csuklós alváznak köszönhetően viszonylag kis sugarú körön tudtak fordulni. Élmény volt utazni rajtuk, amikor még rendben voltak tartva, és nem volt rajtuk tömeg. De ez már sajnos rég nem így volt. A legtöbb busz elhanyagolt állapotban közlekedett; össze-vissza álló tengelyekkel, kopott gumikkal, szakadt csuklóharmonikával úgy, hogy annak hasadékain keresztül látni lehetett a buszon utazókat.

A trolibuszok tetején zsiráf lábára emlékeztető hosszú áramszedők voltak, amelyek az egyenáramú felsővezetékhez csatlakoztak. A karokat egyenként egy-egy hatalmas rugó szorította a felsővezetékhez. Mindkét áramszedőn volt egy csúszó acélgyűrű, mely egy vaskos kenderkötélhez csatlakozott. Miután a sofőr a műszak végén a trolibuszt a buszgarázsban leparkolta, a kötelek segítségével a gyűrűket végigcsúsztatta az áramszedőkön majdnem a felsővezetékig, majd teljes testsúlyával a kötélre csimpaszkodva leválasztotta a kart az elektromos vezetékről. A normál harminc fokos szögből vízszintesre fektette az áramszedőt, majd beakasztotta a busz tetejéről kiálló acélkampó alá. A kötelet motorolajba áztatták, hogy ne szívhasson magába nedvességet, így megvédje a vezetőt az esetleges áramütéstől. Az áramszedők leemelése kellő gyakorlatot és fizikai erőt igényelt.

– Amikor trolibuszvezető lettem a hatvanas évek elején, a dolgok jobban mentek – mesélte rekedtes, elhaló hangon a férfi. – Magunk gondoskodtunk buszainkról. Nem volt ilyen zsúfoltság sem. De manapság a buszom szinte szétesik.

Átéreztük szomorúságát.

– Tudod, hányan szállnak fel a buszra manapság, különösen a Racadau völgyében?

Bólintottam. Azon a vidéken laktam. Reggelente láttam az

emberek tömegét a zsúfolt megállókban, ahogy kétségbeesetten próbáltak feljutni a trolibuszra. Emiatt kezdtem kerékpárral járni munkába. Inkább tekertem akár szakadó esőben is negyven percet odafelé, majd vissza, minthogy várjak a buszra, s a tömegben tülekedjek arra, hogy feljussak rá. Ha egyáltalán megjelent, mert arra is volt példa, hogy hiába várakoztunk. Fizikai erő, határozottság és arcátlanság kombinációja kellett ahhoz, hogy valaki embertársait félrelökje és felszálljon a buszra. Rendelkeztem az első két tulajdonsággal, de anyám szigorú vallási és erkölcsi tanításai nem adtak helyet az arcátlanságnak. Ezért a biciklit választottam, legalább is az esetek nagy részében.

– Kétszáz embernek van helye a buszomon – folytatta a sofőr –, de négyszázan akarnak felszállni. A buszom majd szétesik; az ajtók tönkrementek, már be sem csukódnak rendesen. A padlózat behorpadt, a forgótengely elferdült, már attól tartok, a busz egyszer csak ketté fog szakadni középen.

Mindketten bólintottunk; tisztában voltunk a tömegközlekedés siralmas állapotával.

– A reggeli csúcsforgalomban a buszom már a völgy tetején megtelik. A fenébe is, az emberek már felfelé menet felszállnak, csak hogy legyen helyük; felutaznak velem a végállomásig, ahol úgyis visszafordulok. Hat állomás van lefelé a völgyben. Hat állomás, mindegyik több száz várakozó emberrel! És a következő busz, ami 10 perccel utánam kéne, hogy jöjjön, jelenleg szervízben áll több mint egy hete. Tönkrement a motorja. Fogalmunk sincs, mikor kapunk alkatrészt a javításhoz.

Kis szünetet tartott, miközben nagyokat sóhajtott.

– Mi köze ennek a veréshez? – kérdezte Sorin, aki ujját szemmagasságban tartotta, hogy csökkentse a vérnyomást, s így lassítsa a vérzést.

A sofőr folytatta a gondolatmenetét, figyelmen kívül hagyva a kérdést.

– Az első állomáson már felvettem kettőszáz utast, aztán még százat a másodikon. Tehát már nincs hely, hogy bárkit is felvegyek a harmadik megállóban, ezért csak dudálok, és megállás nélkül elhajtok a tömeg mellett. És akkor képzeljétek el, mit tettek velem? Egy csomó srác élő falat alkotva elállták a sávomat, ezért le kellett lassítanom. Aztán egyikük futni kezdett a busz mellett, majd felugrott és megragadta az egyik kötelet, s futtában lehúzta vele az áramszedőt.

Nagyon jól tudtam, miről beszél, én is láttam már korábban ilyet. Az elkeseredett emberek futnak a busz mellett, felugranak, lerántják a kötelet és elengedik. A busz elektromosság híján hirtelen megáll, a leválasztott acél áramszedő pedig felpattan az égbe és megüti az elektromos vezetékeket, kékes szikrákat szórva mindenfelé.

– Ezért aznap elmentem a raktárba, és megszereztem egy már kiszuperált trolibusz rugótekercseit. Megdupláztam a rugót mindkét áramszedőn, így kétszer annyi erő kellett a karok leválasztásához. – Újabb szünetet tartott, köhögött, és ettől rózsaszín nyál csordult ki a szája szélén. – Azt hittem, senki sem lesz képes többé leszedni, legalábbis nem menet közben. De sikerült nekik. Egy szerencsétlen, nagydarab fickó ráugrott, és képes volt lehúzni. A buszom megállt ugyan, de a pasast katapultálta a levegőbe, aki ezért háttal landolt az aszfalton.

– Ajjaj! – nyögte Sorin.

– Ezután a haverjai dühöngve odajöttek hozzám, kirángattak a buszból, és verni kezdtek. Nem emlékszem mi történt utána, azt hiszem elvesztettem az eszméletem.

– Hát ez elég szomorú – jegyeztem meg. – Mi történt a férfival, aki a hátára esett?

– Életben van a nővér szerint – mondta a sofőr láthatóan megkönnyebbülve. – A szomszéd kórteremben fekszik.

A történet hatása alatt egy darabig csendben ültünk.

– Hogy témát váltsunk – szólalt meg Sorin, akinek a hangja optimistábbnak tűnt, bár a törött ujján ugyanolyan ijesztően fehérlett a csont –, az éjjel szolgálatos voltam.

– Igen? S hogy ment? – faggattam.

– Nos, örülök, hogy megkérdezted – válaszolt Sorin és felcsillant a szeme. – Mélyen aludtam a kanapén; aztán éjjel kettőkor csörgött a telefon. Annyira megijedtem, hogy még a fejem is bevertem egy székbe, amikor felvettem. Farcasan hívott, a teherautógyár igazgatója.

Brassó volt Románia harmadik legnagyobb városa és a nehézipar központja is egyben. Volt teherautógyára, mely mintegy harmincezer embernek adott munkát. A második helyen a traktorgyár állt, hasonló számú alkalmazottal, de rosszabb hírnévvel és kevesebb politikai befolyással. A harmadik egy motorkerékpárokat gyártó üzem volt. Aztán ott volt még a mi gyárunk, az Electroprecizia, mely valójában nem is Brassó területén állt, hanem vidéken. Hétezer alkalmazott dolgozott nálunk három műszakban, és mivel csupán villanymotorokat, transzformátorokat és mérőműszereket szolgáltattunk, a többi gyárhoz képest mi kisegerek voltunk. Tehát ha a legnagyobb gyár igazgatója éjjel kettőkor telefonál, arra illett odafigyelni.

– Megkérdezte, mikor szállítjuk le azt az ezer darab fordulatszámmérőt, amire szüksége van a teherautóihoz. Mondtam neki, hogy „Tisztelettel, igazgató elvtárs, de fogalmam sincs!". Azt válaszolta, hogy ébresszem fel Bucerzant és kérdezzem meg.

Bucerzan volt a mi gyárunk igazgatója. Arca, alkata és viselkedése egy veszett bulldogra emlékeztetett. Nem az a típus, akit könnyű megfélemlíteni, és nem az az ember, akit bárki szívesen felébreszt az éjszaka közepén.

– Szóval, mit csináltál? – türelmetlenül közbevágtam, kíváncsi voltam az izgalmasnak ígérkező történet végére.

– Nos, mi más választásom lett volna? Bucerzant felhívtam, és azt mondtam neki, amilyen udvariasan csak tudtam, hogy Farcasan elvtárs most hívott, és érdeklődött a fordulatszámmérők helyzetéről, sürgősen tudni szeretné a kiszállítás dátumát. És hogy pár perc múlva visszahív. – Sorin arca elkerekedett, ráncok gyűltek össze a szeme körül, számomra ismerős ráncok, melyek azt jelentették, hogy a csattanó csak most következik:

– Majd megkérdeztem, hogy „Bucerzan elvtárs, mit mondjak Farcasan elvtársnak, amikor hív?". „Tudod, mit mondj Farcasan elvtársnak? Mondd meg Farcasan elvtársnak, hogy lófasz a seggébe!"– és azzal lecsapta a telefont.

Mind a hárman elkezdtünk röhögni. A férfi az ágyban hol köhögött, hol nevetett, miközben az ép kezével fogta a bordáit. Sorin az ujját nézte, nekem könnybe lábadt a szemem a nevetéstől.

Ekkor lépett be dr. Kovács.

– Úgy néz ki, itt maguk nagyon jól szórakoznak. Szükségük van-e egyáltalán rám?

Most mosolyogj!
Brassó, 1988 októbere

fordította: Incze Emma

Egy újabb hideg reggelen, úgy 6 óra 20 körül tekertem a bringámmal lefele a Racadau völgye mentén. Tőlem jobbra sűrű és meredek erdő szegélyezte az egyenetlen, repedezett járdát. Tőlem balra néhány panellakóház állt, hidegen, szürkén, megvilágítatlanul. A távolban balra felsejlett a lapos tetejű épületek föle tornyosuló Cenk, a város szívében található magas domb. A Cenk jobb oldalán terült el Brassó belvárosa, ami évszázadokkal ezelőtt épült, impozáns templomokkal, fellegvárakkal és díszes házakkal. A kommunizmus legsötétebb éveiben is ezek az épületek megőrizték a régi idők varázsát, patináját. Jól megtervezett, átgondolt, művészien kidolgozott épületek voltak, és amikor rájuk sütött a nap, különösen szépek voltak. Itt, a szűk völgyben azonban nem volt sem napsütés, sem művészet. Minden épület komor, szürke téglatestnek tűnt, sehol egy szín, egy virág, egy kert, valamint hiányzott a művészi igénnyel megtervezett architektúra is. Ez volt a munkásosztály epicentruma. Harmincezer ember élt a völgyben, többségük a lassan haldokló óriási üzemekben dolgozott, gyártotta a harmadosztályú traktorokat és teherautókat, amelyeket csak elkeseredett afrikai országoknak tudtunk eladni. Kerékpárral ingáztam mindennap, tizenhat kilométert oda és ugyanannyit vissza; esőben, hóban és néha napsütésben. Nagyon régen feladtam, hogy a buszjáratra támaszkodjak. A kormány nem tudta biztosítani a közlekedési infrastruktúrát ennyi ember számára. Rozoga, lassú buszok voltak emberekkel telezsúfolva, akik kétségbeesetten igyekeztek odaérni a gyárhoz, mielőtt a főkapu bezárult volna. Én ehelyett a biciklit választottam. Bár mindig éhes voltam, és gyakran fáztam az esőtől átnedvesedett ruhámban, a bicikli adott némi szabadságérzetet. Ahogy a kátyúkkal teli úton gurultam lefele az út jobb oldalán elterülő erdő szélén, óriási büdös szemeteskonténerek mellett kellett elhaladnom, melyek mintegy száz méterenként voltak elhelyezve az úton. Visszafogtam a lélegzetem, amint elhaladtam mellettük, viszont két konténer között jó mélyen lélegeztem, hogy feltöltsem friss levegővel a tüdőmet. A tizedik konténer után értem a völgy aljába. Ezúttal nem fordultam jobbra, mint általában tettem a munkahelyem felé tartva, hanem tovább pedáloztam a külvároson keresztül. Körülbelül 20 perc múlva elértem a város szélét, ahol a paneltömbök utat engedtek a termőföldnek. A nyári hónapokban jellemzően nőtt néhány termőnövény a földeken, mint például káposzta, lucerna és hasonlók. Október lévén már nem nőtt semmi, csak a sötét sík föld terült el előttem, és azon itt-ott némi szemét. Messze a távolban felbukkant a mező, ahova tartottam.

Egy nappal korábban Arhir elvtárs, a gyárunk számítástechnikai központjának vezetője szólt, hogy Comsa elvtárs – a gyár párttitkára – parancsot adott neki, hogy állítson le minden munkát, és küldje a mérnököket és az adatbeviteli személyzetet krumplit szedni. Arhir kimért módon adta át nekünk a hírt, de látszott rajta, hogy belül füstölög a dühtől. Több projekttel is késésben voltunk, nem akarta még egy nappal tovább halogatni a dolgokat. Ugyanakkor meg semmi értelme nem volt vitatkozni a párttitkárral. Elvégre is ez proletárdiktatúra volt. Ami azt jelentette, hogy voltak a hatalmon lévők, és voltak, akiknek ásniuk kellett. Ebben az esetben krumplit.

Messziről láttam Florin sziluettjét. Ő volt a csoportvezetőnk. Magas derűs fickó volt, aki tudta, hogyan kell működtetni a rendszert, és józan is tudott maradni, mivel a gyár focicsapatának részmunkaidős edzője volt. Valahányszor elege volt az irodai munkából, csak annyit mondott, hogy „Megyek a focipályára" – majd eltűnt a nap hátralevő részére. Senki sem tudta pontosan, hogy hol van. Az irodai dolgozók azt hitték, hogy a focicsapattal gyakorol. A csapat azt hitte, hogy az irodában van. A pletyka szerint pedig munkaidőben rendszeresen kefélgette az egyik titkárnőt.

Azonban még Florin sem kerülhette el a krumpliszedést. Mindannyiunknak meg kellett jelenni, tekintet nélkül rangra vagy szolgálati évekre. Polgári kötelességünk volt a krumpliszedés. Legalábbis ezt mondták nekünk. Hideg volt. Vékony ködréteg lebegett közvetlenül a mező felett. Egy hatalmas, magasfeszültségű távvezetékoszlop magasodott a mező felé. Kollégáim sorra érkeztek a találkozóhelyhez. Volt, aki busszal érkezett, volt, aki gyalog, és voltak, akik közösen jöttek egy rozoga Trabanttal.

– Jó reggelt, Florin! – köszöntöttem. – Hol van a krumpli?

Megvonta a vállát.

– Te látsz krumplit? – kérdezte görbe, erőltetett mosollyal.

Körbenéztünk, de csak a sík mezőt láttuk. Lehet, hogy volt krumpli a föld alatt, de
ennek semmi jelét sem láttuk. Megpillantottam egy kerek tárgyat, úgy negyvenlépésnyire tőlem.

Odagurultam a biciklimmel abban a reményben, hogy felveszem a mező egyetlen burgonyáját. Kiderült,
hogy egy teherautó olajszűrője volt a földre dobva, ahol szivárványszínű olajfoltot hagyott maga körül.

Megráztam a fejem.

– Ez nem krumpli, hanem egy olajszűrő.

– Miért nem viszed haza, és készítesz belőle sült krumplit? – tréfálkozott egy kolléga.

Mindannyian Florin köré csoportosultunk, néhányan dohányozni kezdtek. A szél nem fújt, a hideg levegő stagnált.

– Főnök, mit fogunk csinálni? – kérdezte Sorin, az egyik barátom.
– Nem tudom. Azt hiszem, várni fogunk.
– Biztos vagy benne, hogy jó helyen vagyunk?
– Igen, persze. – Előhúzott egy dupla sorközzel nyomtatott értesítőlapot. – Itt az áll, hogy: „Találkozó a 6-os kilométerkőnél a 14-es országúton. Szombaton reggel 7 órakor."
Körülnéztem. A távolban láttam, ahogy a szürke lakóházak felsejlenek a ködből – de ezen kívül semmi más nem volt a környéken. Egy teherautó is elhajtott mellettünk.

Costin, egy másik közeli kollégám, akinek vágott az esze, mint a borotva, meggyújtotta második cigarettáját, majd így szólt Florinhoz: – Főnök, ismered azt a viccet, amikor a tücsök a hegedűvel a hóna alatt biciklizik?
– Nem, nem ismerem. Mondd el!
Mindannyian közelebb gyűltünk Costinhoz.
– Tehát, az éhes tücsök biciklizik és látja, hogy a hangya a földjén dolgozik. Megszólítja: Jó napot, Hangya elvtárs! Hogy vagy? | Jól vagyok – válaszolja a hangya majd folytatja –, lásd, dolgozom
a földemen; hamarosan eljön a tél, össze kell szednem a terményeimet. Hát te, Tücsök elvtárs? Merre
tartasz? | Van egy dalverseny a faluban, a Megéneklünk Románia vidéki fordulója. Gondoltam kipróbálom – lelkesedett a tücsök. | Nos, sok szerencsét Tücsök elvtárs, de most vissza kell térnem a munkámhoz.
Costin lassan fújta ki a cigifüstöt, miközben mesélt.
– Egy év múlva a tücsök motorkerékpáron érkezik, hegedűtokkal a hátán. Látja, hogy a hangya szorgalmasan dolgozik a termőföldjén. Megáll és üdvözli: Helló Hangya elvtárs, látom, hogy még mindig a földedet munkálod. | Igen – válaszolta a hangya – nemsokára eljön a tél, ezért be kell vinnem a terményeimet a raktárba. De mi van veled? Látom, van egy új motorkerékpárod. Mi történt, amióta nem láttalak?

Megpróbáltam

| Tudod, tavaly megnyertem az első díjat a dalversenyen, és most a fővárosba indulok a Megéneklünk Románia országos vetélkedőjére – dicsekedett a tücsök. | Tényleg? Ó, ez nagyszerű, Tücsök, szívből gratulálok. Sok sikert Bukarestben! Nekem most vissza kell mennem dolgozni. | Eltelik egy újabb év. A tücsök ezúttal egy vadonatúj autóval megáll a mező mellett. | Hé, Hangya, te még mindig itt gürcölsz a kertedben? – kérdezi pökhendin. | Igen, én még mindig itt vagyok. Hát mi van veled? Látom új, fényes autód van. | Emlékszel, hogy tavaly Bukarestbe mentem? Megnyertem az országos versenyt, és most megyek Párizsba. Elküldtek, hogy Romániát képviseljem egy nemzetközi versenyen. | Ó, Párizs! – sóhajtott fel a hangya álmodozva – Champs-Élysées, Louvre, Notre Dame. De jó neked! Gratulálok, és sok szerencsét neked, Tücsök! | Neked is, Hangya! – mondta a tücsök enyhén barátságosabb hangon, és beindította a motort. | Várj, várj! – kiáltott utána a hangya – Kérhetek tőled egy kis szívességet? | Persze, Hangya, mit tehetek érted?

Costin mélyet húzott a cigijéből, egy ideig tartotta a füstöt, majd lassan kifújta. Aztán alsó ajkát a hüvelykujja és a mutatóujja közé szorította, és finoman megmasszírozta. Akkor szokta ezt tenni, amikor éppen egy nagy bölcsességet készült mondani.

– Mikor Párizsban jársz, és véletlenül belebotlasz La Fontainbe, megmondanád neki kérlek, hogy vegye az állatmeséit, tekerje össze a lapokat és dugja fel a tekercset fenekébe!

Mindannyian nevettünk. Costin elégedetten mosolygott.

Tovább fürkésztük a láthatárt, kerestünk valami mozgást, traktort vagy valamit. Semmi. Majd megfagytunk.

– Focizzunk! – javasoltam.

– Nincs nálunk labda.

– Dehogy nincs!

Arrébb mentem, és felvettem az olajszűrőt. Nem volt éppen gömbformájú, de a körülményekhez képest egész jó volt. Kerestünk négy követ, és kijelöltük velük a kapukat. Fogtam a biciklimet és nekidöntöttem a magasfeszültségű oszlop rozsdás acélrudjainak. Két négyes csoportra osztódtunk. Nem mindenkinek volt kedve olajszűrővel játszani. Elkezdtünk focizni. Gumicsizmát viseltem, ami nem a legjobb futballcipő, és nem voltam valami jó játékos sem, de szerettem játszani. Az elején kínos volt a henger alakú szűrőt rúgni, kiszámíthatatlanul gurult ide-oda. De lassan megszoktuk. A játék egyre dinamikusabb lett. Már nem fáztam, még a kabátomat is levettem. A szűrő néha gurult, néha ugrott attól függően, hogy melyik oldalán landolt. Időnként, amikor visszapattant, fekete színű, fáradt motorolajat spriccelt mindenfelé. Szaladtunk, nevettünk, rugdostuk a szűrőt, kiabáltunk, és néha-néha letöröltük felcsapódott olajat az arcunkról. Valaki felém rúgta a szűrőt; a kapu felé rohantam, mert jó gólszerzési lehetőségnek tűnt. A szűrő a sípcsontomba ütközött, közvetlenül a gumicsizma felett. Kemény éle csontot ért. Összeroskadtam és jajgatva megfogtam a lábszáram. Egy pillanatig azt hittem, hogy eltörött a sípcsontom, de nem. A fájdalom lassan alábbhagyott, és fel tudtam állni rá.

Ekkor vettük észre, hogy egy fekete Dacia gurul felénk. Valami főnök lehetett. Fekete színű autója csak a párt tisztviselőinek volt. És az alacsony értékű szám a rendszámtáblán azt jelentette, hogy az illetékest komolyan kellett venni.

Egy kövér, középkorú nő szállt ki az autóból, nyilvánvaló volt, hogy dühös.

– Hol van a krumpli? – kérdezte éles parancsoló hangon.

Vállat vontunk.

– Nincs krumpli, elvtársnő.

– Hol van a traktor? Már tegnap itt kellett volna lennie. Látták a traktort?

– Nem, nincs traktor. De találtunk egy olajszűrőt, elvtársnő. Talán a traktoré volt – viccelődött Sorin. – Épp fociztunk vele.

– Pszt! – suttogta Florin.

Az asszony egyre csak a látóhatárt fürkészte.

– Ott, látják? Ott! – mutatott messzire a várostól. Hunyorogva követtem az irányt. A távolban látni véltem valamiféle traktort vagy teherautót. – Ott a traktor, ide kell hozzuk. Kié ez a kerékpár?

Felemeltem a kezem; a sípcsontom továbbra is lüktetett.

– Rendben, te! Fogd a biciklidet, és kerekezz oda! Mondd a traktorosnak, hogy jöjjön ide azonnal!

– Miért nem megy az elvtársnő? – kérdeztem kissé bizonytalan hangon.

Az arca azonnal elvörösödött.

– Mert a kocsim benzinnel működik, és nincs benzinem.

– Hát az én biciklim sajttal működik. És nincs sajtom – válaszoltam.

A nő kerek arca még vörösebb lett. Valamit morgott magában, majd hátat fordított. Beszállt az autóba, dühösen becsapta az ajtót, majd elhajtott.

Még jó néhány órán át fociztunk és vicceket mondtunk egymásnak. A Nap is kisütött néhány percre. Éhesek és szomjasak voltunk. Hazamentünk.

A szűrő ott pihent, elárvultan. A fárdt motorolaj szép lassan csepegett ki belőle a meddő termőföldre.

Pénzszámlálás, Brassópojána, 1989 januárja

fordította: Sütő Ibolya

Románia alkotmányát az évek során többször is módosították, kiegészítették. Homályos utalásként benne volt ugyan a szólásszabadság is, de a hatalmon levők ettől természetesen eltekintettek, a szürke proletárok meg már rég megfeledkeztek róla. A kormányzati erők mindent szemmel tartottak, ami alkalmas lett volna a felforgató antikommunista propaganda terjesztésére. Ki tudja mire csábítaná egy írógép és egy ív fehér papír az elvtársakat, ki tudja miket írnának össze, ki tudja hova, kiknek küldhetnék el. Ezért írógépet nem lehetett kereskedelemben vásárolni. Csak azoknak volt írógépe, akik megörököltek egyet az őseiktől, egy régi, a második világháború idejében gyártott modellt, vagy esetleg kaptak egyet nyugatról. Ezeket regisztrálni kellett a rendőrségen és évente írásmintára bevinni. Ha valamilyen nyomtatott anyag áthágta a vezetőség tűrőképességét, az írásminták alapján rögtön azonosítani tudták, hogy melyik gépen gépelték, ki a felelős érte.

Egy népszerű vicc ebből a korból így szólt: egy idősebb nő nagy erőfeszítéssel cipeli felfelé a rendőrség bejárati lépcsőin a nehéz írógépét. Kivágódik az ajtó, egy fiatalember jön ki vérző arccal, aki fájdalmasan fogja állkapcsát. A nő megszólítja: Elvtárs, meg tudná mondani, hol vernek a géppel? | Fogalmam sincs – hangzik a válasz –, engem kézzel vertek meg.

Románul ez a vicc tökéletes volt, mert a bate la masina kifejezést ugyan átvitt értelemben kell érteni, mely így 'gépírásra' utal, de szó szerint 'géppel való verést' jelent.

A hatóságok szerint a fénymásolók voltak az igazán veszélyesek, mert rövid idő alatt bármiről lehetett számtalan mennyiségű másolatot készíteni. Ha az írógépek kézi fegyvernek számítottak, a fénymásolók voltak a gyorslövetű géppuskák a hatalommal szembeni harcban. Senki nem rendelkezett fénymásolóval, beszerezhetetlen volt. Néhány nagyobb cégnél használták csak, de különleges óvintézkedések mellett. A másoló üveglapjára rávésték a cég logóját, így minden ott készült másolatot könnyen azonosíthattak. Néha azért sikerült megvesztegetnem a titkárnőt, hogy a fénymásolót használhassam.

Azt mondták nekünk, hogy 'rendes' papír a másolókban nem is használható, csak a Xerox papír, amihez képtelenség volt hozzájutni. Azt hittem, hogy biztos valami ritka fa cellulózából készül, ami felénk nem honos, mint a bambusz, vagy az is lehet, hogy olyan különleges hatóanyaggal itatják át, amelytől láthatóvá válik a másolat. Amikor először fogtam kezembe egy 'igazi' ív fehér papírt, méregettem a súlyát, megszagoltam, a felületén végighúztam az ujjbegyeimet, és elképzeltem milyen jókat rajzolhatnék vagy írhatnék rá a kínai töltőtollammal.

Évekkel később jöttem csak rá, hogy a Xerox papír nem különleges papír, hanem csak 'rendes' papír volt. A román papír volt különleges: különlegesen vacak, valahol félúton a vécépapír és a fénymásolókban használt 'igazi' papír minősége között. És ha valaki véletlenül a román papírt tette a fénymásolóba, az rögtön beragadt a gép belső hajtóhengerei közé.

Ugyanez volt érvényes a román pénzre, a lejre. Románul leu, vagyis oroszlán. Egy lej, két lej – egy oroszlán, két oroszlán. Lehet, valamikor a fénykorában erős volt és ért valamit, de a nyolcvanas években leáldozott, önmaga árnyékává vált. Már nem oroszlán volt, hanem egy elázott és éhes kóbormacska.

Sütő Gyuszi

Románia a Varsói Szerződés tagállama volt, a szomszédos kelet-európai államok szövetsége a mindenható Szovjetunió ellenőrzése alatt. Mind egytől egyig kommunista ország. Állítólag szabadon utazhattunk volna a baráti országokba, szabadon vásárolhattunk volna, szabadon cserélhettük volna fizetőeszközeinket, tudásanyagunkat. Bizonyos mértékben ez igaz is volt néhány tagország állampolgáraira. A prágai elvtárs könnyen elutazhatott Lengyelországba, ahol cseh koronáját beváltotta lengyel zlotyira, megvásárolhatta a szilvapálinkát és hazavihette Prágába. Kelet-Németországból nem volt gond Magyarországra utazni, az ott élő német jól elboldogult a márkájával, ami ugyan nem volt olyan erős, mint a nyugatnémet márka – az igazi Deutsche Mark –, de arra elég jó volt, hogy a keletnémet turista nagyszerűen érezze magát Budapesten, megvegye a finom téli szalámit és hazavigye családjának a berlini fal keleti oldalára.

A Romániában élőkre ez mind nem volt igaz. Útlevélhez jutni rendkívül bonyolult volt, néha két évbe tellett összeszedni a kérelemhez szükséges okmányokat és időpontot szerezni. És még ezután is csekély volt az esély az útlevélre, talán az idősek és azok, kiknek közvetlen rokonsága élt határon túl, könnyebben megkapták. Kétféle útlevél volt: az egyikkel, a gyengébbel, csak a szomszédos kommunista országokba lehetett eljutni; a másikkal, az igazival, Nyugatra is. Nagyon kevesen voltak, akik az utóbbit megkapták, és még kevesebben, akik vissza is jöttek onnan.

A szerencsések, akik megkapták a gyenge útlevelet és elutaztak, a lejjel semmire nem mentek, sehol nem kellett. A szomszédos baráti országok bankjaiban, boltjaiban vagy az útszéli pénzváltóknál szívesen elfogadták a lengyel zlotyit, a bolgár lévát, a jugoszláviai dínárt, de lej nem kellett sehol. Nem jó! – hajtogatták a kereskedők.

A romániai boltok állapota híven tükrözte a belgazdaság állapotát. Ruhaboltok, háztartási és bútorüzletek kongtak az ürességtől, valamennyi belföldön készült, gyenge minőségű

340

Megpróbáltam

árudarab ott árválkodott. Néha napján érkezett friss árú Kínából: teniszcipők, biciklilakatok és még sok más, s olyankor hosszú sorok kígyóztak, és az emberek azt is megvásárolták, amire amúgy nem is volt szükségük.

A dohányárusitó bódék viszont tele voltak áruval, általában idősebb, rekedtes hangú, aszott arcú nénikék voltak ott az eladók. Ugyanaz volt érvényes az italárura is: sörből, borból, szilvapálinkából bőség volt. Elvégre a proletároknak is kijárt a kábítószer, hogy elviselhessék mindazt a jólétet és boldogságot, amit a kommunizmus megetermtett nekünk. A pártvezetők kijelentették, hogy minden román állampolgár boldog. Ennek közvetlen következményeként a hatvanas évektől megszüntették a pszichológusképzést. Minek az, ha mindenki normális, kiegyensúlyozott és örömteli életet él?

Legszörnyűbb állapotban viszont az élelmiszerboltok voltak. Jellemző kép erre az időszakra: a túlsúlyos elárusítónő, ahogy üldögél egy hokedlin, mert semmi dolga és semmi kedve a betérő kiéhezett vásárlókhoz. A húsboltban teljesen üresen álltak a polcok, a hűtők viszont teljes gőzzel mentek, üvegajtóik mögött disznópaták és lecsupaszított csontok, de semmi más. A falon üres acélkampók lógtak. A tejboltban ugyanaz volt a helyzet, teljesen üres. Időnként ott árválkodott egy-egy joghurtos üveg. Vegyesboltokban akadt néhány üveg savanyúság vagy lejárt szavatosságú paszulykonzerv a polcokon. Amikor ezekbe a boltokba szállítmány érkezett, a hír azonnal elterjedt a kisvárosban, és az emberek futottak sorba állni. Fogalmuk sem volt, mi érkezik, de bármi jobb volt a semminél. Ez volt a helyzet egy olyan kis városban, mint Szamosújvár, ahol én felnőttem. Nagyobb városokban talán kissé jobb volt a helyzet, de nem sokkal.

Viszont azokon a helyeken, ahol külföldi turisták jártak, ott valutaboltokat nyitottak. Az angol SHOP szó volt az épületre írva, vagy hogy még vonzóbb legyen: $HOP. Általában a városközpontban voltak, kirakatjaikban a legáhítottabb termékek álltak: szebeni szalámi, noszolyi sajt, Gerovital öregedésgátló krémek, csokoládék, babkávé, Adidas sportcipők, Lee farmernadrágok, Kent cigaretta és minden más, amit kívántunk, de nem kaphattunk meg. A bejárati ajtón nagy piros betűs szöveggel az állt, hogy ebben a boltban csakis dollárral, német márkával, angol fonttal vagy svájci frankkal lehet fizetni. Alatta kicsi piros betűkkel pedig az állt, hogy román állampolgároknak tilos a belépés. Viszont megtehettük, hogy bámuljuk a vasrácsos kirakatot, és ácsingózzunk a számunkra elérhetetlen dolgok után. Nemcsak hogy nem tudtuk beszerezni, hanem tilos is volt nekünk nyugati pénzzel, valutával járni. Tilos volt nekünk belépni a SHOP-ba. A valuta szó a román valoare szóra emlékeztetett, ami 'valami értékeset' jelent. Ez persze nem vonatkozott a lejre, amely minden volt, csak értékes nem; már szinte nem ért semmit.

Telente síoktatóként Brassópojánán dolgoztam, amely Románia legjobb síközpontja volt. Vonzotta a nyugati turistákat, leginkább Angliából, Hollandiából, de Németországból is főleg azokat, akik nem engedhették meg maguknak, hogy Svájcba vagy Ausztriába menjenek, viszont a költségvetésük bőven futotta a romániai kiruccanásra. A román vendéglátás elkényeztette őket, luxusbuszokkal szállították őket a szállodákba, onnan a sípályákhoz. VIP ellátás megfizethető áron az egyik oldalon, valutavadászat a másikon.

Huszonöten dolgoztunk síoktatóként Pojánán, mindenki által áhított munka volt ez, nyugati turistákkal érintkezhettünk, akár borravalót – románul spagát – is kaphattunk tőlük. Ezenkívül mindenféle használt árut is ideadtak, ami nekünk értékes volt: cigarettát, fogpasztát, szappant, kávét, rágógumit, csokoládét, használt magnót, használt kesztyűt, síszemüveget és minden mást, amire nagy szükségünk volt, de nálunk nem lehetett kapni.

Hosszú utat jártam be, hogy síoktató lehessek: egészen kicsi koromban tanultam meg síelni, versenyszerűen folytattam középiskolás koromban és az egyetemen is. A sítudás nem volt elég, sítáborokban és edzőtáborokban szigorú oktatáson estünk át. Kiképeztek elsősegélynyújtásban is. Írásbeli vizsgáink voltak földrajzból, német és angol nyelvből, valamint román történelemből – ez utóbbi ment nekem a legnehezebben. Azt, hogy a hegyekben dolgozhassunk, szigorúan ki kellett érdemelni. Lehetetlen volt odakerülni megvesztegetéssel. A legjobb formánkat kellett hoznunk, hogy játékban maradjunk. Lenn, a városban egy másik világ volt. A gyárban, ahol számítógépes mérnökként dolgoztam, meg kellett vesztegetnem az illetékeseket, hogy három és fél hónapig elengedjenek az irodából. Nem volt rá hivatalos mód, de ők valahogy megoldották, főleg miután nyugati cuccal degeszre tömött zacskót ajándékoztam a feleségeiknek.

Az, hogy síoktató lehettem akkor és ott, az egyik legjobb dolog volt, ami történhetett velem. Használhattam a sítudásomat, taníthattam, tanulhattam, gyakorolhattam idegen nyelveket, nyugati életvitelbe belekóstoltam, és új barátokat szereztem. A program az volt, hogy vasárnap reggel átvettünk egy újonnan érkezett 10-12 fős csoportot, és péntekig minden nap nyolc órát töltöttünk együtt. Péntek este még egy nagy bulival el is búcsúztattuk őket.

Szigorú szabályokat kellett betartanunk.

Elsősorban és mindenekelőtt gondját kellett viselnünk a csoportnak. Időben kellett megjelenni, mindenben segítenünk kellett őket: a felszereléssel, beállítással, útmutatással, és ezen felül közelről kellett felügyelni a biztonságukat. Bármilyen baleset a síoktató állásába kerülhetett volna, rengeteg aspiráns volt erre a munkakörre, senkit nem volt gond pótolni.

Másodsorban az államvezetésről semmi rosszat nem szabadott mondani. Ha bárki megkérdezte, hogy boldogok vagyunk-e, a válasz minden esetben az volt, hogy igen, persze. Ha azt kérdezték, mennyire működik nekünk a kommunizmus, a válasz az volt, hogy nagyszerűen. Persze, mindenkinek volt valami fogalma az igazságról, de arról nem lehetett nyíltan beszélni, különösen nem társaságban. A titkos besúgók mindenhol jelen voltak, főképpen, ahol nyugati turisták zsongtak. Az erdő mélyén, a szűz hó csendjében megmondhattam volna az igazságot, de csakis azoknak, akikben megbíztam. Harmadik szabályként pedig tilos volt bármilyen valutát birtokolni. Az, hogy egy turista otthagyta nekünk a használt síkesztyűjét, az rendben volt, arról bárki tudhatott. Azt jelentette, hogy jó munkát végeztél, elégedett volt veled a vendég. Viszont kemény valutát elfogadni – az nem volt rendben. Mindennek a végét jelenthette volna – nemcsak a munkádat, hanem a szabadságodat is kockáztattad volna azzal –, ha egypár dollárral vagy angol fonttal elkapnak a rendőrök.

Azon a héten egy nagyon jó csoportom volt. Középosztálybeli angolok, London környékéről. Egyikük sírásó volt, ketten helikoptergyárban dolgoztak, volt közöttük egy könyvelő is és még néhány más munkás. Rose, egy harmincas éveiben járó, sportos tanítónő volt, hatéves gyerekét egyedül nevelő anya. Ian, a fia, dundi kis legényke, óriási, mindenre kíváncsi kék szemekkel.

Hétfőn óriási havazás volt, lenn maradtunk a laposabb pályákon, ahol alapképzést tartottam, játékokat és kezdő szlalomgyakorlatokat tanítottam. Biztos akartam lenni, hogy mindenki jól érzi magát, el tud lazulni a kontinenst átszelő utazása után. Rendkívül sűrűn havazott, a csapatot együtt kellett tartani, hogy mindenki szem előtt legyen. Már az első nap sikerült mindenkinek megtanulnom a nevét, és hogy hogyan azonosítsam be a pályán a sapkájáról, szemüvegéről, testtartásáról, síelő stílusáról. Ez nagyon fontos, főleg azokon a sípályákon, ahol több százan siklanak.

Másnap kisütött a nap, felvittem csoportomat a hegytetőre. Sötétkék égbolt felettünk, alattunk a völgyben puha felhők, körülöttünk csillogó friss hótakaró borított mindent. Egy ilyen napon könnyen elfelejtettem a sötét kommunizmust. A felhők fölött csodálatos volt az élet. A felvillanyozott csoport nagyon jól érezte magát. Ian beállt közvetlenül mögém, és ott is maradt egész héten. Mindenhova elvittem őket Pojánán, az erdő rejtett ösvényein is. A friss hó mély volt és könnyen síelhető, minden kristályosan ragyogott. Iant olykor odaküldtem az anyjához, hogy vele síeljen, és így mások is mögém kerülhessenek, de ahogy tovasiklottam, már megint ott volt. Ez így ment minden nap, reggel kilenckor kezdtünk, délben a Postavarun ebédeltünk, délután egy és négy óra között folytattuk a sízést. Fel a hegyre, le a hegyről. Játszás, versengés, könnyű szlalompályákat tűztünk ki faágakkal, aztán újrakezdtünk mindent.

Előtte való héten felhívtam édesanyát, és elhívtam Pojánára. Csütörtökön érkezett, együtt laktunk a szállodában. Nem sízett, de lassú tempóval nagyokat sétált a csodálatos természetben. A hóviszonyok és a derűs idő ennek tökéletesen megfelelt.

Elérkezett a péntek, az utolsó nap a csoporttommal. Volt egy nagy köteg, egyenes mogyoróágam elrejtve az erdő sűrűjében. Kora reggel megkerestem őket, s egy könnyű, de aránylag hosszú szlalom pályát tűztem ki velük a Kanzler-völgyben. Felvittem oda a csoportomat, és néhány próbasiklást végeztünk. Aztán elkezdődött a két futamból álló verseny, a csoport mind a tizenkét tagjának. Nyilvánvaló volt, hogy Ian szeretne győzni. Egész héten nagyon összpontosított. Mindenre rendkívül fogékony volt, amire tanítottam. Rengeteget fejlődött egy hét alatt. Magamban neki szurkoltam. Az első futamban nagyon szépen ereszkedett, simán vette a kapukat, az utolsónál viszont elvesztette az egyensúlyát, és fenekére pottyant. Gyorsan felállt ugyan és folytatta, de értékes másodperceket vesztett. Teljesen összetört, láttam, ahogy csorognak a könnyei. Eszembe jutott, mennyire izgultam én is első versenyeimen, nagyon vele tudtam érezni. Az első futam után Ian a harmadik helyen állt, édesanyja, Rose a negyediken. Barátságos volt a hangulat, de mindenkit elkapott a versenyszellem. Második futamon Iannek minden tökéletesen összejött, nagy előnnyel nyert. Mindenképpen tudni szerette volna az eredményt, de nem mondtam meg neki, hogy győzött. Még nem.

A búcsúztató este hat órakor kezdődött egy elegáns étteremben. Senki nem mondta volna meg, hogy kommunizmus van, ha körülnézett. Cserzett bőrű, lebarnult angol turisták százával hemzsegtek itt, egész héten kinn voltak a napsütésben. Jól öltözött, felvillanyozott vidám társaság. Itt volt még néhány tucat lebarnult síoktató is, csúcsformában és felkészülten, hogy ezen az utolsó estén is vendégeik kedvében járjanak, mielőtt azok visszautaznak Londonba. A sísuli igazgatója megengedte, hogy édesanya is eljöhessen az ünnepségre. Asztalfőn ültem, édesanya a bal felemen, Ian a jobb oldalamon, mellette Rose. Hagyományos román menüt tálaltak: rengeteg töltöttkáposztát és finom marhasültet. Ilyesmiket lenn a városban már régen nem lehetett kapni. Itt fenn a síközpontban viszont igen, valahogy mindig összehozták a lehetetlent, ha szórakoztatni kellett a nyugati társaságot, akik kemény valutát hoztak az országba.

Vacsora után az oktatók beszédet tartottak az asztaluknál, és kiosztották csoportjukban a díjakat. Mindenfélére volt díj: ki volt a legszórakoztatóbb, ki a legvakmerőbb és így tovább. De a legrangosabb díj a szlalomverseny győztesét illette. Észrevettem, hogy Ian egész este rajtam tartja a szemét, izgatottan várja az eredményhirdetést. Mikor végre kihirdettem, hogy Ian megnyerte az első díjat a szlalomversenyben, mámoros lett az örömtől, és az egész társaság vele ünnepelte a megérdemelt győzelmet.

Fogyott rendesen a bor és a pálinka is, az angolok nagyon tudnak inni. A síoktatók a színpadról fűtötték a hangulatot a zenekar segítségével, különféle játékokkal, versenyekkel szórakoztatták az egyre mámorosabb társaságot. Amikor én kerültem sorra, rázendítettem kedvenc dalomra: When the Saints Go Marching In. A tömeg azonnal velem tartott, mindenki hangosan együtt énekelt, mindenki tapsolt, és volt olyan is, aki felállt az asztalra, kezében egy üveg borral. Lejöttem a színpadról. A társaság felsorakozott mögém, kígyóztunk az

Megpróbáltam

asztalok, a székek, az oszlopok körül, aztán vissza a zenekar elé. Azon az estén minden összejött. Visszaültem az asztalhoz, láttam, édesanyám mennyire büszke rám.

– Nagyon jól csinálod, fiam – mondta és finoman megszorította a karom. Három évvel ezelőtt meghalt apám, óriási űr maradt utána a családunkban, ami fokozódott, amikor a nővérem illegálisan kimenekült Ausztriába és onnan az Egyesült Államokba. Édesanya egyedül rám támaszkodhatott, nyomta a vállamat a felelősség súlya. Különösen, miután megnősültem és az édes kisfiam is megszületett.

A mulatság oszlani kezdett. Odajött hozzám a sírásó egy műanyag szatyorral a kezében. Részeg volt és nagyon vidám. Összegyűjtötte nekem az összes megkezdett fogpasztát; pont, ahogy kértem. A fogpaszta kemény fizetőeszköznek számított a városban. Abban a világban a fogsorok könnyen romlásnak indultak, mindenki vágyott a minőségi angol és német fogkrémekre.

– Gyuszi, jártál már a Heathrow reptéren? – kérdezte borgőzösen.

– Nem, még soha.

– Ha ott jársz, a Duty-Free boltban vásárolj, ott mindent megtalálsz: csokoládét, italokat, cigarettát és annyi fogpasztát, amennyit csak akarsz.

– Rendben, majd megkeresem – válaszoltam.

Tényleg ennyire együgyű ez az ember, hogy fogalma sincs róla, hogy én soha nem léphetek ki Romániából, vagy ha valamilyen csoda folytán mégis, honnan is szereznék valutát arra, hogy a Duty-Free boltban vásároljak?

Rose jött oda, átölelt.

– Köszönöm ezt a csodálatos hetet, és különösen azt, ahogy Iannel foglalkoztál.

Éreztem, hogy az ingzsebembe pénzt csúsztatott. Lefagytam. A helységben biztosan voltak besúgók, ez teljesen nyilvánvaló volt számomra. Bárki megláthatott minket. Megköszöntem. Odamentem Ianhez elbúcsúzni tőle.

- Velünk jössz, ugy-e? - kérdezte.
- Hogy érted? Hova?
- Hát holnap reggel, Londonba.
- Hááát, nem, Ian, nem mehetek veletek.

Könnybe lábadt a szeme.

- Gyere velünk! Miért nem akarsz? Velünk lakhatnál.
- Nagyon sajnálom, Ian, de nem lehet.

Még egyszer magamhoz öleltem, és akkor kitört belőle a sírás. Nagy kék szemét vörösre bőgte.

- Miért nem lehet?
- Látod Ian, itt van mellettem édesanyám, van egy feleségem és egy kisfiam is. Vigyáznom kell rájuk.
- Ian, mennünk kell! - Rose próbálta elrángatni a gyereket, de rácsimpaszkodott a nyakamra, és nem akart elengedni. Akkor már mind sírtunk, Rose, édesanya és én sem tudtam visszanyelni a könnyeimet. Rose lefejtette nyakamról a kisfiát, és végleg elköszöntünk egymástól.

Közben teljesen megfelejtkeztem a bal ingzsebemben lapuló készpénzről, ami valószínűleg angol font volt. Felvettem a síkabátomat, karon fogtam édesanyát, majd kiléptünk az étteremből. A havas járdán sétálgatva közelítettünk a szállodánkhoz.

A központban egy rendőrőrs volt, pont a főutak kereszteződésénél, hogy könnyebben rajta tarthassák a szemüket a rendbontókon. Mikor elértük a rendőrség főbejáratát - azzal szembe voltunk, az út túloldalán - még mindig a búcsúünnepségről és Ianről diskuráltunk.

Kijött egy rendőr az épületből, és átkiáltott hozzánk: - Mérnök elvtárs, jöjjön ide, segítsen megszámolni a pénzt!

A gerincemen rettegés futott végig.

- Elnézést, de hogyan tudok én segíteni? - kérdeztem illedelmesen.
- Jöjjön be, együtt megszámoljuk a pénzt.

Átmentünk az úton, akkor jobban megnézett.

- Nem magára gondoltam. De mindegy, mindenképpen kell egy tanú.

Bementünk. Ott ült egy sovány srác, szakadt ruhákban és véres arccal. Előtte a földön egy nagy zsák pénz, tele lejjel. Életemben nem láttam annyi pénzt egy helyen. Ott volt egy másik rendőrtiszt is, magas és izmos.

- Lopta valahonnan. Meg kell számolni az egészet egy tanú jelenlétében.

A magas tiszt vállon ragadta az állítólagos tolvajt és átrángatta a másik szobába, majd magukra csukta az ajtót. Édesanya leült, nem igazán értette, mi történik. Én is leültem, majd a tiszt is hozott magának egy széket. Elkezdtük megszámolni a rengeteg pénzt. Amikor befejeztünk egy köteget, ráírtuk az összeget egy űrlapra, a pénzt meg betettük egy nagy dobozba.

- Vegye le a kabátját! – utasított a rendőr.
- Kissé fázom – válaszoltam.
- Vegye le! – szólt rám szigorúan.

Levettem és odaadtam édesanyának. Visszahajoltam a pénzes zsák fölé, hogy folytassam a számolást. Az ingzsebem meglazult, lehetett látni az ott lapuló angol fontot. Kikandikált a ropogós, más színű, idegen pénz. Nyilvánvaló lett volna mindenkinek, hogy az nem lej. Kiszáradt a szám. A lehető legrosszabb forgatókönyv, hogy itt kapjanak el nyugati valutával a zsebemben, édesanyám szeme láttára.

A szomszéd szobából áthallatszott, hogy valakit erősen megütnek, és az elkezd üvölteni a fájdalomtól. Édesanya ijedten összerezzent. Kihúztam magam, amennyire csak bírtam, hogy az ingem rásimuljon feszesen a mellkasomra. A zseb lelapult ettől, így már nem lehetett könnyen belelátni. Folytattuk a pénzszámolást. Beletelt még vagy húsz percbe, mire befejeztük, s közben a szomszéd szobában a szerencsétlen srácot péppé verték. Hallottuk a jajgatását, hallottuk, ahogy kegyelemért könyörög. Édesanya lehajtotta a fejét, nem akart semmit látni, semmit hallani. Olyan gyorsan számoltam, amennyire csak tudtam.

Mikor befejeztük a számolást, összeadtuk a részösszegeket, és az eredmény több mint fél millió lej volt; óriási pénzmennyiség. Akkoriban egy személyautó ára 70 ezer lej volt, és egy életen át kellett rá gyűjteni. Elképzelni sem tudtam, honnan szedett össze ennyi pénzt a srác, de már nem is nagyon érdekelt. Újraellenőriztük a számításokat, és aláírtam a jegyzőkönyvet. A rendőrtiszt elkérte a személyigazolványomat, ami a síkabátom zsebében volt. Végre hátat fordíthattam neki, és ellazíthattam a hátizmaimat. Felvettem a kabátom, és gyorsan felhúztam a cipzárt a nyakamig.

– Ez mi volt? – kérdezte édesanya aggódón, miután elhagytuk az épületet.

– Fogalmam sincs, de örülök, hogy már nem vagyunk abban a szobában.

Folytattuk utunkat a szálloda irányába. Lábunk alatt csikorgott a fehér hó, fölöttünk a csillagos égbolt, bal karomon édesanya, jobb kezemben egy himbálózó olcsó műanyag szatyor. A műanyag szatyorban tizenkét kinyitott és használt fogkrémtubus.

Az ágy, Brassó, 1989 februárja

fordította: Somogyi-Mann Márta

Szilárd hét hónapos volt, amikor albérletet váltottunk. A volt lakásunk sötét volt, az ablaka betonfalra nézett, ütött-kopott bútorokkal volt berendezve, a levegő pedig mindig dohos és poros volt odabenn. Bármennyit is takarítottunk, mostuk a földet és töröltük a port, nem tudtunk egy meleg fészket teremteni kisfiunknak ott. Szilárd sokat köhécselt, folyt az orra és fájt a torka. Az új lakás a Racadau völgyében volt, közelebb a természethez. Az erdő szélén, a Cenk mögött állt egy a társasház. Az ötödik emeleti lakásunk ablaka és terasza is az erdőre nézett. Minden nagyszerű lett volna, ha bútor is lett volna az új helyünkön. Szilárd részére magunkkal hoztunk egy szép kis gyerekágyat, amit párnákkal és takarókkal tettünk kényelmessé számára. A mi ágyunkat kartonpapírból rögtönöztem, néhány réteget egymásra helyeztem, és matrac hiányában régi hálózsákokkal fedtem le azokat. Az országos megszorításoknak köszönhetően a társasházi központi fűtés a minimálisra volt csökkentve. Nagyon hideg telünk volt. A szűk völgy, ahol laktunk, általában árnyékos volt, a téli hónapokban pedig különösen kevés napsütés jutott oda. Padlónk nem volt, a vékony linóleummal fedett betonon jártunk, ami kiszívott minden csepp meleget a szobából és az összeeszkábált ágyunkból. Egymás karjában kerestünk és leltünk meleget, a test melegét. Néhány nap elteltével azonban Ildikó feje megfájdult. Ő, aki sohasem volt beteg, aki nem riadt vissza sátororozástól, a síeléstől, az időjárás viszontagságaitól, hirtelen beteg lett. Pánik és felelősségérzet járt át. Nem hagyhatom, hogy fiatal, szoptató feleségem így szenvedjen.

Papírt, körzőt, vonalzót és szögmérőt ragadtam, hogy egy ágy tervrajzát elkészítsem. Néhány nap alatt az ágy minden apró részletét kidolgoztam. Büszke voltam a munkámra, és boldogan mutattam meg a terveket Ildikónak. A részek külön oldalon voltak lerajzolva, és az utolsó oldalon volt egy összeállított, háromdimenziós rajz, amire még az árnyékokat és a fa erezetét is berajzoltam.

– Nagyon tetszik – mondta Ildikó és elmosolyodott, de látszott rajta, hogy szenved. Fejfájása nem múlott, sőt napról-napra romlott az állapota.

Sajnos nem voltak szerszámaim, nem volt műhelyem, ahol dolgozhattam volna, és deszkát sem lehetett kapni. A faraktárok üresen álltak. Nagyritkán kaptak árut, de azt is már rég eldöntötték, hogy melyik asztalos kapja meg. Kerestem és végül találtam egy asztalost, akit, reméltem, megbízhatok az ágy összeállításával. A mester háza és udvara a tízemeletes társasházak közé volt beékelve. Érthetetlen volt számomra, hogyan maradt meg ez a kis ház a magas épületek erdejében, hiszen minden ilyen nagy építkezést a régi épületek teljes lerombolása előzött meg. A tervrajzokkal szorosan a hónom alatt becsengettem a ház kapuján.

Egy alacsony, zömök ember nyitott ajtót. Arca a megpattant hajszálerektől piroslott, szeme mélyen ült, tekintete kíváncsi és enyhén csintalan volt. Felfelé perdülő bajusza volt. Bemutatkoztam Gyuri bácsinak, és elmondtam, hogy szeretném, ha egy ágyat építene nekem és a feleségemnek. Feléje nyújtottam a tervrajz papírkötegét. Rá se hederített, csak nézett rám fürkésző szemmel.

– Hát nekem hoztál-e valamit? – kérdezte.

– Igen, ezt. Itt a tervrajz – és újra feléje nyújtottam a papírokat.

– Most ezt hagyjuk. De nekem hoztál-e valamit? – hangsúlyozta a nekem szót.

Bólintottam, és a kabátom belső zsebéből előhúztam egy félliteres pálinkásüveget. A legjobb pálinka – mondta volt a falusi ember, akitől még az ősszel vettem. Ez nem volt meglepő, hiszen mindenki, aki saját pálinkáját főzte, mindig a sajátját hívta a legjobbnak. Még sohasem találkoztam olyan emberrel, aki a saját italát a második legjobb pálinkának hívta volna. Átnyújtottam az üveget Gyuri bácsinak.

– A legjobb pálinka – mondtam neki.

Gyuri bácsi elégedetten bólintott.

– Ez már beszéd, fiatalember.

Beinvitált a házába, és iszogatni kezdte a pálinkát. Gondoltam, felcsigázom az érdeklődését a tervem iránt. Kinyitottam a tervrajzot, és a lapokat feléje fordítottam. Gyuri bácsi átnézett felettük, és egy nemlétező láthatár felé bámult. S akkor elkezdett beszélni az elhunyt feleségéről, két fiáról és lányáról, valamint arról, hogy mennyi szép bútort készített a hosszú karrierje során.

– Még a Brassó alpolgármestere is az általam készített asztalnál étkezik nap mint nap – dicsekedett. – Az asztal lábait az oroszlán lábai után mintáztam, még a karmok is szépen ki voltak faragva. Csodálatos darab volt!

Cigarettára gyújtott, és továbbra is a végtelenbe bámult. Türelmetlenül fészkelődtem a székemen. Nem tudtam, hogyan irányítsam a figyelmét az ágy építésére

– Elnézést, Gyuri bácsi, de mikor tudná elkezdeni a munkát? Itt a tervrajz, minden darab egyenként meg van rajzolva. Szerintem ezzel a fő tartógerendával kéne kezdjük. – Újra feléfordítottam a rajzlapokat, de akkor már rájöttem, hogy mindez reménytelen. – Nézze, Gyuri bácsi, a feleségem beteg, mert a jéghideg cementpadlón alszik már hetek óta. Lázasan szoptatja a hét hónapos kisfiunkat. Nekem nagyon kell ez az ágy. Nekünk nagyon kell ez az ágy. Kérem, segítsen ki!

Rám nézett, bólintott. Felállt és lassú imbolygó léptekkel a fészer felé ment. Néhány perc elteltével egy vastag fenyőgerendával tért vissza.

– Gondolom, magasabb vagy, mint a feleséged – szólt mosolyogva.

– Igen – válaszoltam.

– Akkor feküdj le a földre! – A gerendát mellém fektette, egyik végét a fejemmel egy vonalba igazította, majd a sarkomtól számítva úgy kétarasznyit hozzáadott, és egy ceruzával megjelölte a gerendát. – No, ez lesz az ágyad hossza – mondta. Leült, és egy nagyot húzott a pálinkásüvegből. Nekem meg az járt az eszemben, hogy ez a kapásból vett ágyhossz vajon hogyan fog majd összeállni az én részletesen kitervezett darabjaimmal.

A ceruzával megjelölt fenyőfa gerenda ott hevert a padlón. Mellette hevert egy kézifűrész. Mi meg csak bámultuk. Nem történt semmi. Kíváncsi voltam, hogy egyáltalán összeszed-e annyi energiát, hogy elfűrészelje a gerendát. Semmi szándékot nem mutatott, az biztos. Ildikóra gondoltam, hogy otthon szenved a hideg lakásunkban.

– Nem haragszik meg, ha én elvágom a gerendát? – kérdeztem tétovázva.

– Rajta fiam, fűrészeld kedvedre! – mondta Gyuri bácsi. Két farönkre helyeztem a gerendát, egy derékszögű vonalzóval vonalat húztam, és nekiláttam a fűrészelésnek. Gyuri bácsi közben tovább mesélte az életét.

Amikor befejeztem a vágást, mondtam neki, hogy az ágy fejénél és lábánál levő keresztfákkal kéne folytatni. Kivezetett a fészerbe, hogy kiválasszuk a megfelelő deszkát. Egypárszor szinte elvesztette az egyensúlyát, már nyilvánvalóan be volt rúgva, attól féltem, hogy előttem fog összerogyni. Folytattam az ácsmunkát, közben Gyuri bácsi folytatta az egyre érthetetlenebb élettörténetét. Aztán rekedt hangon elkezdett dalolni:

„Vörös bort ittam az este, ragyogó csillagos galambom
Most is részeg vagyok tőle, ragyogó csillagos galambom."

Na még csak ez hiányzik, gondoltam. Még egyet húzott az üvegből, és folytatta:

„A lábamon, alig-alig állok
Mégis szeretnek a lányok
Ragyogó csillagom, szeretem a bort."

Gyuri bácsi szemfehérje már bevérzett a sok alkoholtól. Talán egy elefántnak is túl sok lett volna az, amennyit megivott. Mind nehezebb volt érteni, hogy mit is énekel. Aztán ledőlt a díványra, és mély álomba merült. Átvettem a műhelyt. Nem kértem engedélyt a szerszámok használatára, sem a nyersanyag kiválasztására. Amennyire lehetett, próbáltam követni az eredeti tervrajzomat. Éjfélig dolgoztam, és a munka egyharmadával el is készültem. Gyuri bácsi békésen aludt, itt-ott egyet horkantva. Elhagytam a házat, és halkan bezártam magam mögött az ajtót.

Másnap este újra visszamentem hozzá. Némán ült az asztalnál, másnaposan. Leültem melléje és vártam.

– Hoztál-e nekem valamit? – kérdezte. Bólintottam és előhúztam a belső zsebemből egy újabb félliteres pálinkásüveget.

– Rendben van – mondta mosolyogva. Fogával megharapta a parafa dugót, és kezével jobbra-balra csavargatta az üveg hosszú nyakát. A dugó nyikorgott, majd kipattant. Gyuri bácsi óvatosan belekóstolt az üvegbe. – Ez a pálinka nagyon erős! – mondta elismerően. – Mit is mondtál, honnan szerezted?

– Ördöngösfüzesből való, ahol édesapám tartja a méhkaptárait. Pontosabban most már az enyémek, amióta édesapám meghalt.

– Ez aztán egy igazán ördöngős ital! – mondta és újra belekóstolt. – Megnéztem, hogy milyen munkát végeztél tegnap. Nem rossz. Ki tanított téged asztalosmunkára?

– Nagyapám és dédnagyapám asztalosmesterek voltak. És apám is nagyon értett a famunkához. Én meg faipari szakközépiskolát végeztem Szamosújváron.

– Most már értem. – Bólintott Gyuri bácsi. Csendben üldögéltünk még egy darabig.

– Folytathatom-e a munkát? – kérdeztem.

– Csak rajta!

– Köszönöm. Szeretném használni a gyalugépet, ha lehet. Egypár deszka meg van görbülve, simára kell gyalulni.

Gyuri bácsi komótosan felállt, és a műhely távolabbi sarkába ment.

– Így indítod be, és így állítod le – mutatta a gombokat. – Ha nem vigyázol, visszacsapja a deszkát, és felnyársal – mondta szigorúan. – És ezen a sárga vonalon túl ne nyúljál, mert levágja az ujjadat! – erre felemelte mindkét kezét, hogy megmutassa –Látod? Harmincöt év munka után is megvan mind a tíz ujjam. Sok munkatársam nem volt ilyen szerencsés.

Bólintottam.

– Nincs szándékomban megcsonkítani magam. Egész nap számítógépen dolgozom, és nekem is nagy szükségem van mind a tíz ujjamra.

Nekiláttam a munkának. Újra csaknem éjfélig dolgoztam. Közben Gyuri bácsi megállás nélkül beszélt és énekelt. Kevesebbet ivott, mint azelőtt való nap, de eleget ahhoz, hogy az agya megint elzsibbadjon. Én meg építettem az ágy darabjait, amilyen pontosan csak tudtam. Szépen összeillettek. Úgy volt megtervezve, hogy könnyen szét lehessen szedni, hogy szállíthassuk.

Éjfél után értem haza. Ildikó hálózsákokba göngyölve feküdt a kartonmatracon. A szeme lázasan fénylett. A lakásban a hőmérséklet fagypont körül volt.

– Hogy érzed magad? – kérdeztem. Felemeltem a gyapjúsapkáját, és gyengéden homlokon csókoltam. A bőre forró volt és nedves.

Megpróbáltam

Némán bólintott, és röviden csak ennyit kérdezett: – Hogy haladtál?

– Jól. Holnap, remélem, elkészülök vele – mondtam határozott hangon. Ildikó egy kedves mosolyt erőltetett az arcára. – Kérlek, gyógyulj meg! Kellesz nekünk.

A tekintete fájdalmat és aggódást sugallt.

Másnap korábban elmentem a munkahelyemről, több időt akartam szánni az ágy elkészítésére. Elbicikliztem Gyuri bácsi házához, és megnyomtam a csengőt. Ahogy ajtót nyitott, a szilvapálinkás üveget a kezébe nyomtam, levettem a kabátomat, és kérdezés nélkül nekiláttam a munkának.

Megállás nélkül dolgoztam a késő éjszakába, és már szinte készen volt, de egy deszka még hiányzott; az ágy hosszanti oldalára kellett, hogy szigeteljen a betonfal hidegétől. Azt terveztem, hogy majd gyapjúcsergével és párnákkal borítom, hogy védjen minket. E nélkül a deszka nélkül, az ágy nem lesz elég jó, mert nem lesz elég meleg.

A fészer sajnos üres volt. Minden valamire való fadarabot már felhasználtunk.

– Nagy szükségem lenne egy ágy hosszúságú és legalább 30 cm széles deszkára – mondtam Gyuri bácsinak.

– A fészerben kerestél?

– Igen, de üres, nincs már semmi ott. Ez az utolsó deszka, ami kell. Nélküle az egész ágy nem ér semmit

Lassan felállt.

– Várj, megnézem.

Kimentünk a fészerbe. Egy halovány elemlámpával körbevilágított. Nem volt már ott semmilyen használható deszka.

– Kell az a deszka, Gyuri bácsi – szinte könyörögtem elkeseredve. Már nagyon be akartam fejezni az ágyat.

– Várjál, fiam, támadt egy ötletem – mondta és a veteményes kert felé indult. Intett, hogy kövessem őt.

Félig rothadt káposztafejeket és kidőlt napraforgószárakat dobált félre, és kiemelt valami óriási sáros tárgyat a földből. Az elemlámpa fényénél úgy tűnt, mintha egy hosszú, vastag kőlapot tartana a kezében, de miután az ásóval sikerült lekaparni róla egy réteg sarat, láttam, hogy tényleg valami faanyagot tart a kezében. Penész fedte mindenhol, és egy része elrohadt már.

– Ez jó lesz. Átnyomjuk a gyalugépen, és olyan lesz mint újkorában – mondta.

Egy kicsit kételkedtem, de jobb ötletem nem volt.

Becipeltük a súlyos és sáros fadarabot, közben aggódtam, hogy Gyuri bácsi nehogy elveszítse az egyensúlyát, miközben az udvaron szétszórt kacatok között manővereztünk. A műhelyben nekiláttunk, hogy a megtisztítsuk. Csavarhúzóval, vésővel, késsel kapartuk le a sarat meg a korhadt, penészes részeket. Egyik sarkában még csigák és giliszták is voltak, azokat is leszedtük. Végre sikerült annyira megtisztítanunk, hogy a gyalugépbe be tudtuk tenni. Gyuri bácsi felbuzdulva a saját leleményességétől hirtelen nagyon segítőkésszé vált. Most már ő is része akart lenni a munka sikerének.

A gyalugép éles kései három milliméter vastagságú, rothadt, fekete réteget távolítottak el az első menetben. A másik oldalt is megszabadítottuk egy ilyen rétegtől. A műhely padlója tele volt sáros, penészes, sötét forgáccsal.

Újra gyalultuk mindkét oldalát, és végre a sötétbarna fafelület is előtűnt. A harmadik réteg gyalulása után már kezdett igazi fára hasonlítani. Eredetileg a deszka jó vastag volt, de minden egyes gyalulással egyre vékonyabb lett.

Úgy döntöttünk, hogy lecsiszolunk még egy utolsó réteget mindkét oldalról. Az egyik oldal gyönyörűre sikerült, sima és tiszta felületet kaptunk. Akkor átfordítottuk a második oldalra. Az is szépen jött ki a gépből: száraz, sima, erezett fafelületet kaptunk, de vékonyan kígyózó alagútszerűségek jelentek meg a felszínén.

– Hát ez mi? – kérdeztem meglepődve.

– Csak egy szú – mondta Gyuri bácsi. Elővett egy hegyes ceruzát, végigvitte hegyét a vékony árkon, és a végén mélyre szúrta. – Látod, meg is öltem. Nem kell aggódnod miatta. Begittelte az alagutakat, s amíg az száradt, méretre vágtuk a deszkát, és összeállítottuk az ágyat. Nagyon szépre sikerült. Fáradt voltam, de jó érzés járt át.

Szétszedtük az ágyat, és még utoljára lecsiszoltuk a gittelt felületeket.

– Holnap érte jössz? – kérdezte Gyuri bácsi.

– Nem, még ma este hazaviszem – mondtam –, nem hagyhatom a feleségemet még egy éjszakán keresztül a betonon aludni.

– Értem, fiam, de hogyan fogod elvinni? – kérdezte Gyuri bácsi.

Kerékpárra pattantam, és sebesen tekerni kezdtem a sötét utcákon. Az országos megszorításoknak köszönhetően alig volt utcai világítás. Végül ráakadtam egy nagyban dohányzó taxisofőrre, aki az autója mellett ácsorgott.

– Elvtárs, egy bútort kellene szállítanom Racadau völgyébe – mondtam.

– Teherautónak néz ki neked az én autóm? – kérdezte durva hangon.

– Nem, dehogyis – mondtam mentegetőzve –, csak arra szeretném kérni, hogy a rádióján keresztül találjon nekem egy teherautós taxist.

– Ja – mondta –, és nekem meg mi hasznom ebből?

Előhúztam 20 lejt, majd felé nyújtottam.

– Megpróbálom – mondta. Belebeszélt az adóvevőjébe, sercegést hallottam. – Hova akarod a taxit?

– Csak jöjjön ide! A ház nem messze van.

Tíz perc múlva egy teherautós taxi jelent meg. Előtte biciklizve elvezettem Gyuri bácsi házáig. Rövid időn belül felpakoltuk az ágy darabjait, amiket Gyuri bácsi egy használt kenderkötéllel gondosan a teherautóhoz erősített.

– Mivel tartozom, Gyuri bácsi? – kérdeztem, és előhúztam egy köteg pénzt a zsebemből.

- Semmivel - mondta.
- De igazán, ki akarom fizetni az ágyat.
- Ne aggódj, fiatalember! Menj, vigyed az ágyad a beteg nejednek!
- De igazán...
- Nem, nem kell semmi pénz. Amúgy is te dolgoztál, nem én.
- Köszönöm szépen!

Megráztam a kezét. Vaskos erős keze volt, satuszerű szorítással. A szemembe nézett.
- De az a pálinka, öcsém! Hűha! Abban tényleg benne van az ördög!

Éjfélre járt az idő, mire sikerült minden darabot felvinni a negyedik emeletre. A taxisofőr segítőkész volt, a nagyobb darabokat együtt vittük fel. Adtam neki egy jó kis borravalót, és útjára bocsátottam.

Ildikó lázasan feküdt a vastag takarók alatt.
- Elkészültem az ággyal - súgtam a fülébe.
- Gyere, feküdj mellém! - mondta kérő hangon.
- Most össze akarom szerelni.
- Várjál holnapig!

Nemet intettem: - Be akarom fejezni most
Lendületben voltam, nem akaratam leállni. Összeállítottam az ágyat, minden része szépen illeszkedett egymáshoz. Megszorítottam a csavarokat, és az ablakkal szembeni falhoz toltam az ágyat. Takarókkal és párnákkal alaposan kibéleltem a fal menti oldalát.

Ildikó mellé térdeltem, alányúltam, majd gyöngéden az ágyra emeltem. A láz nagyon legyengítette, nem ébredt fel. Odahúztam egy széket, és mellé ültem. A holdfény megvilágította csukott szemhéját. Néztem a szépművű, arányos orrát. Szája kissé nyitott volt, száraz ajkai között nehezen vette a levegőt.

Átmentem Szilárd szobájába. Békésen aludt a kiságyban, mikor benyitottam hozzá. Lúdpihével tömött hálózsák tartotta melegen, amit még a tél elején varrtam neki. Kerek orcája pirospozsgás volt. Fején egy kötött hosszú hálósapka volt, egy világoskék bojttal a tetején. Felemeltem és átvittem az ágyunkba, Ildikó mellé. Hajnali fél négy volt. Visszaültem a székre, és néztem őket. A feleségem és a kisfiam. A kincseim.

Kis idő múlva Szilárd mellé feküdtem. Éreztem a frissen gyalult fenyőfa gyantaillatát. A hasított tűzifa szagát idézte fel bennem a puzdrai menedékházból. Egyik kedvenc helyem volt a Puzdra, a tiszta természetet, a szabadságot jelentette számomra. Amikor felébredtem, Szilárd még mindig mélyen aludt mellettem. Ildikó mellettünk ült a széken, szeme könnybe volt lábadva. Hosszú, barna haja frissen volt fésülve.

– Mi a baj, miért sírsz? – kérdeztem ijedten.

– Gyönyörű az ágy – mondta elcsukló hangon. – Köszönöm szépen!

Úgy egy hét múlva, mikor csendben feküdtünk az ágyban, meghallottam egy halk hangot, mely az ágy oldaldeszkájából jött. Felismertem a szú percegését.

Életkörülményeink nagyban megváltoztak a következő egy évben, és újra költözködés előtt álltunk. Sajnos bútort nem vihettünk magunkkal az új otthonunkba, így búcsút kellett vennünk a kedvenc ágyunktól. Brassói barátainknak, Áronnak és Zsuzsának ajándékoztuk azt, és ők boldogan elfogadták.

Tíz év múlva látogatóban jártam barátainknál. Egy kellemes estét töltöttem a társaságukban. Késő estig beszélgettünk és viccelődtünk, mígnem Áron – aki nálam 30 évvel idősebb – el nem álmosodott. Nagyot ásított, jó éjszakát kívánt, és elindult a hálószobájuk felé. Megmarkolta a kilincset, és megnyitotta az ajtót. Az ajtó résén keresztül megláttam az ismerős ágyat. Szép piros gyapjúcsergével volt letakarva. Áron megállt a küszöbön és visszafordult.

– Mi még mindig a te ágyadban alszunk. Nagyszerű ágy – mondta elégedetten –, de amikor éjjel van, és minden elcsendesedik, még mindig hallom annak az átkozott szúnak a percegését!

Sütő Gyuszi

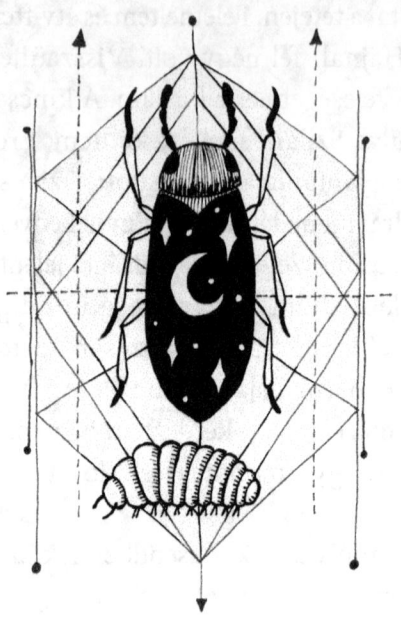

Securitate, Brassó, 1989 őszén

fordította: Sütő Ibolya

Október közepe volt, sötét este. Nagyon hideg volt. Szilárddal játszottam, a másfél éves kisfiammal. Erős, izmos gyerek volt. Felemeltem a plafonig, aztán gyorsan leeresztettem, egészen közel a linóleummal fedett betonpadló fölé. Aztán megint fel. Minden alkalommal vidáman nevetett. Ildikó egy inget vasalt. Közben megállt és megdörzsölte vékony hosszú ujjait.

– Fájnak az ízületeim. Annyira hideg a víz. Félek, idő előtt reumás leszek.

A víz tényleg nagyon hideg volt, közvetlenül a hegyekből jött. Meleg vizet a központi fűtés kellett volna biztosítson, de mert a gázkvóta minden héten kevesebb és kevesebb lett, alig volt meleg vizünk. Időnként, talán egyszer egy héten. Minden más napon, amikor megnyitottuk a meleg vizes csapot, hallottuk, amint a cső torokhangon magába szívja a levegőt; mint egy hosszú csápú szörny, ami a kicsiny lakások maradék melegét is kiszívná.

Szilárdon több réteg gyapjúruha volt. A hátára fektettem, a pici lábával játszottam, húztam-nyúztam és gurítottam ide-oda. Szélesen mosolygott. Aztán a hasára fordítottam, megdörzsöltem jól a kis hátát és vállacskáját. Ráültettem a térdemre, nyerítettem és lovacskáztunk. Egy erőteljesebb mozdulatnál felnyögött a fájdalomtól.

– Még mindig fáj neki – mondtam bűnbánóan.

Néhány napja én próbáltam biliztetni. Egy kis sárga bilije

volt. Mivel a lakásban mindig hideg volt, a bilit, főleg az ülőkéjét megmelegítettük, a pislákoló láng fölött körkörösen mozgatva. Általában az ujjamat körbehúztam a bili karimáján, hogy ellenőrizzem, nehogy túl forró legyen, de aznap nem voltam olyan alapos, és nem vettem észre, hogy egyik része túl meleg. Amikor Szilárd ráült, megégette a kicsi fenekét. Nagyon haragudtam magamra.

Finoman kopogtattak az ajtónkon.

– Anja! – kiáltottunk fel egyszerre, amikor megláttuk a barátunkat az ajtóban.

Szerényen mosolyogva állt a hideg, koromsötét lépcsőházban. Mellette egy másik nő állt.

– Erika, a barátnőm – mutatta be Anja őt nekünk.

A konyhaasztal köré ültünk le, Ildikó teát főzött, melyet mézzel ízesítettünk. Nagyon örvendtünk, hogy meglátogattak szerény otthonunkban. Anja finn nyelvtanár volt a kolozsvári egyetemen, Helsinkiből származott. Azon kevés külföldiek egyike, akik Romániában éltek. Összebarátkoztunk, többször jártunk együtt a hegyekben, ott töltöttük a vakációkat. Nem volt egy nagy síző, de imádta a hegyeket, és végtelenül élvezte a hegymászó, síelő társaságunkat. Erika kulturális attasé volt a budapesti Finn Nagykövetségen. Nem volt beszédes, de nagyon jól érezte magát velünk. Mindketten északi, manószerű akcentussal beszéltek magyarul. Anja őszintén örvendett Szilárdnak, ölbe vette, finoman ringatta. A táskájából ajándékot vett elő, egy szilikonelőkét, olyat, melynek alsó felében a gyerek szájából kipotyogott étel összegyűlik. Ilyet még soha nem láttunk.

– Nagyon köszönöm! – mondta Ildikó, és szorosan átölelte Anját.

Néhány óra múlva elmentek. Egy elemlámpával lekísértem őket a sötét lépcsőházban, és elköszöntünk egymástól.

Néhány héttel később erőteljesen kopogtak a bejárati ajtónkon. Kinyitottam. Egy ismeretlen, fekete hajú férfi állt ott, egy velem egy magasságú, frissen borotvált pasas.

- Jó estét! – köszönt szigorúan. – Mihai Constantin vizsgálótiszt vagyok.

Bólintottam.

- Azért jöttem, hogy beidézzem a Securitate központjába – mondta. Lefagytam. – Jövő héten hétfőn, reggel nyolcra. Tudja, merre van az épület? – folytatta, erősen hangsúlyozva minden egyes szót.

- Igen, tudom – válaszoltam. Mindenki tudta, hol van a Securitate, és mindenki megpróbálta messze elkerülni. Ildikó odajött az ajtóhoz, a gyerekkel a karján. Érzékelte a feszültséget, ijedten nézett rám. A tekintetemmel próbáltam megnyugtatni.

- Ismételje meg, mikor és hol kell jelentkeznie! – mondta nekem, a feleségemre ügyet sem vetve.

- Hétfőn reggel nyolckor, a Securitate központi épületében.

Bólintott.

- Constantin vizsgálótisztet keresse! – majd megfordult és elment.

Utánanéztem: magabiztos járás, egyenes hát, határozott testtartás. Erős volt és edzett. Ez nagyon nem jó! – futott át az agyamon. Veszélyben vagyok. Veszélyben a családom.

Szovjetunióban a KGB, Kelet-Németországban a Stasi, Romániában a Securitate tartotta rettegésben a népet. Mindnek ugyanaz volt a szerepköre; hogy megerősítse a kegyetlen diktatórikus rendszert a saját országában. Megerősíteni és megvédeni azt bármilyen eszközzel. A társadalom minden zugában és szegletében beépített informátoraik voltak. Mindenkiről részletes beszámolókkal rendelkeztek. Folyamatosan megfigyelték, lehallgatták a telefonbeszélgetéseket, beleolvastak a magánlevelezésbe, fenyegettek, zsaroltak, bebörtönöztek és eltűntettek számos embert.

Hétfőn reggel a biciklimmel megérkeztem a Securitate központjához. Odakötöztem a bringát a kovácsoltvas kerítéshez, és beléptem a faragott márvánnyal díszített kapun. Constantin vizsgálótisztet kerestem, és bekísértek egy szobába. Egy egyszerű, fából készült asztal volt benne, két hokedlivel. Fehérre meszelt falak, bereteszelt keskeny ablak, egy vasajtó, fölötte pedig Ceausescu bekeretezett portréja. Semmi több.

Néhány percig egyedül várakoztam. Aztán bejött Constantin vizsgálótiszt, és leült szemben velem. Ugyanazt a civil ruhát viselte, mint amikor nálunk járt. Egy papírlapot és egy tollat tett le elém.

– A lap tetejére írja fel a nevét és a születési dátumát! – utasított. Engedelmeskedtem, de fogalmam sem volt, mire megy ki a játék. – Sorolja fel az összes idegen állampolgárt, akikkel kapcsolata volt! – folytatta semleges hangszínnel.

– Milyen időszakban? – kérdeztem.

– Az elmúlt hat hónapban.

A szék egyszerre nagyon kényelmetlen lett.

Felírtam a nővérem és a sógorom nevét, mindketten Washington DC-ben éltek már. Aztán még felírtam néhány angol turista nevét is, akiket síelni oktattam, és összebarátkoztunk. Aztán csak bámultam a papírlapot magam előtt. Anja nevét nem írtam fel. Nem akartam belekeverni őt ebbe az egészbe. Áttoltam a lapot az asztal másik oldalára, majd a tiszt tanulmányozni kezdte.

– Erzsébet a nővére, ugy-e? – Rábólintottam. – Az, aki illegálisan hagyta el az országot 1986 júniusában? – Megint csak bólintottam. Nyilvánvaló volt, hogy túl sokat tud rólam és a családomról. – Hogyan került Nyugatra? – kérdezte, már majdnem barátságos hangon.

Nyeltem egyet.

– Magyarországra utazott, és valahogy elkeveredett Bécsig.

– Hol lépte át a határt? – Megvontam a vállam. – Átszökött a határon?

– Nem tudom a részleteket, Constantin elvtárs – válaszoltam.

Megint ránézett a lapra, és visszacsúsztatta elém.

– Még gondolkozzon! – mondta emelt hangon.

Felírtam egy barátom nevét, aki Budapesten élt, Magyarországon. Visszatoltam a papírlapot. Rápillantott a névre, és mélyen a szemembe nézett. Álltam a pillantását, hogy ne érezze meg a szorongásomat.

– Még valaki?

– Ez mindenki, akire emlékszem.

– És mi van Erikával, a finn diplomatával? – kérdezte.

Szárazon nyeltem egyet.

– Ó, róla teljesen megfeledkeztem – mondtam –, egy rövid látogatásra ugrottak be hozzánk, előtte soha nem találkoztunk.

– Miért hazudik nekem? – Felállt, rátámaszkodott az asztallapra és felém hajolt. Enyhén fokhagymaszagú volt a lehelete.

– Nem hazudok, elvtárs – mondtam –, egy barátnőnkkel jött.

– Anja Happarantával, a másik finn hölggyel? – Látszott, hogy jól fel volt készülve.

– Igen, Anjával.

Hátat fordított, majd tett néhány lépést. Aztán újból szembefordult velem.

– Miért nem említette a látogatásukat?

Hosszasan néztem rá, mielőtt kiböktem: – Elfelejtettem.

– Elfelejtette? – kérdezte hangosan. – Elfelejtette? Eszébe jutottak a brit srácok, kikkel hónapok óta nem találkozott, de nem jutott eszébe a csak néhány héttel ezelőtti látogatás? Ez hogy lehet?

Megvontam a vállam.

– Egy nagyon rövid, nem túl fontos látogatás volt. Elfelejtettem.

– Hoztak magának valamit?

– Igen, a kisfiamnak egy szilikonelőkét.

– Hoztak valamilyen nyomtatott anyagot, könyveket, folyóiratokat?

– Nem, semmi ilyesmit.

– Adott nekik bármilyen nyomtatott anyagot? – Megráztam a fejem. – Adott nekik magnószalagra felvett hanganyagot? – Újra nemet intettem. – Adott nekik fényképeket, negatívokat vagy diafilmeket?

– Nem, tiszt elvtárs, nem adtam.

— Miről beszélgettek?
— A kisfiamat jöttek megnézni. Kicsit játszottak vele, beszélgettünk róla, a síelésről, hegymászásról, ilyesmikről.
— Másról?
— Semmi másról.
— Erika elmondta, hogy a magyarországi Finn Nagykövetségen dolgozik?
— Erre nem emlékszem, nem nagyon foglalkoztam vele.
— A látogatók valamelyike a rokona?
— Nem.
— Talán a felesége rokonai?
— Nem.
— Tudnia kellene, hogy nem állhat szóba csak úgy külföldiekkel, ha meglátogatják otthonában. Huszonnégy órán belül jelentenie kell a rendőrségen az esetet, és egy nyilatkozatot kell kitöltenie erről. Minden találkozóról be kell számolnia, kivéve, ha a külföldi első fokú rokona. Tudta ezt?

Persze, hogy tudtam, mindenki tudta. Egyike volt a rengeteg értelmetlen törvénynek.

— Hallottam róla, igen, de nem részleteiben.
— Nagy bajban van, barátom! — Hát erre kezdtem rájönni. Amikor egy ismeretlen férfi barátjának nevez, az mindig gondot jelent. — Külföldi állampolgárokat fogadott az otthonában, ráadásul egyikőjük diplomata, de maga semmit nem jelentett be ebből a rendőrségen — egyenesen rám nézett, miközben összeszorította állkapcsát, amiből dühe nyilvánvaló volt —, és a szemembe hazudott!

Elővett egy másik papírlapot és elém tolta.

— Írjon egy nyilatkozatot, de legyen benne minden részlet a látogatásról! Írja alá és a dátumozza a lap alján!

Kihúzott egy szál cigarettát, odament a keskeny ablakhoz és rágyújtott. Írni kezdtem. Teleírtam az egész lapot. Ha már részletekre voltak kíváncsiak, azt is leírtam, hogy elemlámpával kísértem le vendégeinket a vaksötét lépcsőházban, nehogy elessenek és kificamítsák a törékeny finn bokájukat.

A tiszt végigolvasta a nyilatkozatot, miközben a cigarettafüstöt a szája szegletéből eregette.

– Keresni fogom az Electropreciziánál telefonon – a munkahelyemre utalt, egy gépgyárban dolgoztam. – Mihaiként fogok jelentkezni, a sílécekkel kapcsolatosan. Megadom akkor az újabb utasításokat. Nem távozhat Brassóból a jóváhagyásom nélkül!

Ennyi. Kikísért a szobából egy tágas, félhomályos folyosóra, lépéseim visszhangzottak a márványkövezeten.

Az udvaron nem találtam a biciklimet. Körülnéztem alaposan, bár még mindig szédültem a kihallgatástól. Nincs meg a bicikli; teljesen biztos voltam, hogy a kerítéshez lakatoltam. Visszamentem az épületbe, szóltam a szolgálatos tisztnek.

– A biciklim eltűnt, elvtárs. A kerítéshez volt kötözve.

– Szóval a magáé volt! Miért kötözte ide az épület elé? – kérdezte idegesen. – Látogatókat várunk Bukarestből. Már csak az hiányzik, hogy kerítéshez láncolt kerékpárok üdvözöljék őket.

– Hol van a biciklim, elvtárs? Kérem mondja meg, szükségem van rá.

Intett egy magas férfinek, aki a homályban álldogált, és ő elvezetett a hátsó udvarba. Ott volt a földre dobva a biciklim. Mellette hevert az acéldrótos lekötő, melyen az összepattintható bronzlakat ketté volt törve. Felvettem őket a földről.

– Hogy törte szét a zárat? – kérdeztem a magas férfit.

– A puszta kezemmel – válaszolta kifejezéstelen arccal. Lapátméretű keze volt. Nagyon magas volt, a homloka keskeny, a szeme mélyen ülő, nyaka rövid és izmos, a válla pedig csapott.

Ráültem a biciklimre és gyorsan elhajtottam. Minél messzebb akartam kerülni ettől a borzalmas helytől.

Anca kidugta a fejét a főnök üvegfalas irodájából: – Gyuszi, valaki téged keres a sílécekkel kapcsolatosan.

Anca a kolléganőm volt, fekete hajú, kreol bőrű, csinos lány. A kezében tartotta a telefonkagylót, de a tenyerével betakarta a mikrofont.

– Mihai? – kérdeztem.

– Azt hiszem.

Becsuktam magam mögött az ajtót, hogy egyedül lehessek, kezembe vettem az iroda egyetlen telefonkészülékét és beleszóltam.

– Halló!

– Mihai vagyok, a sílécekkel kapcsolatosan keresem.

– Igen, halló!

A vonal recsegett.

– Hall engem?

– Igen, hallom – válaszoltam.

A margarinszínű spirálkábellel játszadoztam, ami a telefonkagylót az alapkészülékhez kötötte. Nézegettem a kör alakú tárcsázót. A nullásnál volt a legkopottabb a lyuk, és az éveken át rakódó piszok összegyűlt a szélein, mert senki soha nem tisztította meg. A kilencesnél lévő lyuk kevésbé volt piszkos. Az egyesnél volt a legtisztább, mert a fényes sárgaréz lakat ott volt belefűzve, hogy megakadályozza a tárcsázást. A mérnökök és a beosztottak fogadhattak ugyan hívást, de ők nem indíthattak – csak a főnöknek, Arhir elvtársnak volt kulcsa a lakathoz. Amikor az irodában volt, leszedte a lakatot, amikor elment visszakattintotta a tárcsázóra. Az idő során megtanultam, hogyan kell kijátszani a lakatot és beütni a kívánt telefonszámot. Egyetlen koppintás a kapcsolóra az egyes szám, két koppintás a kettes és így tovább. Tíz határozott koppintás a nulla. A lényeg a gyors, pontosan kiszámolt koppintások sorozata. Többhétnyi sikertelen próbálkozás után annyira kidolgoztam ezt a képességemet, hogy már elsőre bejelentkezett a hívott szám. A kollégáim is engem kértek meg, hogy segítsek, amikor telefonálni akartak. Persze csak akkor, ha nem volt benn a főnök.

– Figyeljen rám! – mondta Constantin vizsgálótiszt.
– Igen, itt vagyok – válaszoltam.
– Délután négykor legyen az Aro szállodában! – Gondolatban gyorsan kiszámoltam, hogy a szálloda húsz kilométernyire van innen, Brassó belvárosában. A munkaidőm vége délután 3:20. Jobbnak láttam nem vitatkozni vele. – Ott jöjjön fel a tizedik emeletre! Három ajtó lesz: 101-es, 102-es és egy jelöletlen. A jelöletlenhez menjen, és azon csengessen pontosan négyszer. Megértette, amit mondtam?
– Igen, megértettem – válaszoltam. – Ott leszek.
– Senkinek nem mond semmit!
– Rendben.
Anca az ajtó előtt állt, figyelt. Érzékelte, hogy valami baj van.
– Minden rendben? – kérdezte.
– Igen – válaszoltam röviden, igyekeztem magabiztosnak tűnni. Megkerestem a főnökömet és megkértem, hogy korábban távozhassak. Azzal indokoltam, hogy a kisfiamat kell korábban elhoznom a bölcsődéből, mert csúnyán köhög. Ez csak részben volt füllentés, Szilárd akkoriban gyakran köhögött. A panellakásunk mindig hideg volt, mert a Nap alig érte, bébitápszert, citromot, narancsot és még sok minden mást nem lehetett kapni, és ez mind hozzájárult ahhoz, hogy a fiunk hónapokon át köhögött.

Egy szusszal nyomtam végig az utat a szállodáig, s közben mindenféle stratégián törtem a fejem. Vajon mit kérhetnek tőlem? Mit csinálhatnak velem? Mit kéne, hogy mondjak nekik? Azt, hogy szívből utálom őket és a rendszert, melyet kiszolgálnak? Azt, hogy félek és hogy féltem a családomat, és hogy senkihez nem tudok segítségért fordulni? Senki nincs, aki megvédhetne, aki kiállna mellettem vagy legalább tanáccsal tudna szolgálni, hogyan kell a titkosrendőrökkel tárgyalni.

Nem akartam beszállni a keskeny felvonóba, a lépcsőkön másztam fel a tizedik emeletig. Négyszer nyomtam meg a bejárati csengőt, ahogy utasítottak. Egy civil ruhás, harmincöt

év körüli férfi nyitott ajtót. Egyforma magasak lehettünk, széles arca volt, szájából lógott a cigaretta.
– Sütő?
– Igen.
– Mihai, megjött az embered! – szólt a kollégájának.
A szoba közepén egy színes tévé állt, benne egy angol nyelvű zenei videó ment, de nem ismertem fel a számot. A tévé mindkét oldalán polcok álltak, könyvekkel, színes magazinokkal tele. Amerikai cigaretták, whiskys palackok, Martini, Cinzano. A tévéhez csatlakozott egy videómagnó, azon pedig magasan feltornyozva VHS szalagok voltak.
– Üljön le, Sütő! – biccentett Constantin egy kényelmes bőrfotel felé. Ő is leült velem szemben, a másik férfi állva maradt, és mélyen megszívta a cigijét. – Popovici vizsgálótiszt – mutatta be Constantin –, vele beszéltem meg a helyzetét.
Constantinról Popovicire néztem. Constantin megfogott egy Kent cigarettás paklit és ráérősen bontogatni kezdte. Ujjbegyeivel elkapta a bontószalag fülét és körbehúzta a dobozon. Az áttetsző, légmentesen záródó fólia finoman szisszent. Néhány molekula amerikai levegő szökött be a hotelszobába. Cigarettával kínált.
– Nem, köszönöm – ráztam meg a fejem. Aprólékos gonddal kihúzott egy szálat, és rágyújtott. Aztán beleszívott, majd a füstöt az orrán át fújta ki. A két fehér füstcsík harminc fokos szögben áramlott ki az orrlyukaiból.
– Ha jól tudom, ön síoktató Pojánán, ugye? – kérdezte Popovici rekedt hangon.
– Igen.
– És mikor indul a szezon?
– December közepén, a hóviszonyoktól függően – válaszoltam – és persze a turistáktól is.
– Van jogosítványa az oktatásra? – kérdezte Constantin.
– Most pont nincs. Vizsgáznom kell. A '87-es jogosítványom már nem érvényes. Minden második évben meg kell újítani

– kissé csökkent a bennem levő feszültség, így képes voltam összefüggően beszélni.
– Mikor lesz a vizsga? – faggatott tovább Constanin.
– December első hetében.
– Miből kell vizsgáznia?
– Sízésből, német és angol nyelvtudásból, valamint Románia földrajzából és történelméből.
Románia történelme nem volt a kedvencem. Tele volt propagandával, nagyzással és hazugsággal, és teljesen mellőzött minket, a magyar kisebbséget és a mi történelmünket. Nem érdekelt, de be kellett vágni egy vastag könyvnyi anyagot, tele történelmi események dátumaival, az Oszmán Birodalom ellen vívott csaták helyszíneivel. Minden fejezet a románok hőstetteiről szólt, akik életüket áldozták a gonosz törökökkel vívott háborúkban.
– Apropó, történelem – mondta Popovici, majd leemelt egy könyvet a polcról. – Ezt szeretném, ha elolvasná: Vörös Naplemente. Vagy már olvasta?
– Nem, még nem – ráztam meg a fejem.
– Nagyon jó könyv. Egy bukaresti férfiről szól, aki akaratlanul olyan információhoz jut, melyek elvezetik egy terrorista csoporthoz. Egy külföldről jövő propaganda beszivárgott a román társadalomba azzal a szándékkal, hogy megdöntse a kormányt. A főszereplő végül követve jól működő ösztöneit mozgósítja a hatóságot, és lefülelik a csoportot. Egy igazi hazafi.
– Még egy utolsót szívott a cigiből, aztán elnyomta a hosszú, sárgás csikket egy sötétkék színű üveg hamutartóban.
– Sütő elvtárs, maga egy hazafi?
– Igen, hazafi vagyok.
– Egy igazi hazafi? – kérdezte Popovici, közben egyenesen rám nézett.
– Igen, egy igazi hazafi.
Álltam a tekintetét.
– Készen van-e arra, hogy hazáját szolgálja?

- Igen.
- Jól van - bólintott rá.
- Azt akarjuk, hogy nekünk dolgozzon, erre utalt Popovici vizsgálótiszt - mondta Constantin.

A szívem hirtelen félrevert, és görcsbe rándult a gyomrom.
- Külföldieket oktat, ugye? - lendült bele Constantin.
- Igen - rábólintottam.
- Milyen nemzetiségű külföldieket?
- Leginkább angolokat, néha hollandokat és ritkán törököket - válaszoltam.

Kedvenceim a hollandok voltak. Őket volt a legkönnyebb oktatni, viccesek voltak, jó kötésűek, könnyen alkalmazkodtak és nem igen panaszkodtak.

- Nem kell sokat tennie - fűzte tovább Popovici a fonalat -, csak nyitott szemmel és füllel kell járnia, és havonta itt lead egy jelentést! Ennyi. Minden másról mi gondoskodunk. - Némán bámultam rájuk. - Nem kell elsietnie a döntést. Vigye haza ezt a könyvet, olvassa el! Teljesen biztos vagyok benne, hogy tetszeni fog.

Kezembe nyomta a könyvet. Felálltam. Odajött hozzám és átkarolt. Erős, csontos fogását idegennek éreztem. Ujjbegyei belemélyedtek a vállizmaimba.

- Akarja, hogy barátok legyünk? - kérdezte. Csak bólintottam. Közelebb hajolt a fülemhez, éreztem a nikotin és a whisky kevert bűzét a leheletében. - Erről a találkozóról senkinek sem szabad tudnia. - Még jobban megszorította vállamat, és gyengéden, szinte már barátian megrázott.

Constantin vizsgálótiszt kinyitotta nekem az ajtót. Vonásai fáradtnak tűntek a szeme alatti sötét karikáktól.

- Hívni fogom a munkahelyén. Mihai, a sílécekkel kapcsolatosan.

Bólintottam, majd kiléptem a szobából a könyvvel szorosan a hónom alatt.

A következő napokban és éjszakákon a lehetőségeimet mérlegeltem. Az ki volt zárva, hogy szekusbesúgó legyek. Tudtam,

Megpróbáltam

mindenhol ott vannak az informátoraik. A munkahelyen, a sípályákon, a karateklubban. Nem tudtam, kik ők, de mélységesen megvetettem őket, számomra az emberiség alját képviselték. Mindnyájan megnyomorítottak voltunk, utáltuk az ország vezetőit, a hazugságaikat, a cenzúrát, a személyi kultuszt, a méltóság és együttérzés hiányát, az évtizedes megvonásokat, a beletörődést és a reménytelenséget, mely átitatta az ország népét.

Pedig egy csodálatos ország ez, csodálatos földrajzi adottságokkal, nagyszerű emberekkel, hegyekkel, folyókkal, termékeny földekkel, erdőkkel és a Fekete-tengerbe torkolló Dunával. Isten jókedvében teremtette ezt a vidéket. Románián át vezetett a nyugatot kelettel összekötő kereskedelmi útvonal, az időjárása kellemes, természeti katasztrófáktól és csapásoktól mentes régió. Olvasott, képzett emberek lakják, keményen dolgozó emberek. Jól és boldogan lehetett volna élni; különböző nemzetiségek békésen egymás mellett, ahogy tették évszázadokon át. De ez nem így volt már. A legkorruptabb diktatórikus kormányzás életképtelenné tette Romániát, kiszívta az országból az életet.

És mindebben a Securitate kulcsszerepet játszott.

Nem, nem tartozhatok hozzájuk. Nem lehetek a besúgójuk. Ezt ismételgettem magamnak éjjel és nappal. Kétségbeesetten igyekeztem elég erőt gyűjteni, hogy nemet tudjak mondani.

– Nem mondhatsz nekik igent – ismételgette Ildikó is. – Gonoszak.

Rettegtem. Nem kellett semmit mondanom, annál sokkal jobban ismert, pontosan tudta min megyek keresztül.

Egy héttel később befutott a telefonhívás, Constantin vizsgálótiszt november tizenötödikére rendelt be az Aro hotelbe. Öltönyt vettem, gyapjúkabátot és egy fekete báránybőr sapkát, amit apámtól kaptam. Jó minőségű kucsma, de nekem nem tetszett, csak templomba és temetésekre tettem fel, de most felvettem; elegáns, jól öltözött, tiszteletet parancsoló akartam lenni. Bármi történjen is velem, ápoltan és méltósággal akartam azzal szembesülni.

Hosszú, érzelmes öleléssel köszöntünk el egymástól. Ildikó szeme könnybe lábadt, én meg próbáltam sajátomat visszanyelni. Megpusziltam Szilárdot, és megsimogattam a hasát.

– Ez a Radu telefonszáma – nyújtottam át egy papírt, amire felírtam. – Az apja magas pozícióban van. Ha nem érek haza reggelig, hívd fel!

– Ne mondjál igent! – kérlelt égő tekintettel.

– Nem fogok.

Elindultam. Trolival mentem a belvárosba. Hideg volt, az ég szürke. Két évvel ezelőtt, pont ezen a napon lázongás tört ki Brassóban. Az óriási gyárak kétségbeesett dolgozói leállították a munkát, és élhetőbb körülményekért, jobb fizetésért tüntettek. Megkeseredett emberek, akiknek elege lett a szűkös élelmiszeradagokból, a villanyáram- és fűtéskorlátozásokból. Időnként csak este nyolc és tíz óra között volt áramunk, a lakások fűtetlenek voltak, a fűtőtestek jéghidegek. Hosszú sorokban kígyóztak a szürke ruhákba öltözött proletárok az élelmiszerboltok előtt. Ezt már nem lehetett tovább bírni, valami elpattant. Brassó belvárosában a tömeg egy kormányzati hivatalt is megrongált. A vezetés azonnal lépett, a szervezőket begyűjtötték és eltűntették. Néhány hétig hozzá lehetett jutni valamivel több kenyérhez, szalámit is lehetett kapni, de az engedmények hamar megszűntek, és a helyzet még rosszabbra fordult, mint a sztrájk előtt.

Átvágtam a téren, egyenesen a szálloda felé tartottam. A járdákon géppisztolyos rendőrök cirkáltak, szemmel tartották a népet, nehogy megismétlődjenek a két évvel ezelőtti események. A levegőben érződött a feszültség. A lehető legrosszabb napon hívtak be a szekusok.

Gyalog, ráérősen másztam fel a tizedik emeletre. Minden lépcsőfordulóban elismételtem, hogyan fogom visszautasítani az ajánlatukat, hogyan fogok nemet mondani. Négyszer nyomtam meg a bejárati csengőt.

Popovici nyitott ajtót; vérvörös szemmel, fehér ingben, lazára kötött szürke nyakkendővel. Rámutatott a székre. Leültem, majd

az asztalra tettem a könyvét.
– Elolvasta? – kérdezte.
– Igen, elolvastam – válaszoltam.
Ekkor Constantin vizsgálótiszt is előkerült a fürdőből.
– Jó könyv, ugye? Tetszett? – kérdezte.
– Igen – hazudtam. Lényegében egy szörnyen lapos sztori; megjósolható történetfűzés, egysíkú karakterek, burkolt kormánypropaganda és semmi több.
Mindketten álltak, és engem figyeltek.
– Döntött-e, Sütő elvtárs? – kérdezte Constantin.
Jó nagy levegőt vettem, összeszedtem minden bátorságomat.
– Nem hiszem, hogy képes lennék erre, elvtársak – mondtam halkan.
– Gondolom, ezt viccből mondja – reagált Popovici, erőltetett mosollyal.
– Mit mondott? – szegezte nekem a kérdést Constantin szigorúan.
– Nem vagyok rá képes. Mérnök vagyok, számítógépekkel dolgozom, de abban nem vagyok jó, amire kérnek – válaszoltam.
– Ezt pontosan hogyan érti? – ismételte meg kérdését Constantin, jóval hangosabban. – Nemet mond az ajánlatunkra?
Némán bólintottam.
Popovici elvörösödött. Halántékához kapott, majd a hajába túrt, hátrasimította egészen a tarkójáig.
– Fogalma sincs, mit csinál! – mondta rekedten. Kivett egy cigarettát, meggyújtotta, aztán fölém hajolt. – Azt kérjük, tartsa nyitva a szemét és a fülét – s közben hadonászott a jobb kezével, miközben az ujjai között égett a cigi –, olyan sok ez?
A parázsló cigarettája arcom közvetlen közelében egy hullámzó fehér füstcsíkot rajzolt a levegőbe.
– Nézze, mi próbálunk rendesek lenni – mondta Constantin.
– Azt hittem, megegyeztünk – majd ő is rágyújtott.
Én csak ültem a székben kiszáradt ajkakkal, és a két dohányzó tisztet bámultam. Megpróbáltam titkolni kétségbeesésemet.

- Pontosan hogy érti, hogy nem képes rá? - kérdezte Popovici, még mindig veszélyesen közel hozzám. Halántékán kidagadtak az erek, arca vörösen izzadt. - Talán nincs füle, amivel hall? Vagy szeme, amivel lát? Netalán lába, amivel el tudna ide jönni havonta egyszer, hogy elmesélje, mit hallott és mit látott? Vagy nyelve nincs? Ezekből a feladatokból mi az, amit nem tud elvégezni?

Megvontam a vállam.

- Sajnálom, elvtársak, engem nem erre teremtettek - alig bírtam lélegezni, kiszikkadt a szám, nehezen ejtettem ki a szavakat.

- Amikor legutóbb itt járt, azt mondta, hogy jó hazafi. Tényleg az? - kérdezte Constantin.

- Megpróbálok az lenni - válaszoltam. - Megpróbálom a legtöbbet kihozni magamból a munkahelyemen, mint számítógépes mérnök. Tiszteletben tartom a törvényeket - tettem még hozzá.

- Aha, tiszteli a törvényeket - akadt meg Popovici a szavaimon, gúnyolódva. - És közben idegen diplomatákat lát vendégül? És erről senkinek nem számol be, ahogy azt a törvény előírja? - A törvény szót alaposan megnyomta.

- Semmi közöm ahhoz a nőhöz - próbáltam magyarázkodni.

- Csak beugrott hozzánk. Soha nem láttam előtte sem, utána sem. A barátnőnk barátnője. A kisfiamnak hoztak...

- ...egy szilikonelőkét - fejezte be helyettem a mondatot Popovici. Bólintottam. Még közelebb hajolt hozzám. - Barátom, maga nagy bajban van.

Összeszorítottam az állkapcsomat. Ezt nem először hallottam már.

Popovici visszataszító volt: az arckifejezése, a vérmes szeme, a kidudorodó erei, izzadt homloka és még a lehelete is. Készültem, hogy kitérhessek az ütései elől. Lehet, hogy ki tudnám védeni, odaugorhatnék az ajtóhoz, és elhúzhatnám a csíkot. De Constantinnal is számolnom kell. Biztos voltam benne, ha bármi történne, ő is rám vetné magát.

Megpróbáltam

Hát ámítom magam? Szédítem saját magam? Semmi esélyem se elfutni, se verekedni. Bárhogy mérlegeltem, ebből a helyzetből nem tudok jól kijönni. Átfutott rajtam a gondolat, hogy mégis igent kellett volna mondanom. Ezzel megkímélhettem volna családomat és magamat a haragjuktól. Aztán gyorsan eszembe jutott, mit ígértem Ildikónak és saját magamnak. Nem, az az út nem volt járható számomra.

– Tönkre teszem, Sütő mérnök! – fenyegetett Popovici. Merev tartással megfordult, a hamutartóhoz ment, eloltotta a cigarettáját; erőteljes, körkörös mozdulatokkal nyomta el a filtert. Az ingujja könyökig fel volt tűrve, alkarjának szálkás izmai kiduzzadtak a mozdulataitól. Elképzeltem, hogy pont úgy végzem, mint az a cigarettacsikk, amikor ennek vége lesz.

– Először is elköszönhet a síoktató karrierjétől – nyugtázta Constantin. – A többi pedig azután következik. Majd meglátja: kemény idők jönnek.

Popovici megfordult, rám mordult: – Kifelé innen, most azonnal!

Az ajtóhoz mentem, ügyetlenül kikattintottam a zárat, kinyitottam az ajtót, majd kiléptem a folyosóra.

A lépcsőház felé vettem az irányt, hogy megmozgassam zsibbadt lábamat. Akkor a félhomályból előlépett egy alak; kopaszra nyírt fickó fekete szvetterben, amely ráfeszült izmos nyakára. Elállta az utam, és a felvonó felé biccentett. Megnyomtam a hívógombot, vártam a liftre. A férfi mozdulatlanul állt a bal oldalamon. Beléptem a kis felvonóba. Követett. Mereven állt, némán méregetett. Visszanéztem rá, de elhagyott az erőm. Kimerültem. Nem maradt tartalék erőm egy újabb összecsapásra. Kilenc, nyolc, hét, világítottak egymás után a számok, ahogy ereszkedtünk lassan lefelé. Leértünk a földszintre, a liftajtó kinyílt. Haboztam egy pillanatig. A férfi nem mozdult.

Összeszedtem maradék bátorságomat, szorosan mellette kiléptem a felvonóból.

Két héttel később sikeresen levizsgáztam, meglett a síoktató jogosítványom, újra. Románia történelméből is jó jegyet kaptam, egyik román kollégám, Valentin segített a felkészülésben. December tizenötödikére szezonnyitóra hívták össze az oktatókat Pojánára, a síiskola központjába. Lázasan készültem, végre magam mögött hagyhatom a szürke gyárat, helyette a hegyekben dolgozhatok a fehér hóban és napsütésben. Üdvözöltük egymást, minden síoktató kollégámat már jól ismertem. Ötödik szezonomat kezdtem volna. Áron volt a rangidős, egy nagy dumájú mókamester, a mentorom több tekintetben is. Dorin, egy alacsony, sportos srác a negyvenes évei elején, egykori bajnok, kemény combizmokkal. A legjobb síző, akivel valaha összehozott a sors. Vali, egy másik tapasztalt oktató, akinek édesapja Albániában volt nagykövet, mindenhol nagyszerű kapcsolatai voltak. Dan velem egyidős volt, gyönyörűen vette be szlalomkanyarokat, mestere volt annak. Killy, széles homlokú, szőke srác, többszörös országos bajnok, aki még most is aktívan versenyzett. Ott volt a szász srác is, akit mindenki csak Sasunak hívott, lesiklásban országos bajnok volt. A csendes hangú Árpi, ízig-vérig a hegyek embere, nagyon elegánsan sízett.

Bucur, a síiskola igazgatója behívott az irodájába.

– Mit csináltál? – szegezte nekem a kérdést.

Egyenes, szigorú ember volt, nem tűrte a mellébeszélést.

– Semmit – válaszoltam.

– Felhívtak. Valahonnan – mondta komoran, és a mutatóujjával egy kört rajzolt a levegőbe. – Utasítottak, hogy nem alkalmazhatlak. – Csak bámultam rá. – Mi történt? Mit csináltál?

– Fogalmam sincs, miről van szó – válaszoltam.

– Nekem elmondhatod. Senkinek nem mondom el.

Jó lett volna, ha elmondhattam volna, hogy mi történt. De már senkiben nem bíztam.

– Tényleg semmit nem csináltam – mondtam határozottan.

– Nem tudlak alkalmazni. Sajnálom. El kell hagynod a síiskolát.

Összepakoltam a felszerelésemet, felkaptam a hátizsákomat a vállamra, és anélkül, hogy bárkinek szóltam volna, elmentem.

Egy héttel később kitört a forradalom, elsöpörte a fél évszázados, román, kommunista diktatúrát. Karácsony szent napján Ceausescut és feleségét kivégzőosztag elé állították, és szitává lőtték őket.

Egy újabb hét múlva már fenn dolgoztam Pojánán, mint síoktató.

Forradalom, Brassó, 1989 decembere

fordította: Felföldi Zita

December 20-a volt, szerda; épphogy csak hazaértem a munkából. A kezem majd megfagyott a hosszú bicikliúton. Ildikó ezzel fogadott: – Nagyon hideg van. Jeges a fűtőtest. Megnéztem. Valóban, az öntöttvasból készült radiátor eresztett, és a lassan csepegő, rozsdás víz sárgás színű jégcsappá fagyott. Igen zord hónap volt. Brassó jeges levegőbe burkolózott. Ildikó behozta Szilárdot, akit több réteg ruhába bugyolált. Kerek kis pofija piros volt. Karjaimba fogtam, és halk hangon énekelni kezdtem: „Hull a hó és hózik, Micimackó fázik". Bárcsak havazna. Attól a levegő hőmérséklete elviselhetőbb lenne, és kimehetnénk, játszhatnánk a hóban. Ehelyett minden szürke, sivár és fagyos volt.

– Elmegyek a távfűtő művekhez – mondtam. – Nevetséges, így nem lehet élni!

– Csak óvatosan – mondta Ildikó. – A Szabad Európa Rádióban hallottam, hogy több ezer munkást hoztak Olténiából Temesvárra, hogy elfojtsák a lázongásokat.

Végigmentem az utcán. Sötét volt, az utca szinte teljesen üres. Az utakat már egy hónapja vastag, koszos jégpáncél borította, a kosz-, por- és homokszemcsék beékelődtek a keménnyé fagyott jégbe, így kevésbé volt már csúszós. A háztömbtől egyenes út vezetett a távfűtő művekhez. Jobb időkben valamennyi forró víz eljutott a lakótömbökbe, és ilyenkor a földbe fektetett csövek fölött kiengedett a talaj.

Persze ezzel az volt a baj, hogy a csővezetékek nem voltak jól szigetelve, ezért a meleg nagy része elveszett, mire célba ért volna. Ha látszott egy száraz, kiolvadt talajcsík az utakon, az azt jelentette, hogy folyik a meleg víz a csövekben, s ez jó hír volt akkoriban. Most viszont mindenhol fagyos volt a föld, semmi jele annak, hogy hő keringene valahol a talajban.

Voltak a távfűtő művek előtt mások is. Vagy két tucat ember állta körbe a központ épületének hatalmas acél- és üvegajtaját. Mindannyian vastag gyapjúöltözékekbe, sálakba és hosszú kabátokba burkolóztunk.

– Elvtárs, jöjjön ki, beszéljen velünk! – kiáltott az egyik ácsorgó a zárt ajtó irányába.

– Volt már kint valaki? – kérdeztem.

– Nem, bezárkóztak – válaszolta egy másik. Aztán rúgott egyet, a járda jegéből letört egy darabot, és megdobta vele az ajtót. Semmi sem történt. A halvány villanykörte fényét ki tudtuk venni a fagyos üvegen át, de mozgást nem észleltünk.

Többen elkezdtek kiabálni és fütyülni: – Jöjjön ki, nyissa ki a kaput!

– Hallotta, mi történik Temesváron? – kérdeztem suttogva a mellettem álló férfit.

Vállat rántott: – Nem érdekel. Viszont a családom majd megfagy – majd felkapott egy jeges kődarabot, és megdobta vele az ajtót. Eltalált egy négyzet alakú üvegtáblát, ami azonnal betört. Az üvegszilánkok szanaszét szóródtak.

A tömegben páran helyeslően kiábáltak.

Lassan kinyílt a nagy acélajtó, és egy alacsony férfi jelent meg. Lapos sapka, szürke gyapjúpulóver és egy munkáskabát volt rajta.

– Elvtársak, ezt ne csinálják! – mondta engesztelő, ijedt hangon.

– Fagyoskodunk! – kiáltotta a kapuhoz legközelebb álló férfi.

– A gyerekeink fáznak! – üvöltötte egy másik, mély és recsegő hangon.

– Már egy hónapja nincs meleg vizünk! – így egy harmadik.

– Jégcsap lóg a radiátorról! – kiáltottam olyan hangosan és határozottan, amennyire csak tudtam. – Miért nem állítják a maximumra a kazánt?

– Dehát a maximumon van! – magyarázkodott a munkás.

– Hazugság! – kiáltották néhányan.

– Engedjenek be, majd megmutatom, hogy kell a maximumra kapcsolni a fűtést! – követelte egy vadul gesztikuláló, magas férfi.

– Elvtársak, az igazat mondom – esküdözött a férfi. – Teljesen feltekertem, de nincs elég nyomás a gázvezetékben. Nézzék, megmutatom!

Szélesre tárta a nagy ajtót, mi pedig nyakunkat nyújtogatva bekukkantottunk. Három hatalmas kazán állt egymás mellett a félhomályos teremben. A férfi egy téglával kitámasztotta az ajtót, és a középső kazánhoz lépett. Kinyitotta az öntöttvas ajtót. A kazán mélyén látszottak a gázégők. Kicsi, alig észlelhető sárga lángokat láttunk, melyek vékony gyertyákhoz hasonlítottak; egy egyenes sorba rendezve pislákoltak. Elég lett volna egy kis szellő, hogy kialudjanak.

– Nézzék, ennyi az összes gázunk! – mondta a fűtőmester.

– Miért nincs feltekerve a maximumra? – kiáltotta valaki.

– Elvtárs, ez a maximum. Nézze! – mutatott a fogantyúra, ami a legmagasabbra volt állítva. Megfogta a kart és lassan húzni kezdte lefelé. A sárga lángok még kisebbek lettek, némelyikük pislákolni kezdett, majd kialudt. Ezután visszatolta a kart, egészen a tetejére. – Nem tudok mit tenni, sajnálom.

– Majd bemegyek, aztán jól elverem!

– Megverhet, meg is ölhet – mondta kétségbeesetten a fűtő –, de nincs gáz a vezetékekben, alig jön a rendszerből valami. Nem tudok mit tenni. És maguk sem. Sajnálom, menjenek haza, elvtársak! – majd a téglát felkapta, és az ajtó nyikorogva becsukódott.

A férfiak még ácsorogtak ott egy kicsit, morogtak, szitkozódtak, aztán végül szétoszlott a tömeg.

Elindultam a lakásunk felé. Felnéztem a sötét, keskeny

Megpróbáltam

égcsíkra, melyet a völgy két oldalán húzódó meredek hegyoldalak kereteztek. Magasan az égen a holdfénytől megvilágított fátyolfelhők körvonalait láttam. A háztömbünk egy sűrű erdő szomszédságában állt. Egy fenyőfa magasabbra ágaskodott társainál, ahogy a szél feltámadt, teteje lassan meghajlott. Egy hónapja most először éreztem a szelet. Kezdte megmozdítani a fölénk rekedt fagyos légtömeget.

Valami változás volt a levegőben.

Másnap reggel – december 21-én – 6 órakor keltem, mint mindig. Volt egy összeeszkábált ébresztőszerkezetem, ami egy szovjet gyártmányú ébresztőórán keresztül vezette az áramot, de ahelyett, hogy az óra csörrent volna meg, egy kazettás magnót kapcsolódott be. „Messze még a hajnal, három óra húsz, | Nem enged aludni, nem hagy még a blues" – sercegett a dal a pici hangszóróból.

Hallottam, hogy csöpög a víz a vödörbe. Kiöntöttem belőle a rozsdás vizet, és visszatettem az öntöttvas fűtőtest alá.

– Elolvadt a jégcsap – mondtam Ildikónak, aki éppen Szilárdot készült felkelteni. Kinyitottam az erkélyajtót, friss levegő illant be a nappaliba. Az erkély cementpadlóját borító jég is elolvadt. – Egész kellemes odakint – örvendeztem.

Ildikó behozta az ébredező Szilárdot. Pihe hálózsákba volt szorosan bebugyolálva, amelyet gumi nadrágtartó tartott a vállán. Alatta két réteg gyapjúruha és pamutpizsama simult a testére. Meleg áradt ki a hálózsákból, ahogy szétnyitottuk. Szilárd ásított egyet, nyújtózkodott, és ránk mosolygott.

Készen álltam az indulásra.

– Óvatosan a biciklin! – óvott Ildikó. – Az olvadó jég miatt nagyon csúszós lesz.

– Minden rendben lesz – nyugtattam őt. – Vigyázz magadra és Szilárdra! Veszélyes kint.

Átöleltük egymást.

Tényleg veszélyes volt biciklizni. A jég, mely november óta befedte az aszfaltfelületeket, most olvadásnak indult, s az út nagyon csúszós volt. Jó párszor megcsúszott a kerekem, ahogy a Rakodó-völgyben ereszkedtem lefelé. Amint a szűk völgyből kijutottam, az ég kitárult előttem, alig voltak felhők. A nap még nem kelt fel, de érződött, hogy több mint egy hónapja ez lesz az egyik legmelegebb nap. Ahogy tekertem, az járt az eszemben, hogy a megváltozott időjárás talán meghozza a várva várt havat Pojána sípályáira. Összeszorult a szívem, mikor arra gondoltam, hogy a síoktatói karrieremnek vége. A Securitate előtt leszerepeltem, ezért megtiltották, hogy Pojánában dolgozzam. Nem lesz többé módom nyugati síelőkkel együtt dolgozni. Nem kapok többé borravalót. Nem kapok többé használt szappant és fogkrémet. Nem kapok többé csokoládét és kávét. Nem kapok többé másodkézből nyugati sífelszerelést. Ráadásul, nem lesz többé módom mindezt bébitápszerre cserélni, mint azt korábban tettem.

Valamit ki kell majd találnunk.

De legalább nem volt az a brutális hideg. Tulajdonképpen egész szép idő volt, és ez óvatos optimizmussal töltött el.

Negyed nyolckor értem a gyár főkapujához. Mire lelakatoltam a biciklimet, a kapu már lassan csukódni kezdett, miközben szürke ruhás munkások tömegei siettek át a két rozsdás kapuszárny közötti egyre szűkülő résen. Az volt a lényeg, hogy nekünk 7:20-kor már a gyárban kellett lennünk. Bent már nem sok munka folyt. Az alkalmazottak hosszú kávészüneteket tartottak volna, ha lett volna kávéjuk. Ehelyett dohányoztak, olvasták a napilapokat, és hosszasan pletykáltak.

Beléptem a negyedik emeleti irodámba. Costin, a kollégám az Omagiut olvasta. Ujjai közé csípte az alsó ajkát, és gúnyos vigyorral kérdezte: – Tudod, hogy mit írt Golda Meir a szeretett vezetőnkről?

Vállat vontam; nem érdekelt. Az Omagiu volt az utolsó könyv, amit elolvastam volna. Egy vaskos, Ceausescu dicsőítésére írt könyv volt. A könyv borítóján az ő arcképe díszelgett, a háttérben boldog munkások éljenző tömege.

– Tessék! Meir azt írta: „Bárcsak 200 évig élne Nicolae Ceausescu főtitkár!" – olvasta vigyorogva.

Ismét vállat vontam. Persze, hogy azt mondta, dünnyögtem magamban. A Holokauszt idején Magyarország több mint félmillió zsidó állampolgárt küldött a haláltáborokba, Lengyelország 3 milliót. Románia 'csak' 250 000 ember haláláért volt felelős. Ennek az volt az eredménye, hogy aránylag nagyszámú zsidó lakosság élte túl a háborút Románia területén. Románia volt az egyetlen ország a keleti blokkban, amely diplomáciai kapcsolatot tartott fenn Izraellel a 80-as években. Izraelnek szüksége volt tanult, zsidó bevándorlókra, hogy kiépítsék fiatal államukat. Ceauescunak meg pénzre volt szüksége, valutára. Ezért eladta a zsidókat Izraelnek, 2000 dollárt kapott munkásokért és kb. tízszer annyit orvosokért és tudósokért. Persze, hogy Izrael miniszterelnöke dicséri.

A könyv tele volt más Ceausescut magasztaló megnyilvánulásokkal is, különösen az afrikai diktátorok részéről. A ravasz, kétszínű diplomáciájával sikerült számos narcisztikus diktátornál behízelegnie magát. Az Omagiut, a Könyvet, minden irodában ki kellett helyezni és tisztelettel kellett adózni iránta. Ha valaki bármilyen módon megszentségtelenítette volna ezt az írást, a párttitkár azonnali büntetést rótt volna az illetőre. A Román Kommunista Párt titkáráról van szó, természetesen. Más párt nem létezett, más párt nem létezhetett. Csak ez az egy párt volt, és az egész országot vasmarokkal tartotta szigorú ellenőrzése alatt.

De ezen a vasmarkon hajszálrepedések jelentek meg.

Mindez egy héttel korábban kezdődött a nyugatra fekvő Temesváron. A magyar református lelkész, Tőkés László nyíltan kritizálni kezdte a kormányt. Securitate egységeket küldtek, hogy kilakoltassák a lelkészi lakásból, de a gyülekezet tagjai mélyen tisztelték Tőkést, és amint meghallották a hírt, élőláncot alkottak a paplak körül. Egyre többen és többen csatlakoztak, még olyanok is, akiknek semmi közük nem volt a református egyházhoz. Temesvár-szerte tüntettek az emberek, és ennek során a rendőrség és a katonaság belelőtt a tömegbe. Ezt még több demonstráció és még több tömegbe lövés követte. Mindeközben Ceausescu hivatalos látogatást tett Iránban, és a belügyek kezelését a helyzetről mitsem tudó feleségére, Elenára, bízta.

A hivatalos állami rádió a temesvári eseményeket antikommunista agitátorok és külföldi terroristák cselekedetének minősítette, akiket nyugatról küldtek azért, hogy megzavarják a békés és nyugodt életünket. Persze a Szabad Európa Rádió – az Egyesült Államok kongresszusa által támogatott rádióadó, melynek adásait a román kormány betiltotta és aktívan zavarta – épp az ellenkezőjét mondta. Beszélt a szörnyű temesvári helyzetről, az állam által meggyilkolt ártatlan emberekről, a délről Temesvárra buszoztatott munkások ezreiről, akiket az államellenes felkelés leverésére vezényeltek oda. Azzal folytatták, hogy a helyi politikusok és katonai vezetők elképedésére, a munkások nagy része átpártolt a tüntetők oldalára. És hogy itt az idő megszabadulni a kommunizmustól. A berlini fal pár hónapja dőlt le, Magyarország megnyitotta a korábban szigorúan ellenőrzött osztrák határait. Az Európát negyven éven át kettévágó vasfüggöny kezdett szétesni. De a román kormány ahelyett, hogy lazított volna a gyeplőn, túltolta az egészet. Még jobban megerősítették a már így is hermetikusan lezárt határokat, mindenhol gépfegyveres, kutyás rendőrök járőröztek. Az egész ország borotvaélen táncolt, készen arra, hogy valamelyik irányban robbanjon a feszültség.

 Sorin berontott az irodába cigarettával a kezében. Vékony, izmos combú srác volt. Ő volt a VAX11 számítógép rendszergazdája, amit egy négy emelettel alattunk lévő, légkondicionált teremben tároltak egy mágneses adathordozóval, egy óriási plotterrel és néhány elektormechanikus nyomtatóval egyetemben. Naponta többször is futásban tette meg a négy emeletet, miközben sorban szívta a cigit a „Tilos a dohányzás!" táblák alatt.

 – Hallottátok? – kérdezte kifulladva.

– Mit? – pillantott fel Costin a nyitott Omagiu kötetből.
– Bemondták a rádióban, Ceausescu beszédet fog tartani. Élőben a tévében.
– Ceausescu elvtársat akartál mondani, ugye? – mondta Costin, kacsintva.

A hír gyorsan elterjedt az emeleten, és hamarosan összegyűltünk az egyik nagy irodában, ahol be volt kapcsolva egy fekete-fehér tévé. A képernyőn a jellegzetes hangolást segítő monoszkóp látszott: középen fehér négyzetrácsos háttérrel egy hatalmas kör, továbbá sűrű rácsok és fokozatosan kisebbedő, egymásba halványuló négyszögek. A készülék kicsi volt, a képe szemcsés.

Az évek során a napi tévéadás csupán egy kétórás, este 8 és 10 óra között vetített műsorra korlátozódott. Egy napközben, ráadásul csütörtöki napon sugárzott adás azt jelentette, hogy valami nagy fontosságú dolog van készülőben.

A történelem során, többször megtörtént, hogy egy király, egy császár vagy diktátor egy balkonról beszédet tart az alatta tolongó, csodálattal adózó tömegnek. II. Vilmos császár 1914-ben hatalmas tömeg előtt mondott beszédet a berlini Városi Palota erkélyéről, felszólítván a népet, hogy ragadjanak kardot Németország becsületének védelmében, és hazafias lelkesedéssel üdvözöljék a küszöbön álló háborút. Benito Mussolini, azaz Il Duce, szintén egy – a római Piazza Veneziára néző – balkonról tartotta híres beszédeit. Innen jelentette be 1936-ban az Olasz Birodalom megszületését, négy évvel később pedig a Franciaország és Nagy-Britannia elleni hadba lépést. Adolf Hitler 1938 márciusában, nem sokkal Ausztria annektálása után, a berlini kancellária erkélyéről szónokolt az elragadtatott tömegnek.

Bizonyára az erődemonstráció univerzális módja ez. A hatalom birtokosa egy látványos épület tömör kőerkélyén állva intéz beszédet az alant álló emberek ezreihez. Emberekhez, akiken a hatalmát gyakorolja. Tiszta utasítások és parancsok szállnak alá a térre, és a teret körülvevő fenséges épületek visszhangozzák a szavakat. Éljenzés, hurrázás és skandálás tör fel a tömegből, az erkélyen összefutnak ezek a hangok, és ez tovább táplálja a diktátor beteges narcizmusát.

Izgatott várakozás töltött el bennünket, amint a tévé élőben kapcsolta a Bukarest központjában lévő Palota téren tartott hatalmas népgyűlést. A kamera körbepásztázta a tágas teret, és megmutatta a kb. százezres tömeget, akiket – mint később kiderült – busszal hoztak ide a munkahelyeikről. Több ezer zászló és több száz, Ceausescut és feleségét, Elenát, ábrázoló arckép transzparense emelkedett a tömeg fölé. Vörös alapon fehér betűs, hatalmas molinók hirdették a kommunizmus felsőbbrendűségét, végtelen hálát fejezve ki Ceausescu iránt, dicsérve az ő bölcsességét, amellyel országunkat ezen a sikeres úton terelgeti az örök boldogság és bőség felé.

Bukarest polgármesterének a hangja hallatszott: „Elvtársak, kérem, engedjék meg, hogy szívből üdvözöljem pártunk és országunk hőn szeretett és tisztelt vezetőjét, a kiváló forradalmárt és hazafit, aki hat évtizeden keresztül minden cselekedetét hazánk gyarapodásának, a szocialista Románia szabadságának és teljes függetlenségének szentelte: a párt főtitkárát, a köztársaság elnökét, Nicolae Ceausescu elvtársat!".

A tömegben az első sorok élénk tapsban és kiáltásban törtek ki: „Éljen, éljen, éljen Ceausescu RKP, Ceausescu RKP!" – a Román Kommunista Pártra utalva ezzel. Az éljenzés kórusban szólt, mintha begyakorolták volna előtte, és az első tíz sorból jött főképpen. Rendszerint az ilyen a felvonulásokon az első sorok pártkáderekkel, a Securitate tagjaival és jól öltözött, jól fésült színészekkel voltak teletömve. És ez meglátszott: a szerepüket a legjobb képességeik szerint játszották. A taps hangos és túlzó volt, zászlókat lengettek, molinókat lobogtattak; a hatalmas arcképek összehangolt módon mozogtak fel-alá. A kamera az erkélyre irányult, ahol Ceausescu állt fekete kucsmájában, a hagyományos román irhasapkában. Fülei a nehéz fejfedő alól kikandikáltak és elálltak.

Megpróbáltam

„Kedves elvtársak és barátaim!" – szólította meg a tömeget. A raccsoló, kellemetlen hangja már mélyen a memóriámba volt vésve. Az elmúlt két évtized alatt rengetegszer hallottam beszélni őt. Akkor került hatalomra, amikor még kisgyerek voltam. Nem is emlékszem olyan időszakra, amikor nem ő volt a vezető. Számomra a politikai hatalom egy személyt jelentett: Nicolae Ceausescut.

„A szocialista Románia fővárosának lakosai! – folytatta.

– Először is meleg és forradalmi üdvözlettel köszöntöm e nagygyűlés résztvevőit és Bukarest város lakóit, akiknek nagy sikereket kívánok minden tevékenységükhöz."

Arhir, az üzemvezető az irodába lépett. Arca, amely általában vörös volt az alkoholtól, most sápadtnak tűnt.

– Mi történik itt? – kérdezte.

– A főnök beszél – mondta Costin, szemét a tévé domború képernyőjére szegezve. – A nagyfőnök – mutatott ujjával a plafon felé.

A téren állók hatalmas éljenzésben törtek ki.

„Stima noastra si mandria, Ceausescu Romania!" – Tiszteletünk és büszkeségünk, Ceausescu Romániája! - kiáltották az első sorban álló hívek, miközben túlzottan széles karmozdulatokkal tapsoltak. A túlméretezett molinók és az első sor élénk kórusa mögött munkások hatalmas tömege gyűlt össze. Mindegyikük fején kemény, fehér sisak, amely az ország proletárbázisát képviselő munkásosztályhoz való státuszukról adott tanúbizonyságot. A sisakok mozgásából arra lehetett következtetni, hogy semmi porcikájuk nem kívánta, hogy ott legyenek. Nem látszott rajtuk, hogy örömüket lelnék a hangszórókból áradó beszédben.

„Köszönetemet szeretném kifejezni a mai nagygyűlés kezdeményezőinek és szervezőinek, tekintettel arra..."

Valami furcsa zaj jött át TV hangszóróján. Az elégedetlen tömeg moraja. Ez éles ellentétben állt az első sor színészeinek begyakorolt skandálásával. Ceausescu elhallgatott, és zavartnak látszott. A tömeg morajlása egyre hangosabb és egyre erőszakosabb lett; a kamera remegni kezdett.

Nem hittem a szememnek. Az elmúlt két évtizedben minden Ceausescuról szóló film, dokumentumfilm, újságcikk és könyv hibátlan kivitelezésben készült. Mindenki mosolygott, tapsolt, mindenki egyetértett. Minden választáson elnyerte a szavazatok 100%-át. Ceausescu elleni fellépést nem tolerálták.

Kollégáimmal egymásra néztünk. Vajon bekövetkezik? Valóban megtörténik? Az első repedések szemtanúi voltunk, a víz szivárogni kezdett. Vajon áttöri-e a gátat? Mindannyiunknak ez járt az eszében, de még féltünk hangosan kimondani.

Az élő kamera, amit a tér túloldalán a tömeg felborított, egy épület csupasz falát mutatta.

„Figyelem, figyelem!" – hallottuk Ceausescu aggodalommal teli hangját. Aztán Elena hangja hallatszott: „Csendet, csendet, csendet!" – kiáltotta a mikrofonba.

„Elvtársak, elvtársak! Nyugalom, elvtársak! – szólt Ceausescu nyomatékos hangja. – Figyelem, üljenek le csendben, elvtársak!

– Erre valaki vadul ütögetni kezdte a mikrofont. – Csendet, csendet! Nem hallják?"

Amikor néhai diktátorok, mint például Mussolini vagy Hitler, a balkonról szónokoltak, híres beszédeiket a vezetőik iránt csodálattal adózó tömeghez intézték. Még ha ez a rajongás kérészéletűnek is bizonyult, valós és őszinte volt, legalábbis amíg tartott. Ceausescut viszont soha nem szerették. Körülötte minden csak komédia volt, ámítás.

Színészek boldog parasztokat alakítottak, a hozzá hű emberek tapsoltak, jól fizetett művészek hatalmas faliképeket és posztereket festettek a tiszteletére. A gyakran megtartott gyűlésekre diákokat és munkásokat rendeltek ki, akiknek transzparenseket, zászlókat, arcképeket nyomtak a kezébe, hogy azokat a magasba emelve lengessék. De az emberek túlnyomó többsége csendben állt a tömegben, a lehető legkevesebb lelkesedést színlelve tartották a kellékeket.

Míg az agitátorok bohóc módjára tapsoltak az első sorokban, és a hangszórókból Ceausescut dicsőítő, előre felvett skandálás bömbölt, a tömeg és maga az ország csöndben figyelt. Onnan tudtam, mert a múltban engem is többször kényszerítettek, hogy hasonló gyűléseken vegyek részt. Ismertem a munkásosztály sanyarú sorsát és kétségbeesését. Olyan munkásosztály volt ez, amelyet megfosztottak minden alapvető jogától és méltóságától. Olyan proletariátus volt, amely éhezett, fázott és elege volt a hatalmon lévők által rájuk erőszakolt negyvenévnyi kommunizmusból. És tudtam, hogyha ez a tömeg cenzúra és minden gátlás nélkül kimondaná, ami a szívét nyomja, akkor nem skandálás, hanem elemi és állati üvöltés törne elő a torkából. És most ezt hallottuk meg a tévéből, ezt az üvöltést. Mialatt a hívek és a színészek az első sorokban lelkesedést színlelve tapsoltak, a tömeg forrongott a dühtől.

„Nyugalom, mindenki maradjon a kijelölt helyén!" – a kamera furcsa szögből egy másik épületet mutatott, mialatt Ceausescu csitította a tömeget – „Fővárosi lakosok!" – és folytatta volna, de a tömeg moraja egyre hangosabb lett.

„Beszélj hozzájuk!" – hallottuk Elena bátorító hangját.

„Még egyszer szeretném hangsúlyozni – a kamerát visszairányították az erkélyre –, hogy erőt és egységet kell felmutatnunk Románia függetlensége, integritása és önállósága védelmében!"

Ceausescu jobb karjával beszéde ritmusát követte, míg a mellette sorakozó káderek hevesen tapsoltak.

„Ez jelenti országunk egyik alapvető problémáját..." – de odalent azelőtt kezdtek el skandálni, hogy be tudta volna fejezni a mondatot; a hívek erőltetett szólamába belevegyült egy mély frekvenciájú, földrengésszerű moraj. Ceausescu egyre zaklatottabb lett; kézmozdulatai már nem követték a szavait, mintha két független gép irányította volna őket.

Eleddig az volt a szabály, hogy a diktátor beszél, fokozatosan, egyre nagyobb gesztikulálással emeli a hangját, majd a beszéd végén hatásosan magasba emeli a karját; erre válaszként kitör a taps, ami egyre zajosabbá és ütemessé válik, amint ezernyi tenyér egyidőben csattan. Ezután egyre hangosabban és hangosabban felhangzanak a szólamok, lengenek a zászlók és a plakátok. Végül elcsendesedik a tömeg, és türelmesen várja az erkélyen álló ember következő bölcs kinyilatkoztatását.

Ceausescu nyiltakozatait IP-nek szokták hivni, Indicatii Pretioase, vagyis Értékes Útmutatásoknak. Aztan a nyolcvanas évek elején már ez sem volt elegendő, úgyhogy felfujták II-re, Indicatii Inestimabile, ami azt jelentette, hogy ezek az útmutatások olyan bölcsek voltak, hogy az átlag román polgár fel sem tudta fogni azoknak értékét. Így zajlott ez már több mint húsz éve, így kellet volna lezajlania most is.

Most azonban másképp történt. A tömeg moraja egyre élesebb lett, a mondat közepén megszakította a szónokot, aki ettől még zavartabbnak és kétségbeesettebbnek tűnt.

„A Központi Bizottság ma reggel meghozott fontos döntéséről szeretném tájékoztatni Önöket – folytatta, kinyújtott jobb karjával hangsúlyozva minden egyes szótagot –, amely a dolgozó nép életszínvonalát illeti. Azt a döntést hoztuk, hogy január elsejével kezdődően 2000 lejről 2200 lejre emeljük a minimálbért."

Az akkori valutaárfolyamon számolva ez azt jelentette, hogy havi 100 dollárról 110 dollárra nőtt a minimálbér. Az első sorok zászlólengetésbe, skandálásba kezdtek, de azt nem tudtuk kivenni, hogy mi történik a tér túlsó felén lévő tömeggel.

„Ez a fontos fizetésemelés országunk másfél millió dolgozóját érinti" – folytatta.

Ekkor a kamera már ismét stabilan állt, és az erkélyre szegeződött.

„Ugyancsak január elsejétől, az állami családi pótlékot gyerekenként 30 lejről 50 lejre emeljük. Ez négymilliónégyszázezer gyereket segít majd meg."

Fiunkra, Szilárdra gondoltam, akinek másfél évesen nem jutott minőségi tápszer, déligyümölcs, olívaolaj, vitaminok,

Megpróbáltam

meleg fürdő, tiszta park és biztonságosan használható játszótér sem. Mire elég havi 50 lej? Egy kiló narancsra? Ha egyáltalán lehetne kapni, mert nem volt a boltokban. Kollégáim arcát fürkésztem. Az irodát az aggodalom, hitetlenség és reménysugár egyvelege töltötte be.

„A nyugdíjminimumot 800-ról 900 lejre emeljük."

A nagyszüleimre gondoltam, akiknek sohasem telt utazásra és új ruhákra. Örültek, ha ki tudták fizetni a rezsit a szerény nyugdíjukból.

„Arról is határoztunk, hogy az árvasági illetményt 100 lejjel növeljük."

Eszembe jutott, hogy amikor édesapámat 1985-ben elvesztettem, mennyire nehezen jöttem ki az árváknak kiutalt állami juttatásból az egyetem utolsó két évében.

„Ezek az intézkedések határozottan mutatják, hogy gazdaságunk erejére alapozva mindent megteszünk, hogy a Pártkongresszus szellemében fokozatosan emeljük a lakosság életszínvonalát, valamint anyagi és szellemi jólétét."

Ismét taps és skandálás hangzott fel az erkély alatti tömegből: „Ceausescu és a nép! Ceausescu és a nép!"

„A temesvári eseményekkel kapcsolatban tegnap este elmondtam, egyre világosabbá válik, hogy ez olyan körök összehangolt munkája, akik Románia integritását és önállóságát akarják elpusztítani, akik meg akarják akadályozni a szocializmus építését, és idegen uralom alá akarják vetni népünket. Ezért minden erőnkkel meg kell védeni Románia egységét és függetlenségét. Emlékeztetnék őseink mondására: jobb csatában dicsőséggel meghalni, mint saját országunkban rabszolgának lenni. Harcolnunk kell azért, hogy szabadon és függetlenül élhessünk!"

És milyen igaza van, gondoltam. Harcolnunk kell azért, hogy szabadon és függetlenül élhessünk. Hogy megszabaduljunk a személyi kultuszától. Hogy megszabaduljunk narcizmusától. Hogy megszabaduljunk a kommunizmustól, vagy akárminek is hívják ezt a rettenetet, amit ránk kényszerített. Megszabaduljunk a hazugságoktól, a félelemtől, egy olyan rendszertől, ami nyilvánvalóan nem működik. Egy olyan rendszertől, amely elvette alapvető jogainkat és emberi méltóságunkat. Elegem lett a beszédből. Körülnéztem; kollégáim mind fel voltak dúlva. Otthagytuk a főnököket a tévé előtt. Visszafutottam az irodámba, megragadtam a kabátomat, és kimentem a folyosóra. Ekkor megláttam Costint, ahogy szokásos hűvös nyugalmával megfogta a vastag Omagiu kötetet, a linóleummal borított folyosó közepén az élére állította, és egy erőteljes büntetőrúgással a levegőbe repítette. A könyv nagy ívet írt le, fényes, narancssárga címlapja a levegőben levált róla. Nagy puffanással landolt mellettem. Helyes, gondoltam. Már ideje volt.

Leszaladtam a gyár udvarába. Sok munkatársam követett. Kint már dolgozók százai jöttek elő műhelyeikből: szürke arcok, olajos kezek, görbe hátak tömege. Szótlanul tűrő emberek, akiknek elegük lett. Az irodákból és a gyár területéről egyre többen bukkantak fel. Nagy tömegben a főkapu felé vonultunk. Valaki skandálni kezdett: „Le Ceausescuval!" Soha nem hallottam ezt a mondatot nyilvános helyen kimondani. Bárkit börtönnel sújtottak volna ezért. Egyre többen csatlakoztak: „Le Ceausescuval! Elég volt!"

A tömeg nekifeszült a vaskapunak, és az lassan nyílni kezdett. Az emberek kitódultak, mint a nyomás alatt lévő víz; kavargó víz, amit a betongát túl régóta tart vissza. Nem tudtuk, mit akarunk, de nem azt, ami eddig volt. A tömeg ellepte a főutat, és Brassó felé indult. Emberek csatlakoztak a városnegyedekből, amelyeken áthaladtunk. Valaki hozott egy nagy színes Ceausescu-képet és meggyújtotta. A tömeg még jobban felbátorodott. Ha ez lehetséges, ha ezt büntetés nélkül megússzuk, akkor bármi lehetséges.

Egy férfi a vállára emelt egy nőt. A nő levette egyik cipőjét, magasra emelte, és ezt kiáltotta: „Le Ceausescuval! Le a cipésszel!". Az emberek kiabáltak és tapsoltak. Mire elhagytuk Szecselevárost és a Brassóba vezető főútra kiértünk, a tömeg több mint 5000 főt tehetett ki. A távolban látszott a Cenk, a belvárosból kimagasló, meredek hegy. A környező utakról és gyárakból egyre nagyobb tömeg érkezett és töltötte meg az utakat. Valami történt aznap. Valami módon emberek ezrei jutottak ugyanarra a döntésre – egymástól függetlenül. Az évtizedeken át tartó hazugság, szegénység, tehetetlenség, reménytelenség, az alapvető jogok hiánya és a temesvári események, amelyeket próbált elfedni a hivatalos propaganda; mindezek szépen beszivárogtak a munkásosztály tudatába. Ceausescu beszéde az utolsó csepp volt a pohárban. Az embereknek elege lett.

Mire Brassó széléhez értünk, az összes út emberekkel volt tele, főleg a munkájukat hátrahagyó dolgozókkal, akik munkásruhában csatlakoztak a menethez; volt, aki a munkáskesztyűt és a kemény sisakot is magán felejtette.

A levegő langyos volt, éles ellentétben az előző néhány hét fagyos időjárásával. Szokták mondani, hogy nagy emberek viharos napon halnak meg, vagy másként fogalmazva: nagy vihar kerekedik, amikor egy nagy ember meghal. Mintha a természet így fejezné ki egy bölcs vagy szent elvesztésekor érzett gyászát. Aznap, azt hiszem, még a természet is ünnepelte a Ceausescu-rezsim bukásához vezető út kezdetét. Mindenki számára világos volt, hogy változás következik; többé nem térhetünk vissza a korábbi állapothoz. Ezt a sok ezer tüntetőt nem lehet bebörtönözni, nem fognak megállni, nem fogunk megállni. Most már nem.

A városba érve elindultunk a központhoz vezető kanyargó utcákon a tanácsháza felé, amely a városi önkormányzatnak adott otthont. Az előtte elterülő tér már tele volt emberekkel. Sokan antikommunista szlogeneket skandáltak. Mások vállukkal nekifeszültek a hatalmas tölgyfaajtónak, hogy bejuthassanak. A fenti ablakokban emberek jelentek meg; valaki a román zászlót lengette, közepéből azonban már kivágták a kommunista címert. Vörös sáv, sárga sáv, kék sáv. A sárga sáv közepén lyuk éktelenkedett. Ez volt a román háromszínű lobogó. Nincs többé kommunizmus.

Pár órán át skandáltam, helyezkedtem a tömegben, ami folyamatosan csak nőtt és egyre nyugtalanabbá vált. Nem volt világos, mi fog történni, valamiféle iránymutatásra vártunk. Végül megelégeltem. Kikecmeregtem az embertömegből, és elsétáltam Ildikó munkahelyéhez, ami néhány utcával odébb volt. Az ablakban állt, éljenzett és tapsolt az épület előtt elhaladó embereknek.

Beszaladtam, és izgatottan átöleltem.

– Végre bekövetkezik! – mondta. – Nem is tudom elhinni. Menjünk, vegyük fel Szilárdot a bölcsödéből! Ki tudja, mi lesz még.

Kézenfogva futottunk keresztül a tömegen a bölcsődéig. Kis családunk újra együtt, Szilárdot szorosan magamhoz szorítottam, így mentünk hazafele.

Egy mellékutcán haladtunk, hogy elkerüljük a nagy tömeget. Az utca egy keskeny átjáróhoz vezetett, ami Brassó építészetileg csodálatos belvárosát a Rakodó-völgytől elválasztotta. Ez utóbbi negyedben több száz magas panelház sorakozott.

S egyszerre csak lövés dördült valahol.

– Hallottad? – Megálltunk és lélegzet-visszafojtva figyeltünk. Ezután egy AK-47-es gépfegyver összetéveszthetetlen robaja hallatszott valahonnan a tömegből. Sietve szedtük a lábunkat a völgybe vezető, keskeny, meredek úton.

Mire hazaértünk, az egész völgy visszhangzott a puskalövésektől. A lövöldözés fokozódott. Bekapcsoltam a Szabad Európa Rádiót, és figyelmesen hallgattam, amint a bemondó ziháló hangon számol be a legfrissebb hírekről: „Bukarestben a tüntetők bejutottak az épületbe." A hang fokozatosan elhalkult, és helyette morzejeleket lehetett már csak fogni, nyilvánvaló jeleként annak, hogy az adást az állam zavarta. Rövidhullámú rádiómat a Rádió Luxemburg adására kapcsoltam. Ezt rendszerint kevésbé zavarták, mert főképpen zenét sugárzott, de még ez a csatorna is a Romániában kitört forradalomról beszélt.

Visszakapcsoltam a Szabad Európára, megpróbáltam egy másik frekvencián. Általában több frekvencián sugároztak, csak picit változtattak a hullámhosszon, egy örökös macskaegér játékba bonyolódva az állami zavaróállomásokkal. „A tömeg megrohanta a Securitate épületeit, és az emberek fegyvereket vettek magukhoz" – hangzott recsegve a bemondó hangja.

Kinéztem az erkélyünkről, balra tőlünk a medvék lakta, sűrű erdő volt. Láttam egy civil ruhás férfit, aki gépfegyvert cipelt a vállán. Soha nem történt még ilyen. A gépfegyvereket szigorúan csak katonai és rendőri erők használhatták. Aggodalom fogott el. Ki ez az ember? A jó vagy a rossz oldalon áll?

Éjfélkor újabb lövöldözés kezdődött, a durranások mindenfele visszhangzottak körülöttünk. Alig aludtunk, és gyakran felkeltünk, hogy ránézzünk Szilárdra. Köztünk feküdt, aludt, mint a bunda, szürke kis pehely hálózsákjába bekuckózva.

Másnap reggel erősödött a lövöldözés, különféle irányokból hallatszott. Fogalmam sem volt, ki lő kire. A rádió elcsípett adásából kiderült, hogy a román hadsereg a felkelők mellé állt, és fegyveres harcba keveredett a Securitate civil ruhás erőivel.

Egy gépfegyversorozat eltalálta az épületünket. Pánikba estem.

– Berakom Szilárdot a fürdőkádba – mondtam Ildikónak. Megragadtam a kisfiamat és beültem vele az üres kádba. Reméltem, hogy a kád vastag öntöttvas fala fel tudja fogni a véletlenül betévedő golyókat. Ildikó lebukott a padlóra. Vártuk, hogy a lövöldözés lecsillapodjon.

Egy viszonylag csendes időszakot követően kimentem a lépcsőházba, és a szomszédok ajtaján kopogtattam. Mindenki féltem. Volt, aki ki se nyitotta az ajtaját, s ha igen, akkor is csak résnyire. Körülbelül öt férfi azért csatlakozott hozzám. Lementünk a földszintre együtt. Acélrudat, kalapácsot, feszítővasat és amit csak találtunk, mindent összeszedtünk. Eltorlaszoltuk a hátsó bejáratot, azt, amelyik a sűrű erdő felé nyílt. Rudakkal és dróttal rögzítettük a vasajtót. Lejött még néhány lakó, ijedtek, óvatosak voltak, de készen álltak arra, hogy segítsenek.

Aztán az épület elülső bejáratát is elbarikádoztuk. Ehhez bútorokat, fadobozokat, rudakat, drótot használtunk és mindent, ami a kezünkbe akadt. Egy óra múlva elkészültünk vele, és ettől valamivel nagyobb biztonságban éreztük magunkat.

– Molotov-koktélokat kellene gyártanunk – javasoltam. – Ha valaki megpróbálja betörni az ajtót, azt megdobáljuk a palackokkal.

Amiatt nem aggódtam, hogy az épületben tűz keletkezik. Vasbetonból készült, szilárd és rideg épület volt. Semmi olyan építőanyag nem volt benne, ami lángra kaphatott volna. Újra csengettem az ajtókon, hogy a lakóktól benzint kérjünk. Mivel a benzinadagokat szigorúan szabályozták, az autótulajdonosok havonta csupán 20 liternyi üzemanyaghoz juthattak. Ahhoz, hogy hosszabb utakra mehessenek, az emberek összegyűjtötték a havi adagokat és otthon tartották a lakásukban. 3-4 havi benzinadag elegendő volt egy hosszabb családi kirándulásra.

Voltak, akik szívesen segítettek, és adtak benzint. Egy tucatnyi üvegpalackot szedtünk össze. Hoztam pamutanyagot és kést, hogy keskeny csíkokra vágjam a pamutot. Majd megtöltöttük a palackokat benzinnel, és a szájukat szorosan bedugaszoltuk a kanóccal. Az egész lépcsőház megtelt benzinszaggal. Amikor elkészültünk, sorba raktuk a palackokat, és gyufásdobozokat tettünk melléjük. Ezután 24 órás őrséget szerveztünk a bejáratok felügyeletére. Kétóránként váltottuk az őröket, éppúgy mint a katonaságnál. Összeállítottam egy listát, amelyre felírtam az őrködésre jelentkezők nevét. Így telt a következő három nap. Napközben viszonylagos nyugalom volt, de éjszaka időnként lövések dördültek és visszhangoztak végig a szűk völgyben. Mindenhol szólt a rádió. Most már többé nem titkoltuk, hogy a Szabad Európa Rádiót, a Nyugat antikommunista propagandaadóját hallgatjuk. Különféle csatornákról szedegettük a hírmorzsákat. A nemzeti tévé élő műsorral jelentkezett, és közvetítette, ahogy Ceausescu helikopterrel egy szomszédos városba menekül, majd később elfogják feleségével együtt.

Megalakult az új vezetés, amelyet Nemzeti Megmentési Front Tanácsának hívtak. Az élén Ion Iliescu – egy korábbi kommunista vezető – állt, akit néhány évvel azelőtt Ceausescu félreállított. Nekünk nem számított, ki az, csak ne Ceausescu legyen.

December 24-én, vasárnap éjszaka Szentestét ünnepeltünk. A hideg betonpadlóra terített vékony szőnyegen ültünk. Volt egy kis karácsonyfánk, amelyet pár nappal az események kezdete előtt vettem. Ildikó színes cukorkákat és alufóliából készített díszeket aggatott rá. Előző évből félretettem egypár csillagszórót, és fontolgattam, hogy felrakjam-e a fára és meggyújtsam-e, csak hogy lássam Szilárd reakcióját. De aztán meggondoltam magam. Jobb, ha nem vonom magamra senkinek a figyelmét, aki esetleg odakint fegyverrel a kezében tévedésből azt hinné a csillagszóró villanásaira, hogy az ellenség tüzel. Így csak ültünk ott a szőnyegen, összebújva. Karácsonyi énekeket énekeltünk. Nem volt ajándék, de Szilárd nem ismerte a karácsonyi szokásokat, így elégedett volt.

Hétfőn, december 25-én a tévében bejelentették, hogy Nicolae és Elena Ceausecut a katonai bíróság tárgyalásán golyó általi halálra ítélték. Majd szemcsés felvételen mutatták, ahogy a katonai orvos megméri a az ijedt arcú diktátornak a vérnyomását, percekkel a kivégzése előtt. Az utolsó képkockák a

Ceasuescu házaspárt mutatták, amint az udvar cementpadlóján, vértócsában fekszenek. A testük szitává volt lőve.

Bevégeztetett.

Az igazságtevők, Brassó, 1989 decembere

fordította: Goóz Marina

Kedd volt, december 26-a. Öt nappal azelőtt kezdődött el az egész. Ceausescut és feleségét, Elenát, pedig egy nappal azelőtt végezték ki. Romániának volt alkotmánya, igaz, hiányos. Szó sem volt benne az államvezetők felelősségre vonásáról vagy leváltásáról. A románok úgy szabadultak meg a zsarnokaiktól, vagy a Ceausescu házaspár esetében a diktátoruktól, hogy kivégzőosztag elé állították őket. Ez a hagyomány Vlad Tepessel kezdődött, és úgy látszik, hogy ez még fél évezreddel később is benne volt a nép vérében. Igaz, huszonöt hosszú évet kellett várnunk arra, hogy Ceausescu egyre súlyosbodó diktatúrája véget érjen. De milyen véres vége lett.

Egy keskeny hideg völgyben, a Racadauban éltünk, mely Brassó külvárosában, Cenk csúcsának árnyékában terült el.

Szilárd, a másfél éves fiunk kijött a hálószobából. Három réteg nadrág volt rajta, egy túlméretezett nadrágtartóval felfogva. Az arca piros volt, mosolygott. Néhány nappal korábban még a fürdőkádban bújtunk el együtt a golyók elől, melyek eltalálták az épületünket és a közeli magas fenyőfákat. Én úgy hittem, hogy a nehéz öntöttvas fürdőkád talán a legbiztonságosabb hely a golyózáporban. Szilárd viszont azt hitte, hogy bújócskázunk. Régóta köhögött, a hosszú hideg ősz és a fagyos december nem tett jót neki.

Napok óta be voltunk zárva az ötemeletes bérházba. Egy kicsi, szerényen díszített karácsonyfa állt a nappali sarkában. A fa mellett állt egy fekete-fehér TV, ami ugyan nem működött már napok óta, de sikerült hasznát vennünk: mivel a legtöbb villanykörténk már kiégett, a tévé bolhás sztatikus képével világítottuk meg a szobát.

Az elmúlt napokban sokat tevékenykedtem az épületünkben. Megszerveztem az éjjeli őrséget, és Molotov-koktélokat készítettünk, hogy megvédhessük a bérházunkat az esetleges támadástól. Kint az utcán éjjel-nappal lövöldöztek, főleg éjszaka. A hadsereg és Ceausescu titkosrendőrsége, a rettegett Securitate, egymás ellen harcolt. Egyik oldalról a hadsereg lőtt, khaki egyenruhában, a másik oldalról meg a Securitate, civil ruhában; a város polgárai meg a két tűz közé estek. Sokan betörtek az elhagyott rendőrőrsökre, hogy fegyverekhez, lőszerekhez jussanak, aztán felbőszülve rohangáltak az utcákon. Voltak pillanatok, amikor hosszasan lövöldöztek odalent, mint egy rossz akciófilmben.

Ildikó felvette Szilárdot, puszilgatta rózsás kis arcát. Élelmünk már nem volt. Azt a kevéske ételt, ami a forradalom kirobbanásakor még a konyhánkban volt, már megettük. Ildikó gondoskodott arról, hogy Szilárd soha ne hagyjon ki egyetlen étkezést sem, friss levest főzött naponta abból a kevés hervadt zöldségből, ami még megmaradt. De aztán az is elfogyott.

Óvatosan kimentem az erkélyre, és lenéztem az utcára. Az egész éjen át tartó heves lövöldözés most egészen alábbhagyott. A Cenk meredek, erdős lejtőihez közel egy helikopter lebegett magasan felettünk, majd hirtelen egy rakétát lőtt ki az erdőre. A rakéta a sűrű lombkoronán áthatolt, majd hangos csattanással felrobbant. Egy hatalmas fát a levegőbe repített, melynek törzse néhány pillanatig vízszintesen lebegett a lombkorona felett, majd fejjel lefelé – mintha csak egy lassított felvétel lenne – visszazuhant a szomszédos fákra. A robbanás sokáig visszhangzott a keskeny völgyben.

Próbáltam rájönni, mire lőtt a helikopter, de nem láttam semmit. Talán Securitate harcosok rejtőztek az erdőben. Terjengtek olyan pletykák is, hogy ejtőernyővel külföldi terroristák érkeztek az országba Közel-Keletről. Néhány nappal a forradalom kitörése előtt még Ceausescu jelentette be ezt a hírt a tévében; külföldi zsoldosoknak nevezte őket, akiket – az elmondása szerint – az ellenséges nyugati országok finanszíroztak, hogy a kommunista életmód idilljét megzavarják. A mindössze egy órán át tartó tárgyaláson Ceausescut és feleségét halálra ítélte a katonai rögtönítélő bíróság, melyet azonnal végre is hajtottak; AK-47-es géppuskákkal szitává lőtték a házaspárt. Ezután a Nemzeti Megmentési Front, az FSN vette át a hatalmat. Ők is kommunisták voltak, de egy fokkal talán rendesebbek, mint a diktátor és a cimborái. A pletykát viszont tovább terjesztették, de az ő verziójuk szerint ezek a külföldi terroristák a Securitate oldalán harcoltak, hogy visszaállítsák az előző rendszer hatalmát. Óránként változtak az országban keringő hírek és álhírek. Fejetlenség és agresszió volt mindenütt.

Ceausescu szokatlan külpolitikát folytatott. Valahogy sikerült jó kapcsolatot kialakítania mind a Szovjetunióval, mind a Nyugattal. Még afrikai országok vezetőivel is összebarátkozott, különösen olyan vasöklű diktátorokkal, mint az ugandai Idi Amin Dadával, vagy Mobutu Sese Seko Kuku Ngbendu Wa Za Bangával, a leopárdbőr kalapot viselő zairei diktátorral. Minél hosszabb volt a nevük és minél keményebb volt a diktatúrájuk, annál jobb barátság alakult ki közöttük. Ceausescu még Golda Meirrel, Izrael miniszterelnökével, is nagyszerűen kijött. Jó pénzért cserébe engedélyezte az értelmiségi zsidók Izraelbe való emigrálását, és Izrael fizetett is értük. Így Ceausescu megszabadult a zsidóktól, akikkel sosem törődött, és a kapott pénzen építtetett magának egy több száz faragott mészkőoszloppal díszített, négyszázezer négyzetméteres palotát. Minden egyes oszlopnak az ára legalább egyszáz, Izraelnek eladott zsidó emigránsba került. Ceausescu az egyiptomi Mubarakkal is összejátszott, aki valamilyen oknál fogva szívesen vásárolt rossz minőségű, olcsó, mezőgazdasági gépeket Romániától.

Amikor tehát az FSN új kormánya azt a hírt kezdte terjeszteni, hogy Romániába közel-keleti terroristák érkeztek, hogy visszaállítsák a kommunista rendszert, az nem tűnt teljesen alaptalannak; több közel-keleti és afrikai országfőnek is az érdekében állt volna ez.

Nehéz volt tudni az igazságot az információ zavarában. Egymásnak ellentmondó hírek jöttek a különböző rádiócsatornákból. A Bukarestből sugárzott Központi Rádió például az öt napja alakult FSN propagandáját terjesztette. A Szabad Európa Rádiót az amerikai kormány finanszírozta Az orosz nyelvű adás a haldokló Szovjetunió elavult és unalmas propagandáját nyomta, míg a Belgrádi Rádió a jugoszláv belső problémákkal volt elfoglalva. A Rádió Luxemburg csak diszkót és rock and rollt játszott, mintha mi sem történt volna Kelet-Európában.

Miután a füst és a por leülepedett a rakétatámadás után, ismét kiléptem az erkélyre. Még mindig csengett a fülem. Ildikó szorosan magához ölelte Szilárdot, próbálta megnyugtatni az anyai melegséggel.

Az erkély alatti járdán egy férfi szaporán szedte a lábát, egy üres szatyorral a kezében.

– Hoztak ételt? – lekiabáltam neki.

– Igen, azt hallottam, hogy van kenyér – kiáltott vissza.

– Ildikó, mennem kell! Hoztak kenyeret!

– Kérlek, ne menj! – nézett rám szorongva.

– Nem lesz semmi baj, ne aggódj miattam! Elfogyott az ételünk. Mennem kell.

Felvettem a fekete Adidas nadrágomat – mely a márkára jellemző három fehér csíkkal volt díszítve az oldalán. A nadrágot ajándékba kaptam egy dél-afrikai köztársasági fekete diákomtól, akit síelni tanítottam. Felvettem a sídzsekimet is, amit pedig egy holland tanítványom ajándékozott nekem. Fogtam egy üres hátizsákot, átnéztem mindkét pénztárcánkat, és összegyűjtöttem az összes megmaradt pénzünket.

Emeletről emeletre bekopogtam minden lakásba. A szomszédok óvatosan nyitották ki ajtót. Közöltem, hogy megpróbálok kenyeret venni, és felajánlottam, hogy veszek nekik is.

– Vigyázzon, Sütő úr! – óvtak aggodalmaskodva, miközben kiszámoltak egy kis pénzt a kenyérre.

Ioan és Vasile – akikkel néhány napja még Molotov-koktélokat gyártottunk, és barikádot építettünk a lakótömb bejárati ajtóihoz – lekísértek, hogy kiengedjenek. Éjjel-nappal felváltva őriztük a bejáratokat napok óta. Ha valaki megpróbálta volna áttörni az ajtókat, azt egy sor Molotov-koktéllal fogadtuk volna. A benzinnel töltött palackok szépen fel voltak sorakoztatva az alagsor hideg cementpadlóján, mellettük bekészítve a gyufa és az öngyújtó. Benzinszag töltötte meg az ürességtől kongó, hideg lépcsőházat.

Kifeszítettük az acélvázas bejárati ajtót.

– Vigyázz magadra! – mondta Ioan. Borostás volt, karikák a szeme alatt. Kidugta a fejét, körülnézett, majd szélesebbre tolta a nyikorgó ajtót, hogy kiengedjen.

Hátborzongató volt odakint. Az utcák többnyire elhagyatottak voltak. A mi épületünket viszonylag kevés golyó találta el, de egy közeli lakóház tele volt lövedékek nyomaival. Törött üvegszilánkok és üres géppuskahüvelyek hevertek szanaszét az utcákon. Gondosan felmértem a helyzetet, és elindultam a kenyérbolt felé.

Ahogy közeledtem a bolthoz, egyre több embert láttam az utcán. Néhányan egyedül voltak, de ahogy a nyílt térre kiértem, észrevettem egy csapat férfit botokkal és késekkel felfegyverkezve. Furcsán néztek rám. A bolt előtt egy hosszú sorban álltak az ijedt, aggódó, éhes tekintetű emberek. Senki sem szólt egy szót sem. Az emberek az utcákat és az eget pásztázták a tekintetükkel. A sor aránylag gyorsan haladt, s mikor már a pult közelében álltam, a friss kenyér illatától a nyál összefutott a számban.

– Kérek nyolc kenyeret – mondtam.

– Nyolcat? Az túl sok – rázta a fejét az eladó.

– Hölgyem, egy ötemeletes épületben lakok, ahol 15 család él. Ez mindannyiunké.

– Nem adhatok nyolcat, nincs elég kenyér. Nézze meg a hosszú sort! – Megfordultam. Miközben várakoztam, a sor valóban megduplázódott. – Adhatok négy kenyeret.

– Rendben, akkor kérek négyet.

Becsomagoltam a kenyeret egy tiszta asztalkendőbe, amit Ildikó a hátizsákomba tett, és elindultam hazafelé. Örültem, hogy sikerült ennyit is venni. Legalább megoszthatom ezt a pár kenyeret a családommal és a szomszédaimmal.

A jobb oldalról az a csapat férfi közeledett felém, akiket korábban a boltba menet is észrevettem. A városnegyedet védő, önkéntes igazságszolgáltató banda volt. Úgy húszan lehettek, borostás férfiak, botokkal és késekkel felfegyverkezve. Félkör alakban megálltak előttem. Éreztem, hogy kiszárad szám. Egy magas, nagy bajuszú, görnyedt hátú ember volt a vezetőjük, aki egy horganyzott, vastag acélcsövet tartott a kezében.

Megszólított: – Mit gondolsz, hová mész, te, terrorista?

Megtorpantam.

– Most vettem kenyeret, viszem haza – próbáltam nyugodtan válaszolni.

– Nem versz át minket. Tudjuk, hogy ki vagy! – emelte fel a hangját a férfi. A hangneme komoly volt és szigorú. A szeme szürkés volt, szomorú. Lassan hátraléptem, kissé balra.

– Ez egy terrorista! – kiáltotta a csapatnak egy másik tagja, aki piros poliészterdzsekit és egy mintás, piszkos bojtú sapkát viselt. A sapkát mélyen a szemöldöke alá húzta, mélyen ülő szeme szinte rejtve maradt.

Fenyegetődzve közelebb léptek hozzám. Megint hátrább léptem, kissé balra újra, próbáltam megkerülni őket.

– Mérnök vagyok, és a Jepilor utcában lakom – mondtam nekik. – Hazafelé tartok.

Próbáltam nyugodt maradni, és nem mutatni semmi pánikot. De ekkor szorosabban közre fogtak, majd az egyik fickó elővett egy hosszú kést az övéből és nekem szegezte.

– Nem mész sehova! – utasított a bandavezér. – Nem hagyjuk, hogy a terroristák szabadon szaladgáljanak az utcákon.

– Nézze, nem vagyok terrorista – ránéztem a komor, fenyegető arcokat, miközben egy újabb lépést tettem hátra, most már merőlegesen az eredeti útvonalamhoz képest. – Mérnök vagyok; Sacelében dolgozom; csak azért jöttem, hogy kenyeret vegyek a családomnak és a szomszédjaimnak.

Tettem még egy lépést, de a csoport most már három oldalról zárt körbe. Néztem a két tucat fáradt embert, akiket a kommunizmus évtizedei, a hazugságok, a szegénység és a nyomorúságos munkakörülmények tettek tönkre. Végre eljött a napjuk. Meghalt a zsarnok, egy új korszak virradt ránk. Egy korszak, amikor az emberek horganyzott acélcsövekkel felfegyverkezve és hatalmukat gyakorolva nem engedik, hogy külföldi terroristák beavatkozzanak a régóta várt felszabadulásukba.

A torkom száraz volt, nehezen nyeltem.

Megadóan felemeltem a kezem, és megszólítottam a csapatból a kést szorongató férfit: – Megértem, hogy aggódik. Én is aggódom. Van egy kisgyermekem otthon; nem maradt élelmünk. Meg kell etetnem a családomat. Tizenöt szomszédom van. A legtöbbjüknek elfogyott az élelme. Nekik viszem a kenyeret.

Megfordultam, és hátrafelé lépegetve lassan elindultam a lakóházunk irányába.

– Honnan van neked ilyen nadrágod? – kérdezte egy fiatal, sovány férfi, aki a markában egy vastag fadorongot tartott.

– Síoktatóként is dolgozom Pojánán – válaszoltam. – Az egyik diákomtól kaptam ajándékba.

– Ez egy terrorista! – kiáltotta egy alacsony ember. Az arcán a hajszálerek meg voltak pattanva, az orra is vörös volt, mint az alkoholistáknak. – Verjük meg! – uszította a többieket ellenem, s közben fenyegetően felém lépett.

– Kérem, én nem vagyok terrorista! Jepiloron lakom, az ötödiken. Jöjjenek velem a sarokig, onnan látszik az épületünk. Tettem még néhány lassú lépést hátrafelé, de még inkább körülfogtak. Belenéztem az alkoholista szemébe, és most őt szólítottam meg: – Magának vannak gyerekei?
– Miért? Igen, két lányom van – felelte büszkén, rekedt hangon.
– Gondolja, hogy jólesne nekik egy kis friss kenyér?
A férfi mély ráncai egy kicsit kisimultak, úgy válaszolt: – Igen, biztosan.
– Van egy másfél éves fiam a Jepiloron – miközben hátrafelé lépkedtem, a bal karommal a házunk irányába mutogattam. Elértük a sarkot. – Látja azt az épületet? A bal oldali három közül az utolsó, ott lakom. Oda viszem a kenyeret. A családomnak.
A horganyzott acélcsövet szorongató férfi közelebb hajolt hozzám. Magas volt. Belenézett a szemembe: – Rendben, lássuk a személyi igazolványodat, bizonyítsd be, hogy nem vagy terrorista!
Megrémültem.
– Nincs nálam az igazolványom.
A csoport elégedetlenül zúgolódni kezdett.
– Mondtam, hogy terrorista! – kiáltotta a késes férfi.
– Engedjék meg, hogy odamenjek ahhoz az épülethez az igazolványomért!
Újra a lakóházunk irányába mutattam.
– El akar szaladni, vegyük körbe! – kiáltotta egy másik férfi. A kör majdnem bezárult körülöttem.
Lassan, egyenletes tempóban hátráltam. A kést szorongató férfi közelebb lépett hozzám, és fenyegetőzve hadonászott a pengével, de a bandavezér a mellkasának nyomta a vascsövet, és eltorlaszolta az útját.
Kétségbe voltam esve. Folyamatosan beszéltem és érveltem. Pásztáztam az arcokat balról jobbra, jobbról balra. Mindenkit külön-külön megszólítottam, és győzködtem őket, hogy csak kenyeret viszek a családomnak.
– Nem vagyok terrorista. Nem vagyok külföldi. Magyar

vagyok, Kolozsváron nőttem fel – magyarázkodtam, miközben hátráltam tovább.

Kevesebb mint 400 méterre voltunk az épülettől. Az út elhagyatott volt, de néhányan az erkélyükről figyeltek minket. Üvegszilánkok ropogtak a cipőink alatt, ahogy egy fekete Volkswagen Bogár mellett elhaladtunk, melynek ablakát puskagolyók zúzták be. Lassú, folyamatos tempóban lépegettem, próbáltam elkerülni bármilyen hirtelen mozdulatot, vagy irányváltást. A csapatvezér szorosan mellettem ment.

– Szecselevárosban dolgozom, az Electropreciziánál. Számítógépekkel foglalkozom. Nem vagyok terrorista – ismételtem újra és újra.

Egy dauerolt hajú, vastag derekú asszony figyelt minket egy harmadik emeleti erkélyről.

– Mit csinált az az ember? – kiabált le az erkélyről.

– Ő egy átkozott terrorista. Egy külföldi –a piros dzsekis férfi visszakiáltott neki.

– Nem vagyok külföldi – válaszoltam a pirosdzsekisnek, egyenesen őt néztem. – Kolozsváron születtem 1962-ben, a Stanca kórházban. Kolozsvárra jártam egyetemre is – s közben gyengéden tolva a mögöttem álló embereket hátrafele lépkedtem.

Néhány férfi a helyzetet megunva levált a csoportról. Az egyikük még cigarettára is gyújtott, de a banda zöme még mindig szorosan közrefogott. Meg voltak győződve arról, hogy valóban terrorista vagyok, és kíváncsian várták, hogyan fog végződni ez a történet.

Én nagyon reméltem, hogy békésen.

– Amint megérkeztünk az épülethez, megmutatom a személyimet, és bebizonyítom, hogy itt lakom. Még a munkahelyi igazolványomat is megnézhetik!

Két hosszúnak tűnő perc múlva megérkeztünk az lakóházunk bejáratához. Láttam Panoschénét a földszinti konyhaablakán keresztül.

– Panoschéné, Panoschéné! – kiáltottam neki. Közelebb

jött az ablakhoz, és egy kicsit oldalra húzta a csipkefüggönyt.

– Panoschéné, kérem, menjen fel a feleségemhez, és kérje meg, hogy hozza le a személyimet! – kiabáltam.

Bólintott, hogy megértette.

Ápolónő volt, pünkösdista. Hét gyereke volt, sokkal több mint bárkinek, akit valaha ismertem Romániában. A legtöbb embernek volt egy vagy két gyereke. Már a három gyereket is túl soknak tartották. Amikor fiunk beteg volt, heteken át segített nekünk. Naponta háromszor meglátogatott minket, hogy penicillininjekciót adjon Szilárdnak, hogy enyhítse a krónikus köhögését. Visszeres volt a lába, gézzel feszesen körbetekerte ezért. Hajnali kettőkor jött hozzánk, hogy beadja a nap harmadik injekcióját. Egyszer megkérdeztem tőle, hogyan birkózik meg mindezzel: az élelem, a fűtés, a meleg víz hiányával, a kommunizmussal, a hét gyermekkel, a munkájával, ezenfelül a környék betegeinek éjszakai látogatásaival. Azt mondta, nem bánja a fájdalmat, mert meg van győződve arról, hogy a menyországban fog feltámadni, és ott rengeteg ideje lesz majd pihenni.

A férfiak nyugtalankodni kezdtek.

– Remélem, nem csapsz be minket! – mondta a vezető, aki feszültnek és fáradtnak tűnt már.

– Nem. A feleségem hamarosan itt lesz. Látni fogja az igazolványomat.

Vártunk még egy hosszú percet.

Végül meghallottuk a nyíló acélajtó nyikorgását, és a résre nyitott ajtó mögött Ioan aggódó, borostás arca bukkant fel.

– Minden rendben van? – kérdezte.

– Igen, de szükségem van a feleségemre.

– Itt van ő is.

Ioan arca eltűnt, és Ildikót láttam meg a szűk résen át.

– Mi történt? – kérdezte magyarul, kétségbeesetten csengett a hangja.

– Megvan a személyim?

Bólintott, majd a kezembe nyomta az igazolványt.

Elvettem tőle, és kinyitottam a fotós oldalon. Egy fekete-fehér bajuszos fotó volt rólam az igazolványban, amint a kamerába bámulok komor arccal és összeszorított ajkakkal. Megmutattam a vezetőnek.

– Látja, ez én vagyok.

A hónalja alá csapta a horganyzott acélcsövet, és elvette tőlem az igazolványt. Felhúzta a szemöldökét, majd némán és hunyorogva bámulta a fotót. Aztán visszaadta nekem.

– Ő nem egy terrorista – mondta, majd azonnal megfordult, és otthagyott.

A csapat követte. A késes fickó még egy darabig ott állt, és megvetéssel bámult rám. Tudtam, hogy a kés még mindig ott lapul a kabátjában. Hátravetette a fejét, a mutató- és középső ujját a borostás nyaka előtt vízszintesen elhúzta. Aztán megfordult, és követte a többieket.

– Mit akartak tőled? – hallottam Ildikó aggódó hangját a résre nyitott ajtó mögül.

– Majd később elmondom. Most már minden rendben.

Ioan kidugta a fejét, tekintetével körbepásztázta az utcát, majd tágabbra nyitotta a nyikorgó vasajtót, hogy beengedjen a homályos, hideg, benzinszagú lépcsőházba.

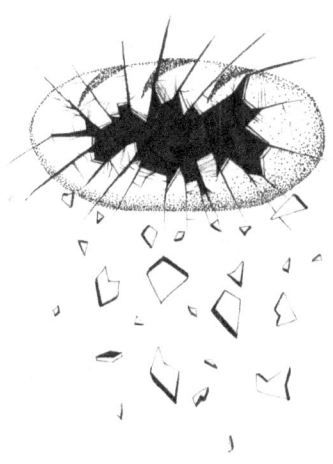

A vízum, Bukarest, 1990 január

fordította: Felföldi Zita

Az új évben új élet kezdődött. Napok alatt minden megváltozott. Az élvonalbeli kommunistákat, akik végig kitartottak Ceausescu mellett, hamar háttérbe szorították; és az eddig a második vonalba tartozók kerültek előtérbe, akik az újonnan alakuló román demokrácia védőbástyáiként hirdették magukat.

A Nyugat hősként ünnepelt bennünket, mert olyat tettünk, amiről senki nem gondolta volna, hogy lehetséges: megdöntöttük Ceausescu elnyomó rendszerét, egy szempillantás alatt átváltottunk kommunizmusból nyugati típusú demokráciába, és ezzel fittyet hánytunk a Szovjetuniónak. A 20. század második felében Romániára még hűvös árnyékként vetülő Szovjetunió maga is lassú, de rendületlen hanyatlás jeleit mutatta. Elveszítette a szomszédos országok feletti kontrollt. A romániai események élő bizonyítékként szolgáltak arra, hogy a Nyugat megnyerte a hidegháborút. Ezért szeretett minket a Nyugat.

Csupán tíz nappal a rendszer bukása után megnyíltak a határok, és a nyugat segélycsomagokat küldött Romániába. A nyugati országok vízumot adtak a románoknak, és tárt karokkal fogadták őket.

De a mézeshetek csak rövid ideig tartottak.

A Nyugat-Európába érkező románok nem feltétlenül a társadalom krémjét képviselték. Az átlagpolgár, akinek gondoskodnia kellett a családjáról és volt egy tisztességes állása, nem tudott csak úgy ukk-mukk-fukk hátrahagyni mindent, ezért január első heteiben Ausztriába, Németországba, Franciaországba vagy Olaszországba érkező románok többnyire a gyors észjárású, dörzsölt alakok voltak, akik gátlástalanul kihasználták az otthoni káoszt és a külföld nagylelkűségét. Történetek keringtek olyan alakokról, akik Párizsban autót loptak, mások pedig Rómában élő barátokat látogattak, majd barátjuk olasz Fiatjával tértek vissza Romániába, ahol azt „ellopták", és miután visszavonatoztak Rómába, kártérítést követeltek a biztosítótól. Egy másik román csőcselék az újévet egy osztrák tóparti kastély szépen nyírt gyepén töltötte, és a tó vizén úszkáló elegáns hattyúk közül párat tábortűzön megsütött. Másnap a rendőrök hattyúcsontokat, fehér tollakat és szanaszét szórt törött sörösüvegeket találtak a helyszínen. Ez volt az utolsó csepp a pohárban. Ausztria rögtön lezárta határait a románok előtt, s gyors egymásutánban követte őt Franciaország, Olaszország, Németország, Nagy-Britannia és az Egyesült Államok.

Ceausescu ideje alatt nagyon nehéz volt olyan román útlevélhez jutni, amellyel a vasfüggönyön túlra lehetett utazni. A nyugati országok minden különösebb vizsgálat nélkül megadták a vízumot azon keveseknek, akiknek sikerült ilyen útlevelet szerezni. Olyan kevés román állampolgár kapott engedélyt az utazásra, hogy ők szinte egzotikus különlegességnek számítottak külföldön.

A rendszerváltás után azonban a románok igen könnyen útlevélhez jutottak. Ugyanakkor a fent említett országok bármelyikébe is vízumot szerezni hirtelen korlátokba ütközött.

Ildikóval megbeszéltem, hogy szeretnék az USA-ba menni meglátogatni a nővéremet. Azóta nem láttam, hogy 1986-ban disszidált. Nagyon hiányzott. Életünk más irányt vett. Több ezer kilométer, és egy hónappal azelőtt még áthatolhatatlannak tűnő, ember alkotta és geopolitikai gátak választottak el egymástól bennünket. Eljött az idő, hogy ismét találkozzunk.

Új román útlevélért folyamodtam, amit egészen hamar meg is kaptam. Kivettem egy hetet a pojánai síoktatói munkahelyemen.

Összepakoltam néhány meleg holmit, és vonattal elutaztam a fővárosba, Bukarestbe, hogy amerikai vízumot szerezzek. Amikor leszálltam a vonatról, megdöbbentem, milyen hideg van. Állítólag Brassó volt az egyik leghidegebb város az országban, de aznap Bukarestben jóval hidegebb volt. Az utcán minden megfagyott, a széles utakon átlósan fújt át a metsző szél, tele apró jégkristályokkal. Vasárnap délután volt, január 14-e. Találtam az amerikai nagykövetség közelében egy szállodát, és egy éjszakára foglaltam szobát. Úgy terveztem, hogy hétfőn elmegyek a követségre a vízumért, majd az esti gyorssal visszautazom Brassóba.

Melegen felöltöztem, majd elsétáltam a szállodától a követség épületéhez. Hamar besötétedett, az utcák kihaltak voltak. Odamentem a kovácsoltvas kerítéshez. Bekukucskáltam, jól megnéztem a masszív barokk épületet. Láttam a nehéz bejárati ajtóhoz vezető lépcsősort. Az ajtó üvegén keresztül megpillantottam a rövid hajú biztonsági őr fülkéjét. Az ügyeletes őr tengerészgyalogos lehetett. Egy kőoszlopon egy réztábla hirdette, hogy az épület az Egyesült Államok Nagykövetsége, ügyfélfogadás hétfőtől péntekig reggel 9 és délután 2 óra között van, és hogy fegyver hordása tilos a követség területén. Milyen fegyver? A románoknak a II. világháború óta tiltott volt a fegyver használata. Nem voltunk dolgozó méhek, akik potrohukban fullánkot rejtenek, amellyel szükség esetén oda tudnak szúrni. Birkák voltunk – egy nagy, szürke, alultáplált birkanyáj. Megmondták, mit tegyünk, hol legeljünk, hová menjünk; kizsákmányoltak bennünket, és a pásztor kegyétől függtünk. Fegyverünk, az nem volt.

Hétfő reggel fél 7-kor már ott voltam a követség bejáratánál. Gondoltam, ha két és fél órával a nyitás előtt érek oda, azzal a kapu előtt gyülekezők sorában valahol elöl lesz majd helyem. Így is volt. Én voltam az egyedüli, aki a fagyos járdán álldogált. Egy kis idő múltán néhány másik vastagon beburkolózott ember is megjelent, és csendben beálltak mögém. Teltek a

Megpróbáltam

percek, az órák. A lábujjaim majd lefagytak, reszkettem a hidegtől. Ránéztem az órámra, már csak 20 perc van 9-ig. Majd elmúlt 9 óra, de semmi nem történt. A kapu továbbra is zárva maradt. 10 óra körül kezdtünk gyanakodni. A kapun nem lehetett bekopogtatni, nem volt csengő sem rajta; nyakunkat nyújtogatva próbáltuk kilesni, vajon a meleg kuckójában ülő biztonsági őr megmozdul-e. Nem mozdult.

Dél körül megjelent egy román rendőr.

– Ma nincsenek nyitva. A nagykövetség zárva van – mondta.

– Miért?

– Hivatalos ünnep van. Valami King napja. Jöjjenek vissza holnap!

Akkor döbbentem rá, hogy bizonyára Martin Luther King napját ünneplik. A testem teljesen át volt fagyva, az ízületeim megmerevedtek. Zombi állapotban bandukoltam vissza a szállodához, és reméltem, hogy lesz meleg víz. Szerencsémre volt. Hosszan álltam a forró zuhany alatt, míg testem fel nem engedett. Egy nappal meghosszabbítottam a szállodai szobafoglalást. Először az járt az eszembe, ki kellene mennem sétálni, és körülnézni a városban. De aztán meggondoltam magam. Csak arra akartam energiát fordítani, hogy megszerezzem az amerikai vízumot, semmi másra. Ez volt a küldetésem, ezért voltam ott.

Elaludtam és arról álmodtam, hogy hajón utazom délre a Vörös-tengeren. Sütött a nap, meleg volt, a víz pedig békés és mélykék színű. Ragyogó homokdűnék húzódtak a parton. Megpillantottam néhány delfint, amelyek a hajó előtt ugrándoztak. Boldogság töltött el.

Későn, 7 órakor ébredtem. Haragudtam magamra. Felvettem egy plusz pulóvert, rá a gyapjúkabátomat, és rohantam a nagykövetségre. Mire odaértem legalább 300 ember gyűlt össze a kapu előtt, ott tolongtak; a szürke kabátok és gyapjúsapkák egymást érték. Megpróbáltam előrenyomakodni, hogy közelebb kerüljek a kapuhoz, de reménytelen vállalkozásnak tűnt. Még egy óra volt hátra a nyitásig.

9 órára a tömeg kb. 500 főre duzzadt, a követség utcáját teljesen megtöltötte. Az épület üveges dupla ajtaja kinyílt, és egy követségi alkalmazott jött le a lépcsőn. Izgatottság söpört végig a tömegen, az emberi testek nyomása a kapu irányába erősödött. Az alkalmazott a kapuhoz közelített, de amint megpillantotta a vaskerítésnek és a kapunak nyomódó, több száz emberből álló tömeget, megállt és visszatért az épületbe. Gondolom, a román rendőrséget hívhatta, mert húszperces zavarodott csend és várakozás után megjelent néhány gyalogos rendőr. Az úgynevezett új rendőrséget képviselték, de valójában ugyanazok az alakok voltak, akik csupán egy hónappal korábban még az elnyomó rendszer brutális törvényeinek betartatásával voltak elfoglalva. Igaz, új egyenruhában feszítettek, de azon kívül minden a régi volt. Nem motiválta őket semmi arra, hogy segítsenek honfitársaiknak amerikai vízumot szerezni. A rendőrök általában a kevésbé iskolázott, a kevésbé olvasott és a kevésbé kíváncsi fajtából valók voltak. Mivel fegyverhasználati engedélyük volt, alapból nem lehettek nyugaton élő rokonaik, mert megbízhatatlannak tekintették volna őket. A követség köré gyűlt emberek nagy része iskolázottabb ember volt, akiknek az USA-ban éltek rokonaik, és reménykedhettek abban, hogy megkapják a vízumot. A rendőrök kényszeredett kísérletet tettek arra, hogy ez az embertömeg valamiféle sor formáját vegye fel.

A fizikában négy fő erő létezik: az elektromágneses erő – amelyhez szükség van mágneses mezőre és az elektronok mozgására; a gravitációs erő – amely tömeg és gyorsulás függvénye; a gyenge kölcsönhatás – amely a molekulákat tartja össze; és az erős kölcsönhatás – amely az atomi részecskéket tartja össze. De a fizikusok nem ismerték fel, hogy van egy ötödik erőhatás is, amelynek az a jellegzetessége, hogy az elkeseredett románokat egy csomóba gyűjti. Ez az előbb említett a négy erőnél is erősebb hatással bír.

– Biztos úr! Van ott egy mappa – kiáltotta egy nő.

A kommunizmus bukásával az elvtárs kifejezés egyik napról a másikra kiment a divatból.

– Milyen mappa? – kérdezte a rendőr.
– Egy füzet, benne a nevek.
Valaki felemelt egy piros gyűrűs mappát, amihez fehér zsineggel hozzákötöttek egy ceruzát.
– Itt a mappa.
Meglepődtem, nem is tudtam, hogy a mappa létezett. A rendőr átfurakodott a tömegen, megragadta a mappát, majd olvasni kezdte a neveket: – Constantinescu! – Egy alacsony, hatalmas gyapjúsapkát viselő férfi felemelte a kezét. Kb. harminc ember volt előtte. A rendőr közelebb terelte a kapuhoz. – Schwarz! – egy másik férfi emelte magasba a kesztyűs kezét. És ez így ment tovább. Hosszas kiabálás, lökdösődés és nyomakodás után kezdett kialakulni valamiféle rend.

El kell jutni a mappához és beleírni a nevem – gondoltam. Sokembernyi távolságra volt tőlem, és semmi remény nem volt arra, hogy előre tudjak furakodni. Egy idő után a követségi alkalmazott kinyitotta a kaput, és beengedett néhány embert, majd azonnal be is csukta maga mögött. A tömeg, mint egy óriási élőlény, egyre közelebb húzódott a kerítéshez. Szorosan egymás nyakában álltunk, éreztük egymás leheletét. Kezdett nyilvánvalóvá válni, hogy aznap nem fogok bejutni a követségre. Szerdán újra meg kell majd próbálnom. Sztoikus nyugalommal álltam a tömegben délután kettőig, zárásig. A nap folyamán kb. 50 ember jutott be, ha jól számoltam. Az emberek a piros mappa köré gyűltek, és beírták a nevüket a hivatalosnak tűnő, számozott sorokkal teli papírlapra. Mire rám került a sor, a 467. voltam. Az első oldalra lapoztam és láttam, hogy néhány nevet áthúztak. Azokét, akik bejutottak. A nevük és az enyém között jó pár oldal sorakozott, tele nevekkel. Azon gondolkodtam, hogy vajon hogyan működik ez a rendszer. Hogyan fogok bejutni a követségre?

Visszamentem a szállodába. Fáztam, csalódott voltam és éhes.

Szerda reggel már hajnali 5-kor ott voltam a kapunál. A levegő mozdulatlan volt, és a hideg embertelen. Körülbelül ötvenen álltak már a bejáratnál. Egyikük, egy magas férfi egy kék színű mappát tartott a kesztyűs kezében. Valaki odament hozzá, és beírt valamit.

– Mi az? – kérdeztem tőle.
– A névsor – válaszolta.
– Én is feliratkozhatnék?
– Hogyne.

A mappa sokkal vékonyabb volt, mint az előző napi piros. A második oldal közepére került a nevem, én voltam a hatvanhatodik. Ez reményt adott, sokkal rövidebb volt a lista. Úgy véltem, van esélyem bejutni.

Ahogy teltek a percek, egyre többen érkeztek. 6 órára kb. százan voltunk. 7 órára háromszázra duzzadt a tömeg, érezhető volt a kapu irányába történő fokozatos nyomás. 9-re az egész utca tele lett meleg téli ruháikba bugyolált, túlöltözött emberekkel. Legtöbben szürke gyapjúkabátot viseltek – senki nem akart az amerikai követség előtt sídzsekiben megjelenni –, fejüket román kucsma, kezüket vastag kesztyű tartotta melegen. Sok nő nyaka körül prémgallér ékeskedett, főleg rókaprémből készültek, némelyiknek ott volt a farka és a feje is, üvegszemmel meg mindennel. Amikor a tisztviselő pontban 9-kor megjelent a lépcsőn, ugyanaz tárult szeme elé, mint előző nap. Tengernyi szürke kabát a kapu köré rendeződő félköríves csoportban. A kaputól pár méterre megállt, látszott a csípős levegőben a lehelete.

– Kérem, álljanak sorba! – mondta udvariasan románul.

Furcsa akcentussal beszélt. Hallottam már sok románt angolul beszélni, de most először hallottam amerikait románul megszólalni. Állt ott egy percig, látszott, hogy egyre jobban fázik, majd vállat rántva visszasétált az épületbe. Mi pedig csak álltunk ott tovább.

– Hé, valaki olvassa fel a névsort! – kiáltotta egy ember.
– Igen, olvassák a névsort! – szólaltak meg mások is.

A magas fickó fogával megragadva lehúzta a kesztyűjét,

Megpróbáltam

felemelte a kék mappát, és hangosan olvasni kezdett.
– Moldován! – Jobbról mozgást láttam. – Popescu! Ez én vagyok – tette hozzá.

A bal oldalon egy kis zűrzavar keletkezett.

– Milyen listát olvas? – hallottam egy rekedt, bosszús hangot. A magas férfi odafordult, és válaszolt: – A névsort, amire feliratkoztak.

– Téved, elvtárs, itt van a lista! – mondta a másik. Feje fölé emelte a piros mappát. – Ez az igazi lista, nem az, ami magánál van, elvtárs!

Egy hónapja még elvárt volt, hogy elvtársnak hívják egymást az emberek, ám ebben az új korszakban ez egyértelmű sértésnek számított.

– Nem vagyok elvtárs, ne hívjon annak! – felelt a magas férfi.
– Nem tudom, milyen lista van magánál, de ez az igazi névsor.

– Nem! – kiáltotta a bal oldali, zömök férfi. – Ez a hivatalos névsor. Tegnap iratkoztunk fel, majdnem 500-an. És igen, maga egy elvtárs. Maguk mindannyian azok! – szólt az egész tömeghez.

A magas férfi nem figyelt rá. Felolvasott még néhány nevet, a megnevezettek pedig igyekeztek odafurakodni a kapu közelébe.

– Hé, lépjenek odébb! – kiáltotta a zömök fickó a bal oldalon. Durván lökdösni kezdte az embereket, válluknál, nyakuknál fogva tolta őket arrébb. Lassan, de biztosan haladt előre, a magas férfi felé. – Mindjárt megmutatom, elvtárs, kinél van az igazi névsor! – üvöltötte.

A kék mappás, magas férfinak szurkoltam. Először is sokkal civilizáltabbnak és kevésbé agresszívnak tűnt, másodszor pedig, mert a kék mappa névsorában sokkal előrébb volt a nevem, mint a pirosban.

A zömök férfit követte néhány hasonlóan bosszús ember. Lökdösődve tolakodtak előre. Odaértek a magas férfihoz, aki még mindig a félig fagyott jobb kezében tartotta a kék mappát.

Nehéz irhabundát és fület takaró usánkát viselő zömök alak is odaért.

- Ez az igazi névsor, elvtárs! - ordította a magas férfi arcába, bal kezében a piros mappát tartva, jobb keze pedig csapásra készen állt. - Nézze, az első név a sorban Ciocan! Látja? Marius Ciocan. Ez én vagyok! Fogalmam sincs, honnan vette a Moldován nevet. Ki az a Moldován egyáltalán? - és fenyegető tekintettel körbenézett. Csend volt, senki nem válaszolt. - Látja, nincs itt egy Moldován sem - folytatta kiabálva -, de Ciocan itt van, én vagyok az, és én leszek az, aki bemegy azon a kapun. Értette, elvtárs?

A magas férfi csak állt ott, de a kék oldalról néhányan támogatólag köré csoportosultak. A két tábor egyre közelebb került egymáshoz, miközben a vezetőik a két mappát a magasba tartották. A zömök férfi felugrott, és megragadta a kék mappát. De a magas nem engedte el.

- Adja ide a mappát, darabokra tépem!

Két oldalról rángatni kezdték, majd még több kéz csatlakozott hozzájuk, és most már mindenféle irányba húzták. Kiabáltak, huzakodtak, lökdösődtek és átkozódtak.

Kinyílt a bejárati ajtó, és a lépcső tetején megjelent a követségi munkatárs, fentről figyelte a vaskerítés túloldalán zajló tragikomikus huzavonát. Fejét rázva visszament az épületbe.

- Látja? - kiáltotta a magas férfi. - Már kinyitották volna a kaput, ha nem kezd el hőbörögni. Így senki nem fog bejutni!

Folytatódott az összetűzés, egyik oldal sem volt hajlandó engedni.

Néhány rendőr is feltűnt a nagy tömeg körül.

- Kérem, civilizált módon álljanak sorba! - zengett egy hang a kézi hangszóróból. Senki nem mozdult.

- Biztos úr! - kiáltotta a zömök fickó, kezében még mindig ott a piros mappa. - Ez a valódi notesz! A névsorral! De ez a hülye hozott egy másikat, egy kéket! - hallatszott, hogy kifulladt a kiabálásban.

- Nem így van, ez az igazi! - kiáltott a magas férfi a rendőrök irányába. - Ők itt mind beírták a nevüket. Emelje a kezét, akinek a neve ebben a kék noteszben van! – kiáltotta. Kb. 20-an emelték a kezüket, köztük én is. – Látja, biztos úr? Ez az igazi mappa. Itt van, civilizált emberek módjára feliratkoztunk.

Az épület ajtaja kinyílt, és megjelent ismét a tisztviselő, mögötte egy amerikai tengerészgyalogos állt, kezében egy M16-os géppuska. A kapuhoz jöttek. A tömeg lecsendesedett, és meredten bámulta a lassan nyíló kaput. A feltűnően izmos, rövid hajú katona kinyúlt a kapun, megragadott három embert és behúzta őket. A tömeg hirtelen nagyot lökött előre, épp mire a kapu hangos fémes kattanással bezárult.

És ez így ment egész nap. A tengerészgyalogos félóránként 2-3 embert beengedett a kapun. Ez csak növelte a tömeg által kifejtett nyomást. A testek a kerítés vasrudai és a kapu közé nyomódtak. Túlságosan össze voltunk szorítva. Dél körül valamire rátapostam. Megpróbáltam lenézni, mi van a lábam alatt, de nem láttam semmit, olyan szorosan vettek körbe az irhakabátok. Lábujjaimmal próbáltam beazonosítani a tárgyat, és arra a következtetésre jutottam, hogy biztos az egyik notesz az. Vagy a kék, vagy a piros. Nem mintha többé számított volna.

Délután 2-kor bezárt a követség, a tömeg szétoszlott. Kimerült voltam és éhes, a lábujjaim átfagytak, noha a testem viszonylag meleg volt, hisz egész nap vastag kabátok vettek körül.

A csütörtök hasonlóan telt. Nem volt már se mappa, se névsor. Csak elemi, fizikai küzdelem a bejutásért. Egész közel kerültem hozzá, de nem elég közel. Teljes csalódottság vett erőt rajtam, majdnem feladtam. Visszamentem a szállodába, meghosszabbítottam a foglalást péntekig. Forró zuhanyt vettem, és aludtam egy nagyot. Új taktikát kell kitalálnom, máskülönben reménytelen lesz megszerezni a vízumot.

Késő délután elmentem az áruházba, és vettem egy jégeralsót és egy plusz gyapjúpulóvert. A szállodai szobámban minden ott lévő ruhát magamra vettem: két réteg trikót, két réteg hosszú alsót, két pulóvert, három pár zoknit, a gyapjúkabátot, a sapkát és a vastag kesztyűt. Ez az, gondoltam magamban. Lehet, hogy a vízumügyintézés idővel még csak nehezebb lesz; ki tudja, mi lesz Romániával és a nyugati államokhoz fűződő viszonyával. A Szovjetunió recseg-ropog, Jugoszlávia a polgárháború szélére sodródott. Muszáj vízumot szerezni, nem várhatok tovább. Este 9-re odaálltam az amerikai nagykövetség elé. Az út fagyos volt, kb. öt centiméteres barna jég takarta. A járdát letakarították, nagy valószínűséggel az amerikai személyzet, ugyanis a városi hivatalnokok kevés figyelmet fordítottak az utcák tisztaságára. Az emberek többsége vagy gyorsan akart meggazdagodni és politikai hatalomhoz jutni, vagy el akarta hagyni az országot.

Egyedül voltam. Már egy órája ácsorogtam a járdán és éreztem, milyen gyorsan hűl le a levegő. Nem akartam elmenni a kaputól; terveim szerint két méternél messzebb nem távolodom el tőle. Bárki mondjon bármit, akármilyen névsor is kerül majd elő másnap, péntek reggel mindenképpen be akarok jutni.

Alulról kezdett a testem hűlni. Először a bőrcsizmám talpa fagyott át, majd a lábujjaim és a bokám. Eszembe jutott a Pillangó című könyv, melyben a főszereplő egy háromszor másfél méteres cellában tölti életfogytig tartó fogságát Francia-Guyanában. Faltól falig lépegetett, öt kis lépés az egyik irányba, majd megfordult és ötöt lépett vissza. Én is ezt tettem. A kapu előtt lépegettem fel-alá, oda-vissza, hogy meg ne fagyjak.

Hajnali kettőkor egy autó érkezett, lassan fékezve állt meg, mert megcsúszott a jégen. Limonádészínű Dacia volt, tipikus román kocsi. Nagydarab házaspár ült benne, jól beöltözve. A férfi odament a vaskapuhoz.

– Én voltam itt előbb – mondtam minden habozás nélkül. Bólintott.

– Maga mögött leszünk – felelte, lehelete fehér felhőként szállt fel a csípős éjszakai levegőben, amit az épület falára felszerelt szórólámpa fénye világított meg.

Vállat vontam.

Fel-alá járkáltam, de a hideg lassan átjárta az egész testemet.

Megpróbáltam

Nem voltam biztos abban, hogy kibírom reggelig.

Három órakor egy alacsony parasztasszony érkezett, mögötte egy magas fiatalember. Az asszony fején sárga kendő volt az álla alatt összekötve. Görnyedt tartása mezei munkával töltött hosszú évekről árulkodott. A fiatalember, feltehetőleg a fia, vékonyan öltözött volt, a haja sűrű, de sapkát nem viselt, nagy orra piroslott a hidegtől, és egy olcsó öltöny volt rajta, ami hasonlított a valamikori gimnazista egyenruhámhoz. Az asszony folyton noszogatta a fiút, de az csak magában motyogott. Úgy tűnt, volt némi fogyatékossága.

Szűkebbre fogtam a járkálást, hogy a kapu közelében maradjak, nem akartam, hogy mások odaférjenek. De a hideg győzött. Annyira reszketni kezdtem, hogy már nem tudtam uralkodni rajta. Talán egy órát még kibírok, gondoltam. De még több mint 5 óra volt nyitásig. Érkeztek újabbak, akik a kapu körül gyülekeztek.

Nem bírtam tovább, a szervezetem kezdte feladni. Odamentem a Daciához, és bekopogtam az ablakon. Az anyósülésen ülő nő összerezzent, de letekerte pár centire az ablakot.

– Megengednék, hogy beüljek kicsit az autóba? Majd megfagyok. Kérem szépen!

Az asszony a férjéhez fordult. Az megrázta a fejét, erre a nő is, majd felhúzta az ablakot.

Visszamentem a kapuhoz a helyemre. Már kb. tízen álldogáltak körülötte. Másik tíz ember néhány méterrel arrébb fel-alá mozogva próbált melegedni. Észrevettem, hogy van köztük pár fiatalember. Odaléptem az egyikhez.

– Akartok focizni? – kérdeztem.

– Focizni? – nézett rám hitetlenkedve. – Mivel?

– Egy jégtömbbel – feleltem, majd az úttest széléről felvettem egy jégdarabot. – Ez jó lesz.

Az út közepéhez sétáltam, összeszedtem pár kavicsot, hogy kijelöljem két kis kaput velük, a pálya közepére álltam, és lábamhoz helyeztem a jeget. Két srác odajött, és elkezdtünk jégfocizni. A lábunk alatt vastag és egyenetlen volt a jégpáncél, por és finom homok fedte. Nem volt túl csúszós, lehetett rajta lépegetni vagy elővigyázatosan futni. A jégtömb szépen csúszott. Háromszöget formálva adogattuk egymásnak a „labdát". Aztán csatlakozott egy harmadik fickó, így játszani kezdtünk, kettő kettő ellen.

Fél órának kellett eltelnie ahhoz, hogy a lábujjaimban ismét keringeni kezdjen a vér. Teljesen elmerültünk a játékban. Időnként visszamentem a kapuhoz, és a leghatározottabb hangon kijelentettem, hogy ez az én helyem – majd visszamentem focizni. Tovább játszottunk. Néhányszor elestem, de annyi ruharéteg volt rajtam, hogy nem sérültem meg. Volt, hogy sípcsonton rúgtak, volt, hogy eltalált a jégdarab, volt, hogy berúgtam pár gólt, volt, hogy kivédtem néhányat, volt, hogy mi kaptunk gólokat. Már nem is számoltam. Nem számított. Az volt a lényeg, hogy mozogjunk és ne fagyjunk meg.

5:40 körül még többen érkeztek, és attól tartottam, hogy elveszítem a kivívott helyem. Abbahagytam a játékot, és visszamentem a kapuhoz. Ekkorra már többen ott gyülekeztek, az asszony és a fia állt elöl. Szóltam nekik, hogy az az én helyem, és közelebb furakodtam, míg meg nem tudtam ragadni a kapu egyik vasrúdját. Belekapaszkodtam. Nem engedem el, gondoltam magamban. Már csak három óra, és kinyit a követség. A focizás közben termelt hő hamarosan meleg izzadsággá, majd hideg izzadsággá alakult. A lábam fájt a hidegtől és a szoros zokniktól. Elkezdtem helyben járni, közben erősen kapaszkodtam a kapuba.

Teltek a percek, egyre többen gyülekeztek. Nem érdekelt, hogy száz vagy ezer ember van-e ott. Át fogok ma jutni a kapun – biztattam magam.

7 órára térdtől lefelé át volt fagyva a lábam.

8-ra a karom és a kezem fagyott le.

Fél kilencre már nem éreztem az orromat.

Próbáltam mély lélegzetet venni, a lábujjaimat a csizmában,

ujjaimat a kesztyűben átmozgatni. Már semmi nem segített, teljesen át voltam fagyva. Az agyam tompa volt, a légzésem felszínes. A szervezetem kezdett leállni. Azt mondják, hogy a fagyhalál az egyik legkellemesebb halál. Lehet, de amit én éreztem, az egyáltalán nem volt kellemes. Fájdalmas, bénító és reménytelen érzés volt.

Fiatalkoromat a Kárpátok hegyeiben töltöttem. Számos csúcsra felmásztam, hóban, jégen, jégesőben túráztam. Szörnyű viharokat éltem át; még jégkunyhót is építettem. De akkor éjszaka, 1990 januárjában, az amerikai nagykövetség előtt fáztam életemben a legjobban.

Reggel 9-kor kinyílt a bejárat, és éreztem, hogy a tömeg előre lök. A parasztasszony kendős fejét lehajtva majdnem a tengerészgyalogos mellkasának ütközött. Magával rántotta félig fagyott fiát. Épphogy sikerült átjutniuk a kapun. Minden erőmet összeszedtem, és karomat kinyújtottam a kapu nyílása felé. A katona megragadta a kabátomat, és behúzott. Egy férfi jött még közvetlenül utánam, majd hallottam a kapu csukódását mögöttem.

Bejutottam.

Felmentünk a kőlépcsőkön, a bejárat felé. A dupla ajtó kinyílt, és megpillantottam a folyosón a fémdetektort. Ilyet eddig csak filmekben láttam.

– Egyesével haladjanak át a detektoron! – mondta a tengerészgyalogos, erős akcentussal románul. Az asszony megragadta a fiát és áttolta a detektor szürke kapuján. A katona eléjük lépett, és visszatessékelte őket. – Egyszerre csak egy jöhet át – mondta, most még határozottabban.

Az asszony maga átment. A fia csak állt az innenső oldalon. Aztán az asszony visszajött, és átlökte a fiát, majd körbement, és miközben átpréselte magát a detektor jobb oldala és a kőfal közötti szűk résen, felrúgott egy vödröt.

– Shit, shit! – kiáltotta a katona angolul, ahogy kétségbeesetten fejét fogva hátranézett.

Megvártam, míg elül a dráma. Végül felém fordult és intett, hogy menjek át a detektoron.

Az épület falán megpillantottam George H. W. Bush arcképét. Magas homloka, széles mosolya volt. Az amerikai zászló is ott lógott a falon.

Kaptam egy adag nyomtatványt és egy golyóstollat. Volt kitéve egypár asztal, ahová leülhettünk. A testem nem akart közreműködni, az ízületeim merevek voltak. Alig tudtam behajlítani őket, hogy le tudjak ülni. Levettem a sapkát és a kesztyűt, fülem és az orrom át volt fagyva. Kézbe vettem a tollat, de nem tudtam tartani. Ujjaim fehérek voltak, a vér és az élet kiment belőlük. Próbáltam megmozgatni őket, ökölbe szorítani a kezem, de alig reagált. Pár percen át csak ültem ott. Próbáltam a hüvelyk- és mutatóujjam hajlatába szorítani a tollat, de nem tudtam így írni.

Az ablak mellett volt egy fűtőtest. Odamentem és megragadtam. Éreztem, amint lassan melegség önti el a testem. Az ujjaim hegye fájni kezdett, majd bepirosodott, aztán feldagadt. Rózsaszín virslihez hasonlítottak, fel sem ismertem a saját kezem.

Kis idő múltán sikerült megtartani a tollat a kezemben, és kitöltöttem a nyomtatványokat. Kimerülten ültem, nem volt bennem több erő.

Meghallottam a nevem. Odamentem az ügyintéző ablakához, mögötte egy mosolygós, simára borotvált férfi ült.

– Miért szeretne az Egyesült Államokba utazni? – kérdezte románul. Egész jó akcentussal beszélt.

– Szeretném meglátogatni a nővéremet Washington DC-ben.

Megnézte a kitöltött papírokat: – Tóth Erzsébet?

– Igen.

– Ő hogy került az Egyesült Államokba? – firtatta.

– 1986-ban disszidált Ausztriába – feleltem –, aztán férjhez ment egy amerikaihoz 1987-ben.

– Ki az a férfi, ki a férje? Ő hol született? – folytatta a kikérdezést.

– Kolozsváron született – feleltem.

– Hogyan hagyta el Romániát? – jött a következő kérdés.
– Csoportos utazással Izraelbe utazott. Onnan valahogy Olaszországba került, majd Párizsba. Végül Amerikába.
– Ez mikor volt? – kérdezett tovább a konzul.
– Nem tudom biztosan, talán 10 éve – feleltem.
– Ön mérnök? – váltott témát.
– Igen.
– Villamosmérnök?
– Nem, számítástechnikai.
– Beszél angolul? – kérdezte, még mindig románul.
– Igen – válaszoltam angolul.

Bólintott. Angolra váltottunk. Ültem a széken, esdekelve néztem rá. Nézte a papírjaimat, lapozgatta őket.

– Miért szeretne Amerikába menni? – kérdezte.
– A nővéremet szeretném meglátogatni – feleltem.
– De őszintén, miért szeretne Amerikába utazni? – kérdezte újra.

Szorítást éreztem a mellkasomban, majd a torkomban. Szemem megtelt könnyel, de igyekeztem visszafojtani.

– Szabad akarok lenni – mondtam.

Alig észrevehetően bólintott. Megfogta a pecsétet, majd határozott mozdulattal ránoymta a papírra.

Repülés, Brassó, 1990 júniusa

fordította Tóth Erzsébet

- Szóval holnap repülsz?
Bólintottam. Szám tele volt vattacsomókkal. Ránéztem. Olyan harmincas nő volt, vonzó. A fehér köpeny könnyed hullása csinosságot árult el. Felkapta a fogfúrót, egypárszor felpörgette a pedállal, hogy biztos legyen abba, hogy az eszköz működni fog. Éreztem, hogy az átjár az idegesség. Irtóztam minden fogorvostól. Az évek során annyi gondom volt a fogaimmal, gyerekkorom óta már számtalanszor voltam fogásznál. Jó párszor átszenvedtem fogfúrást, szúrást, kaparást, tömést; legtöbbször érzéstelenítés nélkül. Volt részem bőven fogászati rémségekben.

- Nyisd ki jobban a szádat!

A doktornő fölém hajolt, és fúrni kezdte alul a hátsó zápfogat. A gép vinnyogott. Én nyögtem.

Holnap eljön a nap. Az a nap, amikor elutazom Amerikába, hogy lássam a nővéremet, aki 1986-ban disszidált Romániából. A nővéremet, aki az évek során egyre jobban hiányzott. Ő mondta nekem, hogy az Egyesült Államokban nem olcsó a fogorvosi szolgáltatás, ezért rendbe akartam tétetni a fogaimat még indulás előtt, hogy elkerüljem a költségeket az óceán túlsó partján.

A fúrógép hirtelen megállt. A nő rátaposott a pedálra többször is, de semmi eredménnyel. Az alsó szintről valamilyen kalapálás hangja szűrődött fel. A tágas szoba sarkában egy háromszög alakú lyuk tátongott a padlón, kilátszottak az emeletek között húzódó rozsdás csövek. Az orvosnő odament a lyukhoz, és lekiabált.

– Kapcsoljátok vissza az áramot! Páciensem van.

További zajok jöttek a mélyből: fémcsörgés, döngés, kalapálás. Kis idő múlva a készülék műszerfalából megszólalt az elektronika ébredő hangja. Akkor folytathatjuk. A fúró hangja újra felsikoltott.

A nyál összegyűlt a torkomban, benne úszkáltak az ólomhigany amalgám apró darabkái a régi tömésemből – annak a régi tömésnek darabkái, amellyel tizenegy évvel azelőtt egy másik orvosnő kezelte fogszuvasodásomat a Duna kanálisán ért kalandom során. A régi tömés tönkrement, a fog tovább romlott. Az annak idején elvégzett gyökérkezelés elvileg kiölte és eltávolította az idegeket, érthetetlen módon a fúrás most mégis nagyon kínzott. A fájás bement a fog gyökerén át az állkapcson keresztül a fülem mögé, és az agyam mélyéig hatolt. Görcsösen kapaszkodtam a szék karfájába, s ez mintha enyhítette volna a félelmem és a fájdalmam. Az orvosnő folytatta a fúrást.

A fúrókészülék nyeléből valami furcsa kattanásszerű hang jött ki. Olaj szaga ütötte meg az orrom, olyané, amilyet a biciklimen használtam. És akkor megéreztem az ízét is. Egy gurguláló torokhanggal mutogattam a szám felé.

– Mi van? – kérdezte az orvosnő, miután lekapcsolta a fogfúrót.

– „Olhajjj vhan ah szambhaa" – a duzzadt, kilógó nyelvemmel formáltam a szavakat.

– Az ördögbe!– mondta. Ránézett a jobb tenyerére, hát valóban ott fénylett rajta az olajfolt. – Na, ezt megint jól megcsinálta! Szóltam a technikusnak, hogy javítsa meg ezt a vackos nyelet. Azt mondta a fickó, hogy megjavította. – Láttam rajta, hogy bosszankodik. Kiszedte a vattapamacsokat a számból, és lenyomta a rozsdamentes fémpohár feletti kart. – Öblítsen!

A csapból viszont nem jött víz, inkább hörgő hanggal szívta be a levegőt.

Az orvosnő letette a fúrókészüléket, a szoba sarkához lépett, majd a lyuk fölé hajolt.

– Miért zártátok le a vizet? Halló! Páciensem van. Nem értitek? – Férfihang válaszolt alulról, de nem értettem mit mond. Dörzsöltem az arcomon az elmeredt izmokat. – Ez hihetetlen! – motyogta bosszankodva a doktornő, mikor visszajött hozzám. Újra lenyomta a csapot. Először egy adag levegőt pöfékelt ki magából a vízcsap, majd véletlenszerű löketekben a víz spriccelve folyt. Öblítettem, köptem. Jött a nyál, a vér, az ezüstszínű amalgámtörmelékek és mindenek között a gépolaj. Az orvosnő elővett egy zsebkendőt és a fúró nyelére tekerte. Láttam, amint az olajfoltokat a kendő finom szövete felissza. A számba friss vattacsomók kerültek, és a sikító fúró újra a fogamba merült. Az olajszag még ott kerengett a levegőben, de az íze már nem volt a számban. A zsebkendős megoldás működött.

A fogász meg csak fúrt és fúrt tovább, én pedig a gondolataim a Puzdra felé tereltem, a számomra legkedvesebb hegycsúcs felé, a romániai hegyvonulatoknak arra a színhelyére, ahol életem legkihívóbb pillanatait megtapasztaltam, ahol gyerekkoromtól felnőtt koromig történő események megedzettek. Felidéztem a forrás tiszta vizét, és ahogy a fába faragott vájaton csordogál. A legfinomabb víz, amit életemben valaha ízleltem, amit a természet, az anyaföld csak adni tud.

Végre befejezte a fúrást, legalábbis azt hittem. Letette a készüléket, a nyeléről letekerte a vértől és olajtól maszatos zsebkendőt. Félig bezártam az állkapcsomat, megmasszíroztam az izmokat és az ízületeket. Az egész arcom fáradt, elnyűtt volt.

– Még egy utolsó fúrást kell végeznem – mondta –, de ez egy másik fajta készülék, és nem ereszt olajat sem.

Ismertem azt. Olyan fajta, amely két párhuzamos rúdra volt szerelve, melyeket egy rugó tartott össze, és a fúróhegyet lassúbb forgással pörgette. Amíg ő hozzászerelte az új fúróhoz a hegyét, nyelvemmel körbetapogattam a meggyötört fogat. A lyuk óriásinak tűnt. Attól tartottam, hogy szétfaragja az egész fogat.

Fölém hajolt, megmarkolta az újabbik fúró nyelét, annak hegyét belemélyesztette a zápfogam tátongó kráterébe, majd rátaposott a pedálra. Ez az alacsony frekvenciás fúrógép még az előzőnél is rosszabb volt, az egész koponyám vibrálni kezdett. Ahogy körbe-körbe csiszolta a lyuk belső falát, a vibrálás a fejemet néha jobbra lökte, néha meg balra. Nyögtem, krákogtam, hörögtem. Már csak pár perc, aztán vége – gondoltam magamban. A fúróhegy újra nekifeszült a lyuk falának, és akkor jött a következő áramszünet. A nő felnyögött, lecsapta a készüléket, és gyorsan a padlón tátongó lyukhoz lépett.

– Mi az ördögöt csináltok ott lenn? Nem értitek, hogy én itt fenn dolgozom? – Elmosódott hangok szűrődtek a lyukon át vissza, amit nem értettem. – Mi? Miért? – kérdezte őket újra, majd visszajött a székhez. – Valamit javítanak. Belekerül pár percbe. Sajnálom. Elnézést.

Szemhéjammal értésére adtam, hogy értem és nem hibáztatom.

Akkor elővett egy pakli Kent cigarettát és rágyújtott. Felalá járt a szobában, és hosszan szívta a cigit. A műszerfalban az elektronikai rendszer felszisszent. Az orvosnő letette a félig elszívott cigit a szerszámtárcára, ahonnan így egy kecses füstcsík emelkedett fel. Az orvosnő felém hajolt; a lehelete dohányszagú volt. A fúró vibrálása felzúgott, ahogy a foglyuk falait újra csiszolni kezdte. Aggódtam, hogy vajon marad-e valami ebből a fogból.

Végre megvolt vele. Kiszedte a vattatömítést, és én öblítettem. Nyelvemmel megvizsgáltam a fogat. Egy még hatalmasabb lyuk tátongott ott, mint előtte: középen a kráter, körülötte pedig éles, egyenetlen hegygerincek. A rágóizmaim görcsbe keményedtek. Dörzsöltem az arcom, hogy megpróbáljam ellazítani a szájízületeket. Az orvosnő eközben már a füstöt fújta ki, és felém fordult, hogy egy harmadik adag vattával tömítsen az ínyek körül. Egy végső öblítés után pedig kiszárította a lyukat.

– Tartsd a nyelved a jobb oldalon, hogy ne érintse a fogad! – utasított.

Elment egy kis fehér hűtőszekrényhez, és visszajött egy műanyag dobozzal a kezében.

Tudtam, mi van benne. Hónapokkal azelőtt érkezett az Egyesült Államokból, ahonnan a nővérem az ottani fogtömésre használt kompozitanyagot küldte. Az ottani jobb, a hazai fogtömítő semmit nem tart. A nővérem utánajárt, hogy mire van szükség, rábukkant a kereskedőre, utazott egy órát Washington DC környékén, hogy beszerezze az anyagot. Először nem akarták eladni neki azzal az indokkal, hogy csak jogosító fogorvosi diplomával rendelkezők vásárolhatnak ilyet. Erre a nővérem elmagyarázta, hogy a kommunista Romániában az öccsének van erre nagy szüksége. Úgy tűnik, hogy ez megenyhítette szívüket, és kemény kétszáz dollár ellenében átadták a csomagot. Én meg odaadtam a fogásznőnek azzal a feltétellel, hogy az én és a feleségem fogait csakis ezzel az anyaggal tömi majd. Aztán azt csinál a többivel, amit akar.

A nő kihúzott a csomagból két henger formájú tartályt, és egy kicsi tégelyben kikeverte a két alapanyagból a masszát. Közben a cigaretta leégett. Még egyszer beleszívott mélyen, aztán egy vederbe dobta, ami az öblögető kagyló alá volt szerelve. Egy fehér, gömbölyű galacsint gyúrt a kikevert anyagból, és tömni kezdte vele a lyukat. Kis adagokban nyomkodta bele az üregbe, és egy acélszerszámmal jól belegyömöszölte.

Az állam a mellkasomba nyomódott, és az állkapcsom már nagyon fájt. Még mindig szorítottam a szék karfáját. Az ujjaim már régóta el voltak zsibbadva. És akkor befejezte. Mélyről kilélegezte a dohányszagú levegőt, megnyugodva, hogy a nehezén túl vagyunk. Kiszedte vattatömítést.

Ekkor megpróbáltam becsukni a tátott számat, de az állam elakadt. Pánik járt át. Ahelyett, hogy a felső ajkamhoz került volna az alsó állkapocs, a koponyacsont irányába mozdult el; a rágóizmaim kőkeményre feszültek, és az ízületek ki voltak dagadva. Láthatta a rémületet az arcomon, mert gyorsan felém hajolt, a hüvelykujját belenyomta az arcüregembe, a többi ujjával pedig megragadta az alsó fogsoromat és előre rántotta. Az állkapcsom a helyére nyekkent.

Kiugrottam a székből, és gyors léptekkel a függönyözött ablakhoz mentem, miközben vadul dörzsöltem a rágóizmaimat. – Gyere és ülj vissza! – szólt rám a fogorvos. – Még le kell csiszolnom a tömést.

Másnap dél körül ott álltam a bukaresti nemzetközi repülőtér leszállópályáján. A München felé tartó járatot két órával eltolták. Az Athénból érkező repülő késett. Nem volt hely százötven utasnak a váróteremben, így mindnyájunkat kiküldtek a leszállópályára. Ez 1990. június 28-án volt, talán az év legmelegebb napján, és mi ott álltunk a sötét aszfalton. Nem volt se víz, se WC, se árnyék. Néztem, ahogy a forró levegő emelkedik a pálya fölé, és remegteti a tájat. Visszagondoltam a fájó búcsúra a feleségemtől és kétéves kisfiamtól. A szívem elszorult, de vágytam Amerikába. Ildikó támogatott ebben. Meg akartam ízlelni a szabadságot, akartam látni nővéremet, utazni akartam és fényképet akartam készíteni a Grand Canyonról.

A repülőnk végre leszállt, és a tűző naptól felforrósított sötét aszfaltra gurult.

Egy csoport izzadt utas jelent meg a repülő kijáratánál, onnan egy hosszú fémlépcsőn ereszkedtek alá. Még sohasem láttam repülőgépet ilyen közelről. Néztem elegáns vonalait, a gép hátsó részén lévő, ezüstös színű, lökhajtásos motorokat. A gép oldalára nagy betűkkel TAROM felirat volt festve, a román légitársaság jele. Kisebb betűkkel alatta Rombac 1-11 állt, a román repülőmodell neve.

Aztán végre felszállhattunk a gépre. Utastársaim napégette, izzadó arcukat legyezték, amivel csak tudták. A légikisasszonyok láthatóan bosszúsak voltak. A járat késett, a hőség tűrhetetlen volt, és még ott terjengett az athéni utasok mögött hátrahagyott kellemetlen testszag. Újabb, még izzadtabb testek kipárolgása tódult a szűk légtérbe.

A repülőgép végül felszállt. Először északnak tartott, a Déli-Kárpátok irányába, majd lassú kanyarral nyugatnak fordult. A jobb oldalon ültem, és igyekeztem kivenni a hegyvidék részleteit. Felismertem a Bucsecs a látványos hegytömbjét és a csúcsán kiszögellő sziklát, amely egy bölcs ember arcára emlékeztetett. Ezt a csúcsot már megmásztam, és többször síztem le róla. Kissé északabbra a Bucsecs mögött a Kereszténybavas hegytömbje magaslott ki a völgy homályából. Azon volt a sízők paradicsoma, Brassópojána, ahol síedzőként dolgoztam éveken keresztül, és számos síversenyen vettem részt. Még északabbra Brassó terpeszkedett valahol az árnyékos völgy mélyében. A város, ahol feleségem és kisfiam hátrahagytam. Legyűrtem a feltörő szomorúságot.

Ezután a Királykő körvonalai kezdtek kirajzolódni. Egy fehér éles hegygerinc, mely észak-déli irányban húzódott. A királyok sziklája. Az a hegy, ahol pár évvel azelőtt magamban eldöntöttem, hogy Ildikót feleségül kérem. Ahogy a gép magasabbra emelkedett, az egész Fogarasi-hegygerinc láthatóvá vált. Románia legmagasabb hegyvonulata. Fentről nem tűnt olyan magasnak, de jól tudtam, hogy a hegyoldalak milyen meredekek és milyen veszélyesek tudnak lenni ott. Az a havas, amely 1977 áprilisában egy hócsuszamlással tizenkilenc szebeni diákot temetett maga alá. Néhány tanárt is elvitt, közöttük egy negyedik hónapban járó állapotos asszonyt. A Fogarasi-hegységet vágja át a Transzfogarasi út, egy mérnöki remekmű alkotása. Eszembe jutott, hogy a házasságunk első éveiben Ildikóval végigbicikliztük a végtelenségig tekeredő veszélyes szerpentineket, fel egészen a Balea-tóig.

A repülő feljutott egy vékonyan húzódó fátyolfelhőbe. Alig ismertem föl a párás levegőn keresztül a Nagy-Páringot, azt a hegytömböt, ahol egy hetet sátoroztunk, még amikor tízéves voltam, és egy véget nem érő esőzés elkapott bennünket. Eszembe jutott az is, hogy akkor és ott valami kínai írást próbáltunk kibetűzni egy tejpor dobozáról.

A gép egyre magasabbra emelkedett, kissé jobbra fordulva nyugat-északnyugat irányba. Ahogy a repülő jobbra dőlt, felhők között magam alatt megláttam a Retyezát-hegységet. Romániában az egyik legszebb hegység ez, gleccsertavakkal és tűzdelt, tüneményes kilátásokkal. Évekkel ezelőtt apámmal és nővéremmel keresztül-kasul bejártuk e csodalatos havast. A repülőgép enyhén dobálni kezdett. Belekerültünk egy sűrű felhőrétegbe, már semmit sem lehetett látni. Behunytam a szemem. Éhes és szomjas voltam. Az utaskísérők becsatolt biztonsági övvel ültek a székükben, szigorú szemmel néztek felénk. Ilyen rövid távú repülés alatt nem fognak semmit sem felszolgálni.

Két és fél órás késéssel érkezve leszálltunk Münchenbe. A New Yorkba induló Pan Am járatot lekéstük. A terminál léghűtésétől libabőrös lettem. Először tapasztaltam légkondicionált levegőt.

Egy magas, szőke nő fogadott bennünket a reptéren, kezében óriási táblával jelezte, merre van a Lufthansa 67-es kapuja. Legtöbb utastársam Amerika felé tartott. Mindannyian megindultunk egy márvánnyal burkolt folyosón át a 67-es kapu felé. Néhányan fejüket lehajtva szaladtak, kezükben személyes dolgaikkal degeszre tömött műanyag zacskót himbálva. A kapu messze volt, percekbe tellett odaérni. Igyekeztem mindent magamba szívni. Az Audi-reklámot, az Adidas-posztert, az elegáns szépségszalont és a fehér abrosszal terített, kerek asztalos éttermek vonzását. A vámmentes Duty-Free üzlet mellett haladva megütött a kölnik illatának egyvelege. Színek, fények és elegáns dobozok mindenfelé. Az érzékeim túltöltődtek.

Igyekeztem a 67-es kapu felé. A legtöbb román utas már ott ácsorgott, mint egy félkörbe gyűlt embercsomó. A terem tágas volt, más utas nem volt a környéken. Mégis, amennyire csak lehetett, román utastársaim egymáshoz tömörültek. Évtizedes kommunizmus ránevelt, hogy egy közös célpont köré szorosan összegyűljünk. És nem sorban állva, hanem körben állva, egy kupacban. Ebben az esetben, félkörben állva, mivel az ősi ösztön elé barikádot emelt egy magas márványpult. A tömegtől hátrébb megálltam, és egy hűvös márványoszlopnak dőltem. Egy ideig semmi nem történt. Az utasok csak ácsorogtak a pulttal szemben. Tizenöt perc múlva a Lufthansa egy személyzete jelent meg, egy egyenes tartású, magas férfi, sötétkék egyenruhában.

– Stehen Sie in Reihe! – kérte tiszteletet parancsoló hangon, hogy álljunk sorba. Senki nem mozdult. Hangosabban szólt: – Stehen Sie in Reihe! – hogy újra sorba állásra intse a tömeget. De semmi. A férfi hirtelen megfordult, és eltűnt az iroda ajtajában.

Egy kis idő után két rendőr jelent meg, és megkísérelték sorba terelni az embereket, de azok nem akartak mozdulni, mert szorosan a pult mellett igyekeztek maradni. A rendőrök ekkor már láthatóan idegesek voltak. Tiszteletet parancsoló viselkedéssel utasították az embereket egyre erőteljesebb hangon:
– Bitte, in Reiher, hier, Rechts bitte. Sie hier bitte!

Bitte ugyan azt jelentette, hogy kérem, de inkább parancsnak hangzott, mint kérésnek.

A emberek végre mozgolódni kezdtek, majd egy – a pulttól távolodó – kígyózó sorba rendeződtek át. A rendőrök két oldalról igyekezték ezt fenntartani. A Lufthansa tisztviselője ismét kijött az irodából, és intézni kezdte az utazási papírokat. A rendőrök még egy ideig vigyázták a sort és a rendet, aztán visszavonultak, de ahogy eltűntek szem elől, a tömeg visszazsúfolódott a pult körüli félkörbe.

– Sheisse! – kiáltott fel a lufthansás, majd eltűnt az irodájában. Öt percig változatlan maradt a helyzet. A tömeget nyugtalanság fogta el. A New York-i járatra fél órán belül fel kell szálljunk, és a papírok leellenőrzéséhez idő kell. A feszültség megtöltötte a teret. Az irodából kijött három személy, egy férfi és két szőke nő. A pultnál helyet foglalva hármasával kezdték intézni az iratokat. Én továbbra is az oszlopnak támaszkodva vártam, kerülve a felbolydulást. Fél óra múlva a tömeg szétoszlott, ahogy egyenként mindenki átjutott a kapun, kezükben papírt lobogtatva.

Megpróbáltam

Végül én is a pulthoz léptem, a jobb oldalon álló hölgyhöz.
– Ich fluge nach New York, können Sie mir hilfen, bitte?
– Natürlich – mondta a nő, és fáradt mosollyal rám nézett.

Miután az utazási dokumentumaimat lekezelték, az indulási kapuhoz mentem. Már mindenki beszállt. Ahogy a géphez vezető folyosóra léptem, az acélajtó bezárult mögöttem. Az alagút hosszú volt és homályos. Középúton balra egy kis ablak volt. Kipillantottam. Egy Boeing-747 csalhatatlan formáját láttam. Ő egy Jumbo Jet. Ennek megörültem. Az utastér tágas volt, még a sok román utassal együtt is a gép háromnegyede volt csak tele. A háromszékes sorban egyedül én ültem.

Fél óra múlva elértük a tízezer méteres utazómagasságot. Egy légikisasszony itallal szolgálta az utasokat. Mikor hozzám ért, megkérdezte: – Was möchten Sie trinken?
– Haben Sie Orangensaft?
– Ja.
– Ich möchte eine Orangensaft, bitte.
– Möchten Sie etwas andere? Obst, Chocolate, Biscuiten?
– Kann ich eine Banana haben?
– Ja, sofort.

Visszatért egy magas pohárba töltött narancslével, és emellett a tálcán egy banán volt. Megittam a gyümölcslevet. Éreztem, ahogy a vitamin és a napfény szétárad a testemben. A kezembe vettem a banánt. Érett volt, sárga és szép. Az ujjamat végighúztam a vonalain. Hasonlított egy delfinre, vagy a sugárhajtásos repülőgépünk törzsére. Lehántottam a héját, megszagoltam a húsát. Mennyei illat áramlott be az orrlyukamon. Bele akartam harapni, de visszatartottam magam. Még ne! Inkább csak bámultam a gyümölcs fehér húsát, finom erezetét és a nedűt, amely gyöngyözött a felületén. Közelebb tartottam az orromhoz, és mély lélegzettel szívtam tele magam az illatával. Kinéztem az ablakon. Láttam az Atlanti-óceán tágas kékjét, fölötte vattaszerű felhők úsztak, külön-külön árnyékot vetve a hatalmas víztömegre.

Gyöngéden beleharaptam a banánba, és nagyon lassan rágni kezdtem, hogy az aroma a szájam minden szegletét átjárja. Hirtelen egy roppanást érzékeltem a szám bal alsó oldalán. A tömés volt. Megéreztem a nyelvem alatt az egyenetlen formájú tömésdarabot. A tegnap tömött foghoz érintettem a nyelvem, de csak egy tátongó üreget éreztem, egy krátert, körülötte éles hegygerinccel. Kiköptem a tömést a tenyeremre. Egy fehér, kemény mazsolának nézett ki. Két ujjam közé fogtam, forgattam oda-vissza és oda-vissza. Aztán elaludtam.

– Meine Damen und Herren, wir landen in zwanzig Minuten am Flughafen JFK – a hangszóróból meghallottam a pilóta a hivatalos és nyugodt hangját. A gép kissé jobbra dőlt és megpillantottam New York City körvonalait. Felismertem az ikertornyokat, amint átszúrták a köd rétegét.

– Darf ich Ihren Müll nehmen? – A légikisasszony kezén gumikesztyű volt.

Három ujjal felemeltem a banánhéjat, az üres pohárba tettem, majd az egészet az elém tartott, műanyag zacskóval bélelt szemetesbe dobtam. A fogtömést újra az ujjaim közé vettem. Forgattam egy ideig, majd a szemetes felé nyújtottam, de félúton meggondoltam magam. A tömést az ingem mellzsebébe süllyesztettem.

Az ülés támláját felegyenesítettem, az asztalt felhajtottam és a helyére kapcsoltam. A biztonsági övet becsatoltam. A jobb kezemet a mellemre téve egy pár mély lélegzetet vettem. Éreztem, hogy a zsebembe dugott fogtömés szúrja a mellizmomat. Légzésem egyenletesebb lett, szívverésem lenyugodott, és tiszta fejjel érzékeltem mindezt. Hátamat a támlához feszítettem, majd a vállamat is kihúztam.

Készen vagyok.

Megpróbáltam

Danila Liza, budapesti grafikus, már kiskora óta rajong a művészetekért, a matematikáért és a logikáért. Több stílusban is szívesen dolgozik, de közös bennük, hogy a képek tartalma és mondanivalója mindig függ attól, aki nézi.
Amikor nem rajzol, akkor táncol, síel, kirándul vagy evez.
Egy korszak határán nőtt fel, amikor a tévé és a telefon használata mindennapossá vált az emberek életében, mégis fontosnak tartja, hogy több időt töltsünk a valóságban, egymással, meséléssel és történeteink megosztásával, mert az emlékeink és élményeink mindig velünk maradnak. Ezeket az élményeket szeretné vizuálisan gazdagítani és sokszínűvé tenni az olvasók számára.

Köszönetnyilvánítás

Sok időt és energiát vett igénybe e könyvnek az írása, egyedül, támogatás nélkül nem lettem volna erre képes. Köszönetet szeretnék mondani mindazoknak, akik hozzájárultak a munkájukkal ehhez az önéletrajzi ihletésű alkotáshoz.

Az elmúlt harminc évben ezeket a történeteket számtalanszor elmeséltem barátoknak és kollégáknak. Ahogy az arcukról leolvastam az elbeszéléseimnek a hatását, és ahogy ők őszinte visszajelzéseket és kritikákat adtak nekem, a történetmesélési képességeim csiszolódtak, élesedtek. Sokan biztattak ennek a könyvnek a megírására.

Két éven át dolgoztam ezen. Több helyszínen írtam a történeteket: reptérek termináljában, repülőgépen, vonaton, hotelek lobbijában, szállodaszobákban, éttermek teraszán, faházakban, gyógyvizes üdülőhelyeken, kávézókban és a saját szobámban a Covid19-világjárvány lezárásai alatt.

Ahogy a kézirat fejlődött, részleteit barátokkal és családtagokkal megosztottam. Volt, hogy együtt olvastuk őket: amikor kirándultunk Amerika északnyugati, Csendes-óceán felőli régiójában, sízős kiruccanások alkalmával és otthon, a kandalló körül összegyűlve. A visszajelzések, melyeket tőlük kaptam sokat jelentettek számomra, arra motiváltak, hogy többet és jobban írjak.

A könyvet eredetileg angolul írtam, főleg azért, mert már 30 éve kinn élek Amerikában, és nap mint nap angolul gépelek, e-mailek tömkelegét fogalmazom naponta.

Harminc év emigráció után is magyarul gondolkodom és magyarul álmodok. De a gépelés gördülékenyebben megy angolul. Miután az angol verzió elkészült, eldöntöttem, hogy szeretném magyarul is kiadni. Sok magyar barátom segített a könyv fordításával, és nagyon meg szeretném köszönni nekik ezt. A segítségük nélkül nem sikerült volna lefordítani a könyvet magyarra, vagy nagyon elhúzódott volna. A fordításért hálával tartozok a következő embereknek:

Eck Péter
Felföldi Zita
Goóz Marina
Incze Emma
Jurecska Attila
Kiss Misi
Liszkai András
Márkus Krisztina
Németh Zsuzsa
Schaffer Erika
Somogyi-Mann Márta
Sütő Ibolya
Sütő Ildikó
Szirbik Andrea
Tóth Erzsébet
Tóth József
Várallyay Csanád

Szeretnék még Danila Lizának, Budapesten élő fiatal hölgynek is köszönetet mondani a könyv illusztrációiért. Véleményem szerint ő egy nagyon tehetséges grafikus. Szinte semmilyen utasítást nem adtam arra, hogy mit rajzoljon, csupán kértem, hogy olvassa el a történeteket, és vesse papírra azt, ami eszébe jut róluk. Először nem voltam benne biztos, hogy az illusztrációk fognak-e rezonálni a könyv témájával. Nagyon boldog vagyok, hogy együtt dolgoztunk ezen a projekten. Kíváncsisága, megfigyelőképessége, elvonatkoztatásra való tehetsége mind előtérbe kerülnek a rajzain. A rajzok az ő értelmezését, véleményét, szemszögét képviselik, mélységet és gazdagságot adnak az elbeszélésekhez. Néhány történetet nagyon nehéz volt leírni. Mélyre kellett ásni magamban, régi sebeket kellett feltépnem, és bele kellett helyezkednem abba az érzelmi állapotba, amelyben voltam a történések idején. Olykor családtól, barátoktól és az internet folyamatos zaklatásától elszakítva írtam, teljes izolációban. Olykor hangosan nevettem, máskor könnyeztem a történeteken.

Az önsegítő könyvek gyakran tanácsolják a traumatikus élmények feldolgozására a naplóírást. Segíthet a gyógyulásban, a lezárásban.

Számomra ennek a könyvnek az írása valóban gyógyító folyamat volt. Ha senki nem olvassa el, akkor is örülök, hogy papírra vetettem mindezt. Lezártam életemben olyan fejezeteket, melyeket addig még nem tudtam feldolgozni.

Szeretnék feleségemnek, Ildikónak, köszönetet mondani soha nem lankadó támogatásáért, szeretetéért, és a melegségért, amit nyújt. Sok történetet ismert, hisz némelyiknek ő is részese volt, mégis hol nevetett, hol sírt olvasás közben, biztatott, ötleteket adott, hogyan tudnám esetleg jobban megírni az elbeszéléseket.

Végezetül három fiamnak, Szilárdnak, Áronnak és Attilának is köszönetet szeretnék mondani, és nekik ajánlom ezt a könyvet. Arra motiváltatok, hogy jobb emberré váljak, mindhármótoktól nagyon sokat tanultam. Remélem, ezek a történetek segítenek megérteni a gyökereiteket és kulturális örökségeteket. Ez az én ajándékom számotokra.

Author contact:
gyuszi.suto.books@gmail.com

www.ingramcontent.com/pod-product-compliance
Lightning Source LLC
Chambersburg PA
CBHW070041120526
44589CB00035B/2021